Marktorientierte Kreditrisikobewertung

Beiträge zum Controlling

Herausgegeben von Wolfgang Berens

Band 2

PETER LANG

Frankfurt am Main · Berlin · Bern · Bruxelles · New York · Oxford · Wien

Andreas Siemes

Marktorientierte Kreditrisikobewertung

Eine empirische Untersuchung mittels
Künstlicher Neuronaler Netze

PETER LANG
Europäischer Verlag der Wissenschaften

Die Deutsche Bibliothek - CIP-Einheitsaufnahme

Siemes, Andreas:

Marktorientierte Kreditrisikobewertung : eine empirische Untersuchung mittels Künstlicher Neuronaler Netze / Andreas Siemes. - Frankfurt am Main ; Berlin ; Bern ; Bruxelles ; New York ; Oxford ; Wien : Lang, 2002
(Beiträge zum Controlling ; Bd. 2)
Zugl.: Münster (Westfalen), Univ., Diss., 2001
ISBN 3-631-39217-6

Gedruckt auf alterungsbeständigem,
säurefreiem Papier.

D 6
ISSN 1618-825X
ISBN 3-631-39217-6

Printed in Germany 1 2 3 4 5 7

www.peterlang.de

Für Anne

„Prediction is very difficult, especially if it's about the future"
(Nils Bohr, Nobel Laureate in Physics)

GELEITWORT

Kreditinstitute stehen heute aufgrund von aufsichtsrechtlichen und marktwirtschaftlichen Entwicklungen vor der Herausforderung, einen Risikomanagementprozess für die Identifikation, Bewertung, Analyse und Steuerung von Kreditrisiken zu etablieren. Grundlage für diesen Prozess und die hiermit korrespondierenden operativen Kreditentscheidungen ist eine risikoadjustierte Bepreisung des einzelnen Kreditgeschäfts. Nur auf Basis eines effizienten und effektiven Kreditzinskalkulationsverfahrens kann ein langfristig ertragreiches Kreditgeschäft sichergestellt werden. Alljährlich erscheinen neue, wissenschaftliche oder praktische Beiträge, die sich mit dem Problem der Herleitung eines Kreditzinskalkulationsverfahrens auseinandersetzen, jedoch ist ein allgemein akzeptiertes Konzept bisher nicht vorgestellt worden.

Das vorliegende Werk greift die Problemstellung der Kreditrisikobewertung auf und stellt ein Konzept vor, das den grundlegenden Anforderungen der Richtigkeit und Einzelbewertung gerecht werden kann. Das entwickelte Konzept wird mittels eines geeigneten Instrumentes implementiert und anhand von ausgewählten Daten validiert. Hierzu zieht der Autor das Instrument der Künstlichen Neuronalen Netze heran und dokumentiert mit Hilfe einer breit angelegten Untersuchung die Prognosegüte des in der Arbeit vorgestellten Ansatzes.

Die Arbeit überzeugt durch ihre theoretische Fundierung, eine innovative Konzeptentwicklung, die Konkretisierung als Modell bis hin zur Instrumentierung und durch die arbeitsreiche empirische Validierung. Darüber hinaus sind die weitreichenden Einsatzmöglichkeiten des Prognosemodells zu nennen, welche die erhebliche praktische Relevanz der Arbeit erklären. Das Prognosemodell zeigt eine beachtenswerte Leistungsfähigkeit im Vergleich zu alternativen Verfahren.

Neben ihrer praktischen Verwertbarkeit bietet die Untersuchung eine breite Grundlage für weitere wissenschaftliche Arbeiten. Ich wünsche ihr daher eine weite Verbreitung in Wissenschaft und Praxis.

Münster im Januar 2002 *Prof. Dr. Wolfgang Berens*

VORWORT

Die vorliegende Arbeit entstand während meiner Tätigkeit als wissenschaftlicher Mitarbeiter am Lehrstuhl für Betriebswirtschaftslehre, insbesondere Controlling an der Wirtschaftswissenschaftlichen Fakultät der Westfälischen Wilhelms-Universität Münster und wurde unter dem Titel „Marktorientierte Kreditrisikobewertung – eine empirische Untersuchung mittels Künstlicher Neuronaler Netze" im November 2001 als Dissertationsschrift angenommen. Meinem akademischen Lehrer, Herrn Prof. Dr. Wolfgang Berens, danke ich für die wissenschaftliche und persönliche Betreuung der Arbeit. Insbesondere durch die von ihm gewährten akademischen Freiheiten konnte diese Arbeit entstehen. Herrn Prof. Dr. Ulrich W. Thonemann danke ich für die Übernahme des Zweitgutachtens.

Maßgeblich für das Gelingen meiner Arbeit waren die exzellenten Arbeitsbedingungen am Lehrstuhl. Insbesondere in arbeitsintensiveren Phasen wurde ich durch meine Kollegen entlastet. Für sorgfältiges Korrekturlesen und hilfreiche Diskussionen möchte ich Herrn Dr. Dieter Ernst, Herrn Dipl.-Kfm. Jan Oliver Ernst, Herrn Dipl.-Kfm. Sascha Henk, Herrn Dr. Andreas Hoffjan, Herrn Dipl.-Kfm. Klaus Jakobs, Frau Dipl.-Kffr. Anke Kreuels, Herrn Dr. Thomas Mosiek, Herrn Dipl.-Ök. David Rose, Herrn Jürgen Schaar, Herrn Dipl.-Kfm. Klaus Segbers und Frau Dr. Meike Tewes danken. Herrn Dipl.-Kfm. Marco Schiffner möchte ich für die Hilfe bei der grafischen Bearbeitung der Abbildungen und Tabellen danken. Hervorheben möchte ich Herrn Dr. Walter Schmitting der trotz eigener Arbeitsbelastung in konstruktiven Diskussionen und mit außerordentlichem Engagement zur Entstehung der Arbeit beigetragen hat. Für die weitreichende Hilfe insbesondere bei der Literaturbeschaffung und –verwaltung während der Entstehungszeit dieser Arbeit möchte ich meiner studentischen Hilfskraft Herrn Dipl.-Kfm. David Gaschik danken. Herrn Heinz Krüger und Frau Erika Krüger möchte ich meinen Dank für die Durchsicht des Manuskripts aussprechen.

Bei meinen Eltern und Großeltern möchte ich mich für die menschliche und finanzielle Unterstützung bei dem von mir eingeschlagenen Weg bedanken. Vor allem meiner Frau Anne möchte ich für den Rückhalt danken, den sie mir während der Bearbeitungszeit gab.

Münster, im Januar 2002 *Andreas Siemes*

Abbildungsverzeichnis

Tabellenverzeichnis

Symbolverzeichnis

$\frac{\partial y}{\partial x_1}$	Erste partielle Ableitung der Funktion y nach x_1
$\frac{\partial^2 y}{\partial x_1^2}$	Zweite partielle Ableitung der Funktion y nach x_1
$a_{0,1,2,\ldots}$	Konstante Werte in der Diskriminanzfunktion
C	(jährliche) Zinszahlungen, Kupon
C_t	(jährliche) Zinszahlung in dem Zeitpunkt t
$\partial V_t(t)$	Veränderung von V auf Grund einer infinitesimalen Veränderung der Zeiteinheit
e	Bonitätsprämie (Credit Spread) einer Anleihe bzw. eines Kredits
e_i	Bonitätsprämie (Credit Spread) einer Anleihe i bzw. eines Kredits i
$e_{i,t}$	Bonitätsprämie (Credit Spread) einer Anleihe i bzw. eines Kredits zum Zeitpunkt t
EK_t	Eigenkapitalmarktwert zum Zeitpunkt t
F(x), f(x)	Funktion F, f
F, f	Funktion F, f
FK_M	Marktwert des Kredites bzw. Fremdkapitaltitels
$FK_{M,t}$	Fremdkapitalmarktwert in t
FK_N	Nominalbetrag eines Kredites bzw. Fremdkapitaltitels
FR_t	risikoloser Zins r_B für die Periode t-1 bis t
i	Zinssatz
j	Laufindex
K^D	Anzahl an eingehenden Kennzahlen in die Diskriminanzfunktion
$K^D_{0,1,2,\ldots}$	Eingehende Kennzahlen in die Diskriminanzfunktion
L	Quasi-Verschuldungsgrad
ln	natürlicher Logarithmus
n	Anzahl der betrachteten Perioden
r	bonitätrisikobehafteter Zins
R	erwartete Zahlungen
r_B	bonitätsrisikolose Rendite
$r_{B,t}$	Effektive Rendite einer bonitätsrisiklosen Anleihe i zum Zeitpunkt t
$r_{i,t}$	Effektive Rendite einer risikobehafeten Anleihe i zum Zeitpunkt t

R_t	erwartete Zahlungen in dem Zeitpunkt t
tiefgestelltes t	Betrachtungszeitpunkt (t = 1, 2, 3, ...)
u (x)	Nutzenfunktion
$X_{1,2,3,4}$	Einflussfaktoren der von ALTMAN aufgestellten Funktionsvorschrift

Speziell in Kap. 2 verwendete Symbole und Variabeln

D	Diskriminanzwert
N(.)	Wert der Verteilungsfunktion der Standardnormalverteilung
Ø	Arithmetisches Mittel
p	Überlebenswahrscheinlichkeit (survival probability)
p_t	Überlebenswahrscheinlichkeit (survival probability) in dem Zeitpunkt t
T	Fälligkeitszeitpunkt
T-t	Restlaufzeit einer Anleihe, eines Kredites
V	Marktwert des Unternehmens, Firmenwert,
V_t	Marktwert des Unternehmens in dem Zeitpunkt t, Firmenwert in dem Zeitpunkt t, Unternehmenswert in dem Zeitpunkt t
w	Ausfallwahrscheinlichkeit (default probability)
w_t	Ausfallwahrscheinlichkeit (default probability) im Zeitpunkt t
μ	Momentrendite
σ	Volatilität
σ_V	Standardabweichung der Wachstumsrate des Unternehmensvermögens V

Speziell in Kap. 4 verwendete Symbole und Variabeln

B_i	Menge aller bonitätserklärende Einflussfaktoren einer Anleihen i, i = 1, 2, 3, ...
M	Menge aller relevante Marktfaktoren einer Anleihenbewertung
tiefgestelltes B	Bonitätsrisikoloses Wertpapier B
tiefgestelltes i	Bonitätsrisikobehaftetes Wertpapier i, i = 1, 2, 3, ...
$W_{i \text{ bzw. } B}$	Menge aller wertpapierspezifischen Einflussfaktoren Anleihe i bzw. B
$X_{1,2,3,\ldots,n}$	Einflussfaktoren der Bonitätsprämie einer Anleihe

Speziell in Kap. 5 und 6 verwendete Symbole und Variabeln

$A(y)$	Aktivierungsfunktion
B_i	unternehmensspezifische Kennzahl i des Neuronalen Netzes, $i = 1, 2, 3, ...$
E	Gesamter Fehlerwert eines Neuronalen Netzes
$\hat{e}_i$	Vom KNN berechtete Bonitätsprämie (Credit Spread) für eine Anleihe i bzw. einen Kredit i, $i = 1, 2, 3, ...$
I	Menge an Eingangsneuronen
J	Restlaufzeit einer Anleihe in Jahren
K	Menge an Ausgangsneuronen
M_i	makroökonomische Kennzahl i des Neuronalen Netzes, $i = 1, 2, 3, ...$
n	Menge an Dendriten bzw. Eingangsinformationen
o	Ausgabewert eines Neurons bspw. auch in der Ausgabeschicht
oe_i	Ausgabewert eines Neurons i in der Eingabeschicht, $i = 1, 2, 3, ...$
ov_j	Ausgabewert des Neurons j in der versteckten Schicht, $j = 1, 2, 3, ...$
oa_k	Ausgabewert eines Neurons k in der Ausgabenschicht, $k = 1, 2, 3, ...$
oe_{pi}	Ausgabewert eines Neurons i in der Eingabeschicht für den Datensatz p
ov_{pj}	Ausgabewert des Neurons j in der versteckten Schicht des Datensatzes p
oa_{pk}	Ausgabewert eines Neurons k in der Ausgabenschicht für den Datensatz p
P	Menge der Datensätze in der Lernmenge bzw. Trainingsmenge
p	Trainingsmuster bzw. Datensatz, $p = 1, 2, 3, ...$
P_T	Menge der Datensätze in der Testmenge bzw. Validierungsmenge
R^m	reelle Funktion m
R^n	reelle Funktion n
s_F	Fehlerwert eines Neuronalen Netzes
s_t	10-Tages-Standardabweichung der täglicher Differenzen der Indexrendite
T	titelspezifische Kennzahlen i des Neuronalen Netzes, $i = 1, 2, 3, ...$
$T(x)$	Identitätsfunktion
t_{pk}	Zielwert für den Datensatz p an dem Ausgabeneuron k
$W_{i \text{ bzw. } B}$	Menge aller wertpapierspezifischen Einflussfaktoren Anleihe i bzw. B
w_{ij}	Gewichtungsfaktoren w zwischen dem Neuron i und j

w_{ijp}	Veränderung des Gewichtungsfaktoren w zwischen dem Neuron i und j aufgrund des Datensatzes p
x_i	(Eingangs-)Information in der Input-Ebene
α	Momentum
Δ	Veränderung; Differenz
δ_{pk}	Lokaler Fehlerwert an dem Neuron k für einen Datensatz p
η	Lernkoeffizient, Lernrate, Lerngeschwindigkeit

Abkürzungsverzeichnis

α-Fehler	Anteil der tatsächlich insolvenzgefährdeten Unternehmen
A	Aktivierungsfunktion
β-Fehler	Anteil der tatsächlich gesunden Unternehmen
BA	Bundesanzeiger
BAWe	Bundesaufsichtsamt für den Wertpapierhandel
BbankG	Bundesbankgesetz
BösG	Börsengesetz
BP-14	Backpropagation-Algorithmus 14
BR	Baetge-Rating
CAPM	Capital Asset Pricing Model
CFR	Cash Flow Rendite
CFR_t	Cash Flow Rendite im Zeitpunkt t
CFU	Cash Flow zu Umsatz
CFK	Cash Flow zu Gesamtkapital
Co.	Company
CUSIP	Committee on Uniform Securities Identification Procedures
DAX®	Deutscher Aktienindex
DCF-Methode	Discounted Cash Flow Methode
DCF-Methodik	Discounted Cash Flow Methodik
DVFA/SG	Deutsche Vereinigung für Finanzanalyse und Anlageberatung e.V. / Arbeitskreis „Externe Unternehmensrechnung“ der Schmalenbach-Gesellschaft – Deutsche Gesellschaft für Betriebswirtschaft
EBIT	Earnings before Interest and Taxes
Ed.	Edition
EK	Eigenkapital
EKQ, EQ	Eigenkapitalquote
EKQ_t	Eigenkapitalquote im Zeitpunkt t
EKR	Eigenkapitalrendite
EKR_t	Eigenkapitalrendite im Zeitpunkt t
EW	Erwartungswert
EZB	Europäische Zentralbank
FR	Forward Rate
GE	Geldeinheiten
GuV	Gewinn- und Verlustrechnung
Ggs.	Grundsätzlich
HR	Handelsregister

I	Insolvenzgefährdete Unternehmen
IAS	International Accounting Standards
ID	Identity
IdW	Institut der Wirtschaftsprüfer in Deutschland
Inc.	Incorporation
ISMA	International Securities Market Association
JA	Jahresabschluss
KI-Methoden	Methoden der Künstlichen Intelligenz
KNN	Künstliche Neuronale Netze
KWG	Kreditwesengesetz
L	Quasi-Verschuldungsgrad
LQ	Liquiditätsquote
LQ_t	Liquiditätsquote im Zeitpunkt t
MDA	Multivariate Diskriminanzanalyse
MLP	Multi-Layer-Perceptron
Moody's®	Moody's Investor Service Incorporation
N-Wert	Neuronaler Netz-Wert
o.Jg.	ohne Jahrgang
op	Optionspreismodell
PLC	Public Limited Company
REX®	Rentenindex der Deutschen Börse AG
RL-System	Rentabilität-Liquiditätssystem
ROI	Return on Investment
ROI-Schema	Renturn on Investment-Schema (enstpricht dem DuPont-Kennzahlensystem)
RSW-Modell	Rendite-Sicherheit-Wachstums-Modell
S	Solvente Unternehmen
SEC	Securities and Exchange Commission
S&P®	Standard and Poor's Corporation
SNNS®	Stuttgarter Neuronaler Netz Simulator
Sp.	Spalte (n)
SPSS®	Statistical Package for the Social Sciences
st	stochastisches Modell
UR	Umsatzrentabilität
US	United States
US-GAAP	US – Generally Accepted Accounting Principles

WRBS	Wachstumsrate Bilanzsumme
$WRBS_t$	Wachstumsrate Bilanzsumme im Zeitpunkt t
WRU	Wachstumsrate Umsatz
WRU_t	Wachstumsrate Umsatz im Zeitpunkt t
Xetra®	Exchange Electronic Trading
Z''-Score, Z-Kurve	Funktionswert innerhalb von ALTMAN (1996) geführten Unterschung
ZVEI	Zentralverband der Elektrotechnik- und Elektroindustrie e.V.

1. Einleitung

Die Übernahme und das Management von Risiken sind die Eckpfeiler des Bankgeschäfts.[1]

Das US-Telekommunikationsunternehmen MCI Worldcom hält mit 12,2 Milliarden US-Dollar zur Zeit den Emissionsrekord von Unternehmensanleihen.[2] Anleger waren im Mai 2001 bereit, diesen Betrag dem Unternehmen als Kredit zur Verfügung zu stellen und erhielten hierfür einen Zins in Höhe von ca. 7,5 % p.a. Dieser Kreditzins lag deutlich über dem allgemeinen Niveau, welches (kupon-, laufzeit- und währungsabhängig) ca. 5,5 % p.a betrug. Die Differenz in Höhe von ca. 244 Millionen US-Dollar p.a. lässt sich auf das durch die Anleger übernommene Risiko zurückführen, welches darin bestand, dass die Gesellschaft insolvent werden und somit ihren Zahlungsverpflichtungen nicht mehr nachkommen könnte.[3] Welche Faktoren determinieren derartige Differenzen? Wie können Kreditgeber das Risiko quantifizieren und damit zu ihren Entscheidungen gelangen?

1.1 Problemstellung

Gegenstand des *Risikomanagements* ist es, die bereits bestehenden und zukünftigen Risiken eines Unternehmens mit der Zielsetzung zu steuern, dass zum einen die *Risikotragfähigkeit* eines Unternehmens nicht überschritten und zum andern eine *optimale Risiko-Rendite-Kombination* erreicht wird.[4] Die Strategien im Umgang mit dem Risiko gliedern sich in *Risikovermeidung, Risikoverminderung, Risikoüberwälzung* und *Risikoakzeptanz,*[5] wobei Unternehmen in der Regel einen Strategie-Mix verfolgen und alle vier Möglichkeiten mit unterschiedlichen Gewichten kombinieren. Aufgabe des *Risikocontrollings* ist es, die *Informationen für die Entscheidungen des Risikomanagements* bereitzustellen, wobei zunächst die Risiken *identifiziert* werden, um sie anschließend zu *quantifizieren.* Vorbereitend für die Formulierung der Risikostrategie

---

[1] Vgl. Deutsche Bank (1996), S. 29.

[2] Im Mai 2001 wurde dieser Betrag in fünf Tranchen mit jeweils unterschiedlichem Kupon und unterschiedlicher Restlaufzeit an verschiedenen Börsen platziert. Emissionsbank waren J.P. Morgan Chase & Co. und Salomon Smith Barney. Die Anleihen wurden größtenteils in US-Dollar, aber auch in Euro und Britisch Pfund begeben. Diese und weitere Informationen zur Anleihenemissionen sind dem BLOOMBERG Service® entnommen. Vgl. www.bloomberg.de und www.bloomberg.com/de/products/prod1.html.

[3] Das Unternehmen wurde von der Agentur Standard & Poor's mit BBB+ eingeschätzt, zu der Bedeutung dieser Einschätzung bzw. des Symbols vgl. Abbildung 18.

[4] Vgl. hier und im Folgenden Baetge, Jerschensky (1999), S. 171ff.

[5] Vgl. Hoffjan (1999), S. 23f.

innerhalb des Risikomanagements zeigt das Risikocontrolling die *Konsequenzen und Optionen der Risikosteuerung* auf.[6]

Kreditinstitute unterliegen in ihren Geschäften diversen Risiken, wobei die *Quantifizierung* des *Adressenausfallrisikos* einen besonders hohen Stellenwert einnimmt.[7] Beispielsweise allokierte die Deutsche Bank AG Ende des Jahres 1998 über 70 % ihres Ökonomischen Eigenkapitals für diese Risikoart.[8] Neben dem klassischen Kreditgeschäft wird das Problem der Bewertung des Kreditrisikos auch beim Handel mit *Unternehmensanleihen* deutlich, der in jüngster Vergangenheit deutlich zugenommen hat.[9] In beiden Geschäftsfeldern obliegt dem Risikocontrolling die Aufgabe der Informationsbereitstellung.

Parallel zu dieser Entwicklung steigt die Anzahl der *Unternehmensinsolvenzen* an (vgl. Abbildung 1). Sowohl die Anzahl an Insolvenzfällen als auch die Höhe der Insolvenzschäden haben stark zugenommen. Die Forderungsverluste sind von 8,1 Mrd. DM im Jahre 1990 auf 37 Mrd. DM im Jahre 1995 gestiegen. Die durchschnittliche Schadenshöhe betrug 1,5 Mio. DM je Insolvenzfall.[10] Die Kreditinstitute werden mit steigenden Kosten durch diese Kreditausfälle stark belastet. Nur die effiziente „Verrechnung" dieser Kosten, d.h. die Belastung von risikoreicheren Krediten mit einem höheren Zins, sichert ein ertragsorientiertes Aktivgeschäft. Eine pauschale Erhöhung des Kreditzinses führt zwangsläufig - durch die erhöhte Preissensitivität und die abnehmende Loyalität der Kunden gegenüber der Hausbank -

6 Vgl. Baetge, Jerschensky (1999), S. 173.

7 Vgl. Deutsche Bank (1999), S. 123ff.

8 Vgl. Deutsche Bank (1999), S. 121. Das Ökonomische Eigenkapital ist das Kapital, „das notwendig ist, um auch unerwartete Verluste mit sehr hoher Sicherheit abzufangen. Die Deutsche Bank ermittelt das Ökonomische Kapital für Ausfall-, Markt- und Geschäftsrisiken". Deutsche Bank (1999), S. 125f. Aus Anleihen resultierende Kreditrisiken werden in diesem Fall unter dem Begriff Marktpreisrisiken subsumiert.

9 Erklärungsansätze für das deutlich gestiegene Volumen an gehandelten und emittierten Anleihen finden sich bei Rometsch, Kolb (1999), S. 296f. Im Einzelnen handelt es sich um einen gestiegenen Finanzierungsbedarf von Unternehmen, ausgereizte Kreditlinien der Unternehmen aufgrund von Bankenfusionen, einen gestiegenen Bedarf von Investoren an (risikoreicheren) alternativen Anlageformen aufgrund des historisch niedrigen Kapitalmarktzinsniveaus, eine wachsende private Altersvorsorge (in den USA sind die Pensionskassen der Hauptinvestorenkreis für Unternehmensanleihen) und eine erfahrungsgemäß niedrige Korrelation zwischen Aktien- und Rentenmärkten und somit wachsende Diversifikationsmöglichkeiten.

10 Vgl. Bröker (2000), S. 5., zu einer detaillierten Analyse der Insolvenzentwicklung vgl. Kirmße (1996), S. 1ff.

zu einem Rückgang der Erträge aus dem Kreditgeschäft.[11]

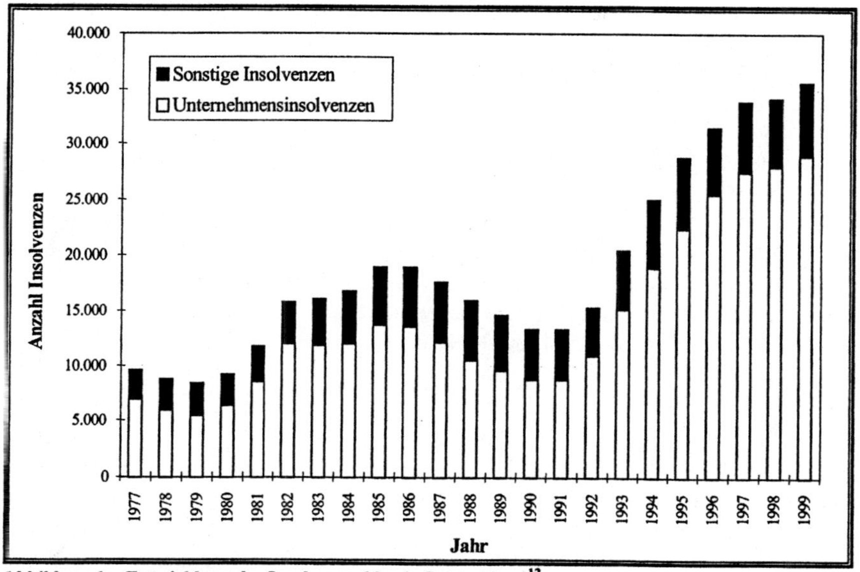

Abbildung 1: Entwicklung der Insolvenzzahlen in Deutschland[12]

Dieser marktwirtschaftlich bedingte Druck auf die Ertragslage der Kreditinstitute wird von einer aufsichtsrechtlichen Verpflichtung begleitet, die als *„Basel II"*[13] bekannt ist. Hiermit werden Kreditinstitute verpflichtet, bei der Vergabe von Krediten eine *individuelle Risikoprüfung* durchzuführen, die bspw. über ein Ratingsystem institutionalisiert werden kann.[14] Während auf internationalen Kapitalmärkten tätige Unternehmen bereits heute ein *externes Rating* durch spezialisierte Unternehmen (so genannte Ratingagenturen) erwerben, stellt das Kreditrisikopapier es der Bank frei, eine Risikoprü-

[11] Vgl. Tegeder (1996), S. 281.

[12] In Anlehnung an Bröker (2000), S. 6. Ab dem Jahr 1991 inklusive der neuen Bundesländer.

[13] Das Kreditrisikopapier „A New Capital Adequacy Framework" wird als zweite wesentliche Änderung durch das Gremium von Bankenaufsichtsbehörden mit Sekretariatssitz in Basel beschrieben. Vgl. Baseler Ausschuss für Bankenaufsicht (1999). Als „Basel I" werden die aus der 6. Novelle des Kreditwesengesetzes und der Neufassung des Eigenkapitalgrundsatzes I abgeleiteten Bestimmungen für die Erfassung des Preis- und (teilweise) des Adressenausfallrisikos bezeichnet. Vgl. Schulte-Mattler (1999), S. 530.

[14] Vgl. Schulte-Mattler (1999), S. 531.

fung durch einen internen Bewertungsprozess sicherzustellen.[15] Diese Möglichkeit führt zu der Überprüfung der bankinternen Prozesse zur Kreditwürdigkeitsprüfung, da nur ein sehr kleiner Teil der Kunden deutscher Banken über ein externes Rating verfügt.[16] Insbesondere bei der Kreditvergabe an mittelständische Unternehmen herrscht zur Zeit eine hohe Unsicherheit bzgl. der Konsequenzen des Kreditrisikopapiers.[17] Neben Großbanken sind auch Privatbanken, Sparkassen und Genossenschaftsbanken von der Umstellung betroffen und erarbeiten zur Zeit neue Verfahren zur Bewertung des Kreditrisikos.

Diese Situationsdarstellung verdeutlicht, dass die Quantifizierung des Adressenausfallrisikos in einer modernen Risikosteuerung als Teilprozess bzw. Modul des Risikomanagements ein erfolgskritischer Faktor für Finanzinstitutionen geworden ist. Um ein ertragsorientiertes Kreditgeschäft sicherzustellen, muss eine *risikoorientierte Bepreisung des einzelnen Kreditgeschäftes* gewährleistet werden.[18]

1.2 Ziel der Arbeit

Einen Beitrag zur Lösung des Problems der Quantifizierung des Kreditrisikos zu leisten, ist das *Oberziel* der vorliegenden Arbeit. Hierbei werden *drei Unterziele* verfolgt:

(1) Zusammenstellung und kritische Reflexion von Verfahren zur Quantifizierung des Kreditrisikos[19]

Im Rahmen der Verfolgung des ersten Unterziels werden die bestehenden *modelltheoretischen* und *heuristischen Verfahrensweisen* zur Quantifizierung des Kreditrisikos untersucht.[20] Diese unterschiedlichen Ansätze werden anhand konsistenter Kriterien

15 Diese bankinterne Risikoprüfung setzt das Einverständnis der Bankenaufsicht voraus. Ein allgemeiner Konsens bei der Risikoprüfung hat sich bisher noch nicht herausgebildet. Vgl. Schulte-Mattler (2001), S. 62f.

16 Vgl. Jansen (2001b), S. 101.

17 Vgl. hier und im Folgenden Völkel (2001), S. 6ff.

18 Vgl. Flesch (1994), S. 23; Flesch (1995), S. B 9; Schüller (1995), S. 175f.

19 Zur Unterscheidung des Begriffspaares Adressenausfall- und Ausfall- bzw. Kreditrisiko und zu dem diesbezüglichen Verständnis der vorliegenden Arbeit vgl. Kap. 2.2.

20 Im Weiteren werden hierzu zunächst die modelltheoretischen und heuristischen Verfahrensweisen voneinander abgegrenzt. Die vorliegende Arbeit vernachlässigt den Bereich der Kreditportfoliorisiken. Offensichtlich stellt die Summe der Einzelkreditrisiken nicht das Gesamtrisiko einer Bank darstellt. Die Ansätze CreditRisk+®, Portfolio Manager®, CreditMetrics® und der CreditPortfolioManager® sind hier die in der Bankbetriebswirtschaftslehre aktuell diskutierten Modelle, die eine Portfoliobetrachtung explizit berücksichtigen. Da die vorliegende Arbeit ein innovatives Verfahren der *einzelgeschäftsbezogenen* Kreditrisikobewertung darstellt, steht eine Erweiterung der gefundenen Ergebnisse um eine Portfoliobetrachtung noch aus.

bewertet. Dieses Unterziel stellt somit eine Zusammenfassung und Würdigung der aktuellen Diskussion zur einzelgeschäftsbezogenen Kreditzinskalkulation dar.

(2) Konzeption eines marktorientierten Kreditrisikobewertungsverfahrens

Das zweite Unterziel leitet sich aus den Ergebnissen des ersten ab. Die Kritikpunkte an den bestehenden Verfahren führen zur *Konzeption eines neuen Ansatzes.* Während modelltheoretische Bewertungsverfahren aus Theorien abgeleitet werden, liegen dem zu konzipierenden Verfahren Beobachtungen der Realität zugrunde. Es soll auf bereits gefundenen Zusammenhängen aufbauen und relevanten Erkenntnisse aus der *empirischen Kapitalmarktforschung*, den *finanzmarkttheoretischen Modellen* und der *Bilanzanalyse* zusammenführen, um eine *kreditmarktorientierte Risikobewertung* zu entwickeln. Durch diese Zielsetzung ergibt sich ein *heuristisches Lösungsverfahren zur marktorientierten Kreditrisikobewertung.*

(3) Empirische Analyse mittels des kreditmarktorientierten Bewertungsansatzes

Das dritte Unterziel ist die Ermittlung der *Prognosegüte*[21] des entwickelten marktorientierten Bewertungsverfahrens. Eine empirische Studie, aufbauend auf den theoretischen Erkenntnissen, soll diese Güte aufzeigen. Hierzu ist es notwendig, ein geeignetes Instrument aus den konzeptionellen Ansprüchen abzuleiten. Als Ergebnis dieser Untersuchung lassen sich Aussagen über die *Anwendungsmöglichkeiten* des Konzeptes treffen.

1.3 Gang der Ausführungen

Die Abfolge der Ausführungen in den nachfolgenden Kapiteln lehnt sich an die im Kapitel 1.2 beschriebenen Unterziele an. Zunächst wird im Kapitel 2 die Problematik der Quantifizierung des Kreditrisikos aufgegriffen. Hierzu wird der Begriff des Risikos allgemein definiert, um darauf aufbauend das Wesen und die Stellung des bankbetrieblichen Kreditrisikos zu beschreiben. Kreditzinskalkulationsverfahren[22] werden erörtert, um diese kriteriengeleitet hinsichtlich ihrer Eignung zu überprüfen.

Die Bilanzanalyse wird in der Praxis regelmäßig im Rahmen der Bonitätsprüfung von Unternehmen und der damit verbundenen Risikoquantifizierung verwendet, sodass im

---

21 Das aus dem griechischen stammende Wort Prognose bedeutet Vorhersage. Häufig wird mit diesem Wort die Vorhersage der Zukunft in Zusammenhang gebracht. In der vorliegenden Arbeit wird der Begriff abweichend verstanden. Als Prognosegüte wird die Genauigkeit verstanden, mit der ein modelltheoretisch bestimmter Wert mit einem vorgegebenen Wert übereinstimmt.

22 Ein Kreditzinskalkulationsverfahren bestimmt den für einen Kredit vom Gläubiger zu erhebenden Kreditzins. Dieser beinhaltet neben dem „sicheren Zins" das bewertete Ausfallrisiko, welches der Gläubiger trägt. Zu den Begriffen „sicherer Zins" und Ausfallrisiko vgl. Kap. 2.2.

Kapitel 3 dieses Instrument gesondert beschrieben wird. Hierzu wird zunächst die Bilanzanalyse allgemein vorgestellt, um anschließend auf die verschiedenen Analyseverfahren einzugehen. Zunächst werden die traditionellen Verfahren der Kennzahlenbildung und Kennzahlensysteme, dann die Scoringmodelle und statistisch basierte Verfahren der Diskriminanzanalyse sowie Künstliche Neuronale Netze beschrieben. Diese werden auf ihre Eignung als einzelgeschäftsbezogene Kreditzinskalkulationsverfahren hin untersucht.

Die zu den modelltheoretischen und heuristischen Verfahren herausgestellten Kritikpunkte und die damit in Verbindung stehenden Bilanzanalyseverfahren leiten über in das im Kapitel 4 zu konzipierende marktorientierte Kreditbewertungsverfahren. Zunächst wird die Zielsetzung erläutert, und es werden die Grundannahmen festgelegt. Die Systematisierung bestehender kapitalmarktorientierter Untersuchungen leitet über in die detaillierte Beschreibung des Kreditrisikos von Unternehmensanleihen. Aus der Bewertung dieses Risikos am Kapitalmarkt wird ein Prognosemodell abgeleitet. Dieses wird mittels der bereits in den Kapiteln 2 und 3 angewandten Kriterien gewürdigt.

Im Kapitel 5 wird ein geeignetes Mustererkennungsverfahren zur Umsetzung des marktorientierten Bewertungsansatzes ausgewählt, indem zunächst die theoretischen Voraussetzungen beschrieben werden. Hier zeigt sich, dass sich Künstliche Neuronale Netze als Instrument eignen. Ein bestimmtes Netz, ein Multi-Layer-Perceptron, wird in den Bewertungsansatz integriert. Neben der Herleitung einer Netzstruktur werden die gewonnenen Ergebnisse der empirischen Studie aufgezeigt, um sie anschließend hinsichtlich ihrer Eignungsgüte zu bewerten. Hierzu wird die ratinggestützte Kreditzinskalkulation als ein öffentlich zugänglicher Vergleichsmaßstab verwendet.

Die Möglichkeiten der Anwendung der gefundenen Zusammenhänge und die hiermit verbundenen Forschungsfelder werden im Kapitel 6 dargestellt. Inhaltlich endet die Arbeit mit einer Schlussbetrachtung (Kap. 7).

2. Die Quantifizierung des Ausfallrisikos als bankbetriebliche Problemstellung

Im folgenden Kapitel 2.1 wird zunächst der Begriff Risiko definiert und es werden die verschiedenen subjektiven Einstellungen bei der Wahrnehmung des Risikos beschrieben. Sowohl im Rahmen von Risikobewertungsmodellen als auch Erklärungsansätzen realer Sachverhalte wird häufig eine Risikoeinstellung unterstellt, sodass eine Beschreibung der verschiedenen Typen notwendig wird. Aufbauend auf der allgemeinen Risikodefinition wird in Kap. 2.2 ein spezielles Risiko, das Ausfallrisiko, definiert und seine Stellung innerhalb der bankspezifischen Risiken erklärt. Im weiteren Analyseverlauf werden in Kap. 2.3 verschiedene Instrumente zur Quantifizierung des Ausfallrisikos systematisiert und anhand einzelner Modelle Wirkungszusammenhänge zwischen dem Ausfallrisiko und seinen Einflussfaktoren erläutert. In den Kap. 2.4 und 2.5 werden die beschriebenen Instrumente hinsichtlich ihrer Eignung als Quantifizierungsinstrument gewürdigt.

2.1 Definition des Risikos und der Risikoeinstellungen

Der Begriff *Risiko* wird in der Literatur nach verschiedenen Gesichtspunkten definiert. Zunächst wird zwischen formalen und materiellen Aspekten unterschieden.[23] In *formaler* Hinsicht wird das Begriffspaar Unsicherheit und Risiko voneinander abgegrenzt.[24] *Unsicherheit* beschreibt die Tatsache, dass die zukünftige Entwicklung nicht gewiss, d.h. nicht absehbar ist. Es bestehen verschiedene mögliche Umweltentwicklungen.[25] Falls man für den Eintritt eines Umweltzustandes eine (subjektive) Wahrscheinlichkeit angeben kann, handelt es sich um ein *Risiko*. Die Unsicherheit wird somit messbar.[26] Die Wahrscheinlichkeit kann entweder aus empirischen Häufigkeitsverteilungen oder heuristischen Regeln abgeleitet werden.[27] In *materieller* Hinsicht wird der Begriff Risiko in eine *ursachen-* und eine *wirkungsbezogene* Betrachtung unterteilt. Als ursachenbezogen wird die Gefahr einer Entscheidung aufgrund einer Fehlinformation bezeichnet. Demgegenüber wird als wirkungsbezogen die

23 Vgl. Büschgen (1992), S. 32.

24 Vgl. hier und im Folgenden Berens, Delfmann (1995), S. 71 und S. 76.

25 Vgl. Knight (1921), S. 20; Spremann (1996), S. 91f.

26 Vgl. Kirmße (1996), S. 9.

27 Neben dieser abgrenzenden Definition wird Risiko als Unsicherheit beschrieben, da es als ein „Zustand des Auseinanderfalls der subjektiven Wahrscheinlichkeiten über unterschiedliche mögliche Zustände (...) [bezeichnet wird], oder insgesamt die Unterscheidung Risiko und Unsicherheit für fragwürdig [ge]halten“ wird (die mit [ ] gekennzeichneten Inhalte wurden vom Verfasser hinzugefügt); Kirmße (1996), S. 9; vgl. auch Hirshleifer (1973), S. 31; Arrow (1985), S. 417; Schneider (1992), S. 35.

Gefahr des Eintritts eines Verlustes aufgrund der Risikowirkung verstanden.[28] Die unterschiedlichen materiellen Risikoinhalte lassen sich in Anlehnung an SCHIERENBECK im prozessualen Entscheidungsvorgang einordnen.[29] Hierbei besteht der Entscheidungsprozess aus Informationserhebung, Entscheidung und Kontrolle der Umsetzung durch die generierten Ergebnisse.

Eine alternative Abgrenzung von Risiko und Unsicherheit findet sich bei ADAM.[30] Risiko lässt sich demnach durch die Entscheidungsrelevanz bzw. die Entscheidungselastizität von der Unsicherheit abgrenzen. Eine unsichere Datensituation wird erst dann zu einem Risiko für den Entscheider, wenn die einmal getroffene Entscheidung unveränderbar ist.

In der vorliegenden Arbeit wird der Begriff Risiko als Gefahr der negativen Abweichung der Ausprägung einer finanzwirtschaftlichen Zielgröße von einem ex-ante bestimmten Referenzwert verstanden.[31] Es wird dabei kein Schwerpunkt auf eine Definition (bspw. einer Unterscheidung in einer ursachen- oder wirkungsbezogenen Betrachtung) oder einen Teilprozess im Entscheidungsvorgang[32] gelegt, sondern vielmehr eine Synthese angestrebt.[33]

Es existieren verschiedene Formen des Umgangs mit dem Risiko. Dieser ist i.d.R. subjektiv und drückt sich in dem *persönlichen Risikoempfinden* aus. Dieses korrespondiert mit der Nutzenfunktion u (x), die einem risikobehafteten Ergebnis x einen Nutzen u (x) zuordnet.[34] Hierbei werden die Wahrscheinlichkeiten für das Eintreten eines Ergebnisses als Nutzenziffern interpretiert und durch eine Transformation in eine äquivalente Nutzenfunktion überführt.[35] Die Höhe des Nutzens ist eine subjekti-

---

28 Vgl. Büschgen (1992), S. 32.

29 Vgl. Schierenbeck (2000), S. 71ff.

30 Vgl. hier und im Folgenden Adam (1996), S. 194f.

31 Eine positive Abweichung wird als Chance bezeichnet. Diese Definition des Risikos beschränkt sich auf die negative Abweichung, sodass der Definition des so genannten „downside risk" gefolgt wird. Vgl. Hartmann-Wendels, Pfingsten, Weber (2000), S. 540.

32 Vgl. hierzu Schierenbeck (2000), S. 71ff. oder Adam (1996), S. 194, wobei hier kein Teilprozess betrachtet wird, sondern das Kriterium „Elastizität der einmal getroffenen Entscheidung", Adam (1996), S. 194, zur Begriffsdefinition herangezogen wird.

33 Vgl. Berger (1987), S. 253; Bitz (1993), S. 642; Mülhaupt (1980), S. 188 und Rolfes (1985), S. 9f.

34 Das Konzept des Risikonutzens geht auf die Beobachtungen des Mathematikers Daniel Bernoulli zurück (Bernoulli-Prinzip). Von Neumann und Morgenstern zogen diese Erkenntnisse zur Ableitung der Risikonutzenfunktion heran. Vgl. von Neumann, Morgenstern (1973).

35 Vgl. Berens, Delfmann (1995), S. 84.

ve Größe des Entscheidungsträgers. Die Risikopräferenz spielt also in dem Bewertungsvorgang eine bedeutsame Rolle. Eine Erhöhung der möglichen Ergebnisgröße (x) um einen beliebigen Multiplikator n stellt nicht unbedingt eine Erhöhung des Nutzens (u (x)) um denselben Multiplikator dar. Der Nutzenzuwachs wird durch eine subjektive Bewertung des risikobehafteten Ergebnisses (Präferenz) widergespiegelt, sodass man in der Literatur häufig die Bezeichnung „*Risiko-Nutzenfunktion*" findet.[36]

Als Sicherheitsäquivalent wird das sicher eintretende Ergebnis beschrieben, zu dem sich der Entscheidungsträger in der Wahl gegenüber „seinem" risikobehafteten Ergebnis indifferent verhält.[37] Angenommen, ein Entscheider steht vor der Wahl ein sicheres Ergebnis x_3 oder ein jeweils mit 50-prozentiger Wahrscheinlichkeit eintretendes Ergebnis x_1 oder x_2 zu erhalten. Falls der subjektiv empfundene Nutzen $u(x_3)$ gleich dem Nutzen der risikobehafteten Alternative $(u(x_1) + u(x_2)) / 2$ ist, dann drückt x_3 die Höhe des Sicherheitsäquivalentes aus. Das Sicherheitsäquivalent entspricht dem Erwartungswert der Risikonutzenfunktion.

Innerhalb der subjektiven Bewertung werden vier verschiedene Präferenzgruppen unterschieden:[38] *Höhen-, Arten-, Zeit- und Sicherheitspräferenz.*

Die *Höhenpräferenz* ist die ausschließliche Orientierung des Entscheidungsträgers an der Höhe des Ergebnisses. Als Beispiele gelten die Maximierungs- und die Minimierungsregel.[39] Falls in einer Nutzenfunktion diese Präferenz als einzige beachtet würde, resultiert daraus eine lineare Nutzenfunktion. Bei der *Artenpräferenz* erfährt das Ergebnis einen höheren Nutzen durch seine Klassenzugehörigkeit, d.h. der Entscheidungsträger bewertet durch seine subjektive Einstellung ein Ziel höher als ein anderes (z.B. Gewinn ist wichtiger als Umweltschutz). Die *Zeitpräferenz* legt eine Ordnung durch den Zeitpunkt des Eintreffens fest. Die *Sicherheitspräferenz* beschreibt die Vorziehungswürdigkeit, die den zu vergleichenden Ergebnissen aufgrund der Unsicherheit ihres Eintritts zukommt.[40]

---

[36] Vgl. Berens, Delfmann (1995), S. 81.
[37] Vgl. hier und im Folgenden Berens, Delfmann (1995), S. 82f. und S. 85.
[38] Vgl. Sieben, Schildbach (1994), S. 25ff.
[39] Vgl. hier und im Folgenden Bamberg, Coenenberg (2000), S. 27f.
[40] Vgl. Sieben, Schildbach (1994), S. 26.

Für die weitere Untersuchung wird unterstellt, dass mittels eines Bewertungsprozesses die Arten-, Zeit und Sicherheitspräferenz in ein Ergebnis transformiert werden,[41] sodass sich der Entscheidungsprozess ausschließlich an der Höhe des Ergebnisses orientiert (Höhenpräferenz).

Risikoneutralität, *Risikoaversion* und *Risikofreude* sind die drei unterschiedlichen Einstellungen eines Entscheiders, die in einer Risikonutzenfunktion zum Ausdruck kommen können. Hierzu kann die Risikonutzenfunktion in einem Koordinatensystem abgetragen werden, in dem die x-Achse das Ergebnis aufzeigt und die y-Achse diesem Ergebnis den zugehörigen Nutzen zuordnet.[42] Der in Abbildung 2 dargestellte Funktionsverlauf entspricht dem Fall der *Risikoneutralität.* Einem Zuwachs des Ergebnisses (x_2 - x_1) wird aufgrund der linearen Zuordnungsvorschrift und einer unterstellten Steigung von „1" ein ebenso hoher Nutzenzuwachs (u (x_2) - u (x_1)) gegenübergestellt. Folglich sind die Strecken $\overline{x_1 x_2}$ und $\overline{u(x_1)\, u(x_2)}$ gleich groß.

Die in Abbildung 3 dargestellte konkave Funktion drückt eine *risikoaverse* Einstellung aus.[43] Das bedeutet, der Entscheider sieht den Zuwachs eines möglichen höheren Gewinns (Gewinn im allgemeinen Sinne) im Vergleich zum höheren Risiko als weniger bedeutsam an. Es wird in diesem Fall von einem Sicherheitsdenken ausgegangen. Der Grenznutzen durch einen höheren möglichhen Gewinn fällt stetig aufgrund dieser Transformationsvorschrift. Einem Zuwachs des Ergebnisses (x_2 - x_1) wird aufgrund der Zuordnungsvorschrift ein geringerer Nutzenzuwachs (u (x_2) - u (x_1)) gegenübergestellt. Dementsprechend ist die Strecke $\overline{x_1 x_2}$ größer als

---

[41] Bspw. wird die Zeitenpräferenz in der Investitionsrechnung durch eine Verzinsung der Zahlung ab dem Zeitpunkt der Einzahlung berücksichtigt, sodass ein Gewinn (in derselben Höhe) zu einem früheren Zeitpunkt einen höheren Wert zugeordnet bekommt als zu einem späteren. Vgl. auch zum Barwertkonzept bei der Betrachtung von Zahlungsströmen Schierenbeck (1999b), S. 178ff. Bei der Artenpräferenz könnte man als Beispiel Stammaktien und Vorzugsaktien betrachten. Diese beiden ihrer Art nach unterschiedlichen Aktientypen werden zu verschiedenen Kursen gehandelt, sodass sich der Entscheider lediglich an der Höhe des Ergebnisses orientieren muss. Bei der Sicherheitspräferenz könnte man als Beispiel den Optionspreis heranziehen. Dieser wächst bei einem Anstieg der Volatilität des unterlegten Basiswertes an (vgl. Kap. 2.3.2.2). Die erhöhte Unsicherheit wird durch einen erhöhten Optionspreis ausgeglichen, sodass der Entscheider sich wiederum ausschließlich an der Höhe orientieren muss.

[42] Vgl. zu den folgenden Ausführungen Berens, Delfmann (1995), S. 85 ff. und Sieben, Schildbach (1994), S. 66f.

[43] Vgl. hier und im Folgenden Berens, Delfmann (1995), S. 86.

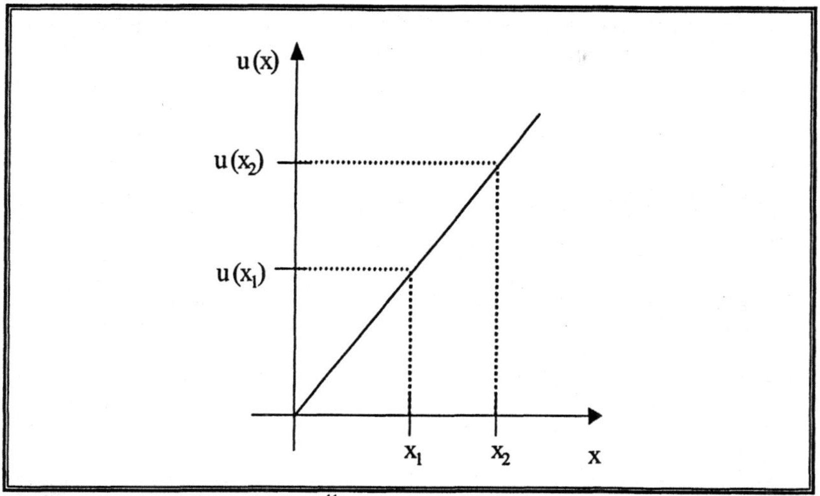

Abbildung 2: Lineare Nutzenfunktion[44]

die Strecke $\overline{u(x_1)\,u(x_2)}$. Das Sicherheitsäquivalent ist bei einer streng konkaven Funktion stets kleiner als der Erwartungswert.[45]

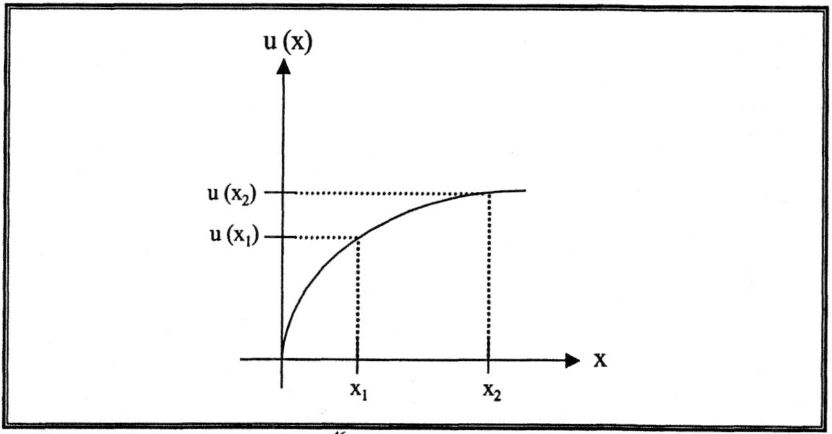

Abbildung 3: Konkave Nutzenfunktion[46]

44 In Anlehnung an Berens, Delfmann (1995), S. 85.
45 Vgl. Adam (1996), S. 216.
46 In Anlehnung an Berens, Delfmann (1995), S. 86.

Die konvexe Nutzenfunktion in Abbildung 4 gibt die Einstellung eines *risikofreudigen* Entscheiders wieder, der umgangssprachlich auch als Spekulant oder Glücksspieler bezeichnet wird.[47] Der Nutzen einer höheren Gewinnchance wird stärker gewichtet als der eigentliche Ergebniszuwachs, sodass der Grenznutzen steigt. Einem Zuwachs des Ergebnisses $(x_2 - x_1)$ wird aufgrund der Zuordnungsvorschrift ein höherer Nutzenzuwachs $(u(x_2) - u(x_1))$ gegenübergestellt. Folglich ist die Strecke $\overline{x_1 x_2}$ kleiner als die Strecke $\overline{u(x_1)\,u(x_2)}$. Das Sicherheitsäquivalent ist stets größer als der Erwartungswert.[48]

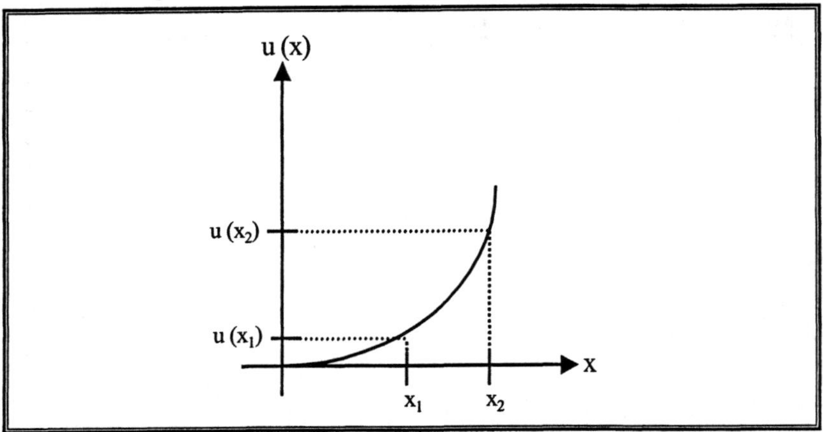

Abbildung 4: Konvexe Nutzenfunktion[49]

In der Realität wird man selten die alleinige Ausprägung eines Typen vorfinden. Es handelt sich bei der grafischen Darstellung der individuellen Risikoeinstellung vielmehr um eine Kombination von konkaven und konvexen Kurvenabschnitten. Die Ökonomen SAVAGE/FRIEDMAN konnten mit Hilfe einer empirischen Untersuchung

47 Vgl. hier und im Folgenden Berens, Delfmann (1995), S. 87.
48 Vgl. Adam (1996), S. 216.
49 In Anlehnung an Berens, Delfmann (1995), S. 87.

ihre These einer sich abwechselnden Funktion nachweisen (S-förmig).[50/51] Dieser Grundüberlegung liegt die in Abbildung 5 dargestellte Nutzenfunktion zugrunde. Sie wird auch als realitätsnahe Abbildungsvorschrift bezeichnet.[52]

HAHNENSTEIN/WILKENS/RÖDER weisen nach, dass die BLACK & SCHOLES-Formel zur Optionspreisbestimmung[53] mit Hilfe des Prinzips der risikoneutralen Bewertung abgeleitet werden kann.[54] Hieraus folgt, dass modelltheoretische Ansätze zur Kreditzinskalkulation basierend auf der Optionspreistheorie, wie sie im Weiteren vorgestellt werden, i.d.R. eine risikoneutrale Bewertung voraussetzen.

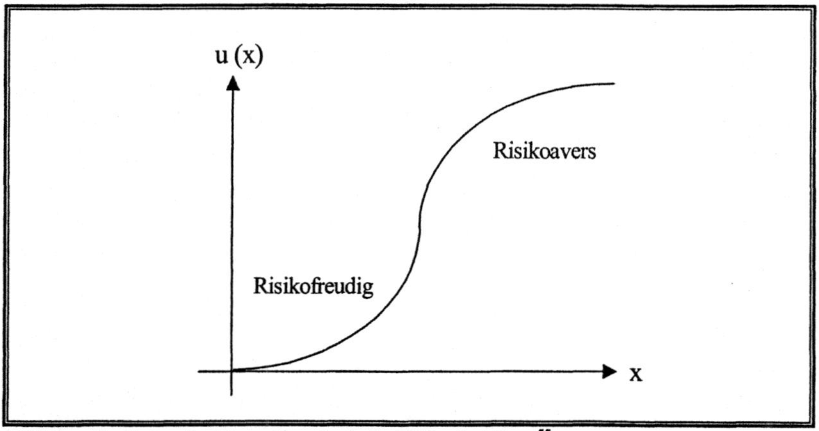

Abbildung 5: Nutzenfunktion mit wechselnder Risikoeinstellung[55]

50 Vgl. Friedman, Savage (1948), S. 279ff., Bamberg, Coenenberg (1994), S. 76ff.

51 Die Abhängigkeit der Risikoeinstellung von der Ergebnishöhe lässt sich an einem einfachen Beispiel deutlich machen: Es wird eine Münze geworfen. Wenn „Kopf" erscheint, bekommt man die Summe X ausbezahlt, wenn „Zahl" erscheint bekommt man nichts. Die Summe X wird von einer dritten Person „kostenlos" bereitgestellt. Bei Verzicht auf das Spiel bekommt man die Hälfte der bereitgestellten Summe X ausbezahlt. Fall 1: X = 1 EURO; Fall 2: X = 500.000 EURO. Es kann unterstellt werden, dass man sich im ersten Fall eher für das Spiel entscheidet, sich also risikofreudig, im zweiten Fall es eher ablehnt, sich also risikoavers verhält. Vgl. zu der allgemeinen Beschreibung des oben dargestellten Beispiels Berens, Delfman (1995), S: 86.

52 Vgl. Schneeweiß (1967), S. 81ff.

53 Vgl. zu der Bedeutung der Formel für die Bestimmung des Kreditrisikos Kap. 2.3.2.2.

54 Vgl. Hahnenstein, Wilkens, Röder (2001), S. 3ff.

55 In Anlehnung an Berens, Delfmann (1995), S. 87; von den Autoren wird eine Nutzenfunktion des Typs Savage-Friedman dargestellt. Diese setzt sich aus weiteren konvexen und konkaven Kurvenbestandteilen zusammen.

Für den praktischen Umgang mit dem Risiko bei Banken wiederum stehen sich verschiedene konkurrierende Hypothesen bzgl. der unterstellten Risikoeinstellung von Kreditinstituten gegenüber.[56] Theoretische Ansätze deuten auf eine risikoaverse Einstellung hin. Dies widerspricht jedoch Beobachtungen der Praxis sowohl aus verhaltensorientierter als auch aus organisatorischer Sicht.[57]

2.2 Ausfallrisiko als bankspezifisches Risiko

Im Verlauf dieses Kapitels wird das Ausfallrisiko in die Risiken von Banken eingeordnet und definiert. Hierzu werden allgemeine Unternehmensrisiken genannt und ergänzend die bankbetrieblichen Risiken erläutert. Hier wird zunächst das Ausfallrisiko in Abgrenzung vom Marktpreisrisiko erklärt. Anschließend wird das für diese Arbeit unterstellte Verständnis des Ausfallrisikos als Bonitätsrisiko aufgrund von Bonitätsveränderungen beschrieben.

Allgemeine *Unternehmensrisiken* werden regelmäßig in die Teilbereiche *Betriebs-, Personal- und Markterfolgsrisiko* eingeteilt.[58] Das *Betriebsrisiko* entsteht durch qualitative oder quantitative Abweichungen zwischen den sachlich-technischen Erfordernissen und der entsprechenden Ausstattung eines Unternehmens (technisches Risiko). Unter dem Betriebsrisiko wird ebenfalls das Organisationsrisiko subsumiert, das aus der Ablauf- oder Aufbauorganisation resultiert.[59] Das *Personalrisiko* bezieht sich auf eine Nichtdeckung der qualitativen Ansprüche an eine Stelle und die entsprechenden Eigenschaften des Stelleninhabers.[60] In quantitativer Hinsicht besteht zudem das Risiko der Über- oder Unterdimensionierung der personellen Kapazitäten.[61] Das allgemeine *Markterfolgsrisiko* entsteht aufgrund der bestehenden Unsicherheit hinsichtlich des Absatzes der produzierten Leistungen eines Unternehmens. Analog zu dem o.g. Betriebsrisiko wird zwischen dem qualitativen und quantitativen Risiko unterschieden.

---

56 Vgl. auch für die folgenden Ausführungen Hartmann-Wendels, Pfingsten, Weber (2000), S. 531ff.

57 Vgl. zu den theoretischen Ansätzen zur Erklärung der Risikoeinstellung von Banken Santomero (1995), S. 1ff.

58 Vgl. Kirmße (1996), S. 10.

59 Vgl. Schmoll (1985), S. 230f.; Brakensiek (1991) S. 18f.

60 Vgl. Kirmße (1996), S. 11.

61 Vgl. Bröker (2000), S. 10.

Diese allgemeinen Risiken sind für Banken gleichermaßen relevant. Sie sollen im Weiteren um die *bankspezifischen Risiken* erweitert werden.[62] Typischerweise wird für Kreditinstitute zwischen dem *Liquiditäts-* und dem *Erfolgsrisiko* differenziert (vgl. Abbildung 6).[63] Das *Liquiditätsrisiko* umfasst das *Liquiditätsspannungs-*, das *Termin-* und das *Abrufrisiko.*[64] Das *Liquiditätsspannungsrisiko* ist die Gefahr einer fehlenden benötigten Anschlussfinanzierung. Die Möglichkeit einer Prolongation von Aktivgeschäften beschreibt das *Terminrisiko.* Das *Abrufrisiko* besteht aufgrund von außerplanmäßigen Inanspruchnahmen von Kreditzusagen bzw. unerwarteten Abzügen von Einlagen. *Erfolgsrisiken* unterteilen sich in das *Marktpreis-* und das *Adressenausfallrisiko.* Das „Basle Committee on Banking Supervision" definiert das *Marktpreisrisiko* als die Gefahr von (negativen) Marktpreisänderungen bilanzieller oder außerbilanzieller Positionen.[65] Hierbei werden regelmäßig die Risiken aufgrund von *Zins-, Aktienkurs-, Währungskurs-* und *Warenpreisänderungen* unterschieden. Als optionsspezifisches Risiko ist insbesondere das „Volatilitätsrisiko" zu berücksichtigen, das die „Gefahr der Wertveränderung durch Schwankungen der Volatilität im Underlying der Optionsposition beschreibt"[66].

Im Rahmen des Kreditgeschäftes einer Bank mit einem Kunden vertraut die Bank darauf, dass der Kunde die Fähigkeit und die Bereitschaft besitzt, die Schuldenverpflichtungen ordnungsgemäß (d.h. vereinbarungsgemäß) zu erfüllen. Dabei verzichtet der Kreditgeber für einen bestimmten Zeitraum (Kreditlaufzeit) auf die Nutzung eines bestimmten Kapitalbetrages (Kreditvolumen).[67] Der Kreditnehmer hat für diese Überlassung Zinsen (Kreditzins) zu bezahlen.[68] Das *Adressenausfallrisiko* wird verstanden als die Gefahr, dass ein Schuldner seine Forderungen nicht vollständig zur vereinbarten Zeit begleicht. Der häufigste Grund ist die Zahlungsunfähigkeit, wobei auch Zahlungsunwilligkeit genannt wird.[69] Ein Kreditrisiko oder Ausfallrisiko beruht

---

62 Zur Systematisierung von bankspezifischen Risiken vgl. Berger (1987), S. 251; Hagenmüller, Jacob (1988), S. 259f.; Jacob (1988), S. 6f.; Moser, Quast (1994), S. 665ff.; Schierenbeck (1999b), S. 4ff.; Schuster (1989), S. 208f.

63 Vgl. Schierenbeck (1999b), S. 7f.

64 Vgl. hier und im Folgenden Bröker (2000), S. 11f.

65 Vgl. Basle Committee on Banking Supervision (1996), S. 1; Rolfes (1999), S. 47f.; Lister (1997), S. 7.

66 Bröker (2000), S. 1, innerhalb der Optionspreistheorie (vl. auch Kap. 2.3.2.2) führt der Anstieg der Volatilität bspw. einer Aktie zu einem Wertzuwachs der Option.

67 Vgl. Grill, Perczynski (1995), S. 35.

68 Eine spezielle Form der Kreditvergabe ist eine festverzinsliche Anleihe. Der Kreditgeber ist der Käufer, der Kreditnehmer der Emittent der Anleihe. Die grundsätzlichen Ausführungen zu dem Kredit können auf die Anleihe übertragen werden.

69 Vgl. Bröker (2000), S. 12.

auf der Tatsache, dass die erwarteten Kreditausfälle von den Ist-Ausfällen abweichen.[70]

Die vorliegende Arbeit erweitert den Begriff Adressenausfallrisiko über die Insolvenz des Schuldners hinaus. Bei einer engen Auslegung des Begriffs wird das Risiko eines Wertverlustes nämlich erst in dem Moment des Ausfalls des Schuldners wirksam[71]. Unter dem *Bonitätsrisiko*[72] werden die Verluste aufgrund von Bonitätsveränderungen verstanden.[73] Bereits bei der Verschlechterung der Bonität des Schuldners wird das Bonitätsrisiko wirksam, da die Wahrscheinlichkeit des Ausfalls erhöht und folglich der Wert des Kredites reduziert wird.[74]

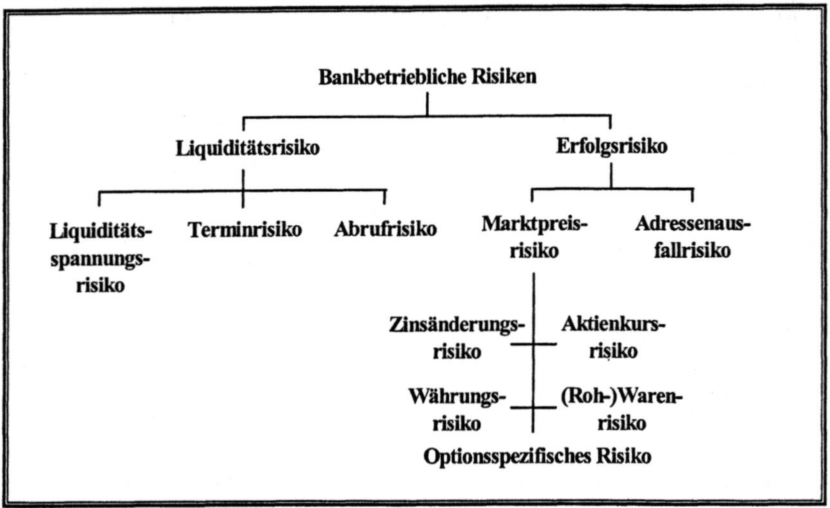

Abbildung 6: Bankspezifische Risiken[75]

---

[70] Vgl. Schierenbeck (1999), S. 227.

[71] Vgl. Bröker (2000), S. 12.

[72] Vgl. auch zu dem Begriff Bonitätsrisiko (bei Anleihen) Kap. 4.3.2.1.

[73] Vgl. Federal Reserve System Task Force on Internal Credit Risk Models (1998), S. 18ff.; Rolfes (1999), S. 332f.

[74] Häufig wird in diesem Zusammenhang von einer marktorientierten Bewertung des Kredites gesprochen (vgl. Kap. 4.3).

[75] In Anlehnung an Bröker (2000), S. 11, wobei die gewählte Abbildung lediglich den externen Leistungsbereich darstellt.

Problematisch ist in diesem Zusammenhang die Operationalisierung des Adressenausfallrisikos.[76] Gemäß dem o.g. Risikoverständniss ist dies die Gefahr einer Differenz zwischen einem erwarteten und einem realen Zahlungsstrom. Analog zu dem Barwertkonzept können die Zahlungsströme in einen (Bar-)Wert übertragen werden, indem die zukünftigen Zahlungen auf einen einheitlichen Bezugszeitpunkt abdiskontiert werden.[77] Die zukünftigen Zahlungen sind nicht die mit dem Kreditvertrag verbundenen, sondern um Risikokosten (Standard-Risikokosten) bereinigte Zahlungsströme. Dies liegt darin begründet, dass Kreditinstitute mit der Ausgabe von Krediten auch Verluste - resultierend aus der Nichtrückzahlung einzelner Kredite - erwarten. Der Wert des Kredites verändert sich aufgrund einer bonitätsinduzierten Veränderung des Schuldners.[78]

Folglich tritt das Kreditrisiko nicht erst dann ein, wenn der Schuldner ganz oder teilweise nicht mehr in der Lage ist, seine Verpflichtungen zu erfüllen. Eine derartige Erweiterung des Begriffs Adressenausfallrisiko verbietet eine strikte Abgrenzung vom Marktpreisrisiko.[79]

2.3 Systematisierung der einzelgeschäftsbezogenen Instrumente zur Risikoquantifizierung

2.3.1 Übersicht

Während das Kapitel 2.2 das in Verbindung mit einem Kredit existierende Risiko beschrieb, wird im Weiteren aufgezeigt, mit welchen Methoden diese Risiken bewertet werden können. Die folgenden Instrumente berücksichtigen die

---

76 Vgl. auch Kap. 4.3.2.1.

77 Vgl. bspw. zu dem Barwertkonzept Schierenbeck (1999b), S. 178ff.

78 Die Begriffe Ausfallprämie, Bonitätsprämie, Bonitätsrisikoprämie, bepreistes Kreditrisiko bzw. Adressenausfall-, Ausfallrisiko und Kreditrisiko werden im Weiteren synonym gebraucht, wobei die Begriffe inhaltlich, gemäß dem Verständnis des Ausfall- bzw. Kreditrisikos, zu verstehen sind. Zur Unterscheidung des Begriffspaares Ausfall- und Bonitätsrisiko vgl. Rolfes (2001), S. 4. Als „expected loss" wird der erwartete Verlust aufgrund der Risikokostenkalkulation bezeichnet (Standard-Risikokosten). Als unerwarteter Verlust („unexpected loss") wird demgegenüber die Tatsache beschrieben, dass die Verluste aus dem Forderungsausfall die erwarteten Verluste übersteigen. Vgl. Bröker (2000), S. 14. Die Unterscheidung der Begriffe bezogen auf einen einzelnen Kredit findet sich bei Kirmße (1996), S. 13f.

79 Aufgrund der signifikanten Bedeutung des Firmenkundengeschäfts wird im Weiteren auf die Risikobewertung von Firmenkrediten abgestellt. Vgl. zu der Kreditrisikobewertung bei Privatkunden bspw. Hartmann-Wendels, Pfingsten, Weber (2000), S. 156ff. oder Schierenbeck (1999), S. 253ff.

Eintrittswahrscheinlichkeit eines Verlustes entweder im- oder explizit. Hierzu kann man zum einen die Betrachtungsebenen und zum anderen die Modellableitungen als Unterscheidungskriterium heranziehen. Der Schwerpunkt der vorliegenden Arbeit liegt auf einer einzelgeschäftsbezogenen Betrachtungsebene, somit wird auf portfoliotheoretische Aspekte der Risikobewertung verzichtet.[80] Es werden im Folgenden die modelltheoretischen Ansätze und anschließend heuristische Kalkulationsverfahren dargestellt.

Unter dem Begriff Modell versteht die betriebswirtschaftliche Theorie „Hilfsmittel zur Erklärung und Gestaltung realer Systeme“[81]. Ein Modell schafft ein Abbild der Realität. Bei diesem Vorgang wird eine gewollte Abstraktion unterstellt, d.h., die Realität wird immer nur unvollständig abgebildet.[82] Die Zielsetzung modelltheoretischer Ansätze zur Kreditzinskalkulation liegt in der Bewertung des Kreditrisikos.

Falls die (mathematische) Lösung des aus der Realität stammenden, im Modell vereinfacht abgebildeten Problems nicht eindeutig bestimmbar und modellimmanent nicht als optimal zu bezeichnen ist, wird das Problem als lösungsdefekt bezeichnet.[83] Ein Lösungsverfahren für eine lösungsdefekte Problemstellung wird gemäß STREIM heuristisch genannt, wenn auf nicht willkürliche Art und Weise potenzielle Lösungen vom Suchprozess ausgeschlossen werden und es keine Lösungsgarantie geben kann, da ein Konvergenzbeweis nicht führbar ist.[84] Es sind dabei nur solche Verfahren adressiert, bei denen kein exaktes mathematisches Verfahren vorliegen kann.[85] Der heuristische Lösungsprozess führt zu einer befriedigenden bzw. guten Lösung des Problems.[86] Heuristische Kreditzinskalkulationsverfahren sind Lösungsverfahren zur Bewertung des Kreditrisikos, wobei es sich dem o.g. Verständnis folgend um eine gute, aber nicht (nachweisbar) optimale Lösung handelt.

Diese Definition bedingt, dass Heuristiken als eine Modellart verstanden werden können. Ein modelltheoretischer Ansatz zur Kreditzinskalkulation braucht eine modelldeduzierte Vorgehensweise, d.h., ausgehend von einem Bewertungsmodell wer-

80 Unter portfoliotheoretischen Aspekten werden die Diversifikations- und Risikostreuungseffekte verstanden. Vgl. Schierenbeck (1999), S. 228.

81 Adam (1996), S. 60. Vgl. zu dem Begriff Modell auch Berthel (1970), Sp. 1122ff.; Grochla (1969), S. 383ff.; Kosiol (1961), S. 318ff.

82 Vgl. Adam (1996), S. 60.

83 Vgl. Berens (1992), S. 5. Konsequenterweise werden die im Folgenden definierten und verwendeten Begriffe Heuristik oder heuristische Planung häufig im Zusammenhang mit schlecht-strukturierten Planungsproblemen benutzt. Im Weiteren werden die Begriffe Heuristik oder heuristische Planung synonym gebraucht.

84 Vgl. Streim (1975), S. 8.

85 Vgl. Berens (1992), S. 5.

86 Vgl. Schmitting (2000), S. 37.

den die Ausfallprämien berechnet. Die heuristischen Ansätze leiten demgegenüber aus den beobachteten Gegebenheiten (wie gemessenen Ausfallwahrscheinlichkeiten) Ausfallprämien ab.

2.3.2 Modelltheoretische Ansätze

In Kap. 2.3.2 wird zunächst ein Überblick und eine Systematisierung der bekannten Ansätze zur modelltheoretischen Bewertung des Ausfallrisikos gegeben. Anschließend werden (Kap. 2.3.2.1 und Kap. 2.3.2.2) die Grundmodelle der stochastischen und der optionspreistheoretischen Ansätze vorgestellt. Im Rahmen der Modellbeschreibungen werden die Wirkungszusammenhänge explizit beschrieben. Zum einen werden die Einflussfaktoren erläutert und zum anderen die funktionalen Zusammenhänge zwischen diesen und dem bewerteten Ausfallrisiko aufgezeigt. Diese modelltheoretischen Zusammenhänge werden im weiteren Analyseverlauf (Kap. 4) herangezogen, um eine Prognosemodell für die marktorientierte Bewertung von Kreditrisiken abzuleiten.

Bei der Quantifizierung des Ausfallrisikos bestehen zwei Grundprobleme:[87] Zum einen wird man mit der Modellierung diskreter, nicht-linearer Ereignisse wie der Bonitätsverschlechterung konfrontiert. Zum anderen sind vergangenheitsbezogene Marktdaten zur Prognose künftiger Kreditrisikoentwicklungen nur bedingt geeignet, da Kreditrisiken besonderen schuldnerspezifischen Faktoren ausgesetzt sind. In der Literatur sind verschiedene Modelle entwickelt worden, die das Ausfallrisiko bewerten.

Die *modelltheoretischen* Ansätze (vgl. Abbildung 7) lassen sich in zwei Gruppen gliedern: die *stochastischen*[88] und die *optionspreistheoretischen* Ansätze.[89] Die *stochastischen* Ansätze übertragen die Wahrscheinlichkeiten des Eintritts eines bestimmten Ereignisses direkt auf die Bewertung der Ausfallrisikos (konstante Parameter), oder greifen über die Annahme stochastischer Prozesse direkt auf die Ausfallwahrscheinlichkeit zurück (variable Parameter).[90] Die verschiedenen Ansätze unterscheiden sich darüber hinaus durch die Integration von verschiedenen Parametern zur Bestimmung der Ausfallprämie. Neben den Werten „Ausfallschwere" und „Steuern" wird in einigen Ansätzen auch die „Risikoeinstellung" einbezogen.[91] Die *optionspreistheoretischen* Ansätze modellieren das

87 Vgl. hier und im Folgenden Heinke (1998), S. 93ff.

88 Der Begriff stochastische Ansätze lässt sich auf die ausdrückliche Verwendung von (Ausfall-) Wahrscheinlichkeiten zurückführen.

89 Vgl. Das, Tufano (1996), S. 162.

90 Vgl. bspw. Biermann, Hass (1975); Duffie (1996).

91 Vgl. bspw. Yawitz (1977); Yawitz, Maloney, Ederington (1985), Skinner (1995); Wu (1991).

Risiko anhand der Optionspreistheorie von BLACK & SCHOLES und MERTON.[92] Hierbei wird das Eigenkapital als Option auf den Unternehmenswert interpretiert, und das bonitätsrisikobehaftete Fremdkapital als Portfolio aus einer risikolosen Fremdkapitalposition und einer verkauften Verkaufsoption auf den Unternehmenswert gesehen.[93] Während in den Grundmodellen ein konstantes Zinsniveau unterstellt wird, greifen neuere Ansätze auf ein stochastisch bestimmtes, variables Zinsniveau zurück.[94] Ein weiterer an den Grundmodellen geäußerter Kritikpunkt ist die Definition des „Konkurses". Es wird annahmegmäß unterstellt, dass dieser ausschließlich bei einer Fremdkapitalzahlung möglich ist, wenn der Verkaufserlös der Unternehmensaktiva hierfür nicht mehr ausreicht, sodass hierzu (nach deutschem Konkursrecht) das Unternehmen sowohl zahlungsunfähig als auch überschuldet ist.[95] Durch die gesonderte Definition eines kritischen Unternehmenswertes[96] wird in dem Modell von BLACK/COX die Überschuldung als hinreichendes Kriterium für das Eintreten des Konkurses bestimmt.[97]

Abbildung 7 fasst die beiden Entwicklungsrichtungen der Modellansätze zur Bonitätsbewertung zusammen und ordnet ihnen die wichtigsten Vertreter zu.[98] Da das Ziel dieser Arbeit nicht in der Validierung eines bestimmten Modellansatzes liegt, werden im Folgenden exemplarisch zwei Modelle skizziert.

---

92 Vgl. Black, Scholes (1973); Merton (1974). Das Modell bezieht sich ebenfalls auf stochastische Prozesse, jedoch wird keine ausdrückliche Annahme bezüglich der Ausfallwahrscheinlichkeit benötigt.

93 Vgl. Black, Scholes (1973), S. 649ff.; Merton (1974), S. 449ff.

94 Vgl. bspw. Geske (1977); Shimko, Tejima, van Deventer (1993).

95 Vgl. Longstaff, Schwartz (1995), S. 789. Für die Übertragung dieses Tatbestandes auf das deutsche Konkursrecht vgl. Gaida (1997), S. 86.

96 Falls der aktuelle Unternehmenswert den kritischen Unternehmenswert unterschreitet, tritt der Konkurs ein.

97 Vgl. Black, Cox (1976), S. 351ff.

98 Vgl. Heinke (1998), S. 94.

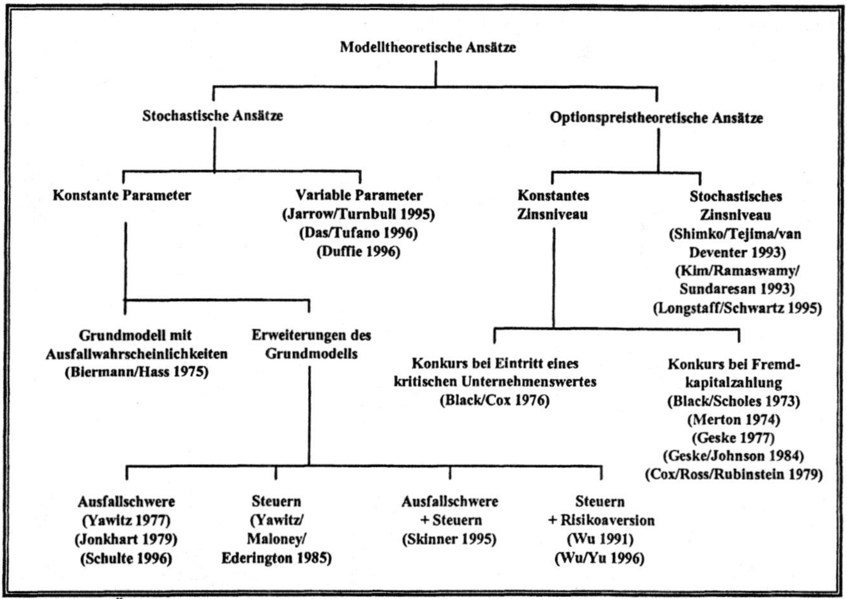

Abbildung 7: Überblick über die modelltheoretischen Ansätze zur Quantifizierung der Bonitätsrisikoprämie[99]

2.3.2.1 Stochastischer Ansatz

Eine der ersten analytischen Arbeiten, die sich mit dem stochastischen Ansatz zur Bewertung der Bonitätsrisikoprämie festverzinslicher Wertpapiere vor dem Hintergrund eines diskreten Zeitverständnisses beschäftigt, stammt von BIERMAN/HASS.[100] Dieses Grundmodell untersucht den Zusammenhang zwischen der *Bonitätsprämie* und einer *exogen gegebenen Ausfallwahrscheinlichkeit.* Da die Modellerweiterung von YAWITZ[101] auch die Ausfallschwere[102] beachtet und somit dem Verständnis der

99 In Anlehnung an Heinke (1998), S. 94.

100 Vgl. Bierman, Hass (1975), S. 757ff., Jonkhart (1979), S. 259; Wilhelm (1983); Heinke (1998), S. 97.

101 Vgl. Yawitz (1977), S. 481ff.

102 Die Ausfallschwere beschreibt die Möglichkeit, dass ein Kredit teilweise zurückgezahlt wird. Je höher die Ausfallschwere ist, umso geringer ist der Anteil, den der Kreditgeber vom Kreditnehmer erhält. Die Rückzahlungsquote y quantifiziert die Ausfallschwere.

Bonitätsprämie in dieser Arbeit folgt, wird dieser Ansatz im Weiteren beschrieben.[103] Folgende Annahmen werden getroffen:

- Anleger agieren risikoneutral auf einem effizienten Kapitalmarkt.[104]
- Es gibt eine Überlebenswahrscheinlichkeit im Zeitpunkt t, mit welcher das Unternehmen alle vertraglich fixierten Zahlungen leistet;[105] als Gegenwahrscheinlichkeit wird die Ausfallwahrscheinlichkeit definiert $w_t = 1 - p_t$; mit $p_t =$ Überlebenswahrscheinlichkeit (survival probability) in t und $w_t =$ Ausfallwahrscheinlichkeit (default probability) in t.[106]
- Falls der Kredit bzw. die Anleihe (teilweise) ausfällt, erhält der Kapitalgeber bzw. Anleger unmittelbar y Prozent vom Nominalbetrag (FK_N) der Forderung und y Prozent der fälligen Zinszahlung C. Vor Ausfall der Anleihe wurden alle Zahlungen pünktlich vollzogen. Die Rückzahlungsquote wird mit y beschrieben.
- T stellt den Fälligkeitszeitpunkt des Kredites bzw. der Anleihe dar, t den Betrachtungszeitpunkt.

Abbildung 8 beschreibt den Zahlungsstrom. In der ersten Periode $t = 1$ erhält der Investor mit einer Wahrscheinlichkeit von p_1 die Zinsen und mit einer Wahrscheinlichkeit von $1 - p_1$ die Rückzahlungsquote y auf die Summe aus Zinsen und Kreditvolumen. In Periode 2 erhält er dementsprechend mit einer Wahrscheinlichkeit von p_1 mal p_2 eine Zinszahlung und mit einer Wahrscheinlichkeit von p_1 mal $1 - p_2$ die Rückzahlungsquote multipliziert mit der Summe aus Zinsen und Kreditvolumen.[107]

---

103 Vgl. auch zu der Unterscheidung von Ausfallhöhe und Ausfallwahrscheinlichkeit Altman, Kishore (1996), S. 57.

104 Zur Definition eines effizienten Kapitalmarktes vgl. Kapitel 4.2.

105 Vgl. Bierman, Hass (1975), S. 758.

106 Die Ausfallwahrscheinlichkeit ist im Intervall [0;1] intervallskaliert. Festverzinsliche Wertpapiere mit $w = 0$ sind ausfallrisikolos. Vgl. Schulte (1996), S. 151.

107 Die Ausfallwahrscheinlichkeit p_t muss in den stochastischen Modellen explizit vorgegeben werden.

Hieraus wird deutlich, dass die Wahrscheinlichkeit der vollständigen Zahlung in t_2 an die Zahlung in t_1 geknüpft ist.[108]

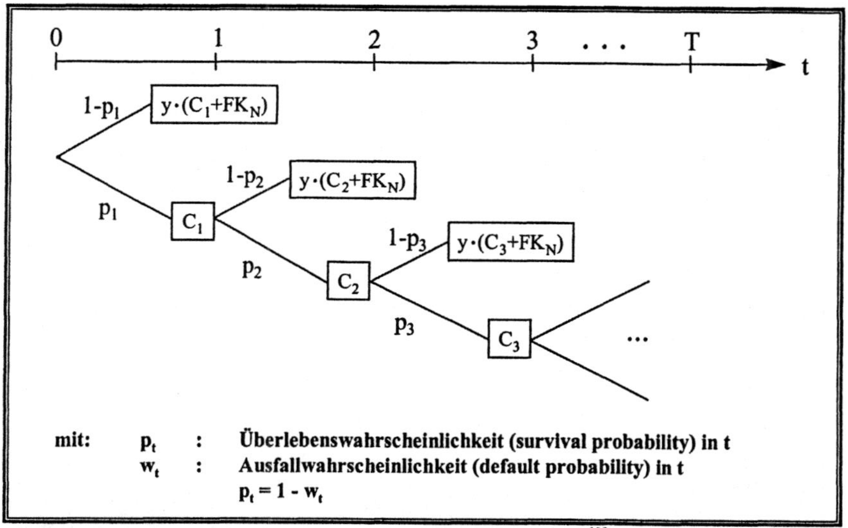

Abbildung 8: Mehrperiodiger bonitätsrisikobehafteter Zahlungsstrom[109]

Bei flacher Zinsstrukturkurve[110], d.h. r_B ist konstant über die Laufzeit, ergibt sich

108 Die Annahme eines vorzeitigen Laufzeitendes bei einem Ausfall notleidender Anleihen widerspricht der Wirklichkeit (vgl. Schulte (1996), S. 166). Falls eine Anleihe ausfällt, muss der Gläubiger eine Zeitlang auf die anteilige Tilgung warten. Diese Zeitverzögerung wird durch das Insolvenzverfahren begründet. Schulte kritisiert die Möglichkeit des Modells, dass der Schuldner sich unter bestimmten Parametereinstellungen im Konkursfall günstiger stellt. Nach Heinke ist dieser Fall jedoch denkbar (vgl. Heinke (1998), S. 98), und zwar, falls es sich um einen bevorrechtigten Titel handelt (vgl. Bühler (1983), S. 93 und Uhlir, Steiner (1994), S. 58).

109 In Anlehnung an Heinke (1998), S. 99.

110 Die Zinsstrukturkurve stellt den Zusammenhang zwischen der (Rest-)Laufzeit und der Verzinsung eines Kredites bzw. einer Anleihe dar. Hierzu werden die effektiven Renditen von Nullkuponanleihen (Zerobonds) mit unterschiedlichen Laufzeiten betrachtet. Die graphische Abbildung einer Zinsstrukturkurve stellt auf der x-Achse aufsteigende Restlaufzeiten und auf der y-Achse die zugehörigen effektiven (Jahres-) Renditen der Nullkuponanleihen dar. Vgl. zu den Anleiheformen Kap. 4.3.1, zu der Definition der Zinsstrukturkurve vgl. Steiner, Bruns (1998), S. 146.

gemäß dem Present-Value-Konzept[111] (unter der Annahme, dass $p_t = p_{t-1}$ und $C_t = C_{t-1}$ ist) ein Barwert bei risikoneutraler Bewertung von:

Gleichung 1

$$FK_M = \sum_{t=1}^{T-1} \frac{p^{t-1} \cdot (p \cdot C + (1-p) \cdot y \cdot (C + FK_N))}{(1+r_B)^t} + \frac{p^{T-1} \cdot (p \cdot (C + FK_N) + (1-p) \cdot y \cdot (C + FK_N))}{(1+r_B)^T}$$

mit FK_M: Marktwert des Fremdkapitaltitels,[112]
FK_N: Nominalwert (Rückzahlungsbetrag) des Fremdkapitaltitels,
C: Jährliche nominale Kuponzahlung der Anleihe,
r_B: Bonitätsrisikoloser Zins.

Durch die vereinfachende Annahme, dass ein Agio bzw. Disagio ausgeschlossen werden kann (d.h. im Falle eines festverzinslichen Wertpapiers eine Anleihe zu pari notiert), gilt:[113]

Gleichung 2

$$FK_M = \frac{C}{r} = FK_N,$$

mit r : bonitätsrisikobehafteter Zins, Fälligkeitsrendite der Anleihe.

Die Gleichung 1 lässt sich unter Beachtung von Gleichung 2 nach r auflösen:

Gleichung 3

$$r = \frac{1 + r_B}{p + y - p \cdot y} - 1$$

und mit **Gleichung** 4

$$e = r - r_B$$

mit r_B: Rendite einer bonitätsrisikolosen Anleihe

ergibt sich

111 Vgl. Copeland, Weston (1988), S. 28ff.; Perridon, Steiner (1997), S. 212ff.; Gebhardt (1993), S. 451ff.

112 Somit entspricht dieser Marktwert dem Barwert des Erwartungswert des Fremdkapitaltitels. Vgl. Verweise zum Present-Value-Konzept.

113 Vgl. Yawitz (1977), S. 484; Chiang, Kolb (1986), S. 195.

Gleichung 5

$$e = \frac{1 + r_B}{p + y - p \cdot y} - 1 - r_B,$$

mit e: Bonitätsprämie als Differenz aus risikoloser und risikobehafteter Anleihe.

Der bonitätsrisikobehaftete Zins, welcher einer risikoadjustierten Rendite entspricht, wird mit r beschrieben. Die Differenz aus r und dem risikolosen Zins r_B wird als Bonitätsprämie e definiert.[114] Aus der sich ergebenden Gleichung 5 geht hervor, dass die Parameter y und p in einem Austauschverhältnis stehen, d.h., jede risikoadjustierte Rendite kann mittels einer Fülle von Kombinationen aus y und p dargestellt werden.[115] Die Kombination einer hohen Ausfallschwere mit einer niedrigen Ausfallwahrscheinlichkeit kann mit einer niedrigen Ausfallschwere und einer hohen Ausfallwahrscheinlichkeit gleichgesetzt werden.[116]

Aus Gleichung 5 kann man nun die verschiedenen modelltheoretischen Determinanten und deren Einflussstärken auf die Bonitätsprämie ableiten. Es werden im Weiteren die Abhängigkeiten zwischen der Bonitätsprämie und der Ausfallwahrscheinlichkeit (Fall 1), der Bonitätsprämie und der Rückzahlungsquote (Fall 2), der Bonitätsprämie und dem risikolosen Zins (Fall 3) und der Bonitätsprämie und der Restlaufzeit (Fall 4) untersucht.

Fall 1 Progressiver Funktionszusammenhang zwischen der Bonitätsrisikoprämie und der Ausfallwahrscheinlichkeiten[117]

Falls die Rückzahlungsquote gleich null ist ($y = 0$), vereinfacht sich die Gleichung 5 dahingehend, dass e als Funktion der Ausfallwahrscheinlichkeit gesehen werden kann. Abbildung 9 zeigt unter der Annahme eines risikolosen Zinses von $r_B = 10\,\%$ den Zusammenhang zwischen Ausfallwahrscheinlichkeit und Bonitätsrisikoprämie.

Das in Abbildung 9 gezeigte progressive Steigungsverhalten drückt sich in der partiellen Ableitung erster und zweiter Ordnung nach p (bzw. 1-p) aus:

---

114 Vgl. Yawitz (1977), S. 484; Lamy, Thompson (1988), S. 590; Chiang, Kolb (1986), S. 195.

115 Für die empirische Untersuchung im Kapitel 5 wird nicht weiter zwischen Ausfallwahrscheinlichkeit und Rückzahlungsquote unterschieden.

116 Vgl. für die Darstellung von Kombinationen als Isoquanten Heinke (1998), S. 102f.

117 Diese Feststellung widerspricht der bekannten kapitalmarkttheoretischen Bewertungsmethodik einer linearen Risikoabgeltung. Vgl. Heinke (1998), S. 104. Für den Zusammenhang der funktionalen Beziehung und dem Rating von Agenturen, vgl. Steiner (1992), S. 514.

Gleichung 6

$$\frac{\partial e}{\partial p} = -\frac{(1+r_B)\cdot(1-y)}{(p+y-p\cdot y)^2} < 0$$

Gleichung 7

$$\frac{\partial^2 e}{\partial p^2} = \frac{2\cdot(1+r_B)\cdot(1-y)^2}{(p+y-p\cdot y)^3} < 0\ \forall(p,y) \neq (0,0) \wedge (p,y) \neq (1,1).$$

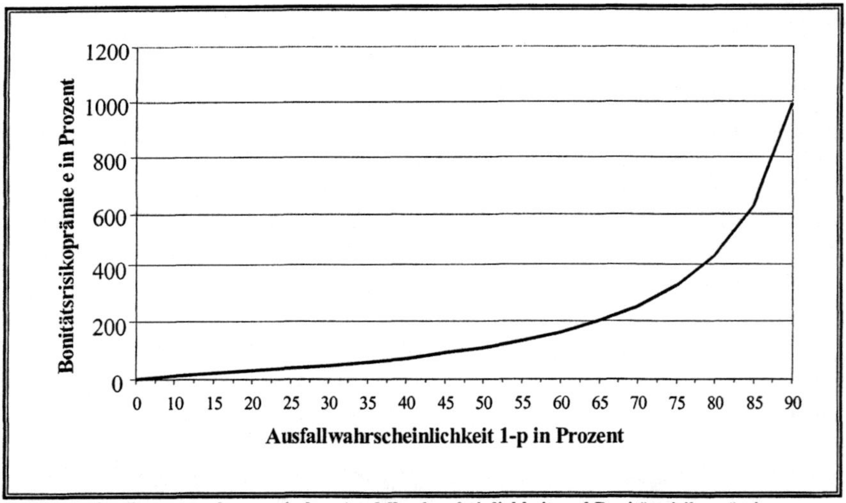

Abbildung 9: Zusammenhang zwischen Ausfallwahrscheinlichkeit und Bonitätsrisikoprämie

Fall 2 Die Steigung der Funktion „Bonitätsprämie in Abhängigkeit der Ausfallwahrscheinlichkeit" verändert sich bei variierenden Rückzahlungsquoten

Während in der Abbildung 9 eine konstante Rückzahlungsquote ($y = 0$) unterstellt wird, kann bei einer Variation ($y =]0;1[$) dieser ein sich variierendes Steigungsverhalten der Funktion beobachtet werden. Mit steigender Rückzahlungsquote flacht die Funktion ab.[118] Abbildung 10 zeigt den Funktionenraum für verschiedene Rückzahlungsquoten auf, wobei der risikolose Zins konstant bei 10 % ($r_B = 10$ %) gehalten

[118] Vgl. Wilhelm (1983), S. 205.

wird.[119] Es wird deutlich, dass der Einfluss der Rückzahlungsquote auf die Bonitätsprämie von der unterstellten Ausfallwahrscheinlichkeit abhängt. Falls man eine niedrige (hohe) Ausfallwahrscheinlichkeit 1-p unterstellt, resultiert aus einer Veränderung der Rückzahlungsquote y eine geringe (hohe) Veränderung der Bonitätsprämie e.

Diesen formalanalytischen Zusammenhang belegen die Ableitungen erster und zweiter Ordnung, da y einen nicht-linearen Einfluss auf die Werte der zweiten Ableitung hat (Gleichung 6 und Gleichung 7).

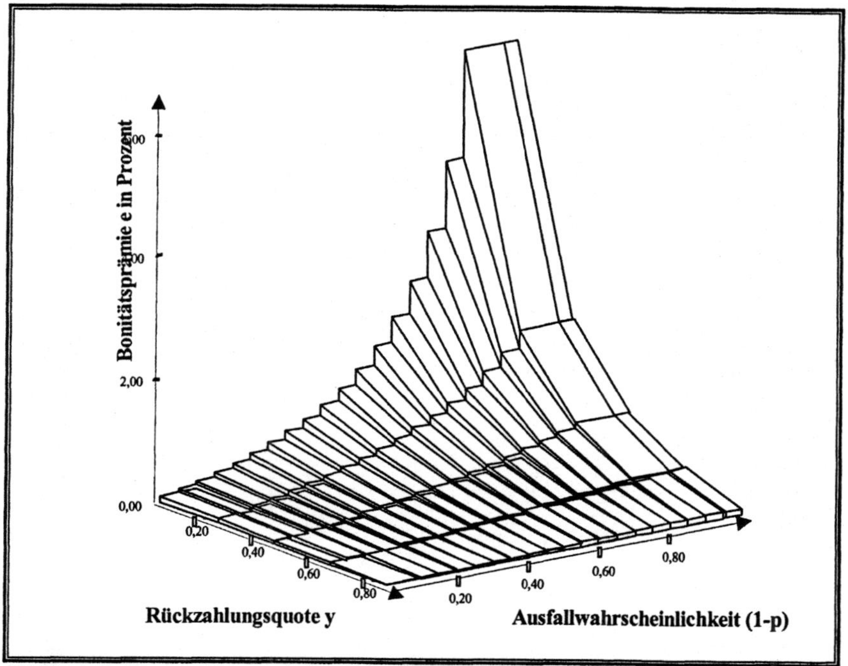

Abbildung 10: Zusammenhang zwischen Rückzahlungsquote, Ausfallwahrscheinlichkeit und Bonitätsprämie

119 Unter der Betrachtung realer Vorgänge kann man den Funktionenraum stark einschränken. So belegt eine Studie von Berblinger (1996), dass für einen Zeitraum von 21 Jahren die ermittelten Rückzahlungsquoten in Abhängigkeit von der Besicherung des Schuldtitels zwischen 16 % und 53 % lagen.

Fall 3 Linearer Zusammenhang zwischen dem risikolosen Zins und der Bonitätsrisikoprämie

Die Ableitungen der Gleichung 5 nach r_B (risikoloser Zins) zeigt den Einfluss des Marktzinsniveaus.[120]

Gleichung 8

$$\frac{\partial e}{\partial r_B} = \frac{1}{p + y - p \cdot y} - 1 > 0, \text{ da } p + y - py > 0 \text{ für } p, y = [0;1]$$

Gleichung 9

$$\frac{\partial^2 e}{\partial r_B^2} = 0 \ \forall (p, y) \neq (0,0) \wedge (p, y) \neq (1,1).$$

Abbildung 11 verdeutlicht den Zusammenhang für die Variation des risikolosen Zinses und die resultierenden Bonitätsprämien. Die Rückzahlungsquote wird für die graphische Abbildung vereinfacht als y = 10 % angenommen. Die Höhe der Ausfallwahrscheinlichkeit (1 – p) variiert in dem Bereich zwischen 10 – 90 Prozent. Es wird deutlich, dass ein Anstieg der Ausfallwahrscheinlichkeit zu einer größeren Steigung des Funktionsgraphen führt. Da diese jeweils partiell abgeleitet konstant ist (vgl. Gleichung 9), existiert ein linearer Zusammenhang zwischen dem risikolosen Zins und der Bonitätsprämie (bei einer unterstellten Ausfallwahrscheinlichkeit). Die Ableitung zeigt, dass ein höheres Niveau des Ausfallrisikos nicht zu unterschiedlichen Kurvenverläufen - mit Ausnahme der Steigung – führt bzw. der Wert der zweiten Ableitung (vgl. Gleichung 9) gleich Null ist.

---

120 Vgl. Schulte (1996), S. 158.

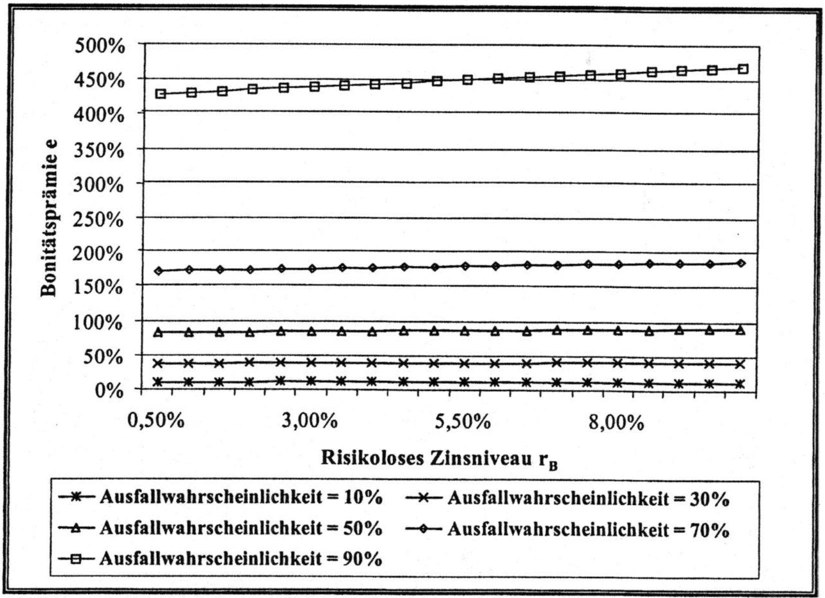

Abbildung 11: Zusammenhang zwischen Ausfallwahrscheinlichkeit, Zinsniveau und Bonitätsprämie

Fall 4 Wechselhafter funktionaler Zusammenhang zwischen der Restlaufzeit und der Bonitätsprämie

Aus Gleichung 5 geht hervor, dass kein ausdrücklicher Zusammenhang zwischen der Bonitätsprämie und der Restlaufzeit des Kredites besteht. Die Ableitung der Gleichung nach T-t (entspricht der Restlaufzeit) ist konstant null.[121] Die Ausfallwahrscheinlichkeit kann jedoch als Gesamtwahrscheinlichkeit verstanden werden, d.h., die Wahrscheinlichkeit, in t (mit t =[0;T]) keine vollständige Zahlung in t_T zu erhalten, nimmt im Zeitablauf ab.[122] Somit ist die Ausfallwahrscheinlichkeit von der Restlaufzeit abhängig; die Wahrscheinlichkeiten pro Periode p_t bleiben jedoch annahmegemäß konstant. Nach JONKHART kann der Einfluss der Restlaufzeit implizit betrachtet werden, da diese auf alle übrigen Parameter Einfluss hat.[123] Die Modell-

[121] Vgl. Yawitz (1977), S. 483.

[122] Vgl. Schulte (1996), S. 153.

[123] Vgl. hier und im Folgenden Jonkhart (1979), S. 256ff. Bei Rodriguez (1988), S. 116, kann sich der Einfluss der Restlaufzeit auf die Bonitätsprämie in Abhängigkeit von den Parametern als positiv oder negativ bzw. als monoton und nicht-monoton erweisen.

erweiterung erstreckt sich auf die Betrachtung der Fälligkeiten der versprochenen Zahlungen. Dazu geht die Modifikation davon aus, dass die zukünftigen Zahlungsströme reinvestiert werden. Hierzu wird der erwartete risikolose, einperiodige Zinssatz (FR) aus der aktuellen Zinsstrukturkurve abgeleitet. Somit ergibt sich die Bonitätsprämie als:[124]

Gleichung 10

$$e = \frac{1 - \prod_{t=1}^{T} \left(\frac{p_t}{1+FR_t}\right) - \sum_{t=1}^{T} (1-p_t)\cdot y_t \cdot \prod_{j=1}^{T} \left(\frac{p_{j-1}}{1+FR_j}\right)}{\sum_{t=1}^{T} (p_t + y_t - p_t \cdot y_t)\cdot \prod_{j=1}^{T} \left(\frac{p_{j-1}}{1+FR_j}\right)} - \frac{\prod_{t=1}^{T}(1+FR_t)-1}{1+\sum_{t=2}^{T}\prod_{j=t}^{T}(1+FR_j)}$$

mit FR_t: einperiodiger, risikoloser Zins für den Zeitraum t-1 bis t. Folglich ist der Forward Rate (FR) analog zu r_B aus den o.g. Gleichungen zu deuten, wobei hier die Zinsstrukturkurve eine explizite Berücksichtigung findet; der FR ist jeweils der Zins zwischen zwei unterschiedlichen Zeitpunkten,

p_t: erwartete Überlebenswahrscheinlichkeit für das Unternehmen in t,

y_t: erwartete Rückzahlungsquote in t,

j: stellt einen Laufindex dar.

Falls man nun die Abhängigkeit der Bonitätsprämie von der Restlaufzeit ermitteln will, kann man die Parameter Ausfallwahrscheinlichkeit und Rückzahlungsquote konstant setzen. Dieser Zusammenhang zwischen Restlaufzeit, Zinsstrukturkurve und der Bonitätsprämie wird anhand eines numerischen Beispiels dargestellt (vgl. Abbildung 12). Hierzu werden folgende Annahmen unterstellt: feste Ausfallwahrscheinlichkeit (1 - p = 0,1; dies entspricht einer erwarteten Überlebenswahrscheinlichkeit von 90 Prozent) und feste Rückzahlungsquote y = 0,99.[125]

---

124 Vgl. Jonkhart (1979), S. 256.

125 Es gilt für die inverse Zinsstrukturkurve: $FR_1 = 5$ %, $FR_2 = 4{,}5$ %, $FR_3 = 4{,}4$ %, $FR_4 = 4{,}3$ %, $FR_5 = 4{,}2$ % $FR_6 = 4{,}1$ %; für die normale Zinsstrukturkurve: $FR_1 = 4{,}1$ %, $FR_2 = 4{,}2$ %, $FR_3 = 4{,}3$ %, $FR_4 = 4{,}4$ %, $FR_5 = 4{,}5$ % $FR_6 = 5$ %; für die flache Zinsstrukturkurve: $FR_1 = 5$ %, $FR_2 = 5$ %, $FR_3 = 5$ %, $FR_4 = 5$ %, $FR_5 = 5$ % $FR_6 = 5$ %.

Es lässt sich folgendes beobachten: Je größer die Restlaufzeit ist, umso kleiner (größer) ist die Bonitätsrisikoprämie bei normaler (inverser) Zinserwartung.[126/127] Bei flacher Zinsstrukturkurve, d.h. $FR_t = FR_{t-1}$, verändert sich die Bonitätsrisikoprämie nicht durch eine Veränderung der Restlaufzeit.

Zusammenfassend kann konstatiert werden, dass im stochastischen Grundmodell *nicht-lineare*, *multidimensionale* und *kontextabhängige* Zusammenhänge zu beobachten sind. Die Nicht-Linearität wird beispielsweise am Zusammenhang zwischen der Ausfallwahrscheinlichkeit und der Bonitätsprämie deutlich. Das Merkmal der Multidimensionalität, d.h., die Verantwortlichkeit verschiedener Einflussfaktoren für die Wertbestimmung der Risikoprämie, verweist auf einen multivariaten Zusammenhang. Die Wirkungsweise einzelner Parameter (bspw. der Restlaufzeit) ist *kontextabhängig*. Dies bedeutet, dass die Wirkungsrichtung einzelner Einflussfaktoren partialanalytisch nicht eindeutig bestimmbar ist. Bspw. kann die Restlaufzeit sowohl einen positiven als auch negativen Einfluss auf die Bonitätsprämie ausüben (vgl. Abbildung 12) oder die Stärke der Einflussnahme der Rückzahlungsquote verändert sich in Abhängigkeit der Ausfallwahrscheinlichkeit (vgl. Abbildung 11). Diese Erkenntnisse werden im weiteren Analyseverlauf genutzt, um eine Prognosemodell abzuleiten (Kap. 4 und auch Kap. 5.1.1).

126 Alternativ ziehen Chiang, Kolb eine stationäre und zeitinvariante Verteilung des Firmeneinkommens heran, damit die Annahme der konstanten Überlebenswahrscheinlichkeit aufgehoben werden kann. Vgl. Chiang, Kolb (1986), S. 191ff. Als Ergebnis erhalten sie auch bei einer flachen Zinsstrukturkurve eine abhängige Bonitätsprämie (in Abbildung 12 handelt es sich um eine konstante Funktion, wodurch die Unabhängigkeit von Restlaufzeit und Bonitätsprämie ausgedrückt wird).

127 Vgl. zu weiteren Abhängigkeiten wie die Determinanten der Kursreagibilität oder der Einfluss des Nennwertes bspw. Heinke (1998), S. 110ff.

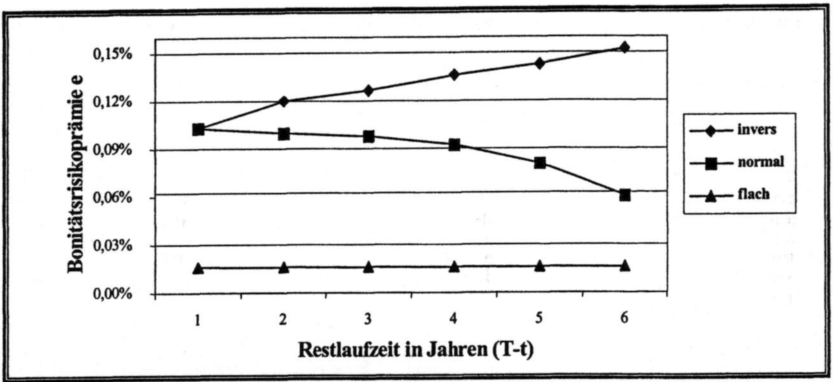

Abbildung 12: Zusammenhang zwischen Restlaufzeit, Zinsstrukturkurve und Bonitätsprämie

2.3.2.2 Optionspreistheoretischer Ansatz

Das auf dem *Optionspreismodell* basierende Kreditzinskalkulationsverfahren wird von KROB als der maßgebliche Ansatz zur kreditnehmerspezifischen Bewertung von Kreditrisiken bezeichnet.[128] Darüber hinaus wird in der Literatur für den Bereich der *marktpreisorientierten Ansätze* das *Capital Asset Pricing Model* (CAPM)[129] genannt.[130/131]

Der optionspreistheoretische Ansatz geht auf die *klassische Optionspreistheorie* von BLACK & SCHOLES und MERTON zurück.[132] Durch die Einbeziehung der Werte aller Vermögensgegenstände eines Unternehmens (Firmenwert) in die jeweiligen Bewertungen werden diese Modelle auch als *Firmenwertmodelle* bezeichnet. Die Grundüberlegung des Modells ist, dass die Eigenkapitalgeber am Tag der Kreditvergabe bzw. Fremdkapitalaufnahme das Unternehmen zum Nominalwert an die Gläubiger verkaufen, jedoch behalten sie das Recht, „ihr“ Unternehmen zu einem

---

128 Vgl. Krob (2001), S. 175. Die Idee der Deutung von Eigen- und Fremdkapitalpositionen geht auf eine ganze Reihe von Veröffentlichungen zurück. Vgl. zu einem Überblick Kirmße (2001), S. 159.

129 Das Capital Asset Pricing Model geht auf die Veröffentlichungen von Lintner (1965), Mossin (1966) und Sharpe (1964) zurück.

130 Für einen Überblick der marktpreisorientierten Ansätze vgl. Jurgeit (1989), S. 29ff. Das CAPM wird neben dem Optionspreismodell als wichtigstes Verfahren charakterisiert. Vgl. Bröker (2000), S. 52.

131 Vgl. zu der Anwendung des CAPM als Kreditzinskalkulationsverfahren bspw. Rudolph (1994), S. 896f.; Bröker (2000), S. 53ff.; vgl. zu der Kritik Teschner (1998), S. 238.

132 Vgl. Black, Scholes (1973) und Merton (1974).

vereinbarten Basispreis bei Fälligkeit zurückzukaufen.[133/134] Die Kreditaufnahme wird durch die Zahlung im Rahmen des fiktiven Unternehmenskaufes nachgestellt. Der Wert des Kredites lässt sich aus dem Wert des Rückkaufrechtes der Eigentümer ableiten. Somit unterliegt diesem Modell die Annahme, dass die Kreditgeber eine Stillhalterposition einer europäischen Kaufoption[135] auf das Eigenkapital der Schuldner eingehen.[136] Der Ausübungspreis der Option ist bestimmt über die Höhe des Nennwertes der Verbindlichkeit (Tilgungspreis). Der Marktwert des Unternehmens im Zeitpunkt t (V_T) setzt sich zusammen aus dem Marktwert des Eigenkapitals (EK_T) und dem Marktwert des Fremdkapitals ($FK_{M,T}$):

Gleichung 11

$$V_T = EK_T + FK_{M,T},$$

mit V_T: Marktwert des Unternehmensvermögens in $t = T$;
EK_T: Eigenkapitalmarktwert in $t = T$;
$FK_{M,T}$: Fremdkapitalmarktwert in $t = T$.

Hinsichtlich der Bestimmung des Kreditrisikos ist es wichtig, den Marktwert des Fremdkapitals zu ermitteln. Dieser ergibt sich aus der Differenz zwischen dem Marktwert des Unternehmens und des Eigenkapitals.

Gleichung 12

$$FK_{M,T} = V_T - EK_T.$$[137]

Die modelltheoretische Entwicklung des Firmenwertes (V), d.h. die Veränderung dV, stellt sich annahmegemäß als stochastischer Prozess in Form einer geometrischen

---

133 Vgl. zur Anwendung des Optionspreismodells als Kalkulationsverfahren: Black, Scholes (1973), S. 649; Merton (1974), S. 449ff.; Copeland, Weston (1988), S. 248f. und S. 464ff.; Perridon, Steiner (1997), S. 507ff.; Uhlir, Steiner (1994), S. 291ff.; Franke, Hax (1994), S. 495; Rudolph (1994), S. 898ff.; Jurgeit (1989) S. 34ff.; Klug (1985), S. 54ff.; Kirmße (1996), S. 76ff.; Gaida (1997), S.43ff.; Heinke (1998), S. 124ff.

134 Alternativ kann man auch die Fremdkapitalposition als Verkauf einer Verkaufsoption in Kombination mit einer risikoreichen Kapitalanlage deuten. Vgl. bspw. Kirmße (1996), S. 80ff.

135 Vgl. zur Unterscheidung von europäischen und amerikanischen Kaufoptionen Maltzan (2000), S. 836.

136 Folgenden Annahmen werden zugrunde gelegt: Alle Finanztitel werden kontinuierlich auf einem vollkommenen Kapitalmarkt gehandelt, es herrschen homogene Erwartungen über das Investitionsrisiko, es existiert ein risikoloser Zinssatz, es gibt über die Laufzeit keine Auszahlungen. Vgl. Bröker (2000), S. 131f.

137 Vgl. Copeland, Weston (1988), S. 465 oder Rudolph (1994), S. 900.

BROWNschen Bewegung (Konzept des Wiener Prozesses W) mit einer konstanten Rendite (μ) und einer konstanten Volatilität (σ) dar.[138] Es gilt:

Gleichung 13

$$dV_t\,(t) = \mu V_t dt + \sigma\, V_t\, dW(t).$$

Da das Eigenkapital als Option auf das gesamte Unternehmen interpretiert wird, kann $EK_{t=0}$ mit Hilfe der Optionspreistheorie ermittelt werden:

Gleichung 14[139]

$$EK_0 = V_0 \cdot N(d_1) - FK_N \cdot e^{-r_B \cdot T} \cdot N(d_2),$$

$$\text{mit } d_1 = \frac{\ln(\frac{V_0}{FK_N}) + (r_B + 0{,}5 \cdot \sigma_V{}^2) \cdot T}{\sigma_V \cdot \sqrt{T}} \text{ und } d_2 = d_1 - \sigma_V \cdot \sqrt{T}.$$

Somit ergibt sich der Marktwert des Fremdkapitals als:

Gleichung 15

$$FK_{M,0} = V_0 - V_0 \cdot N(d_1) + FK_N \cdot e^{-r_B \cdot T} \cdot N(d_2)$$

mit σ_V: Standardabweichung der Wachstumsrate des Unternehmensvermögens, oft vereinfachungsgemäß lediglich Volatilität des Unternehmenswertes genannt;

FK_N: Nominalbetrag des Kredites;

$N(d_i)$: Verteilungsfunktion der Standardnormalverteilung, mit i = 1, 2;

e: EULERsche Zahl, $e = \sum_{v=0}^{\infty} \frac{1}{v!} = 2{,}70828182...$.[140]

Während es nun im ersten Schritt möglich ist, den Marktwert des Fremdkapitals zu bestimmen, muss in einem zweiten Schritt die Verzinsung dieser risikobehafteten Position ermittelt werden. Dies geschieht, indem zunächst der Wert der Fremdkapi-

---

138 Vgl. Black, Scholes (1973), S. 640ff.; Mann (1995), S. 300; Grünwald (1980), S. 186f.; Hull (1997), S. 237ff.; Kjer (1981), S. 52ff.

139 Vgl. Black, Scholes (1973), S. 637ff.; Perridon, Steiner (1997), S. 507; Rudolph (1994), S. 901f.

140 Vgl. Reinhardt, Soeder (1987), S. 309. Die Eulersche Zahl wird in der Literatur wie auch die Bonitätsprämie mit e dargestellt. In Abgrenzung zu dieser setzt der Autor die Eulersche Zahl kursiv (*e*).

talposition einer risikolosen Anlage (Nullkuponanleihe) gegenübergestellt wird. Die Differenz zwischen diesen beiden ist die Bonitätsrisikoprämie e:[141]

Gleichung 16

$$e = r - r_B = \frac{1}{T} \cdot \ln(\frac{FK_N}{FK_{M,0}}) - r_B.$$

Auf Grundlage von Kapitel 2.3.2.1 leiten sich die funktionalen Zusammenhänge zwischen der Prämie für das Ausfallrisiko und den Einflussfaktoren aus dem Modell ab.[142] Es werden im Weiteren die Abhängigkeiten zwischen der Bonitätsprämie und dem Unternehmenswert (Fall 1), der Bonitätsprämie und dem risikolosen Zins (Fall 2) und der Bonitätsprämie und dem Verschuldungsgrad (Fall 3) untersucht.

Fall 1 Degressiv fallender funktionaler Zusammenhang zwischen dem Unternehmenswert und dem Bonitätsrisiko

Die Ableitungen der Gleichung 16 (in Verbindung mit der Gleichung 14 und der Gleichung 15) zeigen, dass der Vermögenswert zu einem bestimmten Zeitpunkt t (V_t) einen negativen Einfluss auf die Bonitätsrisikoprämie besitzt. Falls V c.p. steigt, fällt e ab.

Gleichung 17

$$\frac{\partial e}{\partial V_t} < 0 \text{ und } \frac{\partial^2 e}{\partial {V_t}^2} > 0.$$

Dieser Zusammenhang bedingt eine monoton fallende Funktion. Die unterstellten Annahmen in der Abbildung 13 sind ein sicherer Zins von $r_B = 10\ \%$, eine Restlaufzeit von 10 Jahren, ein nominales Kreditvolumen von 1.200 Geldeinheiten (GE) und eine Standardabweichung des Unternehmenswertes von $\sigma_V = 0{,}3$. Die asymptotische Annäherung von e an die Nullachse verdeutlicht, dass bei einem Unternehmen mit einem besonders hohen Vermögen c.p. so gut wie kein Kreditrisiko besteht.

---

141 Vgl. hier und im Folgenden Merton (1974), S. 454; Jurgeit (1989), S. 182ff.; Kirmße (1996), S. 103f.

142 Vgl. Merton (1974), S. 457ff.; vgl. zu den mathematischen Ableitungen bspw. Jurgeit (1989), S. 192ff.; Klug (1985), S. 63ff.; Gaida (1997), S. 63ff.; Kirmße (1996), S. 136ff.

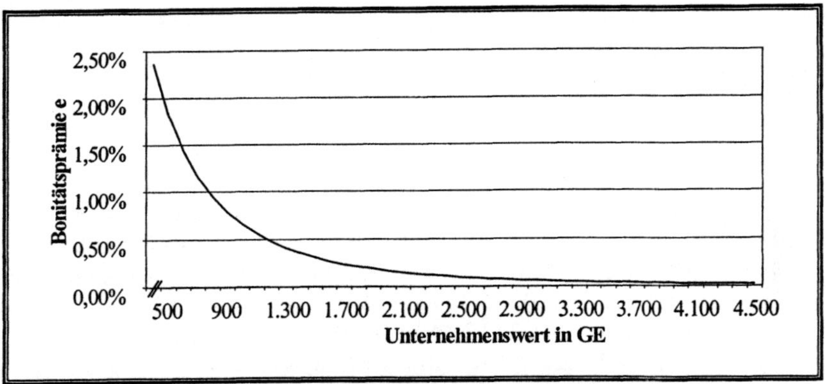

Abbildung 13: Zusammenhang zwischen Unternehmenswert und Bonitätsprämie

Fall 2 Negativer, nicht-linearer funktionaler Zusammenhang zwischen dem risikolosem Zins und der Bonitätsrisikoprämie e

Die partielle Ableitung von Gleichung 16 nach r_B verdeutlicht den negativen Einfluss des Zinsniveaus auf den Risikoaufschlag e:[143]

Gleichung 18

$$\frac{\partial e}{\partial r_B} < 0.$$

Die Abbildung 14 beschreibt den Funktionsverlauf. Für die exemplarische Berechnung wurden folgende Annahmen getroffen: Der Unternehmenswert in Höhe von 1.000 GE schwankt mit dem konstanten Wert von $\sigma_V = 0{,}3$. Das Kreditvolumen liegt bei 600 GE Nominalwert. Die Restlaufzeit ist gleich 10 Jahre gesetzt.

Sowohl die erste Ableitung (Gleichung 14) als auch der exemplarisch gezeigte Funktionsverlauf (Abbildung 14) verdeutlichen den negativen Einfluss des sicheren Zinses. Falls das risikolose Zinsniveau r_B steigt, wird eine geringere Bonitätsprämie e ausgewiesen. Die in dem Funktionsverlauf deutlich werdende negative Steigung steht den Erkenntnissen des stochastischen Ansatzes entgegen, da in dem stochastischen Modell der sichere Zins einen positiven Einfluss auf die Bonitätsprämie hat (vgl. Abbildung 11). Modellintern kann dieser Unterschied damit erklärt werden, dass der sichere Zins den Unternehmensvermögenswert Eigenkapitalwert EK_0 positiv beeinflusst (vgl. Gleichung 14). Dieser gestiegene Eigenkapitalwert wiederum bedingt eine geringe Bonitätsprämie (vgl. Gleichung 16). Folglich wird durch einen höheren risikolosen Zins eine niedrigere Bonitätsprämie modelltheoretisch geschlussfolgert.

---

143 Vgl. Heinke (1998), S. 127.

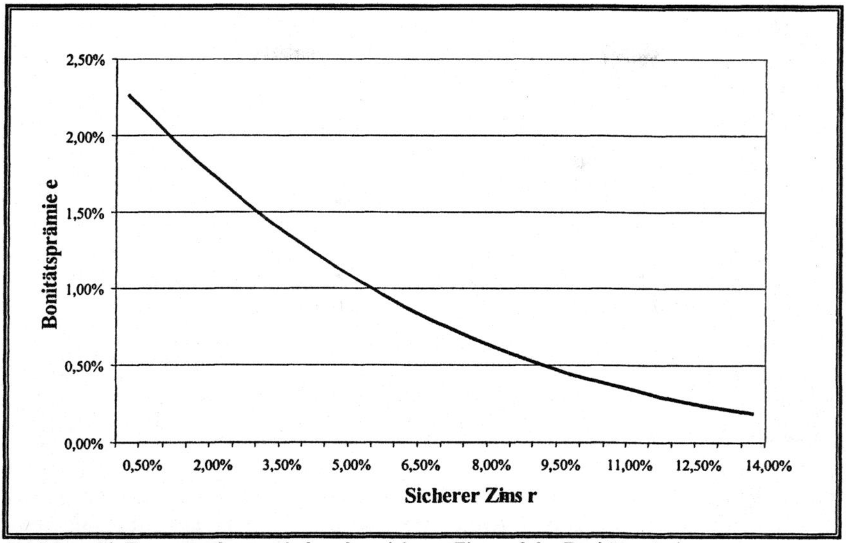

Abbildung 14: Zusammenhang zwischen dem sicheren Zins und der Bonitätsprämie

Fall 3 Die Restlaufzeit hat in Abhängigkeit von dem Verschuldungsgrad einen unterschiedlichen Einfluss auf die Risikoprämie

Die erste Ableitung von Gleichung 16 nach T macht deutlich, dass für den Zusammenhang von Restlaufzeit und Bonitätsrisikoprämie keine allgemeingültige Aussage getroffen werden kann.

Gleichung 19

$$\frac{\partial e}{\partial T} > 0, \frac{\partial e}{\partial T} = 0, \frac{\partial e}{\partial T} < 0.$$ [144]

Der Graph der Funktion kann in einem Intervall steigend, in einem anderen fallend oder in einem Intervall konstant sein. Deshalb wird von MERTON eine Fallunterscheidung vorgeschlagen. Der so genannte „Quasi-Verschuldungsgrad" L gibt den Schwellenwert der Funktionssteigungen wieder und wird definiert als:[145]

---

[144] Vgl. Merton (1974), S. 457ff.

[145] Vgl. hier und im Folgenden Merton (1974), S. 455; Rudolph (1994), S. 902; Heinke (1998), S. 128f.

Gleichung 20

$$L = \frac{FK_N \cdot e^{-r_B \cdot T}}{V_0}.$$

L gibt das Verhältnis zwischen dem abgezinsten Nennbetrag des Kredites FK_N und dem aktuellen Wert des Unternehmensvermögen V_0. wieder. Für den ersten Fall, mit $L \geq 1$, ist die Risikoprämie stets (in Abhängigkeit von einer steigenden Restlaufzeit) fallend. Ein Wert von über $L > 1$ ist einer Überschuldung gleichzusetzen, die jedoch erst bei Fälligkeit eintritt. Für den zweiten Fall - für einen Zeitpunkt ist $L < 1$ - ist die Funktion zunächst steigend und anschließend fallend.[146]

Diese partiell nicht eindeutigen Wirkungszusammenhänge zwischen Restlaufzeit und Bonitätsprämie weisen Parallelen zu den o.g. Zusammenhängen des stochastischen Modells auf.[147] Analog zu den Ergebnissen des Kapitels 2.3.2.1 wird auch in den optionspreistheoretischen Modellen deutlich, dass es sich um *multidimensionale*, *nicht-lineare* Zusammenhänge handelt. Ebenfalls ist die Wirkungsweise einzelner Einflussfaktoren *kontextabhängig*. Dies bedeutet, dass partialanalytische Ableitungen nicht eindeutig bestimmbar sind. Bspw. bedingt der Verschuldungsgrad L, inwieweit eine höhere Restlaufzeit einen positiven oder negativen Einfluss auf die Bonitätsprämie ausübt. Wirkungsrichtungen einzelner Parameter können nur unter Kenntnis weiterer Einflussfaktoren ermittelt werden. Analog zu den Erkenntnissen des Kapitels 2.3.2.1 werden diese für die im weiteren Analyseverlauf folgende Ableitung einer Prognosemodells herangezogen.

Neben diesen modelltheoretischen Ansätzen wird im folgenden Kapitel ein Überblick über die heuristischen Ansätze zur Bestimmung des Kreditzinses bzw. der Ausfallprämie gegeben.

2.3.3 Heuristische Ansätze

Heuristische Ansätze im Rahmen der Kreditzinskalkulation sind dadurch gekennzeichnet, dass sich individuelle Besonderheiten und Entscheidungsparameter insbesondere der Kreditgeber auf die Höhe der Risikoprämie auswirken.[148] Die Risikoprämien werden anhand dieser Spezifika abgleitet.[149] Anders als die o.g. modelltheoretischen Ansätze werden die Risikoprämien nicht aus einem (abgeschlossenen) finanzierungstheoretischen Modell abgeleitet, sondern es werden mit Hilfe verschiedener

---

146 Vgl. Gaida (1997), S. 65.

147 Vgl. Heinke (1998), S. 128; Merton (1974), S. 457ff.; Klug (1985), S. 66ff.; Jurgeit (1989), S. 194f.

148 Vgl. Schierenbeck (1995), S. 19f.; Kirmße, (1996), S. 48.

149 Vgl. Rudolph (1994), S. 895.

heuristischer Lösungsverfahren, wie sie im Folgenden beschrieben werden, Ausfallrisikokosten berechnet.[150] Die heuristischen Ansätze können in zwei Gruppen aufgeteilt werden: In die *segmentspezifischen* und die *individuellen Kalkulationen* (vgl. Abbildung 15).[151]

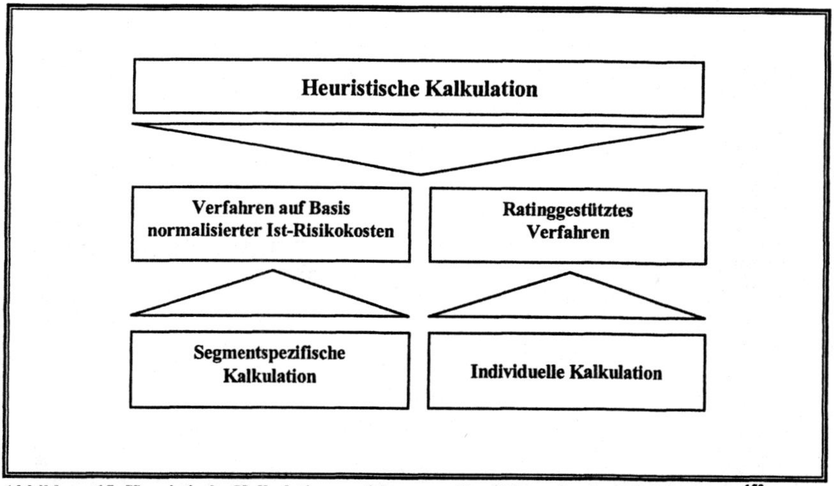

Abbildung 15: Heuristische Kalkulationsverfahren zur Ermittlung der Ausfallrisikokosten[152]

Die *segmentspezifische Kalkulation* unterteilt das gesamte Kreditportfolio einer Bank in verschiedene Segmente. Die *gebildeten Segmente* sollen möglichst *homogen in sich* und *möglichst heterogen untereinander* sein. Dementsprechend werden die Segmentierungskriterien abgeleitet.[153] Hierzu soll ein statistischer Zusammenhang zwischen dem Segmentierungskriterium und dem Risikograd des Segmentes nachweisbar sein. Auf Basis von *Ist-Risikokosten* werden nach dem *Versicherungsprinzip* segmentspezifische Risikoprämien ermittelt. Die historischen durchschnittlichen Ausfallkosten aller Kredite in einem Segment werden im Rahmen eines *Umlageverfahrens* verteilt.[154] Es gibt verschiedene Ansätze, das gesamte Kreditportfolio zu segmentieren. Die wichtigsten Segmentierungskriterien sind *zustands-, kreditarten-, oder geschäftsfeldspezifischen* Merkmalen entnommen. Abbildung 16 gibt einen Überblick.

150 Zu der Definition heuristischer Lösungsverfahren vgl. Kap. 2.3.1.
151 Vgl. Kirmße (1996), S. 46ff.
152 In Anlehnung an Schierenbeck (1995), S. 19.
153 Vgl. Backhaus (1999), S. 159f.
154 Vgl. Rudolph (1994), S. 895; Schierenbeck, Rolfes (1988), S. 232.

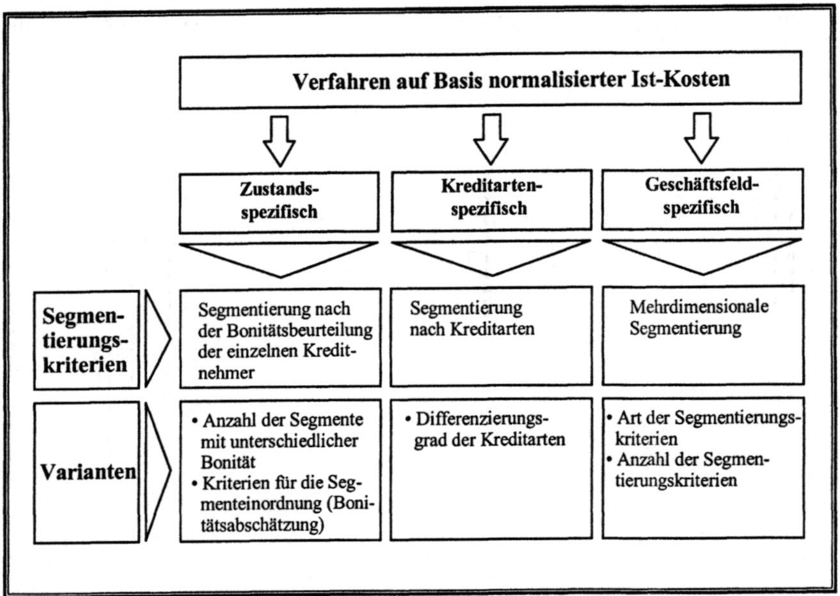

Abbildung 16: Segmentierungskriterien für segmentspezifische Kalkulationsverfahren auf Basis normalisierter Ist-Kosten[155]

Das zustandsspezifische Verfahren beruht auf der Bonitätseinschätzung des Kreditnehmers. Beispielsweise können die vom Institut der Wirtschaftsprüfer in Deutschland e.V. (IdW) entwickelten Risikogruppen verwendet werden und zwar:[156]

(1) Kredite ohne erkennbare Risiken,

(2) anmerkungsbedürftige Kredite,

(3) Not leidende Kredite und

(4) uneinbringliche Kredite.

Von verschiedenen Autoren werden Variationen bzgl. der Anzahl der gebildeten Segmente und der Segmentierungskriterien vorgeschlagen. Die Kriterien für die Bonitätseinschätzung orientieren sich dabei an den verschiedenen bekannten Verfahren der Kreditwürdigkeitsprüfung.[157]

---

[155] In Anlehnung an Kirmße (1996), S. 54.

[156] Vgl. Bankenfachausschuß des IdW (1978), S. 490.

[157] Vgl. Süchting (1993), S. 9; Weinrich (1978), S. 184; Neuber (1988), S. 300.

Kreditarten stellen eine weitere Möglichkeit der Segmentierung dar. Beispielsweise können die Kreditarten Kontokorrent und Ratenkredit unterschieden werden, sodass sich für die unterschiedlichen Kreditarten unterschiedliche Risikoprämien ergeben,[158] falls in der Vergangenheit diese verschiedenen Kreditartensegmente unterschiedliche Ist-Ausfallkosten auswiesen.

Die geschäftsfeldspezifische Verfahrensweise sieht eine mehrdimensionale Segmentierung vor. Dies bedeutet, dass verschiedene Kriterien gemeinsam einzelne Segmente beschreiben. Bspw. kann ein Segment aus den drei Kriterien Kreditnehmertypus, Produktart und Art der Besicherung gebildet werden.[159] Die Kriterien wiederum können aufgrund von statistischen Untersuchungen oder auch heuristischen Ansätzen gewonnen werden.[160]

Zur Kalkulation der Risikoprämie innerhalb eines Segments werden regelmäßig die institutsspezifischen Ist-Risikokosten verwendet.[161] Es wird das Verhältnis zwischen den angefallenen (i.d.R. normalisierten) Risikokosten und dem segmentspezifischen Kreditvolumen gebildet.[162] Das Ergebnis ist somit eine segmentspezifische Ausfallrate.[163] Da ausschließlich nicht ausfallbedrohte Kredite die aufgetretenen Ausfälle tragen können, wird diese Ausfallquote entsprechend korrigiert. „Durch eine regelmäßige Wiederholung dieser Berechnungen und entsprechende Anpassung der Kreditkonditionen soll die Erfüllung des (...) Versicherungsprinzips zumindest in längerer Frist erreicht werden."[164]

Individuelle Verfahren verzichten auf jegliche Art von Umlageverfahren[165] mittels Durchschnittsbildung. Die Risikokosten bzw. die Risikoeinschätzung wird aus dem Risikogehalt des individuellen Kredites abgeleitet. Somit sind die ermittelten Risikokosten *bankunabhängig* und *ausschließlich kreditspezifisch*.[166]

Ein mögliches Kalkulationsverfahren unter den heuristischen Ansätzen ist das *ratinggestützte* Verfahren. Es wird zwischen *internen* und *externen Ratingystemen* unter-

---

158 Vgl. Kilhey (1987), S. 106f.

159 Vgl. Schierenbeck, Rolfes (1988), S. 235ff.; Villiez, (1989), S. 149ff.

160 Vgl. Schierenbeck, Rolfes, (1988), S. 234f.

161 Eine Ausnahme bildet die Vorgehensweise beim marktdeduzierten Ansatz von Brakensiek. Innerhalb des Verfahrens werden segmentspezifische Ausfallraten des Marktes verwendet. Vgl. Brakensiek (1991), S. 166ff.; Kirmße (1996), S. 55ff.

162 Vgl. Schierenbeck (1995), S. 19.

163 Vgl. Schierenbeck (1999), S. 300f.

164 Kirmße (1996), S. 49.

165 Diese Voraussetzung gilt es im Weiteren zu prüfen. Bspw. wird bei der Erhebung von einem Rating zwar zunächst eine individuelle Bewertung vorgenommen, jedoch ist die Zuordnung von Risikokosten problematisch (vgl. Kap. 2.5).

166 Vgl. Rudolph (1994), S. 897.

schieden.[167] Ausgangspunkt des Verfahrens ist das Rating eines Unternehmens bzw. eines bestimmten Finanztitels. Das (externe) Rating - im Fall der Beurteilung eines Schuldtitels wird von einem Credit Rating gesprochen - spiegelt die durch ein spezielles Symbol ausgedrückte Meinung wider. Diese basiert auf einer Bonitätsanalyse über einen Schuldner hinsichtlich seiner Fähigkeit und rechtlichen Bindung zur vereinbarten Rückzahlung der Zins- und Tilgungsverbindlichkeiten in einer festgelegten Art und Weise.[168] Bei einem externen Rating wird diese Einschätzung von einer hierauf spezialisierten Agentur vorgenommen.[169]

Das Analyseobjekt kann unterschiedlichster Natur sein.[170] Es wird zwischen einem *Emittenten-* und einem *Emissionsrating* unterschieden.[171] Bei einer nicht-nachrangigen Anleihe ohne besondere Sicherheiten ist das Emittentenrating gleich dem Emissionsrating.[172]

Das als Rating ausgedrückte Qualitätsurteil umfasst *quantitative* und *qualitative* Faktoren. Für den Bereich des quantitativen Rating wird methodisch meist ein computergestütztes mathematisch-statistisches Beurteilungssystem für die Jahresabschlussanalyse verwendet.[173/174] Veröffentlichte Finanzinformationen bilden somit die Basis dieses ersten Teils des Rating. „Die Auswahl der in die Verfahren eingehenden Kriterien bleibt subjektiv“[175], da sie von der Ratingagentur bestimmt werden. Es werden sowohl das Bewertungsverfahren als auch die Bewertungsgewichte agenturspezifisch festgelegt.[176]

Das Ziel des qualitativen Rating ist die Beurteilung von nur bedingt objektivierbaren und quantifizierbaren Faktoren wie z.B. die Beurteilung der Managementqualität, die Einschätzung zukünftig bonitätsrelevanter Erfolgspotenziale oder die Gesamtbeurtei-

---

167 Kirmße sieht die bankinternen Ratingysteme als Verfahren des Segmentierungsansatzes, da sie auf Basis von normalisierten Ist-Risikokosten die Risikoprämien kalkulieren. Vgl. Kirmße (1996), S. 48.

168 Vgl. Berblinger (1996), S. 31; Everling (1991), S. 29; Everling (1995), Sp. 1605.

169 Die bekanntesten Ratingagenturen sind die US-amerikanischen Unternehmen Standard & Poor's Corporation und Moody's Investors Service Inc., jeweils mit dem Hauptsitz in New York.

170 Vgl. Steiner, Heinke (1996), S: 1694.

171 Vgl. Heinke (1998), S. 18f.

172 Vgl. Schulte (1996), S. 96.

173 Vgl. zu den unterschiedlichen Verfahrensweisen der Bilanzanalyse und dem Begriffspaar Bilanz- und Jahresabschlussanalyse Kap. 3.

174 Vgl. Steiner (1992), S. 513; Everling (1991), S. 126.

175 Heinke (1998), S. 25; vgl. ebenfalls Kapitel 2.5.

176 Vgl. Kirmße (1996), S. 69.

lung der Unternehmensstrategie.[177] Während die Informationsbasis auch veröffentlichte Informationen umfasst, werden die für den qualitativen Bereich darüber hinausgehenden Informationen regelmäßig in intensiven Gesprächen mit dem Management auf verschiedenen Hierarchieebenen gewonnen.[178] Von den Agenturen werden für das qualitative Rating sowohl die Auswahl als auch die Gewichtung der einzelnen qualitativen Merkmale nicht bekannt gegeben.[179]

Der Risikogehalt eines Kreditnehmers wird über ein *Indikatorensystem* ermittelt, indem einzelne Indikatoren mittels eines Punktesystems zu einem Gesamturteil (Rating) verdichtet werden.[180] Hierzu wird mittels eines Top-Down-Ansatzes das Länder, Branchen-, Unternehmens- und Titelrisiko abgeschätzt.[181] Zunächst werden das Länder- und das Branchenrisiko durch weitere Subkriterien ermittelt, wie z.B. Gefahr der wirtschaftlichen Instabilität, Devisen- oder Transferbeschränkungen, Marktwachstum oder konjunkturelle Ergebnisabhängigkeit.[182] Das Unternehmensrisiko wird in die Bestandteile Geschäftsrisiko und finanzielles Risiko aufgeteilt. Die Bewertung des Geschäftsrisikos beinhaltet ein besonders hohes Maß an Subjektivität, da hier über eine branchenspezifische Checkliste Urteile ermittelt werden, bspw. über Qualitäten des Management oder des Marketing (qualitative Komponente des Ratingprozesses). Das finanzielle Risiko wird über die bereits o.g. Bestandteile eines quantitativen Rating beurteilt. Die Beurteilung des Titelrisikos orientiert sich an den emissionsspezifischen Besonderheiten wie der Besicherung.[183] Die innerhalb dieses Indikatorensystems verwendeten Gewichte können von den Ratingagenturen verändert werden.[184]

Das Ergebnis des Ratingprozesses wird durch ein Symbol dargestellt. Die verschiedenen Risikoklassen werden mit unterschiedlichen Symbolen charakterisiert und werden von den Agenturen individuell definiert. Tabelle 1 zeigt die qualitative Einschätzung des Bonitätsrisikos der beiden Ratingagenturen STANDARD & POOR'S CORPORATION (S&P) und MOODY'S INVESTOR SERVICE INC. (MOODY'S) für langfristige Emissionsrating bzw. Emittentenrating auf.[185] Hierbei kommt der Unterscheidung zwischen den gebildeten Klassen „Investment" und „Speculative" eine besondere Bedeutung zu, da hierdurch ein starker Einfluß auf die Aufnahmemöglichkeiten

177 Vgl. Everling (1991), S. 125; Steiner (1992), S. 513.
178 Vgl. bspw. Berblinger (1996), S. 60.
179 Vgl. Heinke (1998), S. 26.
180 Vgl. Rudolph (1994), S. 895; Schierenbeck (1995), S. 19f.
181 Vgl. Berblinger (1996), S. 64ff., Steiner (1992), S. 511ff.; Everling (1991), S. 139ff.
182 Vgl. hier und im Folgenden Heinke (1998), S. 27ff.
183 Die Beurteilung der titelspezifischen Risiken bedingt eine emissionsspezifische Beurteilung und somit ein Emissionsrating.
184 Vgl. Schneider (1992), S. 601.
185 Vgl. Steiner (1992), S. 510.

durch den Kapitalmarkt genommen wird. Bspw. sind einige Banken in den USA verpflichtet, keinerlei Anleihen aus der Klasse „Speculative" in ihrem Bestand zu halten.[186]

	Standard & Poor's®	*Moody's®*	Bedeutung der Symbole
Investment	AAA	Aaa	Extrem starke Zinszahlungs- und Tilgungskraft des Emittenten
	AA	Aa	Sehr starke Zinszahlungs- und Tilgungskraft
	A	A	Gute Zinszahlungs- und Tilgungskraft (Schuldner ist aber anfälliger für negative Wirtschaftsentwicklung als mit AA oder Aa bewertete Emittenten)
	BBB	Baa	Ausreichende Fähigkeit, Zins- und Tilgungszahlungen zu leisten (Ungünstige Wirtschaftsentwicklung oder ein verändertes Umfeld können jedoch die Fähigkeit zur Schuldenbedienung stärker beeinträchtigen als in höheren Ratingklassen)
Speculative	BB	Ba	Noch ausreichende Zinszahlungs- und Tilgungskraft, aber Gefährdungselemente vorhanden, die zu ungenügender Einstufung führen können
	B	B	Derzeit noch ausreichende Zinszahlungs- und Tilgungskraft, aber starke Gefährdungselemente vorhanden
	CCC		Starke Tendenz zu Zahlungsschwierigkeiten
	CC		Symbole werden für nachrangige Verbindlichkeiten verwendet, wenn Emittent z.B. mit CCC bewertet wird
		Caa	Zinszahlungen eingestellt oder stark gefährdet
		Ca	Zinszahlungen eingestellt
	D	C	Emittent zahlungsunfähig
	+ / -	1,2,3	Feinabstufungen innerhalb der Ratingkategorien, z.B. BB+ (Ba 1) besser als BB- (Ba 2 oder Ba 3)

Tabelle 1: Rating-Einschätzung langfristiger Verbindlichkeiten[187]

Während ein Rating eine qualitative Beurteilung (unter Berücksichtigung quantitativer Aspekte) der Anleihe darstellt, wird für die Kreditzinskalkulation eine Quantifizierung benötigt. Die Risikoprämie wird über den Kapitalmarkt abgeleitet, indem die Renditedifferenz zwischen einer (bonitäts-) risikolosen Anleihe und einer vom zu bewertenden Unternehmen emittierten Anleihe berechnet wird.[188] Diese Vorgehensweise erfordert die Existenz eines Rating und den Handel einer emittierten Anleihe

---

186 Vgl. Kirmße (1996), S. 67.

187 In Anlehnung an Steiner (1992), S. 510.

188 Vgl. Kirmße (1996), S. 96. Diese Differenz ist als Credit Spread definiert In Kap. 4.3.3.2 werden Verfahren zur Ermittlung dieser Risikoprämie vorgestellt.

für den einzelnen Kreditnehmer.[189]

Falls es vom Schuldner zwar ein Rating, jedoch keine emittierte und gehandelte Anleihe gibt, kann eine vom Kapitalmarkt durchschnittlich verlangte Rendite für Schuldner einzelner Risikoklassen (Ratingklassen) bestimmt werden. Somit werden den einzelnen Ratingklassen einzelne Risikoprämien (Credit Spreads) zugeordnet.[190] Abbildung 17 verdeutlicht diese Vorgehensweise exemplarisch.[191] Ein Unternehmen mit einem BBB-Rating bspw. würde dementsprechend bei einem Kredit mit vier Jahren Laufzeit mit einer Ausfallprämie von 0,25 % p.a. belastet. Ein Unternehmen mit einem CC-Rating müsste demgegenüber für einen Kredit mit einer Laufzeit von neun Jahren einen jährlichen Zinsaufschlag von 1,10 % aufgrund des höheren Ausfallrisikos bezahlen.

Neben der Möglichkeit eines externen Rating besteht ebenso die Möglichkeit, ein eigenes, internes Rating für einen Schuldner vorzunehmen. Während die Zielsetzung analog zu der von Agenturen ist, d.h. die Abgabe einer in Symbolen dargestellten Meinung, kommt dabei der *Bilanzanalyse* eine entscheidende Rolle zu.[192] Bei der einzelgeschäftsbezogenen Kreditbeurteilung wird faktisch bei allen Kreditinstituten die Bilanzanalyse verwendet, und die von ihr ermittelten Informationen zu den wirtschaftlichen Verhältnissen des Kreditnehmers bilden das zentrale Kriterium für die Kreditvergabe.[193] Darüber hinaus werden weitere Kriterien wie z.B. die Zukunftsperspektiven, die Branchensituation oder die Rechtsform des Unternehmens einbezogen.[194] Aufgrund der exponierten Stellung der Bilanzanalyse werden im Kapitel 3 die unterschiedlichen Möglichkeiten dieses Instrumentes aufgezeigt.[195]

---

189 Vgl. Schierenbeck (1995), S. 21. Die Möglichkeit, dass ein Unternehmen eine Anleihe emittiert hat, jedoch kein Rating aufweist, kann ausgeschlossen werden. Ein Rating wird bei der Ausgabe von Anleihen entweder aufgrund von gesetzlichen Vorschriften oder marktbezogenen Gepflogenheiten verlangt. Der Erwerb eines Rating ist somit eine faktische Verpflichtung für einen Emittenten. Vgl. Heinke (1998), S. 1.

190 Vgl. hier und im Folgenden Schierenbeck (1995), S. 21ff.; Kirmße (1996), S. 68ff.

191 Zur detaillierten Beschreibung der Vorgehensweisen zur Ermittlung des Credit Spreads vgl. Kap. 4.3.3.2.

192 Wie bereits o.g., wird die Bilanzanalyse auch bei der Vergabe eines externen Rating regelmäßig verwendet, jedoch werden bei den marktführenden Ratingagenturen in erster Linie qualitative Ratingysteme herangezogen. Vgl. Everling (1991), S. 127. Zur Bedeutung der Bilanzanalyse bei der Vornahme von internen Rating vgl. Grabher, Klien, Stoss (1996), S. 39.

193 Vgl. Bröker (2000), S. 46.

194 Vgl. Betsch, Brümmer, Hartmann, Wittberg (1997), S. 151, vgl. auch Kap. 6.1.1.

195 Ein Überblick über Methoden und Einsatzbereiche bankinterner Ratingysteme findet sich bei Jansen (2001b), S. 100ff.

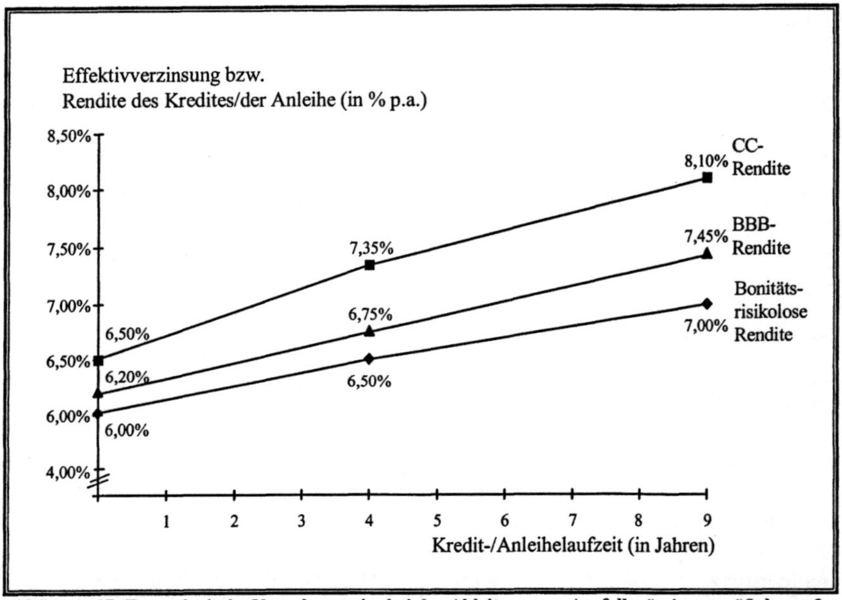

Abbildung 17: Exemplarische Vorgehensweise bei der Ableitung von Ausfallprämien gemäß der auf externe Rating gestützten Vorgehensweise

2.4 Anforderungen an Verfahren zur Quantifizierung des Ausfallrisikos

Die in diesem Kapitel beschriebenen Kriterien werden im Kapitel 2.5 für die kritische Würdigung der Instrumente hinsichtlich ihrer Eignung als Kreditzinskalkulationsverfahren herangezogen. Die einzelnen Vor- und Nachteile werden hierzu kriteriengeleitet verglichen. In Anlehnung an KIRMßE werden die Kriterien zur Verfahrensbewertung aufgestellt (vgl. Abbildung 18). Diese Kriterien entwickeln sich aus dem Verständnis der Kreditvergabe als partieller Investitionsentscheidung. Das Risiko ist in diesem Zusammenhang nicht aus einem Kreditprogramm, sondern bezogen auf einen Einzelkredit ableitbar.[196] Somit müssen die Prinzipien der (1) *Einzelbewertung* und der (2) *Richtigkeit* zur Beurteilung herangezogen werden. Es muss ex-ante eine dem Risikogehalt des Geschäftes gerecht werdende Prämie berechnet werden.

Zunächst wird die Einhaltung des Prinzips der „*Einzelbewertung*" gefordert. Dieses Prinzip besagt, dass ausschließlich die „individuelle Risikohöhe des Einzelengagements für die Festlegung der Risikoprämie maßgeblich ist"[197]. Andernfalls ist es nicht

---

[196] Vgl. Schierenbeck, Rolfes (1998), S. 13; Rolfes (1992), S. 121f.
[197] Kirmße (1996), S. 60.

möglich, im Rahmen einer Grenznutzenbetrachtung den durch Abschluss des Einzelgeschäftes erzielten Nutzen zu quantifizieren. Es muss der für das Unternehmen zu erwartende Mehrertrag aus dem einzelnen Geschäft ex-ante bestimmbar sein.[198]

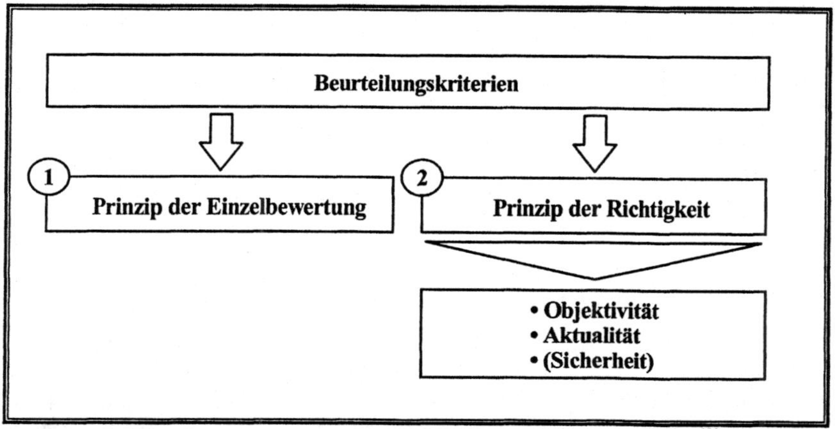

Abbildung 18: Beurteilungskriterien für die Verfahren der Risikoprämienermittlung[199]

Das zweite Prinzip der „*Richtigkeit*" fordert einen möglichst hohen Realitätsbezug des Modells. Dies ist dann gegeben, wenn das Modell die Realität möglichst umfassend und widerspruchsfrei abbilden kann.[200] Zum einen folgt aus diesem Prinzip, dass die verwendeten Maßstäbe *objektiver* Natur sind. Sie dürfen *keine reinen institutsspezifischen* Ansätze oder Rahmenbedingungen darstellen. Zum anderen wird der Anspruch der „*Aktualität*" gestellt. Hierunter wird verstanden, dass sowohl die in den Bewertungsprozess eingehenden Daten, als auch der Bewertungsprozess selbst sich an den aktuellen Gegebenheiten orientieren.

---

198 Vgl. Banken (1987), S. 22ff.; Rolfes (1992), S. 121f.; Schierenbeck, Rolfes (1988), S. 13.

199 In Anlehnung an Kirmße (1996), S. 61. Das Kriterium der Sicherheit bezieht sich auf das quantifizierte Risiko, das bei Erfüllung des Kriteriums über die gesamte Kreditlaufzeit in seiner Höhe Bestand haben muss. Dieses Kriterium wird vom Verfasser von der weiteren Untersuchung ausgeschlossen, da konzeptspezifische Grundlagen, wie z.B. beim optionspreistheoretischen Verfahren, keine konstante Risikoprämie ausweisen wollen. Somit ist eine gleichwertige objektive Bewertung der Kalkulationsverfahren mit dem Kriterium Sicherheit nicht möglich. Vgl. Kirmße (1996), S. 63ff.

200 Vgl. hier und im Folgenden Rolfes (1985), S. 44; Schierenbeck, Rolfes (1988), S. 13; Kirmße (1996), S. 60.

2.5 Kritische Würdigung der einzelnen Ansätze

Basierend auf den im Kapitel 2.4 genannten Kriterien werden im Folgenden die unterschiedlichen Ansätze gewürdigt. Zunächst werden die modelltheoretischen Ansätze beurteilt (a), wobei unter (1a) die Einhaltung des Prinzips der Einzelbewertung und unter (2a) die Einhaltung des Prinzips der Richtigkeit überprüft werden. Anschließend wird unter (b) die Kreditzinskalkulation mittels Segmentierung gewürdigt, wobei wiederum unter (1b) die Einhaltung des Prinzips der Einzelbewertung und unter (2b) die Einhaltung des Prinzips der Richtigkeit analysiert werden. Abschließend wird unter (c) die Kreditzinskalkulation mittels einzelgeschäftsbezogenen Rating beurteilt, wobei analog zu der Würdigung der o.g. Ansätze unter (1c) die Einhaltung des Prinzips der Einzelbewertung und unter (2c) die Einhaltung des Prinzips der Richtigkeit gewürdigt werden.

Modelltheoretische Ansätze

1a. Prüfung der Einhaltung des Prinzips der Einzelbewertung für die modelltheoretischen Kreditzinskalkulationsverfahren

Die *modelltheoretischen Ansätze* verfolgen *alle* einen *Einzelbewertungsansatz*. Basierend auf ihrem Grundgedanken sind die individuelle Situation des Kreditnehmers (Ausfallwahrscheinlichkeit, Ausfallschwere, Unternehmenswert, etc.), die kreditspezifischen Merkmale (Kreditlaufzeit, Kreditvolumen, etc.) und die Rahmenbedingungen (Zinsniveau, Zinsstruktur) entscheidend für die Risikokostenhöhe. Somit ist bei den im Kapitel 2.3.2 genannten Ansätzen das Prinzip der Einzelbewertung gewahrt.

2a. Prüfung der Einhaltung des Prinzips der Richtigkeit für die modelltheoretischen Kreditzinskalkulationsverfahren

Die (theoretische) *Objektivität* des *stochastischen* Ansatzes ist aufgrund der Ableitung aus einem Bewertungsmodell modellimmanent garantiert. Insbesondere sind die Risikoprämien bankenunabhängig und kreditspezifisch. Die praktische Objektivität, d.h. die Einhaltung des Prinzips in der Umsetzung, ist kritisch zu beurteilen.

Problematisch ist diesbezüglich die *marktnahe Beobachtung von objektiven Ausfallwahrscheinlichkeiten*. Somit wird das Grundproblem der Quantifizierung des Kreditrisikos auf die Ebene der Bestimmung des Ausfallrisikos transformiert. Marktorientierte Ausfallwahrscheinlichkeiten lassen sich jedoch nicht direkt bestimmen. Demnach ist die *praktische Umsetzbarkeit* des *stochastischen Ansatzes fraglich*.[201] Es kann

[201] Eine Möglichkeit der Ableitung von Ausfallwahrscheinlichkeiten besteht in der Erfassung historischer Ausfallraten der entsprechenden Ratingklassen. Es wird somit vorausgesetzt, dass ein Rating vorgenommen wurde, damit der stochastische Ansatz verwendet werden kann (vgl. hierzu die folgenden Ausführungen).

vermutet werden, dass dieses Objektivierungsproblem auch ein Grund für die untergeordnete Bedeutung des Ansatzes bei der Bepreisung von Krediten ist.

Die konzeptionellen Anforderungen an eine (theoretisch) *objektive Ermittlung* der Risikoprämie beim Kalkulationsverfahren nach der *Optionspreistheorie* sind erfüllt. Die Ableitung aus dem geschlossenen finanzwirtschaftlichen System ermöglicht es – unter Akzeptanz der Modellprämissen –, eine „objektive Höhe" für die Risikoprämie zu bestimmen.

Die *Aktualität* ist bei dem optionspreistheoretischen Ansatz durch die vom Kapitalmarkt abgeleiteten Daten garantiert. Kritischer ist die *Realitätsnähe*, die sich zum einen in den modellinternen Prämissen und zum anderen in der Datenverfügbarkeit niederschlägt.

Die Modellprämissen, insbesondere die Frage nach der *Vollkommenheit der Märkte* und der *Informationseffizienz*, werden sehr häufig in der Literatur diskutiert.[202] Beispielsweise wird bei HARTMANN-WENDELS/PFINGSTEN/WEBER die Existenz von Banken auf einem vollkommenen Kapitalmarkt kritisch hinterfragt.[203] Darüber hinaus weisen empirische Studien unterschiedliche Ergebnisse hinsichtlich der Existenz der vollkommenen Kapitalmärkte auf.[204]

Für die praktische Relevanz eröffnet sich ein weiteres Problemfeld, und zwar muss im Rahmen der *Informationsgewinnung* überprüft werden, ob die für das Modell notwendigen Eingangsparameter „objektiv" ermittelbar sind. Unter *objektiver Informationsgewinnung* wird hier verstanden, in welchem Ausmaß subjektive Entscheidungen im Rahmen der Datenermittlung zu treffen sind und, soweit dies der Fall ist, welche Auswirkung diese auf die Zielgröße (in diesem Falle das bepreiste Risiko) haben.

Im Rahmen der Optionspreistheorie für die Bepreisung von Ausfallrisiken ist die Ermittlung eines *Unternehmenswertes* notwendig. Grundlegendes Problem ist die Definition dieser Größe.[205] Um dem Prinzip der Objektivität gerecht zu werden, muss

---

202 Vgl. Kap. 4.2.

203 Vgl. Hartmann-Wendels, Pfingsten, Weber (2000), S. 21f.

204 An dieser Stelle wird auf eine weitere Diskussion der offenen Frage verzichtet. Vgl. zur ausführlichen Darstellung Kap. 4.2

205 Vgl. zu den Verfahren der Unternehmensbewertung bspw. Ballwieser (1993), S. 151ff.; Dörner (1992), S. 1ff.; Hafner (1993), S. 79ff.; Moxter (1983), S. 33ff.; Schierenbeck (2000), S. 395ff.; Schneider (1992), S. 520ff.; Siegel (1991), S. 231ff. Vgl. zu dem Verfahren der Unternehmensbewertung innerhalb der Due Diligence bei Unternehmenskäufen Klein, Jonas (1999), S. 159ff.; Berens, Strauch (1999), S. 17.

der *Vermögenswert* über einen *marktorientierten Ansatz* erfasst werden.[206] Hierzu eignen sich grundsätzlich zwei Vorgehensweisen: die Ermittlung nach dem *Einzel-* und die nach dem *Gesamtbewertungsverfahren.* Die Ermittlung mittels der *Substanzwert-* oder *Liquidationswertverfahren* (als Einzelbewertungsverfahren) „sind aus unterschiedlichen Gründen für die Ermittlung des Unternehmenswertes im Rahmen des Optionsbewertungsmodells nicht geeignet“[207]. Der Liquidationswert ist nur dann sinnvoll, wenn der Ertragswert unterhalb des Substanzwertes liegt. In diesen Fällen wird jedoch kein Kredit an das Unternehmen vergeben, was wiederum die Notwendigkeit der Bepreisung eines Ausfallrisikos hinfällig macht.[208] Die *Substanzwertmethodik* wurde bereits hinreichend in der Literatur als ökonomisch nicht sinnvolle Technik bewertet.[209] Im Zusammenhang mit der Bewertung der Fähigkeit, zukünftige Zins- und Tilgungszahlungen zu leisten, ist nicht der aktuelle Wert des Nettovermögens, sondern sind vielmehr die zukünftigen Zahlungsströme relevant.[210]

Folglich wird der Unternehmenswert auf Basis des *Gesamtbewertungsverfahrens* verwendet. Hierzu werden zukünftige Zahlungen auf einen Betrachtungszeitpunkt verdichtet. Grundsätzlich werden zwei Verfahren unterschieden: Das *Ertragswertverfahren* und die *Discounted Cash Flow Methodik* (DCF-Methodik).[211] Innerhalb der Anwendung zur Bestimmung des Kreditzinses mit Hilfe der Optionspreisformel wird auf die Unterscheidung der beiden Ansätze verzichtet.[212] Dies liegt an der Überführbarkeit der Methoden. Darüber hinaus ist es für die Beurteilung des Objektivitätskriteriums ausreichend, sich exemplarisch auf die Probleme bei der Bestimmung mittels der DCF-Methodik zu beziehen, da diese Kritikpunkte auf die Ertragswertmethodik übertragbar sind.[213]

---

206 Vgl. Kirmße (1996), S. 109ff.

207 Kirmße (1996), S. 110.

208 Hierzu muss der Ertragswert zuvor mit dem Liquidationswert verglichen werden. Vgl. auch Dörner (1992), S. 120 Rn 247.

209 Vgl. Dörner (1992), S. 124; Kümmel (1994), S. 20; Moxter (1983), S. 44f. und S. 53f.; Sieben (1963), S. 65ff.

210 Vgl. Falter (1994), S. 259.

211 Vgl. bspw. Ballwieser (1993), S. 153; Börsig (1991), S. 84f. Die Discounted Cash Flow Methodik wird auch in der unternehmenswertorientierten Steuerung angewendet (Shareholder Value-Ansatz). Vgl. zum Shareholder Value-Ansatz bspw. Bühner (1990); Copeland, Koller, Murrin (1993); Lewis (1994); Rappaport (1995); Siegert (1995).

212 Vgl. hier und im Folgenden Kirmße (1996), S. 111. Zur Unterscheidung der Verfahren nach der DCF- und der Ertragswertmethodik vgl. Ballwieser (1993), S. 166f.; Hafner (1993), S. 82ff.; Schmidt (1995), S. 1088ff.

213 Im Folgenden wird keine detaillierte Wiedergabe der DCF-Methodik dargestellt, sondern lediglich exemplarisch der Problemkreis bei der Umsetzung erläutert.

Bei der Verwendung eines einheitlichen Zinssatzes i berechnet sich der Unternehmenswert wie folgt:

Gleichung 21

$$V_0 = \sum_{t=1}^{n} \frac{R_t}{(1+i)^t},$$

mit V_0= Unternehmenswert in t = 0;
R_t = erwartete Zahlung in der Periode t;
n = Anzahl der betrachteten Perioden.

Es besteht die Notwendigkeit, zwei Größen (die Zahlungen R und den Zinssatz r) objektiv im Rahmen einer Datenerhebung zu ermitteln.

Die *erwarteten Zahlungen R* werden bspw. auf Basis des Jahresabschlusses des Unternehmens antizipiert oder geschätzt.[214] An dieser Stelle soll nicht das Ermittlungsverfahren, d.h. die Definition des Cash Flows, im Vordergrund stehen,[215] sondern die objektive Datenermittlung. Dementsprechend müssten die zukünftigen und somit mit Unsicherheit behafteten Zahlungsströme durch ein idealtypisches objektives Verfahren vorhergesagt werden. Eine modellhafte Vorgehensweise besteht in einer Prognose auf Basis eines Schätzverfahrens.[216]

214 Vgl. zu den verschiedenen Ansätzen der Discounted Cash Flow Methode bspw. Klein, Jonas (1999), S. 166ff.

215 Vgl. zu den verschiedenen Cash Flow Definitionen Perridon, Steiner (1997), S. 485ff.

216 Bspw. wird von dem nachhaltigen Ergebnis, das sich nach Ablauf einer konkret geschätzten Periodenbetrachtung ergibt, angenommen, „dass es entsprechend dem langjährigen Trend und der erwarteten Preissteigerung jährlich um 2 % wächst“ Klein, Jonas (1999), S. 170.

Darüber hinaus muss der *Zinssatz i* definiert werden. Hierzu bietet sich ein *risikofreier Zins* oder ein *risikoadjustierter Zins* an.[217] Während die erste Möglichkeit weniger „Spielräume" bei der Datenermittlung lässt,[218] muss einem solchen Vorgehen jedoch aufgrund einer dem Modell immanenten Kritik widersprochen werden.[219] Somit wird regelmäßig ein risikoadjustierter Zins verwendet. Zu dessen Ermittlung eignet sich das Capital Asset Pricing Modell (CAPM), das neben der sicheren Rendite einen *unternehmensindividuellen Risikoaufschlag* ausweist.[220] Dieser Risikoaufschlag ergibt sich aus dem Produkt des Marktpreises des Risikos und der Höhe des wertpapierspezifischen systematischen Risikos.[221] Da die Anwendbarkeit des CAPM wiederum auf die Grenzen der modellimmanenten Prämissen stößt, ist auch die praktische Ermittlung eines objektiven risikoadjustierten Zinses fraglich.[222] „Obwohl das CAPM die Bewertung durch Einschaltung des Marktes objektivieren soll, scheitert es mit diesem Anspruch schon an den zahllosen Freiheitsgraden, die sich z.B. aus der Auswahl des in die Stichprobe eingehenden Datenmaterials ergeben. Betafaktoren sind nämlich leider keine Naturkonstanten, sondern schwanken ihrerseits im Zeitablauf."[223]

217 Vgl. Copeland, Koller, Murrin (1993), S. 192.

218 Auch hier gibt es verschiedene Fragen, die zu beantworten sind, bspw. hinsichtlich der Bildung eines Durchschnittszinssatzes. Vgl. Gerdsmeier, Krob (1994), S. 472; Reichel (1995), S. 23.

219 Der Cash Flow ist durch die Planungsunsicherheiten mit einem gewissen Risiko verbunden. Durch die Verwendung eines risikolosen Zinssatzes wird von folgender Annahme ausgegangen: Entweder erwarten sowohl Fremd- als auch Eigenkapitalgeber keine höhere Verzinsung oder die von den Eigenkapitalgebern erwartete „Überrendite" (Risikoaufschlag) führt bei den Fremdkapitalgebern zu einem Renditeanspruch, der unterhalb des sicheren Zinses liegen würde.

220 Vgl. hier und im Folgenden bspw. Klein, Jonas (1999), S. 166.

221 Der Marktpreis des Risikos ist die Differenz aus dem Erwartungswert der Rendite des Marktportfolios und der risikolosen Rendite; das wertpapierspezifische systematische Risiko ist das Verhältnis der Kovarianz der Rendite des untersuchten Unternehmens und des Marktportfolios und der Varianz der Rendite des Marktportfolios. Vgl. Bröker (2000), S. 53ff.

222 Vgl. Teschner (1998), S. 243ff.

223 Hering (1999), S. 124. Vgl. auch Baetge, Krause (1994), S. 453f.; Ballwieser (1994), S. 1398 und S. 1405; Schmidt (1995), S. 1106.

Börsennotierte Unternehmen bieten einen weiteren Ansatz zur Bestimmung des Unternehmensmarktwertes.[224] Der *Marktwert des Eigenkapitals* ergibt sich durch die Multiplikation des Kurswertes mit der Anzahl der ausgegebenen Aktien. Hierzu muss der Wert des Fremdkapitals addiert werden.[225] Diskussionswürdig ist die hohe Volatilität des Börsenwertes, sodass die Frage nach den Einflussfaktoren auf den Börsenkurs zu untersuchen ist. Die Preisbildung von Aktienkursen und die hiermit implizierte Unternehmensbewertung unterliegen ebenfalls nicht rationalen Einflussfaktoren.[226]

Aufgrund dieser dargestellten weitreichenden Entscheidungsspielräume,[227] die einen maßgeblichen Einfluss auf den zu errechnenden Zielwert (Unternehmenswert und somit Kreditzins) durch den Anwender haben, wird vom Verfasser die Gewährleistung der Objektivität bei der Umsetzung in Frage gestellt.

Heuristische Ansätze

1b. Prüfung der Einhaltung des Prinzips der Einzelbewertung für die Kreditzinskalkulation mittels Verfahren der Segmentierung

Alle segmentspezifischen Verfahrensweisen unterlegen grundsätzlich eine einheitliche Risikoprämie. Somit weichen diese Ansätze bereits in der Konzeption von dem Prinzip der *Einzelbewertung* ab.[228] Die Differenzierung der Segmentierungskriterien schafft eine Annäherung an das Prinzip der Einzelbewertung, doch erst bei der Be-

---

224 Da bei börsennotierten Unternehmen eine Bewertung über den Kapitalmarkt erfolgt, ist diese der individuellen Bewertung vorzuziehen. Bei Modellbewertungen wird regelmäßig versucht, die Kapitalmarktbedingungen nachzubilden. Vgl. Schneider (1992), S. 520. Diese modelltheoretischen Verzerrungen können durch den ausgewiesenen Unternehmenswert umgangen werden.

225 Bei börsennotierten Unternehmen wird hierzu der Buchwert der Verbindlichkeiten verwendet. Vgl. Kirmße (1996), S. 112.

226 Zu einer weiterführenden Diskussion der Einflussfaktoren vgl. Hoffjan, Siemes (1999) und Menkhoff, Röckmann (1994); vgl. zu empirischen Studien hinsichtlich der Einflussfaktoren bspw. Frantzmann (1989); de Long, Shleifer, Summers, Waldmann (1990, 1990b); Blume, Easley (1992); Shiller, Pound (1989); Shefrin, Statamn (1985, 1994); Shiller (1981); West (1998); Hodrick (1990), de Bondt, Thaler (1985, 1987, 1989); Shefrin (1997); Bremer, Sweeney (1991); Ripper, Kempf (1998); vgl. ebenfalls die Diskussion der Effizienzhypothese in Kap. 4.2. Zur Eignung des Optionspreismodells für die Bepreisung von Ausfallrisiken vgl. Jansen (2001b), S. 102ff.

227 Neben dem Unternehmenswert muss die Volatilität, d.h. die Schwankungsbreite, dieser Größe bestimmt werden. Hierzu gibt es wiederum verschiedene Verfahrensweisen. Vgl. bspw. zur subjektiven Volatilitätsschätzung für börsennotierte Unternehmen Bös (1991), S. 119ff. Folglich bedingt die Bestimmung der Größe „Volatilität" ebenfalls subjektive Entscheidungsmomente.

228 Vgl. Kirmße (1996), S. 61.

trachtung eines einzelnen Kredites als ein Segment würde das Prinzip erfüllt werden. In diesem Moment würde jedoch keine Segmentierung mehr vorliegen.[229]

2b. Prüfung der Einhaltung des Prinzips der Richtigkeit für die Kreditzinskalkulation mittels Segmentierung

Neben dem Prinzip der Einzelbewertung gilt es, das Prinzip der *Richtigkeit* zu untersuchen. Hierzu wird zunächst die Frage der *Objektivität* gestellt. Da der Zusammenhang zwischen Segmentierungskriterium und dem Kreditrisiko messbar ist, kann dieser konzeptionell nur schwer kritisiert werden.[230] Falls es sich bei dem Segmentierungsverfahren bzw. der Kalkulation der Risikokosten jedoch um eine institutsspezifische Größe handelt (Ist-Risikokosten des einzelnen Instituts), ist somit auch die *Prämienfindung institutsspezifisch* und unterliegt der *Subjektivität*, da sie von einem Dritten intersubjektiv nicht nachvollziehbar ist.[231] Derselbe Kredit würde bei unterschiedlichen Instituten mit unterschiedlichen institutsspezifischen Prämien bedacht werden.

Falls jedoch marktbezogene Daten als Ausfallraten verwendet werden, kann dieser Mangel aufgehoben werden.[232] Somit wird für einen Kreditnehmer bei einer einzelnen Bank die Risikoprämie in Abhängigkeit von der allgemeinen Marktsegmententwicklung kalkuliert. Es wird dann modelltheoretisch unterstellt, dass die Segmente des einzelnen Instituts identisch zu den Marktsegmenten sind. Dazu sollten annahmegemäß die institutsspezifischen Daten annähernd gleich den marktbezogenen Daten sein, sodass idealtypisch der Kreditnehmer bei jedem Kreditinstitut dieselbe Risikoprämie zu zahlen hätte.

Die Verwendung von Ist-Risikokosten erfüllt nicht das Bewertungskriterium der *Aktualität*. Durch die Berechnung auf Grundlage vergangenheitsorientierter Entwicklungen sind die „aktuellen Risikoprämien nicht mehr von der Qualität des Neugeschäftes, sondern von der Qualität des Geschäftes der Vergangenheit abhängig. Die aktuelle Risikosituation spielt damit keine Rolle für die Prämienberechnung. Das Prinzip der Aktualität wird damit (...) nicht erfüllt."[233] Leiten sich die Prämien jedoch mit Hilfe von modellhaften Prognosen hinsichtlich der unsicheren zukünftigen

---

229 Vgl. hierzu auch die Ausführungen zu dem segment-of-one-approach bei Meffert, Bruhn (1995), S. 189.

230 Vgl. Brakensiek (1991), S. 158.

231 Vgl. Kirmße (1996), S. 62f.

232 Dieses Verfahren wird im marktdeduzierten Ansatz verfolgt. Vgl. hier und im Folgenden Brakensiek (1991), S. 166ff.

233 Kirmße (1996), S. 63.

Marktsituation ab, ist in der Umsetzung das Prinzip der Aktualität erfüllt, falls eine zeitnahe Datenbereitstellung gesichert werden kann.[234]

1c. Prüfung der Einhaltung des Prinzips der Einzelbewertung für die Kreditzinskalkulation mittels eines einzelgeschäftsbezogenen Rating

Als ein weiterer Ansatz aus dem Bereich der heuristischen Kalkulationsverfahren wurde das *einzelgeschäftsbezogene Rating* genannt. Wie bereits in Kapitel 2.3.3 erläutert, kann zwischen dem internen und externen Rating unterschieden werden. Gemeinsam ist beiden Verfahren, dass eine individuelle Analyse des Unternehmens zu einer individuellen qualitativen Einschätzung des Risikos führt. Somit ist das Prinzip der *Einzelbewertung* erfüllt. Durch die notwendige Zuordnung von Risikoprämien ist fraglich, inwieweit dieses Prinzip durchbrochen wird.[235] Errechnet sich die Bonitätsprämie am Kapitalmarkt über den Vergleich mit einer emittierten Anleihe des Kreditnehmers, ist eine einzelgeschäftsbezogene Betrachtung gewährleistet. Falls jedoch keine Anleihe von diesem Unternehmen gehandelt und eine Bonitätsprämie anhand der Bewertung der Ratingklasse am Kapitalmarkt bestimmt wird, handelt es sich wiederum um eine Segmentierung. Das Segmentierungskriterium ist in diesem Fall das externe Rating. Folglich wird in diesem Fall die einzelgeschäftsbezogene Betrachtung verletzt.

2c. Prüfung der Einhaltung des Prinzips der Richtigkeit für die Kreditzinskalkulation mittels eines einzelgeschäftsbezogenen Rating

Das Prinzip der *Richtigkeit* bedingt zunächst die Prüfung der Einhaltung der Objektivität. *Externe Ratings* beziehen sich auf die Einschätzung eines Dritten. Es ist somit zu prüfen, ob diese Einschätzung objektiv ist. Zunächst legen die Ratingagenturen den Bewertungsprozess nicht offen. Dies bezieht sich sowohl auf die vollständige Darstellung der Kriterien als auch auf die unterlegten Gewichtungsfaktoren.[236] Da neben quantitativen auch qualitative Merkmale eingeschätzt werden, obliegt der Ratingagentur ein gewisser Ermessensspielraum.[237] Dieser führt dazu, dass der gleich einzuschätzende Sachverhalt verschieden beurteilt werden kann. Es handelt sich um das so genannte „splitrating".[238] Hier wird das Kreditrisiko von der Ratingagentur A anders eingeschätzt als von der Ratingagentur B, wodurch derselbe Emittent unter-

---

234 Schüller weist auf das Problem der Abhängigkeit von der Datenbereitstellung durch Externe hin. Vgl. Schüller (1995), S. 188.

235 Zu der Diskussion des internen Rating vgl. Kap. 3.6.

236 Vgl. Schneider (1992), S. 601.

237 Vgl. Steiner (1992) S. 514f.

238 Vgl. Hier und im Folgenden Cantor, Packer, Cole (1997); Ederington (1986), S. 37 und S. 41.

schiedliche Ratings bekommt. Somit sichern externe Ratingagenturen keine objektive Bewertung der Bonität.

Darüber hinaus ist für die Quantifizierung des Kreditrisikos durch den Kapitalmarkt zu untersuchen, inwieweit die Bewertung objektiv[239] erfolgt, und die Risikoprämie über einen entsprechenden Referenzwert[240] objektiv ermittelbar ist.[241]

Für *interne Ratingysteme* muss die Objektivität differenziert beurteilt werden. Der entscheidende Unterschied zu der o.g. Vorgehensweise (externes Rating) liegt darin, dass die Gewichtungsmerkmale bei der Urteilsfindung bekannt sind. Der Bonitätsanalyse mittels Bilanzanalyse kommt ein besonders hoher Stellenwert in diesem Bewertungsprozess zu.[242] Hierbei kann zwischen verschiedenen Instrumenten der Bilanzanalyse unterschieden werden.[243] Die verwendeten Instrumente haben entscheidenden Einfluss auf die Güte des Systems.[244] Eine abschließende Würdigung des internen Rating zur Kreditzinskalkulation setzt somit die Kenntnis der Bilanzanalyseinstrumente bzw. der Vorgehensweise zur Bestimmung der Gewichtungsfaktoren von einzelnen Bilanzinformationen im Rahmen der Bonitätsbeurteilung voraus. Somit ist die Frage der Objektivität der Ermittlung der Risikoeinschätzung und der Bepreisung dieser Risiken im Kapitel 3 zu diskutieren.

Bei der Beurteilung der *Aktualität* wird bei externen Ratings vorausgesetzt, dass eine Veränderung der Risikoeinschätzung (Herauf- oder Herabstufung bzw. up- oder downgrading des Rating durch die Agenturen) sehr zeitnah vollzogen wird. Empiri-

---

239 Diese Tatsache wirft wiederum die Frage der Effizienzhypothese auf.

240 Fraglich ist die Vorgehensweise zur Bestimmung der risikolosen Rendite, vgl. hierzu Kap. 4.3.3.2.

241 Beide Argumente werden im Kap. 4 vertieft und bleiben zunächst unbeantwortet.

242 Vgl. zu verschiedenen Ansätzen der Systematisierung von Bonitätsbeurteilungen Jansen (2001), S. 38ff. In der vorliegenden Arbeit werden die weiteren Kriterien (neben der Bilanzanalyse) vernachlässigt. Es soll nicht der Eindruck entstehen, dass die Bilanzanalyse das einzige Instrument ist. Vielmehr ist sie ein Baustein, der in der vorliegenden Arbeit genauer untersucht wird. Wie im Kapitel 6.1 in Aussicht gestellt wird, sind die Ergebnisse der theoretisch abgeleiteten und empirisch belegten Möglichkeiten der Bepreisung von Kreditrisiken in einem weiteren Schritt sowohl in das bankinterne Ratingystem zu integrieren, als auch um portfoliotheoretische Erkenntnisse zu erweiterten. Um die Systematik der Analyse eindeutig zu gestalten, wird jedoch zunächst im Rahmen des bankinternen Rating die Bilanzanalyse als einziges Instrument angesetzt.

243 Vgl. Kapitel 3.

244 Es wird im weiteren Analyseverlauf gezeigt, dass bspw. Ratingeinstufung auf Basis einer traditionellen Bilanzanalyse einem hohen Maß an Subjektivität unterliegen, bei der Verwendung von Neuronalen Netzen ein funktionaler Zusammenhang genutzt werden kann, um sich von der subjektiven Einschätzung zu lösen. Vgl. Kap. 3.

sche Untersuchungen stellen diesen Zeitbezug jedoch in Frage.[245] Somit haben Herabstufungen nachweislich keinen signifikanten Einfluss auf den am Kapitalmarkt erzielten Kreditzins. Die Veränderung der Risikoeinschätzung wurde bereits durch den Kapitalmarkt antizipiert.[246] Im Rahmen der internen Ratingsysteme muss wiederum verfahrensbezogen (hinsichtlich des unterstellten Instrumentes) das Kriterium der Aktualität untersucht werden (vgl. Kap. 3.6).

Zusammenfassend kann man konstatieren, dass keines der untersuchten Kalkulationsverfahren alle Kriterien zufriedenstellend erfüllt. Tabelle 2 fasst dies zusammen und ordnet die bereits oben benutze Nummerierung (1a, 1b, ...) den einzelnen Fragestellungen zu.

Die modelltheoretischen Konzepte sichern zwar, wie gezeigt, eine theoretisch objektive einzelgeschäftsbezogene Quantifizierung des Kreditrisikos, jedoch weist die Ermittlung der modellrelevanten Daten subjektive Entscheidungsspielräume auf. Ein objektiver Informationsbestand ist nicht gesichert.

Segmentierungsverfahren basieren i.d.R. nicht auf einem einzelgeschäftsbezogenen Bewertungsansatz. Durch den Bezug zu den Ist-Risikokosten werden institutsspezifische Prämien berechnet, sodass die objektive Ermittlung nicht gewährleistet ist. Darüber hinaus wird, wie gezeigt, durch die Kalkulation auf Basis der Ist-Risikokosten das zukünftige Geschäft von den Ausfällen der Vergangenheit beeinflusst. Bei der Berücksichtigung von marktbezogenen Prognosedaten ist das Kreditinstitut vom externen Informationslieferanten abhängig.

Es wurde oben dargelegt, dass Ratingeinschätzungen eine einzelgeschäftsbezogene Beurteilung des Risikos vornehmen. Die einbezogenen Kriterien sind messbar und beobachtbar. Bei der Vergabe von externen Ratings ist es jedoch für den Außenstehenden nicht nachvollziehbar, welche Kriterien mit welcher Gewichtung in die Urteilsfindung einfließen. Darüber hinaus stellt ein Rating eine qualitative Einschätzung dar. Für die Bewertung des Kreditrisikos ist es notwendig, den Ratingeinschätzungen quantifizierte Bonitätsprämien zuzuordnen. Dies geschieht über die Preisbildung am

---

245 Vgl. bspw. Wansley, Glascock, Clauretie (1992), S. 733ff.; Hand, Holthausen, Leftwich (1992), S. 733ff.; Wansley, Clauretie (1985), S. 31ff.

246 Vgl. Heinke (1998), S. 371ff.

		Modelltheoretische Konzepte		Heuristische Konzepte		
		Stochastische Ansätze (a)	Marktpreis-orientierte Ansätze (a)	Segmentierung (b)	Individuelle Ansätze (c)	
					Externes Rating	Bilanzanalyse als Instrument des internen Rating
Konzeptionelle Anforderungen	Einzelbewertung (1)	Gesichert durch konzeptionellen Ansatz.	Gesichert durch konzeptionellen Ansatz.	I.d.R. durch konzeptionellen Ansatz ausgeschlossen.	I.d.R. gesichert durch konzeptionellen Ansatz, jedoch Kreditzinsbestimmung problematisch.	I.d.R. gesichert durch konzeptionellen Ansatz, jedoch Kreditzinsbestimmung problematisch.
	Richtigkeit (2)					
	Objektivität	Theoretisch gesichert, jedoch aufgrund der Informationsbeschaffungsproblematik nicht haltbar.	Prämisse der vollkommenen Kapitalmärkte problematisch. Objektiver Unternehmenswert schwer bestimmbar.	Muss über prognostizierte Marktausfallraten innerhalb der einzelnen Segmente gesichert werden.	Gefahr der Subjektivität der Ratingagenturen, Objektivität ist nicht gesichert.	Abhängig von dem Bilanzanalyseverfahren.
	Aktualität	Theoretisch gesichert, jedoch aufgrund der Informationsbeschaffungsproblematik nicht unmittelbar haltbar.	Theoretisch gesichert, Informationsbeschaffung aufgrund o.g. Einschränkungen nicht vollständig gesichert.	Abhängigkeit von Dritten, da keine öffentlich zugänglichen Marktdaten vorhanden sind.	Aktualität der Rating kann nicht uneingeschränkt garantiert werden.	Abhängig von dem Bilanzanalyseverfahren.

Tabelle 2: Zusammenfassung der Würdigung verschiedener Ansätze zur Quantifizierung des Ausfallrisikos

Kapitalmarkt. Empirische Untersuchungen weisen nach, dass die Aktualität des Rating kritisch ist.[247] Des Weiteren besitzen nur wenige Unternehmen, vor allem in Europa, ein externes Rating.[248] Offen ist die detaillierte Diskussion der Bilanzanalyse als Teil des internen Ratingystems. Es wird somit im Weiteren die Bilanzanalyse (Kap. 3) hinsichtlich der Eignung als internes Ratingystem und darüber hinaus für die Kalkulation von Ausfallrisiken diskutiert.

---

247 Vgl. bspw. Heinke (1998).

248 Vgl. Kirmße (1996), S. 39; Bröker (2000), S. 39.

3. Die Bilanzanalyse als Instrument zur einzelgeschäftsbezogenen Risikobewertung

Wie oben gezeigt wurde, wird die Bilanzanalyse im Rahmen der Kreditzinskalkulation eingesetzt. Hierzu wird ein Rating aus den Bilanzkennzahlen abgeleitet und auf Basis dieses Urteils (dem Rating) ein Kreditzins kalkuliert (Kreditzinskalkulation mittels internem Rating). Um diese Vorgehensweise würdigen zu können, ist eine Beschreibung des angewendeten Bilanzanalyseverfahrens notwendig. In Kap. 3.1 werden die grundlegenden Aufgaben und Ziele der Bilanzanalyse in Abhängigkeit der Stellung des Bilanzanalytikers aufgezählt. Darauf aufbauend wird die für die vorliegende Arbeit relevante Stellung als „Kreditgeber“[249] definiert. In Kap. 3.2 wird ein Kriterienkatalog aufgezeigt, mit dessen Hilfe die in Kap. 3.3 und Kap. 3.4 beschriebenen traditionellen und modernen Verfahren beurteilt werden. Diese Würdigung beschränkt sich in einem ersten Schritt auf die generelle Eignung als Bilanzanalyseverfahren. In einem zweiten Schritt in Kap. 3.6 werden die Bilanzanalyseverfahren herangezogen, welche diese Kriterien erfüllen, um ihre Anwendung als Kreditzinskalkulationsverfahren mittels internem Rating zu überprüfen. Hierzu werden wiederum die in Kap. 2.4 dargestellten Anforderungen an ein Kreditzinskalkulationsverfahren herangezogen.

3.1 Begriffe, Adressaten und Ziele der Bilanzanalyse

Unternehmen sind verpflichtet, mindestens jährlich Rechenschaft über ihre Geschäftstätigkeit abzulegen.[250] Verschiedene nationale Gesetze oder internationale Prinzipien dokumentieren diese Aufgabe des externen Rechnungswesens. Bspw. findet diese Verpflichtung in § 242 Handelsgesetzbuch (HGB)[251] ihre rechtliche Grundlage, da hier der Kaufmann aufgefordert wird, „zu Beginn seines Handelsgewerbes und für den Schluss eines jeden Geschäftsjahres einen das Verhältnis seines

---

[249] Vgl. hierzu auch die folgenden Ausführungen und die Darstellungen in Tabelle 3 und Tabelle 4.

[250] Die Rechenschaftslegung ist bereits ein Jahresabschlusszweck. Vgl. hierzu bspw. Leffson (1964), S. 47f.

[251] Die folgenden Ausführungen beziehen sich zunächst auf den entsprechenden Bereich des HGBs, da im weiteren Verlauf des Kapitels die grundlegende Vorgehensweise der Bilanzanalyse beschrieben wird. Die im Analyseverlauf verwendeten Kennzahlen beziehen sich auf Unternehmen, die nach den US-GAAP bilanzieren. Trotz der Diskrepanz wird bei der Herleitung der Aufgaben der Bilanzanalyse davon abstrahiert, um die Systematik der Analyse eindeutig zu gestalten. Im Kapitel 6.2.2 wird der weitere Forschungsbedarf aufgezeigt, um die gewonnenen Ergebnisse auf Bilanzen nach dem HGB zu übertragen.

Vermögen und seiner Schulden darstellenden Abschluss (...) aufzustellen."[252/253] Bei dieser Aufstellung hat der Kaufmann verschiedene Grundsätze und rechtlich festgeschriebene Normen zu beachten. Der Jahresabschluss umfasst neben der Bilanz i.e.S.[254] noch eine Gewinn- und Verlustrechnung (GuV), wobei für Kapitalgesellschaften zusätzlich die Verpflichtung zur Aufstellung eines Anhangs und eines Lageberichtes besteht.[255/256/257/258/259]

Bilanzanalyse ist nach BALLWIESER die „Durchsicht und Auswertung von Jahresabschluß und Lagebericht zum Zweck der Informationsgewinnung"[260/261]. Als Bilanzanalyse wird somit die Aufbereitung bzw. Verdichtung von Informationen aus dem Jahresabschluss und dem Lagebericht mittels Kennzahlen, Kennzahlensystemen oder sonstigen Methoden und die Interpretation dieser Ergebnisse vor dem Hintergrund der wirtschaftlichen Rahmenbedingungen des Unternehmens und der allgemei-

---

252 § 242 (1) HGB.

253 Nach § 44 BösG besteht für börsennotierte Unternehmen darüber hinaus die Verpflichtung, regelmäßig Zwischenberichte aufzustellen. Vgl. hierzu Bridts (1990); Coenenberg, Henes (1995), S. 969ff.; Baetge, Schlösser (1993), S. 225ff.

254 I.e.S. bedeutet hier, dass die reine Vermögensübersicht als Bilanz bezeichnet wird. In der Praxis umfasst der Begriff Bilanz auch häufig die Gewinn- und Verlustrechnung und (bei Kapitalgesellschaften) den Lagebericht. Hier kann man von einer Bilanz i.w.S. sprechen. In dieser Arbeit bezieht sich der Begriff Bilanz sowohl auf die Bilanz i.e.S. als auch auf die GuV.

255 Große und mittlere Kapitalgesellschaften sind darüber hinaus zur Prüfung durch einen Abschlussprüfer verpflichtet (§ 316 Abs. 1 HGB). Die Beurteilung wird gemeinsam mit dem Jahresabschluss in Form eines Prüfungsberichtes und eines Bestätigungsvermerks bzw. Testats offengelegt. Vgl. Baetge (2001), S. 38ff.

256 Vgl. Baetge (2001), S. 25ff.

257 Zu den verschiedenen Bilanzarten vgl. Wöhe (1996), S. 999ff. In der vorliegenden Arbeit ist mit Bilanz die gesetzlich vorgeschriebene jährlich aufzustellende Handelsbilanz bzw. deren Äquivalent nach amerikanischem Gesetz gemeint.

258 Vgl. zum Informationsgehalt des Anhangs bzw. Lageberichts Krumbholz (1994); Armeloh (1998) oder Baetge, Armeloh, Schulze (1997), S. 176ff.; Baetge, Armeloh, Schulze (1997b), S. 212ff.

259 Neben der Bilanz, der GuV und dem Anlagebericht ist die Kapitalflussrechnung ein weiterer Bestandteil des Jahresabschlusses. Vgl. Käfer (1984), S. LVII und Käfer (1969), S. 9f.

260 Ballwieser (1993b), Sp. 211.

261 Nicht der Begriff Bilanzanalyse ist treffend, sondern vielmehr müsste ein Begriff wie Jahresabschlussanalyse gebraucht werden (vgl. Leffson (1984), S. 3; Rehkugler, Poddig (1998), S. 9). Dies liegt daran, dass der Begriff Bilanz in der Praxis als Synonym für den Jahresabschluss gebraucht wird (vgl. Coenenberg (2000), S. 26). In dieser Arbeit werden die Begriffe Bilanzanalyse und Jahresabschlussanalyse synonym gebraucht.

nen wirtschaftlichen Situation verstanden.[262] Das Ziel der Bilanzanalyse ist die Gewinnung eines Gesamturteils über die wirtschaftliche Situation eines Unternehmens.[263]

Die Vorgehensweise zur Urteilsfindung wird von KRUMNOW als „Aufgliederung und Aufbereitung von Jahresabschlüssen in deren Einzelelemente sowie [die Gewinnung von] sachlogische[n] zusammenhängende[n] Komponente[n] und Relation[en]“[264] beschrieben. Ein Bilanzanalyst ist entweder ein externer oder interner Beobachter,[265] wobei der externe Analytiker anhand der veröffentlichten Informationen (u.a.) im Jahresabschluss und der interne Analytiker anhand zusätzlicher Informationen aus dem internen Rechnungswesen sein Urteil bildet.[266] Dabei bilden *zwei Kernfragen* die Basis der Gesamturteilsfindung:[267]

- Wie hoch ist die Ertragskraft des Unternehmens (erfolgswirtschaftliche Analyse)?
- Wie stark ist die finanzielle Stabilität des Unternehmens (finanzwirtschaftliche Analyse)?

In Abhängigkeit von den Zielen des *Bilanzanalytikers* bzw. seines Auftraggebers bestimmt sich die Gewichtung zwischen diesen beiden Teilfragen. Hierzu ist es von Bedeutung, den Adressaten der Bilanz bzw. Bilanzanalyse zu bestimmen. Nach der Koalitionstheorie muss dieser Kreis alle Personen einschließen, die in irgendeiner Weise mit dem Unternehmen in Kontakt stehen.[268] Tabelle 3 gibt einen Überblick über potenzielle Bilanzanalytiker und damit die Jahresabschlussadressaten bzw. Informationsinteressenten.

---

262 Vgl. hier und im Folgenden Schierenbeck (2000), S. 582. und auch die von Baetge dargestellten sechs Schritte der Bilanzanalyse (1998), S. 16f.

263 Von dem Problemkreis der Konzernbilanzierung wird vereinfachend abgesehen, da hiervon die allgemeine Vorgehensweise der Bilanzanalyse nicht betroffen ist.

264 Krumnow (1985), S. 783; die mit [ ] gekennzeichneten Inhalte wurden vom Verfasser hinzugefügt.

265 Vgl. Baetge (1998), S. 6ff.

266 In der Praxis bezieht sich der Begriff Bilanzanalytiker überwiegend auf den externen Beobachter. Vgl. Küting, Weber (2000), S. 10f.

267 Vgl. hier und im Folgenden Baetge (1998), S. 2ff.

268 Vgl. Coenenberg (2000), S. 1074ff.

Externe Bilanzanalytiker	Interne Bilanzanalytiker
• Kreditgeber, Kreditversicherer, Auskunfteien • (Klein-)Aktionäre, externe Gesellschafter • Ratingagenturen • Lieferanten, Kunden • Finanzanalysten • Bundesbank • Arbeitnehmer, Gewerkschaften • Konkurrenzunternehmen • Presse	• Unternehmensleitung • Kontrollorgane (Aufsichtsrat, Beirat, Jahresabschlussprüfer) • Beteiligungscontroller • Großaktionär • Großkreditgeber • Finanzverwaltung

Tabelle 3: Übersicht über externe und interne Bilanzanalytiker[269]

Das *Informationsbedürfnis* des Adressaten bestimmt die konkreten Aufgaben und Schwerpunkte der Bilanzanalyse. Tabelle 4 gibt einen Überblick über die unterschiedlichen Bedürfnisse, die eine Bilanzauswertung in Abhängigkeit vom Adressatenkreis begleiten. Die Bilanzanalyse wird somit zu einem „adressaten- und zweckspezifischen Auswertungssystem“[270]; man kann ihre Zwecksetzung lediglich deduktiv aus den Informationsbedürfnissen des Analytikers ableiten.[271]

Eine der bedeutsamsten Gruppen ist die der *Kreditgeber*.[272] Zu ihnen zählen neben Kreditinstituten auch Leasinggesellschaften, Kreditversicherer und Kapitalsammelstellen im Allgemeinen. Ihr Informationsbedürfnis liegt in der Ermittlung der Kreditwürdigkeit bzw. eines Bonitätsstatutes. Eine wesentliche Aufgabe der Kreditwürdigkeitsprüfung ist die Beurteilung der Zahlungsfähigkeit des Schuldners.[273] Ein Schwerpunkt der Bilanzanalyse liegt somit aus der Sicht der Kreditgeber auf der Ermittlung der gegenwärtigen und zukünftigen finanziellen Fähigkeit zur Zahlung der vereinbarten Zins- und Tilgungsleistungen.[274] In der Praxis der Kreditwirtschaft ist es daher selbstverständlich, dass ein Unternehmen u.a. seine Bilanz im Rahmen der Kreditwürdigkeitsprüfung einreichen muss.[275] Bei der im Kap. 5 folgenden Konzepti-

---

269 In Anlehnung an Baetge (1998), S. 7.

270 Pellens (1989), S. 155.

271 Vgl. Buchner (1981), S. 195.

272 Vgl. hier und im Folgenden Baetge (1998), S. 8f.

273 Vgl. hier und im Folgenden Buchner (1981), S. 199.

274 Vgl. auch zu den Bestandteilen der Kreditwürdigkeitsprüfung und der Unterscheidung von Kreditfähigkeit und Kreditwürdigkeit Bröker (2000), S. 44f.

275 Nach § 18 KWG ist ein Kreditinstitut verpflichtet, sich bei Vergabe von einem Kredit ab 500.000 DM (bzw. 250.000 EURO) die wirtschaftlichen Verhältnisse offen legen zu lassen. Dies kann z.B. durch die Vorlage eines aktuellen Jahresabschlusses geschehen. In der Praxis wird jedoch regelmäßig auch bei kleineren Krediten eine Bilanz von den Unternehmen verlangt. In den weiteren Ausführungen wird die Position des Kreditgebers unterstellt.

on eines marktorientierten Prognosemodells unter zu Hilfenahme der Bilanzanalyse wird die Position eines Kreditgebers unterstellt.

Adressat	Informationsbedürfnis bezüglich:
Kreditgeber, Kreditversicherer, Auskunfteien	Kreditwürdigkeit, Bonitätsstatus
(Klein-)Aktionäre, externe Gesellschafter	Risiko-Rendite-Struktur[276] bzw. der risikoadjustierten Verzinsung des eingesetzten Kapitals
Ratingagenturen	Bonität im Hinblick auf eine Ratingeinstufung[277]
Lieferanten	Bonität im Hinblick auf die Aufnahme einer Geschäftsbeziehung
Kunden	Bonität im Hinblick auf die Aufnahme einer Geschäftsbeziehung
Finanzanalysten	Zukünftige Ertragskraft im Hinblick auf die Kauf- bzw. Verkaufsentscheidung des entsprechenden börsennotierten Wertpapiers
Bundesbank	Bonität im Hinblick auf den Eingang von Wechselverbindlichkeiten[278]
Arbeitnehmer, Gewerkschaften	Bestandskraft und Arbeitsplatzsicherheit
Konkurrenzunternehmen	Stärken-Schwächen-Analysen[279]
Presse	Wenige „publikumsfähige" Kennzahlen im Hinblick auf Pressemitteilungen[280]
Unternehmensleitung	Eigene wirtschaftliche Lage, Simulation von Bilanzwahlrechten[281]
Kontrollorgane (Aufsichtsrat, Beirat, Jahresabschlussprüfer)	Einhaltung (gesetzlicher) Vorschriften (Rechenschaft des Vorstands), wirtschaftliche Lage des Unternehmens[282]
Beteiligungscontroller	(Teil-)Rentabilitäten einzelner Einheiten
Großaktionäre / Großkreditgeber	Wirtschaftliche Entwicklung bzw. Rentabilitäten einzelner Einheiten
Finanzverwaltung	Steuerlicher Gewinn bzw. Verlust

Tabelle 4: Informationsbedürfnisse der unterschiedlichen Adressaten der Bilanzanalyse[283]

276 Vgl. Perridon, Steiner (1997), S. 279f.

277 Vgl. Berblinger (1996), S. 63f.

278 Nach § 19 BbankG ist die Deutsche Bundesbank zur Bonitätsprüfung verpflichtet, falls sie mit dem entsprechenden Unternehmen ein Wechselgeschäft eingehen möchte. Die Bedeutung von Wechselgeschäften wird jedoch in Zukunft zurückgehen, da es im Rahmen der Einführung der europäischen Zentralbank zu einer Verschiebung in der Bedeutung der einzelnen geldpolitischen Instrumenten kam. Das Instrument des Rediskontkontingents wird an Bedeutung verlieren (vgl. zu den Auswirkung des Liquiditätsgrundsatzes auf die Geschäftspraktiken der Refinanzierung, Kirmße, Siemes (1999b)).

279 Vgl. Küting, Weber (2000), S. 11; Coenenberg (1990), S. 13; Grütter-Settele (1999).

280 Vgl. Helbling (1992), S. 16.

281 Vgl. bspw. Baetge, Ballwieser (1978), S. 511f. oder Hinz (1994).

282 Vgl. Krüger (1983), S. 269ff.; Potthoff (1996), S. 835ff.

283 Die Systematik lehnt sich an Baetge (1998) S. 8ff. an.

3.2 Kriterienkatalog zur Würdigung der unterschiedlichen Methoden der Bilanzanalyse

Bevor die Auswertungsmethoden der Bilanzanalyse und die Vorgehensweise genauer beschrieben werden, sollen allgemeingültige Kriterien definiert werden, mit denen sich die Güte einer Bilanzanalyse oder besser die Analysestärke der Instrumente einer Bilanzanalyse messen lassen. Hierzu werden die von BAETGE formulierten Prinzipien

- das *Neutralisierungsprinzip*,
- das *Ganzheitlichkeitsprinzip* und
- das *Objektivierungsprinzip* verwendet.[284]

Das *Neutralisierungsprinzip* bezieht sich auf die bilanziellen Freiräume, die man im Rahmen der Bilanzierung genießt. Die Bilanzanalyse hat die Aufgabe, die Kennzahlen bzw. das Gesamturteil so zu bilden, dass diese Wahlrechte neutralisiert werden, d.h,. unabhängig von den bilanzpolitischen Gestaltungsentscheidungen muss die Bilanzanalyse zu demselben Ergebnis kommen.

Das *Prinzip der Ganzheitlichkeit* besagt, dass alle Bereiche des Unternehmens und folglich sowohl die Finanz- als auch Ertrags- und Vermögenslage Einfluss auf das Gesamturteil nehmen sollten.[285] Ferner hat der Bilanzanalytiker auch weitere quantitative Informationen, wie sie bspw. im Lagebericht erkennbar sind, in seine Urteilsfindung oder seine Urteilsbegründung im Sinne einer Ursachenanalyse einzubeziehen. Bei der Sammlung der relevanten Daten sind neben den aus der Bilanz erkennbaren Informationen nämlich auch wirtschaftliche und rechtliche Rahmenbedingungen zu beachten.[286] Darüber hinaus können noch weitere Informationen wichtig sein, die nicht in quantitativer Form vorliegen.

Das *Objektivierungsprinzip* bezieht sich auf zwei Dimensionen: Zum einen muss das abgeleitete Urteil intersubjektiv nachvollziehbar und zum anderen müssen die benutzten Gewichtungen objektiv sein. Ein Verfahren ist genau dann als objektiv zu bezeichnen, „wenn die Auswahl, Gewichtung und Zusammenfassung der Urteilskriterien, also der Kennzahlen bei der Bilanzanalyse, unabhängig von subjektiven Empfindungen und Erfahrungen des Bilanzanalytikers – auf der Basis einer breiten empirischen Basis und mit mathematisch-statistischen Methoden ermittelt – geschieht, da bisher eine Theorie der Bilanzanalyse fehlt".[287]

---

284 Vgl. auch für die folgenden Erläuterungen Baetge (1998), S. 54f. und S. 513ff.

285 Vgl. auch zu den Aufgaben und Zielen einer vollständigen Datenerfassung Lachnit (1976), S. 143 und Schedelbauer (1978), S. 2425.

286 Vgl. Riebell (1996), S. 474ff.

287 Vgl. Baetge (1998), S. 514f.

Diese generellen Maßstäbe eignen sich, die verschiedenen Modelle hinsichtlich der konzeptionellen Beschaffenheit und der Einhaltung der Prinzipien in der praktischen Umsetzung zu beurteilen.

3.3 Traditionelle Bilanzanalyse

Mit Hilfe von Kennzahlen, Kennzahlensystemen und Scoring-Modellen lassen sich Bilanzen hinsichtlich der o.g. Zielsetzung, nämlich der Beurteilung der zukünftigen Zahlungsfähigkeit eines Unternehmens, analysieren. Im Weiteren (Kap. 3.3.1, Kap. 3.3.2 und Kap. 3.3.3) werden diese drei Ansätze allgemein dargestellt und an einem oder mehreren Beispielen konkretisiert. Die Auswahl der Beispiele lehnt sich an das in Kap. 4 zu konzipierende Prognosemodell an. In Kap. 3.3.4 werden diese drei Verfahren mit Hilfe der in Kap. 3.2 beschriebenen Kriterien hinsichtlich ihrer Eignung als Bilanzanalyseverfahren gewürdigt.

3.3.1 Kennzahlen

Den traditionell höchsten Stellenwert innerhalb der Auswertungsmethodik haben *Kennzahlen* und die damit eng verbundenen Kennzahlensysteme.[288] Eine Kennzahl stellt einen quantitativ erfassbaren Zusammenhang in bewusst einfacher und konzentrierter Form dar.[289] Es lassen sich zum einen *absolute Kennzahlen* (wie Bilanzsumme) und zum anderen *relative Kennzahlen,* d.h. Verhältniszahlen (wie Fremdkapital / Bilanzsumme) bilden.[290] BAETGE ordnet absoluten Zahlen keine große Aussagekraft zu, da sie weder Tendenzen erkennen lassen, noch Ursache-Wirkungs-Zusammenhänge verdeutlichen können.[291] Dementsprechend finden relative Kennzahlen (unter Umständen in Verbindung mit absoluten Kennzahlen) größere Beachtung. Es gibt verschiedene Kriterien, nach denen man die Fülle der Kennzahlen gliedern kann. Bspw. kann man eine Aufteilung in *Gliederungs-*, *Beziehungs-* und *Indexzahlen* vornehmen.[292] *Gliederungszahlen* sind Relationen von Teilmengen zur Gesamtheit (wie die Eigenkapitalquote[293]). *Beziehungszahlen* drücken Ursache-Wirkungs-Zusammenhänge bzw. Mittel-Zweck-Zusammenhänge aus, indem sie

---

288 Der Begriff Kennzahlensystem wird in Kap. 3.3.2 definiert und zum Begriff Kennzahl abgegrenzt.

289 Vgl. Makoski (1999), S. 79.

290 Vgl. Schierenbeck (2000), S. 620.

291 Vgl. Baetge (1998), S. 27f.

292 Vgl. Hauschildt (1971), S. 340.

293 Die Eigenkapitalquote sei hier vereinfachungsgemäß als Eigenkapital / Gesamtkapital verstanden.

verschiedenartige Zahlen in Beziehung setzen (wie die Eigenkapitalrentabilität[294]).[295] *Indexzahlen* schließlich zeigen die zeitliche Entwicklung einzelner Kennzahlen auf (wie das prozentuale Wachstum des Umsatzes). Neben dieser Aufteilung lassen sich Kennzahlen auch nach den Kriterien der Sensibilität hinsichtlich bilanzpolitischer Veränderungen und Reagibilität in Bezug auf Datenänderungen gliedern.[296] Ein weiteres Kriterium ist die mit Hilfe der Kennzahl verfolgte Zielsetzung, nämlich die Beschreibung der Vermögens-, Finanz- oder Ertragslage.

Tabelle 5 und Tabelle 6 zeigen einen Überblick über 70 verschiedene Kennzahlen. Die Benennung in der ersten Spalte der Kennzahl K_j mit $1 \leq j \leq 70$ lehnt sich, wie die Auswahl, an SCHULTE an.[297] Sie bildet neben den später folgenden Kennzahlensystemen die Grundlage der Kennzahlen der empirischen Untersuchung.[298] SCHULTE zog diese Kennzahlen als potenzielle Erklärungsgrößen im Rahmen einer Arbeit zur kapitalmarktorientierten Bilanzanalyse heran.[299] Die Kennzahlen K_{01} - K_{25} beziehen sich auf die finanzielle Stabilität des Unternehmens und sind einer finanzwirtschaftlichen Jahresabschlussanalyse zuzuordnen (K_{01} - K_{05} : Investitionsanalyse, K_{06} - K_{14} : Finanzierungsanalyse, K_{15} - K_{25} : Liquiditätsanalyse). Die Kennzahlen K_{26} - K_{50} stellen eher auf die Ertragskraft und somit die erfolgswirtschaftliche Bilanzanalyse ab (K_{26} - K_{29} : Erfolgsstrukturanalyse, K_{30} - K_{50} : Rentabilitätsanalyse). Die Kennzahlen K_{50} - K_{70} orientieren sich primär an der kapitalmarktorientierten Bilanzanalyse.[300]

Eine Möglichkeit zur Bewertung einzelner Kennzahlen hinsichtlich ihrer Eignung zur Bilanzanalyse besteht darin zu prüfen, ob es mit dieser Kennzahl gelingt, bilanzielle Spielräume zu eliminieren.[301] Diese Fähigkeit wurde in Kap. 3.2 dem Neutralisierungsprinzip zugeordnet. Grundsätzlich ist die Subjektivität bei der Einschätzung der

---

294 Die Eigenkapitalrentabilität sei hier vereinfachungsgemäß als Jahreserfolg / Eigenkapital verstanden.

295 Vgl. hier und im Folgenden Hauschildt (1971), S. 340ff.

296 Vgl. Rehkugler, Schindel (1994), S. 252.

297 Vgl. Schulte (1996b), S. 144f. Einzelne Positionen können als Durchschnittsgröße angegeben werden. Somit würde nicht der Bilanzstichtagswert verwendet, sondern das arithmetische Mittel aus den Werten zum Bilanzstichtag und dem Bilanzstichtag des Vorjahres. Damit kann bei der Berechnung von Kennzahlen eine zeitliche Verteilung der Stichtagsgröße auf den Betrachtungszeitraum erreicht werden. Aus Gründen der vereinfachten Darstellung wird im Weiteren darauf verzichtet.

298 Bei der im Kap. 5 folgenden empirischen Untersuchung soll durch einen möglichst umfassenden Kennzahlenkatalog nicht bereits in der Kennzahlenauswahl eine Ergebnisbeeinträchtigung erzielt werden.

299 Vgl. Schulte (1996b). Zur Definition des Begriffs „kapitalmarktorientierte Bilanzanalyse“ vgl. Kap. 4 und Coenenberg (2000), S. 1121f.

300 Vgl. Schulte (1996b), S. 144f.

301 Vgl. hier und im Folgenden Baetge (1998), S. 155f.

Unternehmenslage aufgrund von Kennzahlen problematisch. Obwohl die Urteilsfindung intersubjektiv nachvollzogen werden kann, d.h., das anhand von Kennzahlen abgeleitete Urteil kann auch von einem Dritten gebildet werden, ist das Verfahren der Urteilsbildung selbst subjektiv. Die Urteilsbildung ist der Auswahl und Gewichtung einzelner Kennzahlen für die Urteilsfindung gleichzusetzen. Dem Bilanzanalytiker obliegt eben diese Urteilsbildung, die aufgrund der subjektiven Einschätzung vorgenommen wird.

Nr.	Kennzahl	Kennzahlendefinition
K_{01}	Umschlagshäufigkeit der Vorräte	Umsatzerlöse / Vorräte
K_{02}	Umschlagshäufigkeit der Fertigerzeugnisse u. Waren	Umsatzerlöse / (Fertigerzeugnisse + Waren)
K_{03}	Umschlagshäufigkeit des Gesamtkapitals	Umsatzerlöse / Gesamtkapital
K_{04}	Investitionsdeckung	Abschreibungen Sachanlagevermögen / Investitionen Sachanlagevermögen
K_{05}	Abschreibungsquote	Abschreibungen Sachanlagevermögen / Sachanlagevermögen (zu historischen Anschaffungs- / Herstellungskosten)
K_{06}	Eigenkapitalquote I	Eigenkapital / Gesamtkapital
K_{07}	Eigenkapitalquote II	(Eigenkapital – Immaterielle Vermögensgegenstände) / (Gesamtkapital – Immaterielle Vermögensgegenstände – Liquide Mittel – Grundstücke und Gebäude)
K_{08}	Statischer Verschuldungsgrad II	Kurzfristiges Fremdkapital / Eigenkapital
K_{09}	Statischer Verschuldungsgrad V	(Fremdkapital – Pensionsrückstellungen) / (Eigenkapital + Pensionsrückstellungen)
K_{10}	Anspannungsgrad II	Kurzfristiges Fremdkapital / Gesamtkapital
K_{11}	Fremdkapitalstruktur I	(Verbindlichkeiten aus Lieferungen und Leistungen + Wechselverbindlichkeiten) / Fremdkapital
K_{12}	Fremdkapitalstruktur II	(Verbindlichkeiten aus Lieferungen und Leistungen + Wechselverbindlichkeiten + Bankverbindlichkeiten) / Fremdkapital
K_{13}	Selbstfinanzierungsgrad II	Gewinnrücklagen / Gesamtkapital
K_{14}	Bilanzkurs	Eigenkapital / Gezeichnetes Kapital
K_{15}	Anlagendeckungsgrad I	Eigenkapital / Anlagevermögen
K_{16}	Anlagendeckungsgrad II	(Eigenkapital + Langfristiges Fremdkapital) / Anlagevermögen
K_{17}	Anlagendeckungsgrad IV	Eigenkapital / (Sachanlagevermögen – Grundstücke und Gebäude)
K_{18}	Liquidität 2. Grades (quick ratio)	Monetäres Umlaufvermögen / Kurzfristiges Fremdkapital
K_{19}	Dynamische Investitionsdeckung	(Netto Cash Flow – Ausschüttungen) / Investitionen Sachanlagevermögen
K_{20}	Dynamische Fremdkapitaldeckung	Netto Cash Flow / Fremdkapital
K_{21}	Kapitalrückflussquote I	Betriebsbedingter Brutto Cash Flow / Kurzfristiges Fremdkap.
K_{22}	Kapitalrückflussquote II	Netto Cash Flow / (Fremdkapital – Erhaltene Anzahlungen)
K_{23}	Fremdfinanzierung des Umsatzes I	Effektivverschuldung / Umsatzerlöse
K_{24}	Fremdfinanzierung des Umsatzes II	(Effektivverschuldung – Erhaltene Anzahlugen) / Umsatzerlöse
K_{25}	Fremdfinanzierung des Umsatzes III	Kurzfristiges Fremdkapital / Umsatzerlöse
K_{26}	Ergebnisstruktur I	Betriebsergebnis / Jahresergebnis vor Gewinnsteuern
K_{27}	Ergebnisstruktur II	Finanzergebnis / Jahresergebnis vor Gewinnsteuern
K_{28}	Ergebnisstruktur III	(Betriebsergebnis + Finanzergebnis) / Jahresergebnis vor Gewinnsteuern

Tabelle 5: Übersicht wichtiger Kennzahlen der Bilanzanalyse (Teil I)

Nr.	Kennzahl	Kennzahlendefinition
K_{29}	Ergebnisstruktur IV	Außerordentliches Ergebnis / Jahresergebnis v. Gewinnsteuern
K_{30}	Eigenkapitalrentabilität vor Gewinnsteuern	(Jahresergebnis + Gewinnsteuern) / Eigenkapital
K_{31}	Eigenkapitalrentabilität nach Gewinnsteuern	Jahresergebnis / Eigenkapital
K_{32}	Cash Flow-Eigenkapitalrentabilität I v. Gewinnsteuern	Brutto Cash Flow / Eigenkapital
K_{33}	Cash Flow-Eigenkapitalrentabilität I nach Gewinnsteuern	Netto Cash Flow / Eigenkapital
K_{34}	Cash Flow-Eigenkapitalrentabilität II vor Gewinnsteuern	Betriebsbedingter Brutto Cash Flow / Eigenkapital
K_{35}	Cash Flow-Eigenkapitalrentabilität II nach Gewinnsteuern	Betriebsbedingter Netto Cash Flow / Eigenkapital
K_{36}	Fremdkapitalrentabilität	Zinsaufwand / Fremdkapital
K_{37}	Gesamtkapitalrentabilität vor Gewinnsteuern	(Jahresergebnis + Gewinnsteuern + Zinsaufwand) / Gesamtkapital
K_{38}	Gesamtkapitalrentabilität nach Gewinnsteuern	(Jahresergebnis + Zinsaufwand) / Gesamtkapital
K_{39}	Cash Flow-Gesamtkapitalrentabilität I vor Gewinnsteuern	Brutto Cash Flow / Gesamtkapital
K_{40}	Cash Flow-Gesamtkapitalrentabilität I nach Gewinnsteuern	Netto Cash Flow / Gesamtkapital
K_{41}	Cash Flow-Gesamtkapitalrentabilität II vor Gewinnsteuern	Betriebsbedingter Brutto 0Cash Flow / Gesamtkapital
K_{42}	Cash Flow-Gesamtkapitalrentabilität II nach Gewinnsteuern	Betriebsbedingter Netto Cash Flow / Gesamtkapital
K_{43}	Gesamtkapitalrentabilität nach Zinsen, vor Gewinnsteuern	(Jahresergebnis + Gewinnsteuern) / Gesamtkapital
K_{44}	Gesamtkapitalrentabilität nach Zinsen, nach Gewinnsteuern	Jahresergebnis / Gesamtkapital
K_{45}	Umsatzrentabilität vor Gewinnsteuern	Betriebsergebnis / Umsatzerlöse
K_{46}	Umsatzrentabilität nach Gewinnsteuern	(Betriebsergebnis – Gewinnsteuern) / Umsatzerlöse
K_{47}	Cash Flow-Umsatzrentabilität I vor Gewinnsteuern	Brutto Cash Flow / Umsatzerlöse
K_{48}	Cash Flow-Umsatzrentabilität I nach Gewinnsteuern	Netto Cash Flow / Umsatzerlöse
K_{49}	Cash Flow-Umsatzrentabilität II vor Gewinnsteuern	Betriebsbedingter Brutto Cash Flow / Umsatzerlöse
K_{50}	Cash Flow-Umsatzrentabilität II nach Gewinnsteuern	(Betriebsbedingter Brutto Cash Flow – Gewinnsteuern) / Umsatzerlöse
K_{51}	Jahresergebnis je Aktie	Jahresergebnis / Aktienanzahl
K_{52}	Veränderungsrate Jahresergebnis je Aktie	Veränderungsrate Jahresergebnis / Aktienanzahl
K_{53}	Betriebsergebnis je Aktie	Betriebsergebnis / Aktienanzahl
K_{54}	Veränderungsrate Betriebsergebnis je Aktie	Veränderungsrate Betriebsergebnis / Aktienanzahl
K_{55}	Finanzergebnis je Aktie	Finanzergebnis / Aktienanzahl
K_{56}	Veränderungsrate Finanzergebnis je Aktie	Veränderungsrate Finanzergebnis / Aktienanzahl
K_{57}	Betriebs- und Finanzergebnis je Aktie	(Betriebsergebnis + Finanzergebnis) / Aktienanzahl
K_{58}	Veränderungsrate Betriebs- und Finanzergebnis je Aktie	Veränderungsrate (Betriebsergebnis + Finanzergebnis) / Aktienanzahl
K_{59}	Gewinn nach DVFA / SG je Aktie	Bereinigtes Betriebsergebnis / Aktienanzahl
K_{60}	Veränderungsrate Gewinn nach DVFA / SG je Aktie	Veränderungsrate Bereinigtes Betriebsergebnis / Aktienanzahl
K_{61}	Cash Flow nach DVFA / SG je Aktie	Cash Flow nach DVFA / SG Aktienanzahl
K_{62}	Veränderungsrate Cash Flow nach DVFA / SG je Aktie	Veränderungsrate Cash Flow nach DVFA / SG Aktienanzahl
K_{63}	Kurs-Gewinn-Verhältnis	Kurs / Gewinn nach DVFA / SG je Aktie
K_{64}	Veränderungsrate Kurs-Gewinn-Verhältnis	Veränderungsrate Kurs / Gewinn nach DVFA / SG je Aktie
K_{65}	Kurs Cash Flow-Verhältnis	Kurs / Cash Flow nach DFVA / SG je Aktie
K_{66}	Veränderungsrate Kurs-Cash Flow-Verhältnis	Veränderungsrate Kurs / Cash Flow nach DFVA / SG je Aktie
K_{67}	Ausschüttungsquote II	Bilanzgewinn (bzw. Dividendensumme) / Eigenkapital
K_{68}	Veränderungsrate Ausschüttungsquote II	Veränderungsrate Bilanzgewinn (bzw. Dividendensumme) / Eigenkapital
K_{69}	Dividendenrendite	(Nettodividenden + Steuergutschrift) / Kurs
K_{70}	Veränderungsrate Dividendenrendite	Veränderungsrate (Nettodividenden + Steuergutschrift) / Kurs

Tabelle 6: Übersicht wichtiger Kennzahlen der Bilanzanalyse (Teil II)

3.3.2 Kennzahlensysteme

Aufgrund der geringen Aussagekraft und widersprüchlichen Interpretationsmöglichkeiten einzelner Kennzahlen sind Systeme von Kennzahlen zu bilden,[302] die komplexe Sachverhalte aus unterschiedlichen Blickwinkeln beleuchten.[303] Falls man nicht einzelne Kennzahlen betrachten möchte, sondern diese verdichtet in ein System überführt, spricht man i.d.R. von so genannten *Kennzahlensystemen.*[304] Häufig bilden diese Systeme eine Spitzenkennzahl, welche anhand analytischer Überlegungen in Unterkennzahlen zerlegt bzw. sich aus der Aggregation und Verknüpfung der verschiedenen Unterkennzahlen ergibt. Hierdurch entstehen Kennzahlenpyramiden. Der Vorteil liegt in der Darstellung der Ursache-Wirkungs-Zusammenhänge, welche nun nicht mehr mono- sondern multikausale Verknüpfungen abbilden können.[305] Falls ein Kennzahlensystem dieses Aufbrechen in Unterkennzahlen leistet, spricht man von einem analytisch-deduktiven System.

Den drei o.g. Prinzipien (Neutralisierungs-, Ganzheitlichkeits- und Objektivierungsprinzip) wird bei der Überleitung einzelner Kennzahlen in ein System eine größere Beachtung als bei der einzelnen Kennzahlenanalyse geschenkt.[306] Dies geschieht dadurch, dass erstens bilanzpolitische Manipulationsmöglichkeiten besser neutralisiert werden können, zweitens alle Bereiche (Vermögens-, Finanz- und Ertragssituation) beachtet und drittens die Verdichtung durch eine festgelgte Vorgehensweise nachvollziehbarer gemacht werden kann. Genau wie im Bereich der Kennzahlen finden sich auch im Bereich der Kennzahlensysteme verschiedene Ansätze: hierzu

---

302 Vgl. Küting, Weber (2000), S. 27.
303 Vgl. Reichmann (1988), S. 382.
304 Vgl. hier und im Folgenden Baetge (998), S. 36ff.
305 Vgl. Hauschildt (1971), S. 342f.
306 Vgl. Baetge (1998), S. 36f.

zählen bspw. das *ZVEI-System,* das *DuPont-Kennzahlensystem (ROI)* und das *Rentabilitäts-Liquiditätssystem* (*RL-System*).[307/308]

In Abbildung 19 und Abbildung 20 sind die oben genannten Systeme ROI und RL aufgezeigt.

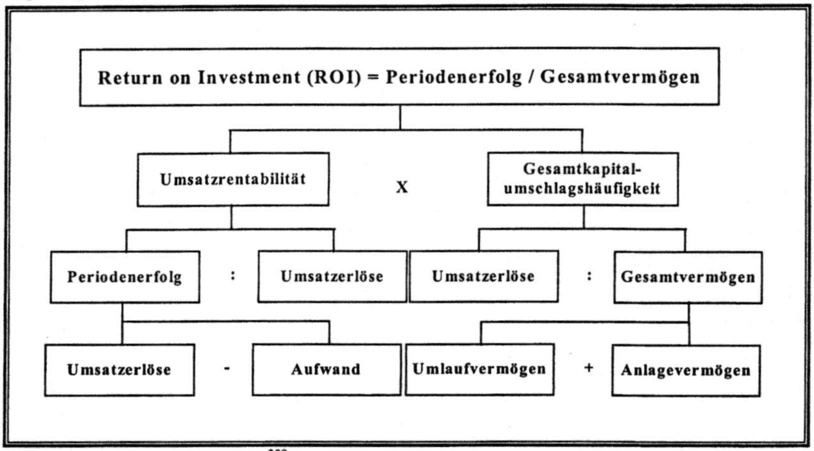

Abbildung 19: Das ROI-Schema[309]

Im ROI-System wird der Quotient aus dem Periodenerfolg und dem Gesamtvermögen als Spitzenkennzahl verwendet. Er stellt eine statische Rentabilitätskennzahl dar.[310] Diese wird durch eine einfache Erweiterungen von Zähler und Nenner mit dem Wert „Umsatz“ modifiziert und anschließend werden die Teilgrößen Periodenerfolg

---

307 Vgl. zum ZVEI: Zentralverband der Elektrotechnik-Elektroindustrie (1989) sowie Perridon, Steiner (1997), S. 566f.; zum DuPont-Kennzahlensystem: E.I. DuPont Nemours and Company (1959) sowie Staehle (1975), S. 69ff.; zum RL-System: Reichmann, Lachnit (1976), S. 53ff. Im Weiteren werden das ROI- und das RL-System skizziert, da diese beiden Ansätze die Grundlage der in Kap. 5 geführten Untersuchung bilden.

308 Schwächen der traditionellen Kennzahlensysteme, wie bspw. eine Fokussierung auf monetäre Kennzahlen, werden in Ansätzen wie der Balanced Scorecard aufgehoben (vgl. zu einer Gegenüberstellung von traditionellen Kennzahlensystemen und Performance-Measurement-Systemen Lynch, Cross (1995), S. 38; vgl. zum Konzept der Balanced Scorecard Kaplan, Norton, (1992), S. 71ff.). Da der Fokus der vorliegenden Arbeit auf Kennzahlensystemen zur Abschätzung des Bonitätsrisikos mittels der Bilanzanalyse liegt, wird auf die detaillierte Beschreibung nicht-monetärer Kennzahlensysteme verzichtet.

309 In Anlehnung an Baetge (1998), S. 38.

310 Vgl. hier und im Folgenden Baetge (1989), S. 55.

und Gesamtvermögen in die Bestandteile Umsatzerlöse und Aufwand bzw. Umlaufvermögen und Anlagevermögen aufgeteilt.

Das RL-System teilt die Analyse in zwei Gruppen. Das ordentliche Ergebnis und seine Bestandteile beschreiben die Erfolgslage. Die liquiden Mittel und die untergeordneten Kennzahlen geben Aufschluss über die Finanzlage. Gemeinsam erklären sie somit die Rentabilitäts- und die Liquiditätssituation eines Unternehmens (RL-System).[311]

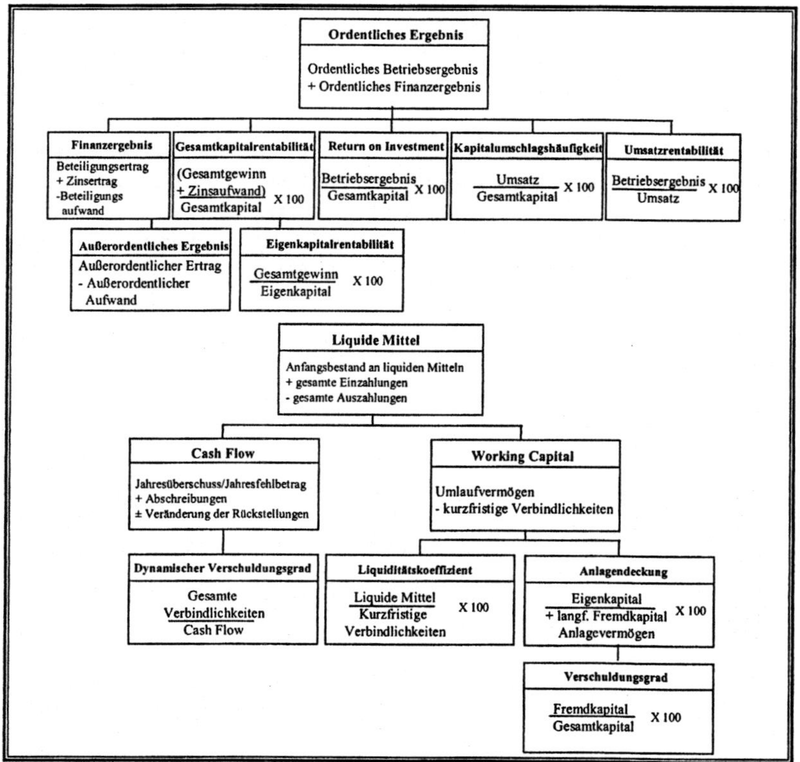

Abbildung 20: Das Rentabilitäts-Liquiditätssystem (RL-System)[312]

In Anlehnung an die Aufzählung der einzelnen Kennzahlen in Tabelle 6 bilden auch diese beiden ausgewählten Systeme die Grundlage der Auswahl der im empirischen

311 Vgl. Reichmann (1997), S. 32ff.

312 In Anlehnung an Reichmann (1997), S. 59.

Teil untersuchten Größen. Auch an dieser Stelle soll, wie bei den Kennzahlen, nicht auf die Würdigung einzelner Methoden und deren Anwendungstechniken eingegangen werden.[313]

3.3.3 Scoring-Modelle

Bei *Scoring-Modellen*, auch *Nutzwertanalyse* bzw. *Punktbewertungsmodelle*[314] genannt, werden verschiedene Handlungsalternativen nebeneinander gestellt und mittels eines standardisierten Verfahrens bewertet, sodass ihnen Punktwerte zugeordnet werden.[315] Anschließend kann man die bewerteten Alternativen in eine Rangfolge bringen.[316]

Das Ziel eines Scoring-Modells im Rahmen der Bilanzanalyse ist die vergleichende Beurteilung verschiedener Bilanzen mittels zugeordneter Punktwerte.[317] Ein Scoring-Modell setzt voraus, dass im Vorfeld eine Gewichtung einzelner Kennzahlen vorgenommen wurde. Diese festgelegte Gewichtung ist verbindlich. Im Rahmen der Aufstellung eines Scoring-Modells wird ein Experte bzw. ein Expertenteam bestimmt, das insbesondere über die Auswahl der Merkmale (in dem Fall der Bilanzanalyse sind dies die Kennzahlen) und deren Gewichtung entscheidet. Neben quantitativen können auch qualitative Größen (wie z.B. die Qualität des Managements) in den Modellen berücksichtigt werden. Die beiden im deutschsprachigen Raum bekanntesten Modelle sind das *Saarbrücker Modell*[318] und das *Rendite-Sicherheit-Wachstums-Modell* (*RSW-Modell*)[319].

Die vier Kennzahlen des Saarbrücker Modells[320] werden explizit innerhalb des Modells definiert (vgl. Abbildung 21). Falls man nun zwei Bilanzen miteinander vergleichen möchte, muss man in einem ersten Schritt die vier Kennzahlen EQ, ROI, CFU und CFK berechnen. Anschließend kann man diesen unternehmensindividuellen Werte Punkte zuordnen. Diese Punktwerte werden durch eine entsprechende Inter-

313 Vgl. zur Technik der ROI-Systematik Baetge (1998), S. 522ff.; Wöhe (1996), S. 751f.; vgl. zur detaillierten Beschreibung des RL-Systems Reichmann (1997), S. 59ff.; Meyer (1994), S. 117ff.
314 Vgl. Adam (1996), S. 413.
315 Vgl. Weber, Krahnen, Weber (1995), S. 1621.
316 Vgl. Adam (1996), S. 412.
317 Vgl. hier und im Folgenden Baetge (1998), S. 539.
318 Vgl. Küting (1993).
319 Vgl. Schmidt, Wilhelm (1987).
320 Im Folgenden wird nur der erste Teil des Saarbrückers Modells erläutert Der qualitative, zweite Bereich umfasst eine Analyse der Bilanzpolitik. Vgl. Küting (1993), S. 7; Küting (1996), S. 62.

vallfunktion gebildet.[321] Bspw. führt ein EQ von 10 zu einem Wert von 0,5. Die

Bezeichnung	Definition
Eigenkapitalquote (EQ)	Eigenkapital / Gesamtkapital
Return on Investment (ROI)	Korrigierter Jahresüberschuss / Gesamtkapital
Cash Flow zu Umsatz (CFU)	Cash Flow / Nettoumsatzerlöse
Cash Flow zu Gesamtkapital (CFK)	Cash Flow zu Gesamtkapital;
Mit:	
Eigenkapital laut Bilanz - Ausstehende Einlagen auf das gezeichnete Kapital + 50% des Sonderpostens mit Rücklagenanteil - Dividendenausschüttung des Mutterunternehmens - Restbuchwert aktivierter Geschäfts- und Firmenwerte - 50% der nicht gedeckten Pensionsverpflichtungen	
= Eigenkapital;	
Bilanzsumme laut Bilanz - Ausstehende Einlagen auf das gezeichnete Kapital + Offen von Vorräten abgesetzte erhaltene Anzahlungen - Restbuchwert aktivierter Geschäfts- und Firmenwerte - 50% der nicht gedeckten Pensionsverpflichtungen	
= Gesamtkapital;	
Jahresüberschuss vor Steuern vom Einkommen und Ertrag + Außerordentliche Aufwendungen - Außerordentliche Erträge + Fremdkapitalzinsen + Abschreibungen des Geschäftsjahres auf Geschäfts- oder Firmenwerte	
= korrigierter Jahresüberschuss;	
Jahresüberschuss vor Steuern vom Einkommen und Ertrag + Außerordentliche Aufwendungen - Außerordentliche Erträge + Abschreibungen des Geschäftsjahres - Zuschreibungen ± Veränderungen des Sonderpostens mit Rücklagenanteil ± Veränderungen der Rückstellungen für Pensionen und ähnliche Verpflichtungen	
= Cash Flow	

Abbildung 21: Kennzahlen des Saarbrücker Modells[322]

Wahl der Punktwerte, d.h. die Konstruktion der Intervallfunktion, begründen KÜTING/WEBER mit langjähriger Erfahrung.[323] Die unternehmensindividuellen Summen

[321] Diese Zuordnungsvorschriften für die Transformation der unternehmensindividuellen Werte (EQ, ROI, CFU und CFK) in Punkte bewirken die Einordnung des Systems in den Bereich der Scoring-Modelle.

[322] In Anlehnung an Küting, Weber (2000), S. 416f.

[323] Vgl. Küting, Weber (2000), S. 418; Küting (1996), S. 62.

führen jeweils zu einer Punktzahl zwischen 0 und 2,5. Anschließend werden die vier Punktzahlen addiert. Die Gesamtpunktzahl liegt somit zwischen 0 und 10 Punkten und wird in ein Gesamturteil transformiert (von außergewöhnlich geringe bis außergewöhnlich hohe Ertragsstärke).[324] Das Unternehmen mit der höheren Punktzahl erlangt eine bessere Burteilung.
Im Rahmen des von SCHMIDT vertretenen RSW-Modells (Tabelle 7) wird eine Spitzenkennzahl (Fundamentalscore) auf Basis von Kennzahlen aus den Bereichen Rendite, Sicherheit und Wachstum generiert.[325]

Bereich	Bezeichnung	Definition
Rendite	Eigenkapitalrendite (EKR)	$(3 \times EKR_t + 2 \times EKR_{t-1} + 1 \times EKR_{t-2}) / 6$, mit EKR_t = Jahresüberschuss vor $Steuern_t$ / $Eigenkapital_t$
	Cash Flow Rendite (CFR)	$(3 \times CFR_t + 2 \times CFR_{t-1} + 1 \times CFR_{t-2}) / 6$, mit CFR_t = Cash $Flow_t$ / $Umsatz_t$
Sicherheit	Eigenkapitalquote (EKQ)	$Eigenkapital_t$ / $Gesamtkapital_t$
	Liquiditätsquote ((LQ)	(Liquide $Mittel_t$ + Wertpapiere des $Umlaufvermögens_t$) / $Gesamtkapital_t$
Wachstum	Wachstumsrate Bilanzsumme (WRBS)	$(Bilanzsumme_t / Bilanzsumme_{t-2})^{-2} - 1$
	Wachstumsrate Umsatz (WRU)	$(Umsatz_t / Bilanzsumme_{t-2})^{-2} - 1$

Tabelle 7: Aufbau und Kennzahlen des RSW-Modells[326]

Die Ausprägungen der sechs Kennzahlen (zwei je Bereich, d.h., für die Rendite sind dies EKR und CFR, für die Sicherheit, EKQ und LQ und für den Wachstum WRBS und WRU) werden zunächst standardisiert (Z-Transformation).[327/328] Dieser Vorgang bedingt, dass eine (statistische) Grundgesamtheit an untersuchten Bilanzen bzw. erhobenen Kennzahlen vorliegt. Die standardisierten Kennzahlen werden anschließend gewichtet. Der Renditebereich wird hierbei viermal so hoch gewichtet wie die

---

324 Vgl. Küting, Weber (2000), S. 418.

325 In Abhängigkeit von der Branche werden die einzelnen Kennzahlen (jeweils die zweite eines jeden Bereiches) leicht modifiziert zu der im Weiteren dargestellten Vorgehensweise berechnet. Im Weiteren wird Bezug genommen auf die Branche Industrie/Handel/Verkehr. Auf die explizite Betrachtung der Modifikation innerhalb der Kennzahlen wurde verzichtet.

326 In Anlehnung an Schmidt (1991), S. 32ff., zur detaillierten Beschreibung der Kennzahlendefinition vgl. auch Baden (1992), S. 112.

327 Die Standardisierung erfolgt, da die Dimensionen der einzelnen Kennzahlen unterschiedlich sind, bspw. nehmen die Kennzahlen aus dem Bereich Sicherheit Werte aus dem Bereich 0 bis 1 an, die Kennzahlen aus dem Bereich Rendite hingegen sind nicht auf ein Intervall beschränkt. Durch die Standardisierung werden die verschiedenen Dimension vergleichbar. Vgl. auch Baetge (1998), S. 554f.

328 Vgl. hier und im Folgenden Balzer (1997), S. 162.

Bereiche Sicherheit und Wachstum.[329] Darüber hinaus wird jeweils die erste Kennzahl (EKR, EKQ, WRBS) eines Bereiches doppelt so hoch gewichtet wie die zweite (CFR, LQ, WRU). Insgesamt ergibt sich somit für die Kennzahl EKR ein Gewichtungsfaktor von 0,444, für die Kennzahl CFR von 0,222, für die Kennzahlen EKQ und WRBS von jeweils 0,111 und die Kennzahlen LQ und WRU von jeweils 0,056. Die standardisierten und gewichteten sechs Kennzahlen werden anschließend addiert und die Summe ergibt den Fundamentalscore.

Der Fundamentalscore als unternehmensindividuelle Summe der einzelnen Kennzahlen kann durch eine Rangliste zwei (oder mehrere) Unternehmen miteinander vergleichen.[330] Falls die Untersuchungsmasse groß genug ist, kann mittels einer prozentualen Aufteilung ein Rating vergeben werden.[331] Bspw. können die besten fünf Prozent der Unternehmen (d.h. die mit dem höchsten Fundamentalscore) einen Ratingwert von A erhalten. Somit ist die Beurteilung eines Unternehmens anhand des Fundamentalscores immer relativ, da sie sich an der Gesamtheit der untersuchten Unternehmen orientiert. Die isolierte Information des Fundamentalscores liefert keine Einschätzung der Güte des Unternehmens.

Entscheidend bei beiden Modellen ist, dass die Bilanzanalyse intersubjektiv nachvollziehbar wird. Der Grundsatz der Objektivierung wird jedoch nicht erfüllt, da der Entwickler des Modells subjektiv über die Auswahl und die Gewichtung der Merkmale entscheiden muss.[332]

3.3.4 Kritische Würdigung der traditionellen Analyseverfahren

Als *traditionelle Verfahren* werden in dieser Arbeit die Kennzahlenanalyse bzw. Kennzahlensysteme und die Scoring-Modelle bezeichnet, da ihre historischen Wurzeln zeitlich vor den im weiteren Analyseverlauf noch zu definierenden modernen Verfahren liegen. Im Rahmen der Würdigung dieser Methoden fällt auf, dass insbesondere Kennzahlen und Kennzahlensysteme *gegen das Prinzip der Objektivierung* verstoßen. Es ist zwar möglich, das Urteil intersubjektiv nachzuvollziehen; warum jedoch gerade diese Kennzahlen für die Analyse gewählt wurden bzw. wie die Wahl der Gewichtungsfaktoren getroffen wurde, kann nicht objektiv hinreichend begründet werden. Es handelt sich somit um *subjektive Systeme.*[333]

---

329 Zur (subjektiven) Begründung dieser Gewichtungsfaktoren vgl. Schmidt (1990), S. 71ff.

330 Vgl. hier und im Folgenden Balzer (1997), S. 196ff.

331 Vgl. Baden, Wilhelm (1995), S. 160.

332 Vgl. Baetge (1998), S. 549f. und 558f.

333 Vgl. Baetge (1998), S. 518ff.

Im Rahmen der Scoring-Modelle findet zwar ein standardisiertes Vorgehen innerhalb der Bilanzanalyse statt, das Aufstellen dieser Modelle beruht jedoch auf Erfahrungen der „Experten". Eine sachlich objektive Auswahl der Merkmale und der Gewichte und somit auch eine sachlich objektive Zusammenfassung zu einem Gesamturteil kann nicht gewährleistet werden, sodass diese Vorgehensweise als quasi-objektiv bezeichnet werden kann.[334] Ein weiteres Problem ist der fehlende empirische Nachweis bezüglich der Relevanz der aufgestellten Kennzahlen. Hiermit ist zum einen das Problem der Vollständigkeit angesprochen, da subjektiv beurteilt wird, welche Kennzahlen die gesamte Unternehmenssituation darstellen und somit das Prinzip der Ganzheitlichkeit nicht uneingeschränkt erfüllt werden kann,[335] und zum anderen fehlt eine Validierung der „Treffergenauigkeit". Es gibt keinen statistischen Nachweis bezüglich der Qualität des Modells.

Inwieweit das Prinzip der Neutralisierung eingehalten wird, hängt sehr stark von der Vorgehensweise des Kennzahlensystems bzw. des Scoring-Modells ab. Es kann nicht behauptet werden, dass dieser Grundsatz immer vollständig erfüllt ist.[336] Des Weiteren gibt es keine ausreichende statistische Begründung für die Stabilität des Modells bezüglich einer Änderungen der Rahmenbedingungen.

Trotz dieser konzeptionellen Schwächen werden bei der Vergabe von Krediten häufig institutsspezifische traditionelle Bilanzanalyseverfahren eingesetzt. Dies lässt sich darauf zurückführen, dass die praktische Anwendbarkeit und die schnelle Ergebnisverarbeitung für die Institute zwei hinreichende Kriterien für die Umsetzung sind.[337]

3.4 Moderne empirisch-induktive Bilanzanalyseverfahren

Insbesondere die Kritik der Verletzung der Objektivität hat dazu geführt, dass neue Methoden und Konzepte zur Beurteilung des Jahresabschlusses entwickelt wurden, welche im Weiteren als moderne Analyseverfahren bezeichnet werden.[338] Im Weiteren werden die Instrumente der Diskriminanzanalyse und der Künstlichen Neuronalen Netze als Bilanzanalyseverfahren dargestellt (Kap. 3.4.1 und Kap. 3.4.2). Anlog zu der Vorgehensweise in den Kapiteln 3.3.1 bis 3.3.3 wird wiederum zunächst die Vorgehensweise im Allgemeinen beschrieben und anschließend an einem Beispiel

---

334 Vgl. Baetge (1998), S. 539, S. 549 und S. 549.

335 Vgl. Baetge (1998), S. 558f. und 549f.

336 Vgl. bspw. die von Baetge geäußerte Kritik am Saarbrücker Modell, Baetge (1998), S. 559.

337 Eine Studie von Grabher, Klien, Stoss für das Jahr 1993 konnte nachweisen, dass bei 513 untersuchten Banken die Bilanzanalyse immer von den Instituten bei der Kreditvergabe im Rahmen der Bonitätsanalyse verwendet wurde (vgl. Grabher, Klien, Stoss (1996), S. 39).

338 Vgl. Rehkugler, Poddig (1998), S. 233.

detailliert erläutert. Die Auswahl der Beispiele erfolgt wiederum in Anlehnung an das in Kap. 4 zu konzipierende Prognosemodell.

Der neue Gedanke an modernen empirisch-induktiven Verfahren war, statistische Verfahren zu nutzen, um Zusammenhänge zwischen einzelnen Merkmalen und der Unternehmenssituation zu belegen.[339] Angewendet wird ein Klassifikationsmodell, das Objekte anhand von Merkmalsausprägungen in bestimmte Klassen einordnet. Objekt ist immer der Jahresabschluss,[340] und die Merkmale sind die einzelnen Bilanzkennzahlen bzw. deren Ausprägungen. Als Klassen sind verschiedene Ansätze möglich, bspw. kann man bzgl. der Objekte zwischen „solvent" und „insolvenzgefährdet" unterscheiden. Es sind jedoch auch feinere Abstufungen denkbar und bei einer ausreichenden Datengrundlage anwendbar.[341]

Das *Klassifikationsmodell* errechnet den bestmöglichen in der Vergangenheit deutlich gewordenen Zusammenhang zwischen den Klassen und den Merkmalausprägungen.[342] Dabei wird unterstellt, dass erstens dieser Zusammenhang zeitlich stabil bleibt und zweitens die Beispieldaten diesen Zusammenhang sehr gut („exakt") wiedergeben können.[343] Ein Problem bei der Anwendung dieser Klassifikationsmodelle für die Bilanzanalyse liegt darin, dass eine Vorauswahl an Merkmalen getroffen werden muss.[344] Dies sind häufig die bekanntesten Kennzahlen. Die Qualität eines Klassifikationsmodells wird somit durch eine breitere Vorauswahl an Kennzahlen gestärkt. Es werden zwei Verfahrensweisen besonderes häufig in der Literatur diskutiert und von Kreditinstituten angewendet:[345] Die *Diskriminanzanalyse* und *Künstliche Neuronale Netze (KNN)*.

3.4.1 Die Diskriminanzanalyse als Instrument der Bilanzanalyse

Das Verfahren der *Diskriminanzanalyse* untersucht den statistischen Zusammenhang zwischen der Klassenzugehörigkeit eines Objektes und einer Anzahl von Variablen. Im Rahmen der Bilanzanalyse wird regelmäßig die gesamte Menge an zu untersuchenden Unternehmen in die Klassen „solvent" und „insolvenzgefährdet" eingeteilt.[346] Die in die Untersuchung eingehenden Variablen sind die zugehörigen Bilanzkennzahlen der zu klassifizierenden Unternehmen. Die grundsätzliche Vorgehenswei-

339 Vgl. hier und im Folgenden Rehkugler, Poddig (1998), S. 233 und S. 245ff.

340 Falls neben den Bilanzdaten noch weitere Informationen einbezogen werden, ist es treffender, das Unternehmen als Objekt zu bezeichnen.

341 Vgl. Uthoff (1997), S. 192f.

342 Vgl. hier und im Folgenden Rehkugler, Poddig (1998), S. 246ff.

343 Vgl. Bröker (2000), S. 57.

344 Vgl. hier und im Folgenden Baetge (1998), S. 562 und S. 580.

345 Vgl. Bröker (2000), S. 56.

346 Vgl. Glormann (2000), S. 127f.

se besteht in einem ersten Schritt darin, ein Insolvenzkriterium zu operationalisieren und eine möglichst repräsentative Menge an Jahresabschlüssen zu erheben, für die eine Klassifizierung hinsichtlich dieses Kriteriums bereits bekannt ist.[347] Als Insolvenzkriterium eignen sich Tatbestände wie bspw. Konkurs, Vergleich oder die Abgabe einer eidesstattlichen Versicherung.[348] Untersuchungen haben gezeigt, dass lediglich für den Zeitraum von fünf Jahren vor der Insolvenz es sinnvoll erscheint, zwischen „solvent" und „insolvenzgefährdet" zu unterscheiden.[349] In einem zweiten Schritt wird die Untersuchungsgruppe in eine Analysestichprobe (zur Ermittlung der Diskriminanzfunktion) und eine Kontrollgruppe (zur Verifizierung der Diskriminanzfunktion) aufgespalten.[350]

Die Analysestichprobe besteht, wie auch die Kontrollgruppe, aus verschiedenen Jahresabschlüssen, welche jeweils dieselben Kennzahlen (K^D) ausweisen. Die Diskriminanzfunktion verknüpft nun diese einzelnen Kennzahlen linear miteinander, nachdem sie jeweils gewichtet wurden, und addiert eine feste Konstante a_0 hinzu, um den Diskriminanzwert D zu berechnen. Somit ergibt sich folgende

Gleichung 22:[351]

$$D = a_0 + K^D_1 a_1 + K^D_2 a_2 + K^D_3 a_3 + \ldots + K^D_{K^D} a_{K^D}.$$

Für jedes einzelne Unternehmen wird nun der Diskriminanzwert berechnet und falls dieser über bzw. unter einem kritischen Wert liegt, wird das Unternehmen in die o.g. Klasse der „solventen" bzw. „insolvenzgefährdeten" Unternehmen klassifiziert. Die einzelnen Gewichte werden solange variiert, bis keine bessere Klassifizierung erreicht werden kann.[352] Grundsätzlich können zwei Fehlklassifizierungen resultieren: Entweder wird ein „insolvenzgefährdetes" Unternehmen der Klasse der „solventen" (α-Fehler) Unternehmen oder ein „solventes" Unternehmen wird der Klasse der „insolvenzgefährdeten" Unternehmen zugeordnet (β-Fehler).[353] Durch das Verschieben des Wertes D kann bewusst ein höherer α-Fehler (β-Fehler) zu Gunsten eines niedrigeren β-Fehler (α-Fehler) erreicht werden. Da der Kreditausfall sich für ein Kreditinstitut in höheren Kosten niederschlägt als die Ablehnung der Kreditvergabe an ein solventes Unternehmen, wird regelmäßig ein höherer β-Fehler zugunsten eines nied-

347 Vgl. Bröker (2000), S. 57.
348 Vgl. Uthoff (1997), S. 192f.
349 Vgl. Rehkugler, Poddig (1998), S. 255.
350 Vgl. hier und im Folgenden Bröker (2000), S. 57ff.
351 Vgl. Bröker (2000), S. 59.
352 Vgl. bspw. Hüls (1995), S. 169ff.
353 Vgl. hier und im Folgenden Bröker (2000), S. 60.

rigeren α-Fehlers in Kauf genommen.[354] Der kostenoptimale Diskriminanzwert wird in Richtung der solventen Kreditnehmer verschoben. In einer Modellerweiterung kann der Diskriminanzwert darüber hinaus genutzt werden, um eine Einstufung in verschiedene Risikoklassen vorzunehmen.[355]

Die Kontrollgruppe dient der Berechnung des Fehlerwertes mittels der zuvor gefundenen Funktionsgleichung und dem festgelegten Diskriminanzwert. Diese Gruppe eignet sich deshalb, weil an einer für die Diskriminanzfunktion „unbekannten" Gruppe, von der man jedoch die „wahre" Klassenzugehörigkeit kennt, die Funktion getestet werden kann.

Das dargestellte Verfahren der Diskriminanzanalyse unterliegt strengen Annahmen. Die wichtigsten theoretischen Voraussetzungen sind: Normalverteilung der Kennzahlenwerte, Unabhängigkeit der Kennzahlenwerte, Gleichheit der Varianz-Kovarianz-Matrizen.[356]

Während bereits seit den 30er-Jahren in der Wissenschaft Untersuchungen aus diesem Analyseumfeld publiziert wurden, hat insbesondere ALTMAN 1968 mit der ersten Untersuchung im Bereich der multivariaten Verfahrensweise für eine neue Dynamik gesorgt.[357] Einen Überblick bezüglich der Untersuchungen und der Ergebnisse findet sich bei REHKUGLER/PODDIG.[358]

Eine in den USA verbreitete Diskriminanzfunktion ist das Z''-Score-Modell.[359]. Die Untersuchung von ALTMAN aus dem Jahre 1994 ist zu folgenden Ergebnissen gekommen, wobei ein Unternehmen mit einem Z''Score-Wert von unter 1,81 in die Klasse der „insolvenzgefährdeten" Unternehmen klassifiziert wird:[360]

---

354 Vgl. bspw. Baetge (1998), S. 565; Feidicker (1992), S. 212. Die hier zitierten Untersuchungen konnten nachweisen, dass ein α-Fehler einer Kostenbelastung entspricht, die fünfmal so groß ist wie die Kostenbelastung bedingt durch einen β-Fehlers.

355 Vgl. Hüls (1995), S. 282ff. und die folgenden Ausführungen.

356 Vgl. Rehkugler, Poddig (1998), S. 334

357 Vgl. Altman (1968).

358 Vgl. Rehkugler, Poddig (1998), S. 322ff.

359 Vgl. Altmann (1996); Altman, Saunders (1997).

360 Vgl. hier und im Folgenden Altman (1996), S. 16ff.; Altman, Saunders (1997), S. 1736f. Die hier dargestellte Untersuchung bezieht sich auf nach dem US – Generally Accepted Accounting Principles aufgestellten Jahresabschlüsse. Die grundsätzliche Vorgehensweise lässt sich jedoch auch auf nach dem HGB aufgestellte Jahresabschlüsse übertragen. Vgl. zu der Problematik der Rechenlegungssysteme Kap. 6.2.2.

Gleichung 23

$$Z''\text{-Score} = 6{,}56\ X_1 + 3{,}26\ X_2 + 6{,}72\ X_3 + 1{,}05\ X_4 + 3{,}25$$

mit X_1: Working Capital / Total Assets,
X_2: Retained Earnings / Total Assets,
X_3: Earnings Before Interest And Taxes (EBIT) / Total Assets,
X_4: Equity (Book Value) / Total Liabilities.

Der Wert „Z''-Score" stellt hierbei eine Größe dar, die die Zuordnung des Unternehmens zu einer Ratingklasse leisten kann, indem dieser in ein Ratingäquivalent transformiert wird. Hierzu wurde von ALTMAN auf Datenbasis von 750 kommerziellen Anleihen der Z''-Score-Wert für jedes Unternehmen ermittelt und dieser dem Rating gegenübergestellt. Die Tabelle 8 zeigt die von ALTMAN untersuchten Anleihen hinsichtlich des Rating und des Z''-Score-Wertes auf. Bspw. besitzen acht Anleihen ein Rating der Klasse „AAA".[361] Den zugehörigen Unternehmen bzw. den Bilanzen dieser werden gemäß der in Gleichung 23 dargestellten Funktion Z''Score-Werte zugeordnet, die im Durchschnitt (Ø Z"-Score) einen Wert von 8,15 erreichen. Somit kann einem Unternehmen mit Hilfe dieser Diskriminanzfunktion genau dann ein Rating von „AAA" zugeordnet werden, falls es einen Z''-Score-Wert von 8,15 aufweist. Für eine lückenlose Zuordnung ist es notwendig, Klassengrenzen für die unterschiedlichen Z''-Score-Werte einzuführen. Wie zu erkennen ist, hängt der Z''-Score-Wert von den vier Kennzahlen des Jahresabschlusses ab. Die gefundenen Kennzahlen X_1 bis X_4 werden im empirischen Teil der vorliegenden Arbeit wieder aufgegriffen.

Rating Investment Grade	AAA	AA+	AA	AA-	A+	A	A-	BBB+	BBB	BBB-
Ø Z"-Score	8,15	7,60	7,30	7,00	6,85	6,65	6,40	6,25	5,85	5,65
Stichprobengröße	8	-	18	15	24	42	38	38	59	52
Rating Speculative Grade	BB+	BB	BB-	B+	B	B-	CCC+	CCC	CCC-	D
Ø Z"-Score	5,25	4,95	4,75	4,50	4,15	3,75	3,20	2,50	1,75	0,00
Stichprobengröße	34	25	65	78	115	95	23	10	6	14

Tabelle 8: Zusammenhang zwischen dem Z''-Score-Wert und dem Kapitalmarkt-Rating[362]

[361] Vgl. zu der Bedeutung der Ratingklassen Kap. 2.3.3.
[362] In Anlehnung an Altman (1996), S. 18.

3.4.2 Künstliche Neuronale Netze als Instrument zur Bilanzanalyse

Der Begriff *Künstliche Neuronale Netze* (KNN) stammt aus dem Forschungsbereich der Künstlichen Intelligenz.[363] Ein wesentlicher Vorteil dieses Verfahrens ist die Befreiung von Prämissen, wie sie die MDA hat.[364] Die Modelle sind der Biologie entlehnt. Sie sind mathematische Abbildungen der natürlichen neuronalen Netzwerke, die für die Verarbeitung von Reizen und deren Steuerung in biologischen Organismen verantwortlich sind.[365] Insbesondere seit Anfang der 90er-Jahre wurde diese Technik zur Klassifikation von Jahresabschlüssen eingesetzt.[366] KNN werden wie auch die Diskriminanzanalyse im Bereich der Bilanzanalyse zur Entscheidung, ob ein Unternehmen „solvent“ oder „insolvenzgefährdet“ ist, eingesetzt.

Durch eine möglichst große Zahl an Beispielfällen lernt das System eigenständig, welche Zusammenhänge zwischen den Inputfaktoren (Kennzahlen) und dem Objekt (solventes bzw. gefährdetes Unternehmen) bestehen. Diese Beispieldaten werden in einem Trainingsprozess genutzt, um einen bestmöglichen funktionalen Zusammenhang abzuleiten. Anschließend werden neue unbekannte Datensätze mit den bekannten und gefundenen Verknüpfungen ausgewertet.[367]

Ein wesentlicher Vorteil bei dieser Vorgehensweise liegt in der Abbildung von nichtlinearen Zusammenhängen.[368] Das Ergebnis des Lernprozesses ist eine (nicht-lineare) Trennfunktion, welche anhand von Eingangsparametern (bspw. Umsatzrentabilität und Eigenkapitalquote) den Datensatz in die Klassen solvent („1“) oder insolvenzgefährdet („0“) einteilt (Abbildung 22). Hierzu ordnet das KNN jedem Jahresabschluss mittels des gefundenen funktionalen Zusammenhangs einen Wert zu. Falls dieser Trennwert über- bzw. unterhalb des kritischen Wertes (abgeleitet aus der Trennfunktion) liegt, wird das Unternehmen als „solvent“ bzw. „insolvenzgefährdet“ klassifiziert.

---

363 Das Thema wird im Kapitel 5 eingehender erörtert. Dort wird die Funktionsweise detailliert dargestellt.

364 Vgl. bspw. Baetge (1995), 191ff.

365 Vgl. Rehkugler, Poddig (1998), S. 334.

366 Vgl. Rehkugler, Poddig (1998), S. 335.

367 Vgl. Baetge (1998), S. 575.

368 Zu den Vorteilen Neuronaler Netze gegenüber der Diskriminanzanalyse vgl. Lachenbruch, Sneeringer, Revo (1973), S. 53.

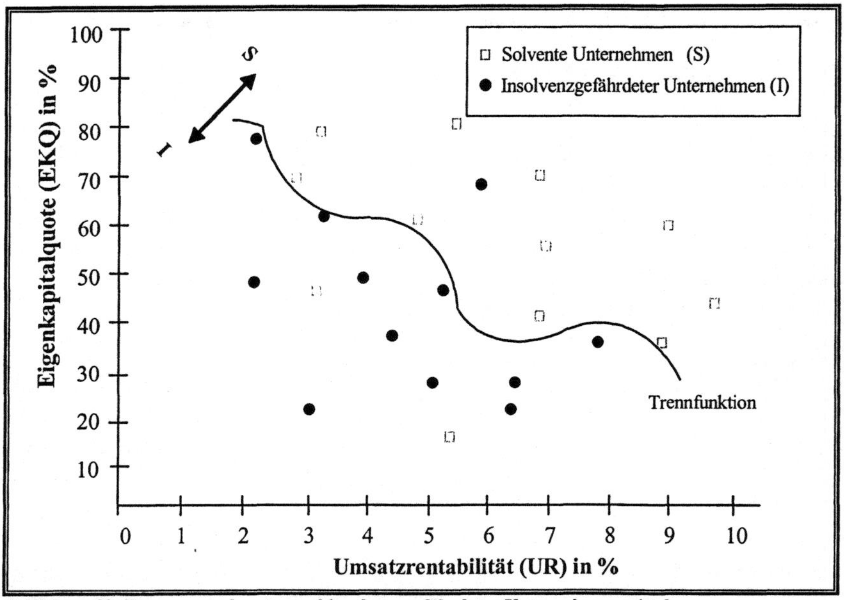

Abbildung 22: Trennung solventer und insolvenzgefährdeter Unternehmen mittels der KNN-Analysen[369]

In der Wissenschaft sind bereits verschiedene Untersuchungen zur Bilanzanalyse mittels KNN geführt worden. Einen Überblick geben REHKUGLER/PODDIG.[370] Die Untersuchung von BAETGE u.a. ist bezüglich ihrer Datengrundlage eine der umfangreichsten Erhebungen (10.512 „gesunde" und 912 „kranke" Unternehmen)[371/372]. Aus ihr ging der so genannte *Backpropagation-Algorithmus (BP)* mit 14 Kennzahlen (*BP-14*) hervor (Tabelle 9 zeigt die 14 Kennzahlen).[373] Es wird deutlich, dass die 14 Kennzahlen sowohl den Bereich der Vermögens-, Finanz- als auch Ertragslage beschreiben.

---

369 In Anlehnung an Baetge (1998b), S. 11; Krause (1993), S. 127; Rolfes (1999), S. 349.

370 Vgl. Rehkugler, Poddig (1998), S. 385ff.

371 Vgl. Rehkugler, Poddig (1998), S. 396; zur Untersuchung vgl. bspw. Baetge, Hüls, Uthoff (1995); Baetge (1998); Uthoff (1997).

372 Als gesundes Unternehmen wird ein im folgenden Zeitraum solventes, als krankes ein im folgenden Zeitraum insolventes Unternehmen definiert.

373 Der Begriff BP Backpropagation wurde durch den Begriff Baetge-Bilanz-Rating (BBR) ersetzt.

Das BP-14 erzielt eine Alpha-Beta-Fehler-Relation von 8,75 % zu 33,55 %.[374] Analog zu der Interpretation in Kap. 3.4.1 bedeutet dies, das 8,75 % (33,55%) der insolvenzgefährdeten (solventen) Unternehmen als solvent (insolvenzgefährdet) klassifiziert werden. Neben der reinen Klassifikation in solvent/insolvenzgefährdet werden den einzelnen Unternehmen auch Ratings zugeordnet. Hierzu wird der vom KNN als Trennwert zur Klassifikation verwendete N-Wert in 10 Klassen eingeteilt. Der

		Informationsbereich	**Bezeichnung**	**Definition**
Kennzahlen der	Vermögenslage	Kapitalbindungsdauer	Kapitalbindungsdauer1	((Akzepte + Verbindlichkeiten aus Lieferungen und Leistungen) x 360) / Gesamtleistung
			Kapitalbindungsdauer2	((Akzepte + Verbindlichkeiten aus Lieferungen und Leistungen) x 360) / Umsatz
		Kapitalbindung	Kapitalbindung	(Kurzfristige Bankverbindlichkeiten + Kurzfristige Verbindlichkeiten aus Lieferungen und Leistungen + Akzepte + Kurzfristige Sonstige Verbindlichkeiten) / Umsatz
		Verschuldung	Fremdkapitalquote	(Kurzfristiges Fremdkapital – Erhaltene Anzahlungen) / Bilanzsumme
			Fremdkapitalstruktur	(Verbindlichkeiten aus Lieferungen und Leistungen + Akzepte + Bankverbindlichkeiten) / (Fremdkapital – Erhaltene Anzahlungen)
		Kapitalstruktur	Eigenkapitalquote1	(Wirtschaftliches Eigenkapital – Immaterielle Vermögensgegenstände) / (Bilanzsumme – Immaterielle Vermögensgegenstände - Flüssige Mittel – Grundstücke u. Bauten)
			Eigenkapitalquote2	(Wirtschaftliches Eigenkapital + Rückstellungen) / (Bilanzsumme - Flüssige Mittel – Grundstück und Bauten)
	Finanzlage	Finanzkraft	Finanzkraft1	Ertragswirtschaftlicher Cash Flow / (Fremdkapital – Erhaltene Anzahlungen)
			Finanzkraft2	Ertragswirtschaftlicher Cash Flow / (Kurzfristiges Fremdkapital + Mittelfristiges Fremdkapital – Erhaltene Anzahlungen)
		Deckungsstruktur	Anlagendeckung	Wirtschaftliches Eigenkapital / (Sachanlagevermögen – Grundstücke und Bauten)
	Ertragslage	Rentabilität	Umsatzrentabilität	Ordentliches Ergebnis / Umsatz
			Cash Flow1 - ROI	Ertragswirtschaftlicher Cash Flow / Bilanzsumme
			Cash Flow2 - ROI	(Ertragswirtschaftlicher Cash Flow + Zuführung zu den Pensionsrückstellungen) / Bilanzsumme
		Aufwandsstruktur	Personalaufwandsquote	Personalaufwand / Gesamtleistung

Tabelle 9: Kennzahlen des BP-14[375]

[374] Vgl. hier und im Folgenden Baetge, Hüls, Uthoff (1995), S: 24ff.; Baetge (1998), S. 582ff., Baetge (1995), S. 191ff.

[375] In Anlehnung an Baetge (1998), S. 584. Zur detaillierten Beschreibung der Kennzahlen auf Einzelebene vgl. Baetge (1998), S. 584ff.

N-Wert ist der durch das KNN berechnete Wert für ein Unternehmen, der zur Trennung in solvent/insolvenzgefährdet herangezogen wird. Diese Vorgehensweise unterstellt, dass Unternehmen mit sehr stark ausgeprägten Solvenz- oder Insolvenzstrukturen durch den Klassifikator einen N-Wert nahe am oberen bzw. unteren Ende der N-Wert-Skala[376] zugewiesen bekommen.[377] Ein Unternehmen mit einem N-Wert von +6 gilt folglich als solventer als ein Unternehmen mit einem zwar über dem kritischen Wert (abgeleitet aus der Trennfunktion) aber unter dem Wert von +6 liegenden N-Wert. Anschließend können gleichverteilte Klassen über das mögliche Ausprägungsintervall, in diesem Fall von –10 bis +10, gebildet werden. Den einzelnen Klassen können abschließend historische Ausfallwahrscheinlichkeiten zugeordnet werden.

Die Zuordnung von historischen Ausfallwahrscheinlichkeiten zu den Klassen geschieht, indem eine hinreichend große Anzahl („einige Tausend repräsentative Jahresabschlüsse“[378]) von Unternehmen vom BP-14 klassifiziert und anschließend diesen Klassen die ablesbaren, eingetretenen Insolvenzen der Vergangenheit zugeteilt wurden.[379] Tabelle 10 zeigt die Zuordnung von N-Werten vom BP-14 zu historischen Ausfallraten in den einzelnen Ratingstufen. Somit kann der BP-14 auf Basis eines Jahresabschlusses zunächst die Ratingklasse der Unternehmens bestimmen (bspw. BB) und darauf aufbauend idealtypisch diesem Unternehmen eine Ausfallwahrscheinlichkeit zuordnen (für das Beispiel 0,12 %). Auf Basis dieser Zuordnung könnte in einem weiteren Schritt ein Kreditzins abgeleitet werden (vgl. Kap. 3.6).

---

376 Als N-Wert-Skala wird ein reellwertiges Intervall von –10 bis +10 beschrieben. Vgl. Glormann (2001), S. 288.

377 Vgl. Glormann (2001), S. 288.

378 Baetge (1998), S. 597.

379 Vgl. Baetge (1998), S. 596f.

	N-Wert-Bereich	BP-14 Rating-stufe	Rating auf Basis der KNN-Bilanzanalyse BP-14 1995 (1994)[380]	Historische Ausfallrate
Güteklasse	8 bis 10	AA	z.B. Simona, (Hach), Kampa-Haus, Weru, Bien-Haus, Westag & Getalit, Leifheit	0,02%
	6 bis 8	A	z.B. Schering, Bayer, Linde, Gelsenwasser, Energie-Vers. Schwaben, (Bewag), J. Vögele, Linde, Kögel Fahrz., Robert Bosch GmbH, Altana, Boehr. Ingelh., Beiersdorf, Fielmann, A. Würth, Douglas Hold., (Horten), F. Grohe, Dyckerhoff, (P. Hartmann), Heraeus Hold., (Schaerf)	0,12%
	4 bis 6	BB	z.B. Siemens, Thyssen, Preussag, Mannesmann, Henkel, Lufthansa, Badenwerk, Allweiler, (Drägerwerk), (Benteler), Porsche, Leonische Drahtwerke, Fresenius, Süd-Chemie, Th. Goldschmidt, Merck, Phoenix, Binding, Holsten, Tschibo, Heidelberger Zement, Freudenberg, Vossloh, A. Springer, Salamander, Hapag-Lloyd, (Bertelsmann), Norddeutsche Raffinerie	0,12%
	2 bis 4	B	z.B. Höchst, Degussa, Karstadt, Continental, Bayrische Motorenwerke, Volkswagen, Kaufhof, Ruhrkohle, (Krones), Jungheinrich, Hoesch-Krupp, Max-Holding, J.M. Voith, Berentzen, Südzucker, Spar, (Mode Hold.), Escada, Dyckerhoff & Widmann, Bilfinger & Berger, F. Haniel, Villeroy & Boch, Stöhr & Co.	0,35%
	0 bis 2	CC	z.B. Daimler-Benz, Metallgesellschaft, Linotype-Hell, Varta, (Compu-Net), Berliner Elektro.Hold., Fuchs Petrolub Oel + Chemie, Wella, Brau und Brunnen, Kaufring, Wünsche, (Markant-Südwest), Walter Bau, Rheinhold & Mahla, Heilit & Woerner Bau, Strabag, Verseidag, Rosenthal, Großkraftwerk Mannheim	0,66%
	-2 bis 0	C	z.B. Knorr-Bremse, Langheim-Pfannhauser, Klöckner-Werke, Sixt, VBH, (Glunz), Steffen	0,86%
Risikoklasse	-4 bis –2	I	z.B. Wanderer-Werke, Computer 2000, A. Moksel, Philipp Holzmann, Herlitz, (Neue Baumwoll-Spinnerei u. Weberei)	2,09%
	-6 bis –4	II	z.B. Greiffenberger, (Pittler Maschinenfabrik)	3,09%
	-8 bis –6	III	z.B. Traub, (Gildemeister)	7,44%
	-10 bis –8	IV		15,23%

Tabelle 10: Zuordnung der N-Werte des BP-14 zu historischen Ausfallwahrscheinlichkeiten[381]

3.5 Rechtliche Grundlagen der Bilanzierung

Die im Kapitel 3.1 und in den folgenden Kapiteln verwendeten HGB-Normen als rechtliche Grundlage stehen neben weiteren rechtlichen Vorschriften im übrigen europäischen und aussereuropäischen Rechtsraum. Insbesondere die US – Generally Accepted Accounting Principles (US-GAAP) erlangen eine immer größer werdende Bedeutung.[382] Somit gilt es zu untersuchen, inwieweit rechtliche Rahmenbedingungen einen Einfluss auf die dargestellten Bilanzanalyseverfahren besitzen. Zunächst wird

---

380 Unternehmen aus dem Jahre 1994 werden durch eine Klammersetzung gekennzeichnet.

381 In Anlehnung an Baetge, Sieringhaus (1996), S. 247; Baetge (1998), S. 597; ähnlich auch bei Bröker (2000), S. 64.

382 Die International Accounting Standards (IAS) erlangen ebenso wie das US-GAAP eine steigende Bedeutung. Da sie jedoch in der weiteren Analyse nur eine untergeordnete Stellung einnehmen, werden sie nicht detailliert beschrieben. Zur Beschreibung der IAS vgl. bspw. Pellens (1998), S. 367ff. und die dort angegebenen Quellen.

hierzu der grundsätzliche Aufbau des Jahresabschlusses nach dem US-GAAP skizziert, um anschließend die konzeptionellen Unterschiede aufzuzeigen.

Im Folgenden wird der Aufbau des Annual Reports aufgezeigt.[383] Demnach gliedert sich der Jahresabschluss nach dem US-GAAP in folgenden Teile:

(1) Balance Sheet / Statement of Financial Position (Bilanz),

(2) Statement of Retained Earnings (Entwicklung der Gewinnrücklagen),

(3) Statement of Income / Statement of Operations / Statement of Earnings (Gewinn- und Verlustrechnung),

(4) Statement of Cash Flows (Finanzrechnung / Kapitalflussrechnung),

(5) Notes to Financial Statements (Anhang),

(6) Report of Independent Auditors (Prüfungsbericht / Bestätigungsvermerk),

(7) Management's Letter / Report of Management (Lagebericht).

Die in dem empirischen Teil dieser Arbeit vorgenommene Untersuchung bezieht sich auf Bilanzkennzahlen aus den Bereichen (1), (3) und (4) und somit auf Kennzahlen aus der Bilanz, inklusive Gewinn- und Verlustrechnung, und der Kapitalflussrechnung.[384] Konzeptionelle Unterschiede zu HGB-Vorschriften werden hinsichtlich der folgenden Kriterien festgestellt: *Rechnungslegungsziele, Bedeutung der Generalnormen, dominierende Rechenlegungsgrundsätze, Auslegung des Realisationsprinzips, Möglichkeiten der Bildung stiller Reserven, Stetigkeitsgrundsatz* und *Maßgeblichkeit zwischen Handels- und Steuerbilanz*.[385/386]

Die nach dem HGB aufzustellende Bilanz hat das Ziel, die Vermögens-, Finanz- und Ertragslage eines Unternehmens unter der Beachtung der Grundsätze Ordnungsgemäßer Buchführung darzustellen.[387]

Eine *„fair presentation"* (*tatsachengetreue Darstellung*) der *„decision usefulness information"* (*entscheidungsrelevanten Informationen*) für die Investoren und Gläubiger ist die Zielsetzung der Bilanzierung nach dem US-GAAP.[388]

---

383 Die folgende Gliederung und die Ausführungen wurden entnommen aus Gräfer (1992), S. 17f.

384 Die Kapitalflussrechnung untersucht die Zahlungsströme des vergangenen Jahres und wird auch als dynamische Liquiditätsanalyse bezeichnet. Vgl. Bartram (1991), S. 614.

385 Vgl. zur detaillierten Beschreibung der Auswirkung der unterschiedlichen Systeme auf die Interpretationsmöglichkeiten für den Bilanzanalytiker Born (2001).

386 Vgl. zu den weiteren Ausführungen Goebel (1995), S. 2489ff.

387 Vgl. §§ 243 Abs. 1 und § 264 Abs. 2 Satz 1 HGB.

388 Vgl. Hier und im Folgenden Gräfer (1992), S. 3.

In beiden Vorschriften wird ein übergeordneter Grundsatz formuliert, dessen Maßgeblichkeit für die untergeordneten Spezialnormen jedoch unterschiedlich ist.[389] Während im HGB der „true and fair view"-Grundsatz durch die Spezialnormen ausgehebelt werden kann, ist in der Rechnungslegung nach US-GAAP dieser Grundsatz ein „*overriding principle*" (übergeordneter Grundsatz).[390] In diesem Zusammenhang erfolgt bei der Gewinnermittlung nach dem US-GAAP eine periodengerechte Ermittlung („*accrual and matching principle*").[391] Demgegenüber ermitteln Kaufleute den Gewinn nach HGB nach dem *Vorsichts-* und *Realisationsprinzip*.[392] Hierdurch wird der Schutz des Gläubigers in den Vordergrund gestellt.

Aus diesem *Vorsichtsprinzip* abgeleitet, wird bei der Auslegung des Realisationsprinzips bestimmt, dass i.d.R. nichtrealisierte Verluste (Gewinne) in der Gewinnberechnung berücksichtigt (nicht berücksichtigt) (*Imparitätsprinzip*) werden.[393] Für den Bereich der US-GAAP findet eine Orientierung an der periodengerechten Gewinnermittlung statt, sodass u.U. nicht realisierte Gewinne und Verluste ergebniswirksam (periodengerecht) ausgewiesen werden müssen.[394]

Analog zu der Auslegung des Realisationsprinzips wird bei der Möglichkeit zur Bildung stiller Reserven verfahren.[395] Im HGB findet sich ein relativ großer Gestaltungsraum bei der Auslegung von Wertansätzen und der Einräumung von Wahlrechten. Diese großen Spielräume können wiederum mit dem Gläubigerschutz motiviert werden. Durch die *Bildung von Stillen Reserven* wird der Gewinnabfluss verhindert. Aufgrund des Prinzips der *fair presentation* würde die Bildung von Stillen Reserven dagegen das Bild verfälschen. Somit schränkt das US-GAAP die Bildung von Stillen Reserven stark ein.

Unter dem Kriterium der *Stetigkeit* wird die Beibehaltung von getroffenen Bilanzierungsentscheidungen verstanden.[396] Um eine (zeitliche) Vergleichbarkeit von Abschlüssen garantieren zu können, müssen diese Ansätze beibehalten werden. Der Grundsatz der Stetigkeit wird im US-GAAP–System sehr streng verfolgt. Im Rahmen des HGB gibt es zahlreiche Möglichkeiten, vom Grundsatz der Stetigkeit abzuweichen.[397] Formell wird hier dieser Grundsatz auch verankert, jedoch wird er durch die Einräumung von Ausnahmen im Vergleich zum US-GAAP nicht so stringent ver-

---

389 Vgl. Gräfer (1995), S. 104f.
390 Vgl. Goebel (1995), S. 250ff.
391 Vgl. Glormann (2001), S. 41f.
392 Vgl. § 252 Abs. 1 Nr. 4 HGB.
393 Vgl. § 252 Abs. 1 Nr. 4 HGB.
394 Vgl. bspw. Pellens (1989), S. 174.
395 Vgl. hier und im Folgenden Goebel (1995), S. 2489ff.
396 Vgl. hier und im Folgenden Gräfer (1992), S. 104f.
397 Vgl. hier und im Folgenden Müller (1988), S. 18.

folgt. Die so genannte *einfache* und *umgekehrte Maßgeblichkeit* zwischen der Handels- und der Steuerbilanz ist z.B. im US-GAAP nicht implementiert.[398] Im Rahmen von Konzernabschlüssen besteht auch nach deutschen Recht die Möglichkeit, sich von dieser Maßgeblichkeit zu lösen (*Entkopplung*).

Die unterschiedlichen Bilanzierungsvorschriften (zusammengefasst in Tabelle 11) machen deutlich, dass sich das durch den Abschluss vermittelte Unternehmensbild aufgrund der Vorschriften unterscheiden kann. Somit ist offensichtlich, dass die aus der Bilanzanalyse gewonnenen Erkenntnisse sehr detailliert vor dem entsprechenden rechtlichen Hintergrund gedeutet werden müssen. Die nach derselben mathematischen Vorschrift erhobene Kennzahl kann durch die unterschiedlichen Bilanzierungsvorschriften verschiedene Interpretationsmöglichkeiten ermöglichen bzw. nötig machen.

Das o.g. Neutralisierungsprinzip besagt, dass eine Bilanzanalyse nicht von den gewählten Spielräumen durch den Bilanzersteller abhängig sein darf. Im Rahmen eines Vergleiches der unterschiedlichen Rechnungslegungssysteme bedeutet die Einhaltung des Prinzips, dass das Ergebnis der Bilanzanalyse nicht vom Rechnungslegungssystem abhängen darf.[399] Es bestehen somit keine zwingenden Gründe, die eine Verwendung der o.g. dargestellten Bilanzanalyseverfahren auf ein Rechnungslegungssystem beschränken.

	HGB	**US-GAAP**
Bedeutung der Generalnorm	True and fair-view-Grundsatz hat keine übergeordnete Funktion, Spezialnormen durchbrechen die Generalnorm	Fair presentation als übergeordneter Grundsatz (overriding principle)
Dominierende Rechnungslegungsgrundsätze	Vorsichtsprinzip	Grundsatz der perioden-gerechten Gewinnermittlung (accrual principle)
Auslegung des Realisationsprinzips	Realisationszeitpunkt orientiert sich an rechtlichen Kriterien; Ableitung aus dem Vorsichtsprinzip	(Weniger restriktive)Ableitung aus Grundsatz der periodengerechten Gewinnermittlung
Möglichkeit der Bildung stiller Reserven	In relativ großen Umfang durch Wahlrechte und Ermessensspielräume gegeben	In eingeschränktem Umfang gegeben, da stille Reserven dem Grundsatz der fair presentation widersprechen
Stetigkeit	Formelles Stetigkeitsgebot mit zahlreichen Durchbrechungen	Strenger Grundsatz der Stetigkeit aufgrund des Grundsatzes der Vergleichbarkeit (comparability)

Tabelle 11: Gegenüberstellung der Bilanzierungsgrundsätze nach dem HGB und dem US-GAAP[400]

---

[398] Zu der Maßgeblichkeit nach dem HGB vgl. bspw. Coenenberg (2000), S. 39ff.

[399] Vgl. Baetge (1998), S. 605; Baetge (1998b), S. 609ff.

[400] In Anlehnung an Goebel (1995), S. 2490ff.

3.6 Zwischenfazit

Als Zwischenfazit lässt sich konstatieren, dass die neueren Ansätze zur Bilanzanalyse versuchen, die Schwächen der traditionellen Analyse (teilweise) zu überwinden.[401] Dies gelingt insbesondere in dem Bereich der *Objektivierung*. Es werden statistische Zusammenhänge zwischen Kennzahlen und Unternehmenskrisen gefunden. Somit handelt es sich um Verfahren, die „die Ursachen der Insolvenzgefährdung nicht (...) [erkennen], sondern nur Symptome“[402] messen können. Nach BURGER ist es nicht gelungen, eine theoretische Fundierung der in den verschiedenen empirischen Ergebnissen gewonnenen Zusammenhänge zu leisten.[403] Das Prinzip der Objektivierung wird somit auf einer statistischen Ebene erfüllt. Inwieweit die Modellstrukturen für den Anwender, d.h. den Bilanzanalytiker, nachvollziehbar sind, bleibt offen. Die Methodik der KNN wird häufig als „Black Box“ bezeichnet.[404] Außerdem liefern die unterschiedlichen Untersuchungen verschiedene Ergebnisse, wodurch sich für den Bilanzanalytiker die Notwendigkeit zur Auswahl eines Systems stellt. Hierfür könnte der Umfang der Datengrundlage ein gutes Argument sein, weil sich dadurch die Güte des Modells erhöht.[405] Das BP-14 weist in diesem Punkt die umfangreichste Datenbasis auf und könnte sich deshalb als Standard- bzw. Referenzmodell anbieten. Trotzdem liegt auch hier ein β-Fehler von 33,55 % vor, was bedeutet, dass 33,55 % der solventen Unternehmen als insolvenzgefährdet eingestuft werden.

Der Forderung nach dem *Prinzip der Ganzheitlichkeit* und der *Neutralisierung* scheinen die empirisch-induktiven Ansätze zu genügen. Das Prinzip der Ganzheitlichkeit ist dann erfüllt, wenn die Berechnung der Kennzahlen alle Unternehmensbereiche einbezieht. Vor diesem Hintergrund muss der Kennzahlenkatalog, der bei der Modellkonzeption hinterlegt wird, ausreichend groß sein. Beispielsweise leistet das BP-14 diese Ganzheitlichkeit, da alle Bereiche des Unternehmens durch eine geschickte Kennzahlenauswahl eingeschlossen werden.[406] Darüber hinaus sorgen diese Kennzahlen dafür, dass bilanzpolitische Maßnahmen keinen Einfluss auf das Gesamturteil haben, da sich Bilanzmanipulationen nicht isoliert in einer Kennzahl äußern können,

---

401 Da das KNN als Weiterentwicklung der MDA aufgrund der Reduktion statistischer Prämissen gesehen wird, bildet es die Grundlage der Diskussion in Kap. 3.6. Die im Weiteren folgende Diskussion insbesondere hinsichtlich der Eignung als Kreditzinskalkulationsverfahren kann analog geführt werden.

402 Baetge, Beuter, Feidicker (1992), S. 263; (die mit [ ] gekennzeichneten Inhalte wurden vom Verfasser hinzugefügt).

403 Vgl. Burger (1995), S. 335.

404 Vgl. bspw. Bröker (2000), S. 65.

405 Vgl. hier und im Folgenden Baetge (1998), S. 583.

406 Vgl. hier und im Folgenden Baetge (1998), S. 585ff.

sondern durch die gleichzeitige Variation verschiedener Kennzahlen neutralisiert werden. Das BP-14 genügt somit dem Anspruch der Neutralisierung.

Hinsichtlich der *natürlichen Grenzen* der Bilanzanalyse lässt sich konstatieren, dass der Vergangenheitsbezug der Bilanzkennzahlen nicht aufgehoben werden kann. Ebenso ist die Reduktion der komplexen Umwelt auf wenige Kennzahlen problematisch, jedoch werden beide Prozesse durch statistisch-empirisch nachgewiesene Zusammenhänge gestützt. Fraglich ist, inwieweit die gefundenen Zusammenhänge sich fortschreiben lassen. Hierzu könnte man das Modell regelmäßig überprüfen und mit aktuellen Daten trainieren, sodass sich bspw. das Neuronale Netz auf Veränderungen einstellen kann. Offen bleibt jedoch der Umgang mit Diskontinuitäten, dass bedeutet, falls historische Strukturen, in diesem Fall der Zusammenhang zwischen verschiedenen Bilanzkennzahlen und dem Bonitätsurteil, aufgrund realwirtschaftlicher Veränderungen instabil sind.

Zu untersuchen ist somit, falls ein System die oben genannten Kriterien erfüllt, inwieweit die Bilanzanalyse als internes Ratingystem den *Anforderungen an ein Kalkulationsverfahren zur Bepreisung von Kreditrisiken* genügt. Analog zu der Übertragung eines externen Rating muss auch in dem Fall des internen Rating eine Übertragung der qualitativen Einschätzung in eine quantitative Größe (Kreditzins oder Ausfallwahrscheinlichkeit) erfolgen. Bspw. könnten bei dieser Vorgehensweise die Ausfallwahrscheinlichkeiten der zugeordneten Ratingklassen verwendet werden (vgl. Tabelle 10). Um von der Ausfallwahrscheinlichkeit auf das bepreiste Risiko schließen zu können, müsste ein weiterer Arbeitsschritt folgen. Beispielsweise könnte das unter Kapitel 2.3.2.1 dargestellte stochastische Modell genutzt werden, um einen Kreditzins zu ermitteln, da dieses Modell explizit auf Ausfallwahrscheinlichkeiten zurückgreift und mit Hilfe dieser eine individuelle Bonitätsprämie berechnen kann.[407]

Das *Prinzip der Einzelbewertung* wird bei dieser Vorgehensweise verletzt, da wiederum auf die Ausfallwahrscheinlichkeiten einer Klasse und somit einzelner Segmente zurückgegriffen wird. Es wird zwar eine unternehmensindividuelle Bonitätsanalyse mit Hilfe der KNN-Analyse sichergestellt, unternehmensindividuelle Ausfallwahrscheinlichkeiten liegen jedoch nicht vor. Vielmehr werden den Unternehmen in einem Segment gleiche Ausfallwahrscheinlichkeiten zugeordnet. Das Segmentierungskriterium ist der aus der Bilanzanalyse abgeleitete Wert (in dem o.g. Verfahren der N-Wert).

[407] Alternativ können der Z''-Score und die zugehörige Ratingklasse verwendet werden. Im Ergebnis wird die Bonitätsprämie (Credit Spread) der korrespondierenden Ratingklasse benutzt, um den Kreditzins für den Schuldner zu berechnen. Die Würdigung dieser Vorgehensweise kann analog zu der Betrachtung der Eignung der Bilanzanalyse mittels KNN für die Kreditzinskalkulation geführt werden.

Im folgenden Schritt wird das *Prinzip der Richtigkeit* geprüft. Hierzu ist zunächst die Frage nach der *Objektivität* zu stellen. Damit können die Bilanzanalyseverfahren, die das oben genannte Objektivierungsprinzip nicht erfüllen, auch als Kalkulationsverfahren nur bedingt geeignet sein.[408] Als (bedingt) objektive Instrumente wurden die empirisch-induktiven Bilanzanalyseverfahren genannt. Bei diesen war die Ausgangsfragestellung eine Klassifikation von gesunden und nichtgesunden Unternehmen. Wie o.g. werden nun den einzelnen Segmenten (Segmentierungskriterium ist in dem o.g. Verfahren der N-Wert) ein Rating und eine historische Ausfallrate zugeordnet. Folglich kann die Bilanzanalyse für das einzelne Unternehmen eine Ausfallwahrscheinlichkeit ausweisen. Während der ausgewiesene α-β-Fehler das Gütemaß für eine falsche Klassifikation darstellt, müssen parallel die Unsicherheiten in der ermittelten Ausfallwahrscheinlichkeit ausgewiesen werden.[409]

Das Kriterium der *Aktualität* hinsichtlich der Datengrundlage kann nur bedingt erfüllt werden. Während die Zusammenhänge, welche durch die statistischen Untersuchungen analysiert wurden, regelmäßig durch die Erweiterung der Datenbasis aktualisiert werden können,[410] erweist sich die Bepreisung des Kreditrisikos analog zu dem Segmentierungsverfahren als problematisch. Die ermittelten historischen Ausfallraten bedingen, dass die aktuelle Risikosituation keinen direkten Einfluss auf die Ausfallwahrscheinlichkeit besitzt.[411] Falls es gelingen würde, mit Hilfe von Prognosen die Ausfallwahrscheinlichkeiten zu bestimmen, wäre dieses Problem aufgehoben.[412]

Neben dem spezifischen Problem der Ausfallquoten wird auch die *ausschließliche Erhebung von Bilanzkennzahlen zur Bepreisung des Ausfallrisikos* unter dem Aspekt der Aktualität als problematisch angesehen. „Bilanz und GuV sind doppelt veraltet: Zum einen bezieht sich das Zahlenwerk des Jahresabschlusses auf vergangene Ab-

---

408 Bei der weiteren Diskussion wird auf die Bilanzanalyseinstrumente verzichtet, die das Objektivitätskriterium nicht erfüllen. Die folgende Analyse beschränkt sich auf die Bilanzanalyse mittels KNN. Die Argumentation lässt sich jedoch auf die Bilanzanalyse mittels MDA übertragen.

409 Dieser Wert beschreibt die Unsicherheit bei der Zuordnung einer Ausfallwahrscheinlichkeit zu einer Klasse. Falls man einer Klasse eine (durchschnittliche) Ausfallwahrscheinlichkeit zuordnet, besteht die Ungenauigkeit der Streuung der ermittelten Wahrscheinlichkeiten in dieser Klasse.

410 Zu untersuchen ist die zeitliche Diskrepanz (time lag) zwischen der Strukturänderung und der möglichen Aufnahme in den ermittelten Strukturen.

411 Vgl. zu dieser Problematik die im Kap. 2.5 dargestellte Diskussion der Segmentierungsverfahren, die ebenfalls die Ist-Risikokosten der Vergangenheit heranzeihen, um das heutige Kreditgeschäft zu kalkulieren.

412 Zur Problematik der Zuordnung vgl. Jansen (2001), S. 55ff. und Baetge, Jerschensky (1996), S. 1584.

rechnungsperioden, zum anderen liegt der Jahresabschluss i.d.R. erst eine geraume Zeit nach dem Abschlussstichtag vor."[413]

Zusammenfassend kann man eine *bedingte Eignung der Bilanzanalyse als internes Ratingsystem* zur Kalkulation von Kreditrisiken konstatieren (vgl. Tabelle 12). Es wird deutlich, dass die empirisch-induktiven Verfahren den traditionellen Verfahren der Kennzahlen, Kennzahlensysteme und Scoring-Modelle insbesondere auf Grund einer objektiven Urteilsfindung überlegen sind. Eine hinreichende Übertragung dieser empirisch-induktiven Verfahren auf die Kreditzinskalkulation ist jedoch noch nicht gelungen. Weder das Prinzip der Einzelbewertung noch das Prinzip der Richtigkeit werden vollständig erfüllt. Da die moderne Bilanzanalyse die an die Bilanzanalyse gestellten Prinzipien (Neutralisierung, Ganzheitlichkeit, Objektivierung) erfüllt, besteht der Anlass, weitere Methoden zu entwickeln, welche insbesondere die im Rahmen der Anwendung als Kalkulationsverfahren entstehenden Probleme (bspw. die Aktualität) beachten.

Bilanzanalyse-instrumente	**Prinzipien der Bilanzanalyse**			**Eignung als Kreditzinskalkulationsverfahren**		
	Neutralisierung	Ganzheitlichkeit	Objektivierung	Einzelbewertung	Richtigkeit	
					Objektivität	Aktualität
Kennzahlen	Eher nicht gegeben, Einzelfallprüfung	Eher nicht gegeben, Einzelfallprüfung	Unsystematische, subjektive Gesamturteilsbildung	Problem der Segmentierung	Keine (objektive) Bestimmung von Ausfallprämien	Grundsätzliches Problem der Bilanzanalyse (doppelte Vergangenheit)
Kennzahlensysteme	Eher gegeben, Einzelfallprüfung	Eher gegeben, Einzelfallprüfung	Systematische, subjektive Gesamturteilsbildung	Problem der Segmentierung	Keine (objektive) Bestimmung von Ausfallprämien	Grundsätzliches Problem der Bilanzanalyse (doppelte Vergangenheit
Scoring-Modelle	Eher gegeben, Einzelfallprüfung	Eher gegeben, Einzelfallprüfung	Quasi-objektive Gesamturteilsbildung	Problem der Segmentierung	Aufgrund der quasi-objektiven Urteilsbildung nicht gesichert	Grundsätzliches Problem der Bilanzanalyse (doppelte Vergangenheit)
Empirisch-induktive Verfahren	Eher gegeben, Einzelfallprüfung	Eher gegeben, Einzelfallprüfung	Objektive Gesamturteilsbildung	Problem der Segmentierung	Anhand von marktbezogenen Ausfallwahrscheinlichkeiten möglich	Historische Ausfallraten weisen Vergangenheitsbezug auf

Tabelle 12: Zusammenfassung der Würdigung verschiedener Bilanzanalyseverfahren zur Kreditzinskalkulation

413 Jansen (2001), S. 52f., vgl. auch Baetge (1998b) S. 27.

4. Herleitung eines marktorientierten Ansatzes zur Bewertung des Kreditrisikos

4.1 Zielsetzung

Wie in Kap. 2.5 gezeigt wurde, erfüllen sowohl modelltheoretische als auch heuristische Kreditzinskalkulationsverfahren die geforderten Kriterien an ein solches nicht vollständig. Auch ist bislang ein idealtypisches Instrument zur Bepreisung von Ausfallrisiken unter Heranziehung der Bilanzanalyse nicht identifiziert worden (vgl. Kap. 3.6). Vor diesem Hintergrund stellt sich die *Anforderung*, ein Prognosemodell[414] zu entwickeln, dessen Zielgröße der objektive Kreditzins bzw. das objektiv bepreiste Bonitätsrisiko ist. Aus dem in Kap. 2.4 aufgestellten Objektivitätskriterium folgt, dass ein Kreditzins genau dann objektiv ist, wenn „institutsinterne Maßstäbe oder Rahmenbedingungen die Höhe der Risikoprämie nicht beeinflussen (...) und [für] (...) die Bewertung des Risikos (...) ein objektivierter Maßstab [herangezogen wird]. Idealerweise handelt es sich dabei um einen marktlichen Maßstab“[415]. Folglich muss dieses Prognosemodell funktionale Zusammenhänge integrieren, die aus objektiven Kriterien abgeleitet werden. In konzentrierter Form kann man somit die Aufgabe der Entwicklung eines diesbezüglich neuen Konzeptes formulieren als:

Entwicklung eines marktorientierten Kreditzinskalkulationsverfahrens auf Basis der Erwartungsbildung eines rational urteilenden[416]*, externen Bilanzanalytikers.*

Wie bereits in Kap. 3.1 dargestellt wurde, werten *externe Bilanzanalytiker* die Bilanzinformationen zur Urteilsfindung hinsichtlich der Kreditwürdigkeit und der Bonität eines Unternehmens aus. Diese Urteilsfindung wird für das Prognosemodell konkretisiert, indem eine quantitative Bewertung der Bonität in Form eines *Kreditzinses* abgeleitet wird. Da dieses Urteil mit Hilfe von *rationalen Erwartungen* gebildet wird, darf es keine systematischen Fehler beinhalten und muss auf Basis eines Modells erfol-

414 Zu der Verwendung des Begriffs Prognosemodell vgl. die Ausführungen im Kapitel 1.2. In Anlehnung an die griechische Herkunft des Wortes wird als Prognose eine Vorhersage verstanden. Als Zielgröße wird in diesem Fall die Bestimmung eines objektiven Kreditzinses definiert, wobei dieser im Weiteren abgleitet wird. Das Wort Modell bezieht sich hierbei auf die vereinfachte Abbildung des Kapitalmarktes, sodass als Prognosemodell die modelltheoretische Vorhersage des realwirtschaftlichen Ergebnisses „objektiver Kreditzins“ verstanden wird. Zur alternativen Definition von Finanzprognose als systematische Ursachen-Wirkungs-Analyse vgl. Storm, Baun (1992), S. 534.

415 Kirmße (1996), S. 61; (die mit [ ] gekennzeichneten Inhalte wurden vom Verfasser hinzugefügt). Ähnlich auch bei Bröker (2000), S. 188.

416 Vgl. zu dem Begriff der „rationalen Erwartungsbildung“ Muth (1961), S. 316; Lucas (1972, 1975, 1981), Schlieper (1995), S. 32f.; Cassel (1992), S. 297.

gen.[417] Eine *marktorientierte* Bewertung, d.h. eine Anlehnung an marktliche Maßstäbe, wird als Teilaufgabe festgelegt, da sie, wie bereits oben erläutert, eine *objektive* Bewertung ermöglicht.

Die marktorientierte Einschätzung des Kreditrisikos bedingt den Bezug auf einen Markt, der dieses Risiko bewertet. Als *Kapitalmarkt im weiteren Sinne* wird der „organisierte Kapitalmarkt" verstanden, auf dem Aktien und Anleihen entweder als Neuemissionen oder aus Beständen nachgefragt und angeboten werden.[418] Es stehen sich hier eine (theoretisch) unendlich große Zahl von Käufern und Verkäufern gegenüber. Das Ergebnis des Handels ist eine Bepreisung bzw. Bewertung eines Finanztitels, welche dem o.g. Objektivitätskriterium folgend als objektiv bezeichnet werden kann. Es ist zu untersuchen, welche Informationen im Rahmen der marktorientierten Risikobewertung benötigt und wie diese verwertet werden.

Der Informationsgehalt der Bilanz für den Kapitalmarkt wurde in der Wissenschaft bereits im Rahmen der *empirischen, kapitalmarktorientierten Bilanzforschung* untersucht.[419/420] Diese beschäftigt sich u.a. mit der Fragestellung, welchen Informationsgehalt der Jahresabschluss besitzt.[421] Im Rahmen dieses Forschungszweigs werden aus dem Blickwinkel eines *Anteilseigners* die informatorischen Eigenschaften veröffentlichter Jahresabschlüsse untersucht. Die empirische Forschung konnte im Ergebnis einen Zusammenhang zwischen den Bilanzen als öffentlich zugängliche Information und Kursbewegungen von Aktien als resultierende Kapitalmarktreaktion identifizieren. Dies legt den Schluss nahe, dass die Bilanzanalyse ein Instrument zur Entscheidungsfindung auf Kapitalmärkten ist.

Die Notwendigkeit einer Kreditzinskalkulation im Rahmen einer Kreditvergabe folgt aus der *Schuldner-Gläubiger-Beziehung*, wie sie zwischen einem Unternehmen und einem Kreditinstitut besteht.[422] Eine eben solche Beziehung findet sich bei den auf dem

---

417 Als systematischer Fehler wird ein das System betreffender und somit planbarer Fehler verstanden. Demgegenüber sind unsystematische Fehler zufallsbedingt. Vgl. zur Entstehung von systematischen bzw. unsystematischen Prognosefehlern innerhalb der rationalen Erwartungsbildung Schlieper (1995), S. 34.

418 Vgl. Borchert (1997), S. 254. Im Kap. 4.4 wird das Begriffspaar Kreditmarkt und Kapitalmarkt voneinander abgegrenzt.

419 Zu der Definition des Begriffs „empirische Bilanzforschung" und der Einordnung des kapitalmarktorientierten Ansatzes vgl. auch Coenenberg (2000), S. 1121f.

420 Vgl. Coenenberg (2000), S. 1124ff. Weitere Übersichten finden sich bei Coenenberg (1974); Lev, Ohlsen (1982); Forster (1986); Möller (1983, 1985, 1986); Haller (1989); Beaver (1981); Schmidt (1982); Ballwieser (1982, 1985).

421 Vgl. hier und im Folgenden Coenenberg (2000), S. 1119 und auch S. 1121ff.

422 Vgl. Kap. 2.2.

Kreditmarkt[423], als Teilmarkt des Kapitalmarktes, gehandelten Anleihen wieder. Das Ergebnis der Bewertung des Ausfallrisikos durch den Kapitalmarkt spiegelt sich in dem gehandelten Kurs, dem Preis der Anleihe, wider.[424] Dieser Kurs kann in eine Rendite (die so genannte Anleihenrendite) überführt werden[425], die als Kreditzins gedeutet werden kann.[426] Aus dem Blickwinkel des Gläubigers ist es besonders interessant, die Einflussfaktoren des Bewertungsprozesses zu kennen. Aufgrund der o.g. Ergebnisse der kapitalmarktorientierten Bilanzanalyse lässt sich vermuten, dass auch bei Anleihen Bilanzen eine wesentliche Entscheidungsgrundlage zur Bewertung des enthaltenen Bonitätsrisikos bilden. Folglich gilt es, einen Zusammenhang zwischen dem Preis einer Anleihe und einzelnen Bilanzkennzahlen bzw. Kennzahlensystemen als potenzielle Einflussfaktoren zu untersuchen, um die für die Kreditzinskalkulation relevanten Einflussfaktoren und deren Stellung zum Kreditzins ableiten zu können. Die Fragestellungen der Untersuchung lauten:

(1) Inwieweit benutzen Kreditgeber auf organisierten Kreditmärkten Bilanzen und die Bilanzanalyse zur Dispositionsentscheidung?

(2) Welche Kennzahlen bzw. Kennzahlensysteme werden innerhalb des Entscheidungsprozesses herangezogen?

(3) Lässt sich der im Anleihenkurs enthaltene Kreditzins in Abhängigkeit von den Bilanzkennzahlen und wenn ja mit welcher Genauigkeit quantifizieren?

Die dargestellte Aufgabe der Entwicklung eines marktorientierten Kreditzinskalkulationsverfahrens wird in den folgenden Kapiteln durch die Ableitung eines Prognosemodells aufgegriffen. Hierzu wird zunächst im Kap. 4.2 die Effizienzhypothese als grundlegende Annahme beschrieben. Anschließend wird in Kap. 4.3 das Untersuchungsobjekt „Anleihe“ insbesondere hinsichtlich der enthaltenen Risikoarten charakterisiert. In diesem Zusammenhang werden ebenfalls Verfahren zur Quantifizierung des in der Anleihenrendite enthaltenen Ausfallrisikos beschrieben. Auf Basis dieser Grundlagen wird in Kap. 4.4 das Prognosemodell abgeleitet und abschließend in Kap. 4.5 mit den dargestellten Prinzipien der Bilanzanalyse und den Kriterien zur Eignung als Kreditzinskalkulationsverfahrens gewürdigt.

---

423 Vgl. zur Definition Kap. 4.4.

424 Zur Bewertung von Anleihen vgl. 4.3.

425 Vgl. zur Renditeberechnung bspw. Frühwirth (1997), S. 60ff. und Kap. 4.3.3.

426 Zur genauerer Interpretation der Rendite vgl. Kap. 4.3.2 und Kap. 4.3.3.

4.2 Die Effizienzhypothese als grundlegende Annahme für die marktorientierte Kreditzinskalkulation

Die in Kap. 4.1 gefolgerte Beziehung, dass ein objektiver Kreditzins sich aus einem marktlichen Maßstab ableitet, unterstellt die Richtigkeit dieses Maßstabes. Dies bedeutet, dass die für die Kreditzinsbestimmung notwendigen Informationen durch den Markt bzw. durch die Marktteilnehmer „richtig" ausgewertet werden. Diese Annahme spiegelt sich in der Effizienz von Kapitalmärkten wider.[427] Die *Effizienztheorie* geht der Frage nach, welche Informationen im am Markt realisierten Preis enthalten sind. Folgende Bedingungen sind nach FAMA für einen effizienten Markt konstitutiv:[428]

- Sämtliche Informationen sind für jeden Marktteilnehmer ohne Beanspruchung von Ressourcen zugänglich,
- es kommt zu keinerlei Transaktionskosten,
- alle Marktteilnehmer sind Preisnehmer und
- alle Marktteilnehmer handeln rational.

Auf einem *effizienten Markt* muss zu jedem Zeitpunkt die verarbeitete Menge an Informationen gleich der Menge aller verfügbaren Informationen sein.[429] Gleichzeitig muss die subjektive Erwartung eines Marktteilnehmers, basierend auf seinen Informationen, gleich der „wahren" Erwartung, aufbauend auf allen Informationen, sein. Eine Abweichung zwischen der erwarteten und der tatsächlichen Marktentwicklung beruht auf einem unerwarteten Ereignis (Schock).

Die Effizienz von Märkten kann jeweils in Abhängigkeit von der Menge der verarbeiteten Informationen in die drei Klassen eingeteilt werden:

- *schwache („weak-form efficiency"),*
- *mittelstrenge („semistrong-form efficiency")* und
- *strenge Effizienzform („strong-form efficiency").*

Die *schwache Form* besagt, dass lediglich Informationen über die vergangene Kursentwicklung im aktuellen Kurs enthalten sind.[430]

Neben der Gültigkeit der schwachen Effizienz gilt für *die mittelstrenge Form* zusätzlich, dass alle preisrelevanten öffentlichen Informationen unverzüglich im Preis be-

---

427 Vgl. Coenenberg (2000), S. 1124.
428 Vgl. Fama, Miller (1972), S. 335 sowie Fama (1970), S. 387.
429 Vgl. hier und im Folgenden Granziol (1981), S. 7.
430 Vgl. Sawazki (1996), S. 99.

rücksichtigt werden.[431] Die amerikanische Literatur bezeichnet z.B. eine Information, die im Wall Street Journal veröffentlicht ist, als „publicly available information".[432] Nach der hier vertretenen Meinung sollte man über eine Publikation in den Printmedien hinausgehen und die Information mit der Bekanntgabe durch einen Informationsdienst, wie z.B. dem Informationsdienst der REUTERS GMBH[433], als öffentlich bezeichnen.[434]

Die strenge Form verlangt, dass alle preisrelevanten Informationen, d.h. auch nicht öffentlich zugängliche Informationen wie Insiderinformationen, im Kurs enthalten sind.[435] Im Rahmen dieser Stufe können selbst besser informierte Marktteilnehmer ihre Position nicht gewinnbringend ausnutzen, da der Preis bereits ihren Informationsvorsprung beinhaltet.

Über die Effizienztheorie ist in der Literatur häufig diskutiert worden.[436] Die bekanntesten Kritikpunkte sind das Informationsparadoxon, die Nichtbeachtung der Informationskosten und die Vernachlässigung der Verarbeitungszeit.

Bei Anwendung der Definition der „strong-form efficiency" kommt es zu dem so genannten *Informationsparadoxon*. Unter der Annahme, der Marktpreis drücke alle Informationen aus, stellt sich die Frage nach der Motivation der Marktteilnehmer, sich neue Informationen zu beschaffen, da sie dadurch keinen zusätzlichen Gewinn erzielen können. Ein weiterer Kritikpunkt ist die Vernachlässigung der *Informationskosten*.[437] In der Definition effizienter Märkte nach FAMA wird die Prämisse gesetzt, es entstehen keine Informationskosten, eine nach Meinung des Verfassers sehr restriktive und realitätsfremde Einschränkung. Das Informationsparadoxon gewinnt unter der Beachtung von Informationsbeschaffungskosten noch an Bedeutung. Der Marktpreis stellt nämlich durch seine Veröffentlichung ein kostengünstiges Informationsgut dar.[438] Falls dieser bereits alle relevanten Informationen enthält, sind Marktteilnehmer nicht motiviert, neue Informationen zu sammeln und zu verarbeiten. Es ist von daher unerlässlich, dass es mindestens zu einer zwischenzeitlichen Ineffizienz des Marktes kommt,

---

431 Vgl. Heri (1982), S. 129.

432 Vgl. Uhlir (1979), S. 42.

433 Die Reuters Holdings PLC ist ein international ausgerichteter Informationsdienst, der sich auf die Übermittlung von Finanzmarktdaten spezialisiert hat, vgl. http://www.reuters.com.

434 Die Frage nach dem Zeitpunkt der Bekanntgabe ist sehr schwer zu beantworten. Vgl. Möller (1985), S. 513. Die Publikation stellt den spätesten Zeitpunkt dar.

435 Vgl. hier und im Folgenden Coenenberg (2000), S. 1124ff.

436 Vgl. hier und im Folgenden Heinke (1998), S. 139.

437 Der Begriff Informationskosten wird teilweise implizit mit dem Begriff Transaktionskosten gleichgesetzt. Vgl. bspw. die originäre Definition bei Fama (1970), S. 387ff.

438 Vgl. hier und im Folgenden Sawazki (1996), S. 100.

indem zunächst alle relevanten Informationen gesammelt und aufbereitet werden, bevor sie sich in dem Preis niederschlagen können. Somit wird sich langfristig der effiziente Preis wieder einstellen. In der Theorie der effizienten Märkte jedoch besteht die Prämisse, dass Informationen ohne *Verarbeitungszeit* in neue Preise transformiert werden. Diese theoretische Voraussetzung kann so nicht in der Realität bestätigt werden.[439]

Diese Kritikpunkte sollen nicht den Eindruck erwecken, man könne eine Effizienz an den Börsen grundsätzlich verneinen. Es sind zur Effizienzfrage an den Kredit- und Kapitalmärkten weltweit zahlreiche Tests und Studien betrieben worden, wobei ein Schwerpunkt auf den amerikanischen Kapitalmärkten liegt.[440] Im Ergebnis lässt sich Folgendes festhalten:[441] Die Gültigkeit der starken Form wird i.a. abgelehnt, die schwache Form in den meisten Fällen akzeptiert, es herrscht Uneinigkeit bezüglich der mittelstrengen Form. Die Ablehnung der starken Form kann bereits aufgrund des oben erläuterten Informationsparadoxons begründet werden.[442] Der Nachweis der schwachen Form der Effizienz wird anhand von Kursreihenanalysen geführt. Gemäß der o.g. Definition dürfen Informationen aus der historischen Kursentwicklung nicht auf den weiteren Verlauf schließen lassen (keine Trendbildungen). Untersuchungen in den 60er- und 70er-Jahren belegen, dass es keine Trends gibt.[443] Insgesamt spricht für die schwache Informationseffizienz, dass auf Basis von Trenduntersuchungen keine dauerhaft erfolgreichen Strategien entwickelt werden konnten.[444] Die Uneinigkeit hinsichtlich der Gültigkeit der mittelstrengen Effizienzform lässt sich auf die Schwierigkeiten bei der Überprüfung dieser Hypothese zurückführen.[445] Die Beobachtung, dass professionelle Anleger (wie Investmentfonds) im Durchschnitt keine Überperformance erzielen konnten, belegt die Gültigkeit der mittelstrengen Effizienzform.[446]

Die Gültigkeit der mittelstrengen Effizienzform wird als Grundannahme für die folgende Untersuchung unterstellt. Dies bedeutet, dass alle Marktteilnehmer die Bilanz zur Entscheidungsfindung nutzen, falls sie den Informationsgehalt als sinnvoll erachten. Der am Markt realisierte Preis für eine Anleihe reflektiert alle verfügbaren und

---

439 Vgl. Schäfer (1994), S. 18f.

440 Vgl. Steiner, Bruns (1998), S. 44; vgl. zu Untersuchungen der Informationseffizienz des deutschen Aktienmarktes Möller (1985), S. 500ff.

441 Vgl. Sawazki (1996), S. 119f.

442 „Die größte Einigkeit besteht dabei in der Feststellung, dass strenge Informationseffizienz auf Wertpapiermärkten nicht vorliegt“, Steiner, Bruns (1998), S. 44.

443 Vgl. Fama (1970), S. 383ff.; Steiner, Bruns (1998), S. 45ff. Eine gegensätzliche Aussage findet sich bei Loistl (1990), S. 67ff.

444 Vgl. Steiner, Bruns (1998), S. 48.

445 Vgl. Steiner, Bruns (1998), S. 46.

446 Vgl. Malkiel (1990), S. 169ff.; Sharpe (1992), S. 18; Lerbinger (1984), S. 60ff.

relevanten Informationen über das Unternehmen. Die resultierende Preisfindung genügt dem Anspruch eines objektiven Maßstabes, da der Preis von der „wahren" bzw. „richtigen" Erwartung abgeleitet wird.[447]

4.3 Bewertung von risikobehafteten, festverzinslichen Anleihen

Anleihen sind Schuldverschreibungen, mit denen sich der Emittent i.d.R. langfristiges Kapital beschafft.[448] Die Emission dieser Papiere erfolgt über den anonymen, annahmegemäß effizienten Kapitalmarkt.[449] Ein wesentlicher Unterschied zwischen zwei Anleihen unterschiedlicher Schuldner ist das mit der Anleihe verbundene Risiko der Nichtrückzahlung des aufgenommenen Kapitals aufgrund bspw. der Insolvenz des Emittenten.[450] Dieses Risiko entspricht dem unter Kap. 2.2 dargestellten Ausfallrisikos eines Kredites. Das mit einer Anleihe verbundene Ausfallrisiko wird durch die Bonität des Schuldners bedingt und kommt im Marktpreis der Anleihe zum Ausdruck. Um dieses Risiko messen zu können, ist es wichtig, zunächst die Charakteristika der Anleihe und die mit dieser verbundenen Risikoarten zu beschreiben (Kap. 4.3.1 und Kap. 4.3.2). Aufbauend hierauf werden verschiedene Ansätze zur Messung des Ausfallrisikos (Kap. 4.3.3) vorgestellt.

4.3.1 Eigenschaften von Anleihen

Das im Folgenden untersuchte Objekt ist die *festverzinsliche Anleihe.*[451] Die vorliegende Arbeit unterscheidet dabei zunächst nach dem Kriterium *feste vs. variable Zinszahlung.*[452] Der überwiegende Teil der international emittierten Anleihen findet sich in der erstgenannten Kategorie wieder. Die Zinszahlung erfolgt nach vereinbarten Perioden (bspw. in den USA in einem halbjährlichen Rhythmus). Der *Nominalzins* wird dabei auf das *Nominalvolumen* der Anleihe gezahlt. *Zerobonds* oder *Nullkuponanleihen* besitzen einen Nominalzins von Null. Dementsprechend erfährt der Käufer seine Rendite lediglich über Kurssteigerungen zwischen dem Kauf- und dem Verkaufskurs. Falls der Schuldner (Emittent) der Anleihe im Land des Käufers seinen Sitz hat, handelt es sich um eine so genannte *Inlandsanleihe* (vs. *Auslandsanleihe*). Unter Umständen

---

[447] Neben dieser „Grundannahme" werden für das Prognosemodell weitere Prämissen (statistische Annahmen) getroffen, die jedoch in Abhängigkeit von der gewählten Untersuchungsmethode voneinander abweichen. Vgl. Kap. 5.1.1 und Kap. 5.2.3.

[448] Vgl. hier und im Folgenden bspw. Grill, Perczynski (1995), S. 366ff. und S. 373ff.

[449] Vgl. auch Kap. 6.1.2.

[450] Vgl. Kap. 4.3.2.1.

[451] Vgl. hier und im Folgenden Steiner, Bruns (1998), S. 133. Die hier aufgezeigte Einordnung stellt keine abschließende Auflistung aller Merkmale dar, sondern benennt zielführend die in der weiteren Untersuchung relevanten Merkmale.

[452] Variabel verzinsliche Wertpapiere (Floating Rate Notes) werden aus der Untersuchung ausgeklammert.

werden die Zahlungsströme bei einer Anleihe (Zins- oder Tilgungszahlungen) in unterschiedlichen Währungen vereinbart, in diesen Fällen spricht man von *Doppelwährungsanleihen.* Darüber hinaus kann es sich um einen *privaten* (*Industrieanleihen*) oder *öffentlichen Schuldner* (*Staatsanleihen*) handeln. In der Regel wird eine Anleihe vom Emittenten zu einem fest vereinbarten Termin eingelöst. Falls dieser Termin vom Emittenten aufgehoben und die Anleihe frühzeitiger zurückgezahlt werden kann (Tilgungsrechte), spricht man von einer *kündbaren Anleihe.*

Im Rahmen der weiteren Untersuchung werden lediglich Anleihen, die an organisierten Finanzmärkten gehandelt werden, analysiert. Diese Papiere werden somit auf einem Markt bewertet. Als Ansatz kann hierzu ein Barwertmodell verwendet werden.[453] Ziel dieses Modells ist es, zukünftige Zahlungsströme auf den heutigen Wert zu „transformieren". Die generelle Schwierigkeit des Modells liegt in der Wahl des Diskontierungszinses zur Bewertung zukünftiger, risikobehafteter Zahlungsströme. Aus diesem Grund werden im Folgenden die unterschiedlichen Risikoarten von festverzinslichen Wertpapieren erläutert, die diesen Bewertungsvorgang beeinflussen. Hierbei wird eine festverzinsliche, mit Tilgungsrechten ausgestattete ausländische Industrieanleihe unterstellt.

4.3.2 Risikoarten von Anleihen

Als Risiko (Chance) wird – analog zu der allgemeinen Definition im Kapitel 2.1 – die Möglichkeit verstanden, dass ein zukünftiger Umweltzustand von einem erwarteten Zustand negativ (positiv) abweicht und die getroffene Entscheidung nicht (ohne Kostenbelastung) verändert werden kann.[454] Die Gründe für die potenzielle Abweichung definieren die verschiedenen Risikoarten. Die im Folgenden aufgezählten Risiken (*Bonitäts-*, *Zinsänderungs-*, *Tilgungs-*, *Währungs-*, und *Liquiditätsrisiko*) werden als die wichtigsten Risiken im Bereich der festverzinslichen Wertpapiere genannt.[455] Alle Risiken beziehen sich auf die Sichtweise des Gläubigers, der die Bewertung des Risikos in die Bewertung der Anleihe einfließen lässt.

4.3.2.1 Bonitätsrisiko

In Anlehnung an Kap. 2.2 wird im Weiteren der Begriff Bonitätsrisiko ursachenbezogen als Bestandteil eines Wertpapierrisikos beschrieben. Der Kreditgeber (Anleihekäufer) ist gewillt, dem Kreditnehmer (Emittent der Anleihe) finanzielle Mittel zu überlassen (klassische Gläubiger-Schuldner-Beziehung). Sie vereinbaren vertraglich Zins- und Rückzahlung. Als Bonität wird die Fähigkeit und Eigenschaft der termingerechten

---

453 Vgl. bspw. Bühler, Uhrig-Homburg (2000), S. 299.
454 Vgl. Adam (1996), S. 194f.; Perridon, Steiner (1997), S. 98.
455 Vgl. Zapotocky (2000), S. 1084ff.; Holzer (1990), S. 11.

Zins- und Rückzahlung verstanden.[456] Die Gründe für die Unfähigkeit zur vereinbarten Zins- und Rückzahlung liegen:[457]

- im *technologischen Risiko* des Schuldners,
- im *Informationsrisiko* des Gläubigers und
- im *Moral-Hazard-Risiko* des Kapitalgebers.

Die Einzahlungsüberschüsse, die aus den kreditfinanzierten Investitionen generiert werden, unterliegen konjunkturell oder strukturell begründeten Schwankungen. Die hieraus resultierende Gefahr der Nicht-Rückzahlung ist das *technologische Risiko*, das vom Gläubiger zu tragen ist. I.d.R. ist dieser im Vergleich zum Schuldner in der ungünstigeren Position zur Einschätzung dieses technologischen Risikos. Falls der Schaden des Gläubigers aus einer schlechten Informationsversorgung heraus resultiert, handelt es sich um das *Informationsrisiko*. Falls aufgrund der Gläubiger-Schuldner-Beziehung Anreize für den Schuldner entstehen, den Schaden aus einer negativen Abweichung zwischen den geplanten und den tatsächlichen Umweltzuständen in Richtung Gläubiger zu verschieben, handelt es sich um das *Moral-Hazard-Risiko*.

Beschreibend für die *Bonität* ist ihr *qualitativer, unstrukturierbarer* und *nur begrenzt objektivierbarer Charakter*. Hierdurch wird die Bedeutung eines zweckmäßigen Messkonzeptes zur Beschreibung des hieraus erwachsenden Risikos deutlich.[458]

Die vorliegende Arbeit analysiert das Bonitätsrisiko von festverzinslichen Wertpapieren. Hier besteht das Risiko darin, dass der Emittent die Zinsen und Tilgungen nicht zu dem vereinbarten Zeitpunkt und / oder in der vereinbarten Höhe leistet. Als Bonitätsänderungsrisiko wird die negative Kursentwicklung eines Wertpapiers aufgrund der Änderung der Bonitätseinschätzung des Emittenten verstanden.[459] Falls die Bonität des Emittenten herabgestuft wird, steigt die Wahrscheinlichkeit, dass es aufgrund der gesunkenen Zahlungsfähigkeit zu Störungen bei den erwarteten Zahlungsströmen (Zins- und Tilgungszahlungen) kommt.[460] Folglich sinkt der Marktwert der Anleihe.

4.3.2.2 Zinsänderungsrisiko

Allgemein wird das *Zinsänderungsrisiko* als Gefahr verstanden, die darin besteht, dass sich aufgrund einer Veränderung des Marktzinses eine negative Abweichung einer realisierten von einer erwarteten Ergebnisgröße (Wert der Anleihe) ergibt. Das Zins-

---

456 Häufig wird die Unfähigkeit der Rückzahlung mit der Insolvenz in Verbindung gebracht. Vgl. zum Begriff „Insolvenz" Steiner (1980), S. 4f.; vgl. zu einer Integration der Insolvenz in ein Messkonzept des Bonitätsrisikos Heinke (1998), S. 9f.

457 Vgl. hier und im Folgenden Schmidt (1981), S. 205f. und auch Heinke (1998), S. 7f.

458 Vgl. Schulte (1996), S. 89f.

459 Vgl. Kap. 2.2.

460 Vgl. hier und im Folgenden Schulte (1996), S. 131ff.

änderungsrisiko für Anleihen resultiert aus nicht antizipierten Schwankungen des allgemeinen Zinsniveaus.[461] Falls das allgemeine Zinsniveau steigt (fällt), fällt (steigt) der Kurs der Anleihe. Eine enge Begriffsdefinition stellt auf das *Endwertänderungsrisiko* ab und beschreibt die Gefahr, „daß ein bei bestehendem Zinsniveau zu erwartender Endwert einer Anleihe im Tilgungszeitpunkt nicht erzielt wird“[462]. Der Grund dafür liegt in der möglichen Wiederanlage der Zinserträge. Somit steigt der Endwert (als Summe aus der originären Kapitalanlage, den Zinsen und den Zinseszinsen), falls sich das Zinsniveau nach oben verschiebt. Gleichzeitig verringert sich der aktuelle Marktwert der Anleihe, sodass man von dem Zinsänderungsrisiko im weiteren Sinne oder auch *Vermögensänderungsrisiko* spricht. Diese gegenläufigen Effekte aufgrund einer Zinsniveauänderung finden in der Kennzahl „*Duration*“ nach MACAULAY[463] ihren Niederschlag, indem der Zeitpunkt berechnet wird, zu welchem sich die beiden Effekte gegenseitig neutralisieren (durchschnittliche Kapitalbindungsdauer).[464]

4.3.2.3 Tilgungsrisiko

Wie im Kapitel 4.3.1 erklärt, besitzen verschiedene Anleihen *Kündigungs-* oder *Tilgungsrechte*. Diese Option als vertraglich gesichertes Recht ermächtigt den Emittenten vorzeitig (vor dem vereinbarten Fälligkeitstermin), die komplette Anleihe oder einen Teil zu tilgen.[465] Die Nachteile für den Gläubiger / Anleger liegen in den nicht sicheren Zahlungsströmen, bedingt durch die Möglichkeit der Ausübung dieses Rechtes durch den Schuldner. Im Allgemeinen wird der Emittent die Anleihe genau dann kündigen, wenn der relevante Opportunitätszins zur Refinanzierung gesunken ist. In diesem Augenblick ist der Marktwert größer als der Nominalwert. Folglich erleidet der Investor einen Verlust, und er muss nun sein Kapital zu ungünstigeren Bedingungen anlegen.

4.3.2.4 Liquiditätsrisiko

Das *Liquiditätsrisiko* besteht darin, dass eine Anleihe aufgrund eines zu geringen Angebotes bzw. einer zu geringen Nachfrage nicht jederzeit am Markt gehandelt wer-

---

461 Vgl. hier und im Folgenden Fabozzi (1996), S. 5f. Neben dem reinen Zinsniveau als Durchschnittswert von Anleihen mit verschiedenen Restlaufzeiten, besitzt die Steigung der Zinsstrukturkurve ebenfalls einen analogen Einfluss auf den Anleihenwert.

462 Steiner, Bruns (1998), S. 154.

463 Vgl. Macaulay (1938), S. 44ff.; Hicks (1939), S. 12ff.

464 Nach der Theorie von Fisher setzt sich das heutige nominale Zinsniveau aus einem „realen Zins“ und der antizipierten Inflationsrate zusammen. Somit besteht ein Inflationsrisiko, da sich die Inflationsrate von der erwarteten Inflationsrate unterscheiden kann (Fisher (1911, 1937)). Demzufolge kann sich das Inflationsrisiko auf das Zinsänderungsrisiko auswirken, da sich das nominale Zinsniveau in Abhängigkeit der Inflationsrate verändert.

465 Vgl. hier und im Folgenden Fabozzi (1996), S. 324f. und auch S. 6.

den kann.[466] Die Folge ist, dass dieser Titel „nicht oder zu keinem vernünftigen Preis"[467] gehandelt wird. Als vernünftiger Preis kann der faire Preis eines effizienten Kapitalmarktes definiert werden. Als fairer Kurs wird der Wert bezeichnet, bei dem keine Arbitragegeschäfte möglich sind. Bei diesem Geschäft würde ein Gewinn durch den Kauf und Verkauf von Wertpapieren zu unterschiedlichen Kursen erzielt. Entscheidend dafür ist, dass es ohne Risiko und Liquiditätseinsatz erfolgt.[468] Ein Arbitragehandel ist somit die risikolose Ausnutzung von Differenzen in den Preisnotizen für gleiche Werte.[469] Der faire Kurs resultiert aus einem unterstellten Bewertungsmodell (bspw. dem Barwertmodell) und bevorzugt weder Käufer noch Verkäufer.[470] In der Realität existieren jedoch unterschiedliche Kurse für Kauf- oder Verkaufsgeschäfte.[471] Ein Makler beispielsweise kauft ein Papier zu einem niedrigeren Kurs als er es verkauft. Die Differenz aus Kauf- und Verkaufskurs drückt die Gewinnspanne des Händlers aus und stellt bei einem zeitgleichen Kauf- und Verkauf einen Arbitragegewinn dar. Je größer die Spanne zwischen Kauf- und Verkaufskurs ist, umso größer ist das Risiko, das Wertpapier nicht zu einem „vernünftigen Preis" kaufen bzw. verkaufen zu können. Im Extremfall findet man keinen Käufer bzw. Verkäufer, der bereit ist, dieses Papier zu kaufen bzw. verkaufen.

Darüber hinaus erstreckt sich das Liquiditätsrisiko auf eine Zeitdimension. Während zum einen der Preis vom fairen Kurs abweicht, wird zum anderen auch die Ausübungsdauer unter dem *Liquiditätsrisiko / Marktgängigkeitsrisiko* subsumiert.[472] Unter der Ausübungsdauer wird die Zeitspanne zwischen der Kauf- bzw. Verkaufsentscheidung und der Ausübung des Geschäftes, d.h. der Kursfixierung zwischen den beiden Parteien, verstanden. Der Kurs kann sich während dieser Zeitspanne verändern und der Käufer bzw. Verkäufer des Wertpapiers erleidet einen Verlust.[473] Je größer das gehandelte Volumen eines Wertpapiers ist, umso geringer ist die Ausübungsdauer. Das Marktliquiditätsrisiko entsteht aufgrund einer unzulänglichen Tiefe des Marktes[474] und kann durch den einzelnen Marktteilnehmer nicht beeinflusst werden. Ein etablier-

466 Vgl. hier und im Folgenden Fabozzi (1996), S. 7.

467 Zapotocky (2000), S. 1088.

468 Vgl. Friedman (1953), S. 175.

469 Vgl. Zapotocky (2000), S. 1082.

470 Vgl. auch zu der Bestimmung des fairen Preises Bühler, Uhrig-Homburg (2000), S. 304f.

471 Bspw. wird im Devisenhandel zwischen dem Geld- und dem Briefkurs unterschieden. Vgl. Grill, Perczynski (1995), S. 571. Ebenfalls stellen Market Maker für die von ihnen betreuten Wertpapiere fortlaufend Kauf- und Verkaufkurse, die leicht voneinander abweichen. Vgl. Zapotocky (2000), S. 1081.

472 Vgl. Fisher (1959), S. 217ff.

473 Unterstellt wird hierbei wiederum die Inflexibilität der Entscheidung. Vgl. Perrdion, Steiner (1997), S. 98.

474 Als Markttiefe wird das gehandelte Volumen eines Wertpapiers verstanden.

ter und liquider Sekundärmarkt[475] lässt das Marktliquiditätsrisiko sinken, da die Ausübungsdauer geringer ist und die Differenzen zwischen dem gehandelten und dem fairen Kurs abnehmen.

4.3.2.5 Währungsrisiken

Ein Währungsrisiko benötigt das Zusammenspiel zweier Währungen, weil ansonsten Wechselkursschwankungen für die Bewertung der Anleihe irrelevant wären. Voraussetzung ist, dass die Zahlungsströme in einer für den Betrachtungsstandpunkt „fremden Währung" vereinbart sind. HÖLSCHER bezeichnet als *Währungsrisiko* die Gefahr, dass das erzielte Ergebnis das erwartete unterschreitet, wobei das zugrunde liegende Geschäft den Übergang von einer in eine andere Währung bedingt.[476] Die Ursache des Risikos liegt in der Ungewissheit, in welchem Ausmaß und in welche Richtung sich das Austauschverhältnis (Wechselkurs) zwischen der inländischen und der ausländischen Währung entwickelt. Die Zinszahlungen und / oder die Tilgungen sind (bedingt durch den unterstellten Betrachtungsstandpunkt) an die Entwicklung eines Wechselkursverhältnisses gekoppelt. Ein Verlust entsteht in dem Augenblick, wenn die heimische Währung aufgewertet (abgewertet) wird und man einen Zahlungsstrom in der Fremdwährung erwartet (zu leisten hat).[477] Bei Doppelwährungsanleihen tritt folglich regelmäßig ein Währungsrisiko ein.

4.3.3 Messung des Bonitätsrisikos

In den vorangegangenen Kapiteln wurden ursachebezogen die verschiedenen Risikoarten einer Anleihe beschrieben. Die Bewertung der Risiken schlägt sich in dem am Markt erzielten Kurs einer Anleihe wieder. Falls bspw. das Bonitätsrisiko steigt, wird der aktuelle Kurs der Anleihe sinken.[478] Dieser Kurs der Anleihe (ausgedrückt in Geldeinheiten) lässt sich in eine Rendite (ausgedrückt in Prozent) überführen. Hierzu ist zunächst eine Grundannahme bezüglich der Haltedauer, d.h. dem Verbleib der Anleihe im Besitz des Käufers, zu treffen. Falls davon ausgegangen wird, dass die Anleihe bis zur Fälligkeit gehalten wird, kann die entsprechende Fälligkeitsrendite (yield to maturity) berechnet werden.[479] Falls unterstellt wird, dass die Anleihe nur für eine bestimmte Zeit (kürzer als die Restlaufzeit) bei dem Anleger verbleibt, kann die Halterendite

---

475 „Am Sekundärmarkt werden die bereits emittierten Wertpapiere zwischen den Marktteilnehmern gehandelt", Steiner, Bruns (1998), S. 2.

476 Vgl. Hölscher (1987).

477 Vgl. Steiner, Bruns (1998), S. 134.

478 Vgl. hierzu die in Kap. 2.3 dargestellten modelltheoretischen Verfahren der Bonitätsprämienermittlung.

479 Vgl. Bühler, Uhrig-Homburg (2000), S. 298f.

(holding period return) berechnet werden.[480] Die erstgenannte Haltedauerhypothese ist die gebräuchlichere und wird auch in den folgenden Ausführungen zugrunde gelegt.[481] Grundlegend für die Berechnung einer Rendite ist die Annahme sicherer Zahlungsströme, d.h. die unsicheren zukünftigen Zahlungen werden über geeignete Annahmen (z.B. eine unterstellte Wahrscheinlichkeit), wie sichere Zahlungen betrachtet.[482] Die Rendite einer Anleihe ist genau der Zinssatz, zu dem der Barwert der zukünftigen Zahlungen gleich dem heutigen Kurs ist. Die Rendite bedingt die Kenntnis des heutigen Marktwertes und fungiert als Diskontierungssatz im Rahmen der Barwertbetrachtung der zukünftigen Zahlungen. Dieser Vorgehensweise entspricht der Berechnung des internen Zinsfusses bzw. der Effektivverzinsung.[483]

Die Gesamtrendite einer Anleihe kann als Summe aus dem risikofreien Tageszins und den einzelnen bewerteten Risikoarten verstanden werden (vgl. Abbildung 23). Die reine Summierung unterstellt eine (realitätsfremde) Unabhängigkeit der einzelnen Risiken.[484]

Gemäß der im Kapitel 4.1 beschriebenen Zielsetzung muss für die vorliegende Untersuchung das Bonitätsrisiko bewertet und innerhalb eines Kreditzinses quantifiziert werden. Hierzu eignen sich zwei Vorgehensweisen. Zum einen besteht die Möglichkeit, das *Bonitätsrisiko isoliert zu bewerten*. Dies ist durch so genannte Kreditderivate möglich (Kapitel 4.3.3.1). Dabei wird das in der Anleihenrendite enthaltene Risiko separat in einem zweiten Kapitalmarktgeschäft betrachtet. Zum anderen kann das *bewertete Bonitätsrisiko aus der Anleihenrendite isoliert* werden. Dies bedeutet, man gliedert den beobachteten Preis eines Wertpapiers in Einzelprämien für die unterschiedlichen Risikoarten (Kapitel 4.3.3.2).

---

480 Vgl. Heinke (1998), S. 77.

481 Vgl. Bühler, Uhrig-Homburg (2000), S. 298; Heinke (1998), S. 380f.

482 Vgl. hier und im Folgenden Bühler, Uhrig-Homburg (2000), S. 298ff.

483 Vgl. Perridon, Steiner, (1997), S. 185.

484 Bspw. werden im weiteren Verlauf der Analyse empirisch belegte Abhängigkeiten von dem Bonitäts- und dem Zinsänderungsrisiko erläutert.

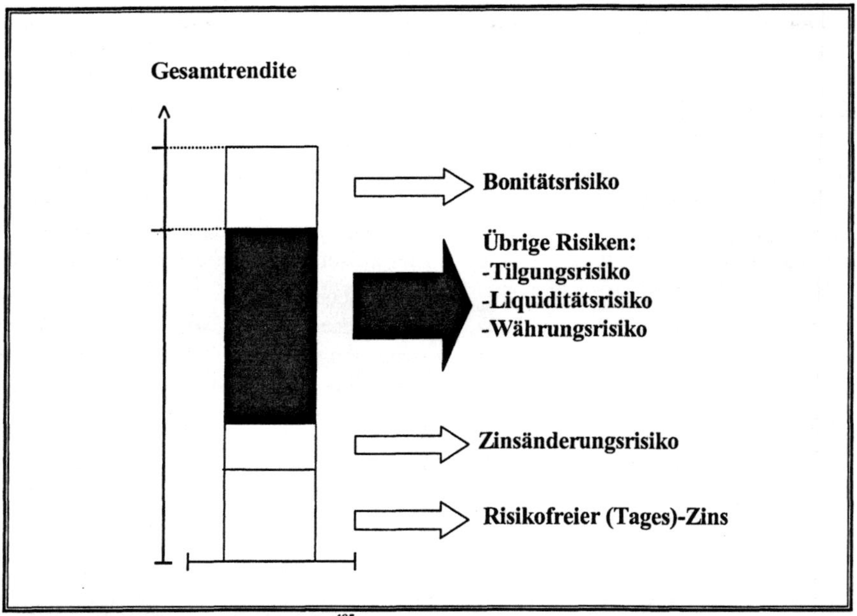

Abbildung 23: Risikoarten einer Anleihe[485]

4.3.3.1 Kreditderivate

Derivate[486] sind Rechte, deren Werte (Börsen- oder Marktpreise) sich unmittelbar oder mittelbar aus einem zugrunde liegenden Basiswert ableiten lassen.[487] Als Basiswerte kommen Aktien, festverzinsliche Wertpapiere, (zukünftige) Zinssätze, Devisenkurse oder auch ein zweites Derivat oder dessen Preis in Frage.[488] Ein Derivat ist ein Termingeschäft, deren Erfüllung erst nach Vertragsabschluss anfällt.[489] Sie haben hierbei die Eigenschaft, dass sie die Risikokomponenten des Basiswertes aufspalten, bewerten, neu bündeln und handelbar machen können.[490]

485 In Anlehnung an Heinke (1998), S. 78.
486 Das lateinische Wort „derivare“ bedeutet „ableiten“.
487 Vgl. Eller (1996), S. 8; Grill, Perczynski (1995), S. 400. Diese Definition lehnt sich an die Begriffsbestimmung im Wertpapierhandelsgesetz an.
488 Vgl. Hartmann-Wendels, Pfingsten, Weber (2000), S. 296.
489 Vgl. Maltzan (2000), S. 833f.
490 Vgl. hier und im Folgenden Hattori (1996), S. 14ff.

Als *Kreditderivat* versteht man eine individuelle Vereinbarung zwischen zwei Parteien, deren Erfüllung an eine Messgröße geknüpft wird, welche die Bonität des Basiswertes quantifiziert. Ein Basiswert kann bspw. ein Bankkredit sein. Falls die Messgröße einen vereinbarten Wert erreicht, findet eine Prämienzahlung zwischen den beiden Parteien statt. Als auslösendes Ereignis für diese Prämienzahlung ist die Verschlechterung der Kreditqualität des Basiswertes definiert. Ein *Referenzwert* wird dann eingesetzt, wenn ein Basiswert nicht vorhanden ist bzw. das Risiko für den Basiswert nicht objektiv bestimmbar ist. Voraussetzung ist, dass der Basiswert und der Referenzwert hinsichtlich des Kreditrisikos signifikant stark korrelieren. Ein Referenzwert kann beispielsweise eine Unternehmensanleihe sein. Als Messgröße muss ein Kreditereignis bestimmt werden, welches als objektiver Maßstab der Bonitätsverschlechterung verwendet werden kann. Voraussetzung für die Objektivität ist die öffentliche Nachprüfbarkeit.

Hierzu eignen sich zum ersten als direkt beobachtbare Ereignisse bspw.:[491]

- Preisverfall des Referenztitels oder
- schlechteres Rating des Referenzinstrumentes.

Als indirekte Kreditereignisse gelten zum zweiten:[492]

- Schlechteres Rating des Schuldners,
- Erfolglose Zwangsvollstreckung,
- Zahlungsunfähigkeit durch Zahlungseinstellung,
- Konkurseröffnung,
- Ablehnung der Konkurseröffnung mangels Masse und
- Abschluss eines gerichtlichen oder außergerichtlichen Vergleichsverfahrens.

Durch die losgelöste Betrachtung des Bonitätsrisikos wird dieses Risiko (vgl. Abbildung 24) isoliert von den anderen Risiken am Markt bewertet, sodass sich Kreditderviate von ihrer Konzeption her bestens eignen, um das Bonitätsrisiko mit einem marktlichen Maßstab zu bewerten. Die aktuelle Situation erlaubt es jedoch nicht, eine Untersuchung mit einer statistisch ausreichenden Stichprobengröße durchzuführen.[493] Obwohl der Markt für Kreditderviate seit der Entstehung Anfang der 90er-Jahre enorm gewachsen ist, wird es noch einige Jahre dauern, bis eine breite Grundgesamtheit vorhanden ist.[494] Problematisch erscheint insbesondere die mangelnde Streuweite der

491 Vgl. Smithson (1995), S. 38.
492 Vgl. Kirmße (1996), S. 258.
493 Vgl. Sommerfeld (2001), S. 88f.
494 Vgl. Green, Locke, Paul-Choudhury (1998), S. 6ff.

Kreditderivate über die verschiedenen Unternehmen und die fehlende Standardisierung der Derivate, wodurch keine gesicherte Auswertung ermöglicht werden.[495]

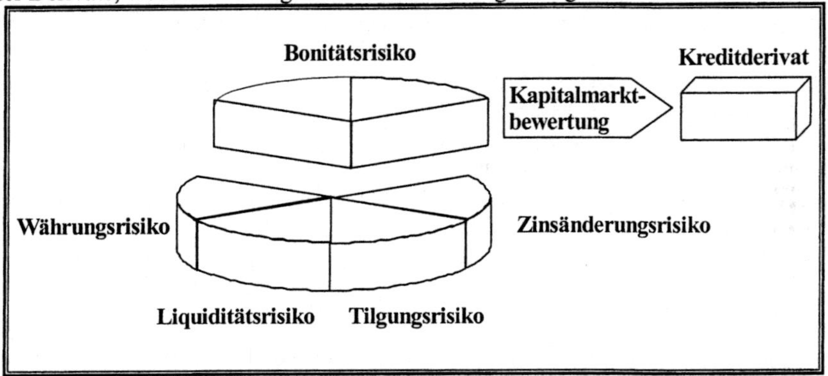

Abbildung 24: Das Bonitätsrisiko als Bewertungskomponenten von Kreditderivaten[496]

4.3.3.2 Isolation des Bonitätsrisikos über den Credit Spread

Während eine statistische Untersuchung der Bewertung des Bonitätsrisikos durch Kreditderivate an der fehlenden Grundgesamtheit scheitert, ist die Möglichkeit einer empirischen Untersuchung des Anleihenmarktes aufgrund der Größe möglich.[497] Wie bereits in Kap. 4.3.2 dargestellt, lässt sich ein Bestandteil der Gesamtrendite einer Unternehmensanleihe auf das bewertete Bonitätsrisiko zurückführen. Diese Prämie wird als Credit Spread bezeichnet und definiert sich als Renditeunterschied zweier festverzinslicher Wertpapiere mit gleichen Ausstattungsmerkmalen, die jedoch von unterschiedlichen Emittenten begeben wurden.[498] Entscheidend ist, dass einer dieser Emittenten kein Ausfallrisiko besitzt. Dies bedeutet, der Renditeunterschied lässt sich ausschließlich auf Unterschiede in der Bonität zurückführen.

Im Rahmen der Ermittlung des Credit Spread für eine einzelne Anleihe i teilt man nun die für die Anleihenbewertung am Markt relevanten Einflussfaktoren in drei Kategorien ein.[499] Mit M werden die bewertungsrelevanten Marktfaktoren beschrieben, die

---

495 Vgl. Arditti, Curran (1998), S. 30ff.

496 Die relative Verteilung der einzelnen Risiken ist abhängig von dem einzelnen Wertpapier. Die in der Abbildung gewählte Verteilung entspricht nicht dem Ergebnis von empirischeren Untersuchungen.

497 Vgl. Bohl, Alexander (2000), S. 468.

498 Vgl. hier und im Folgenden Hartmann-Wendels, Pfingsten, Weber (2000), S. 428; Rolfes (1999), S. 337.

499 Vgl. hier und im Folgenden Heinke (1998), S. 77ff.

auf **alle** Anleihen gleichzeitig einen Einfluss haben (bspw. Inflationsrate oder Marktzinsniveau). W_i ist die Menge aller wertpapierspezifischen Einflussfaktoren, wie z.B. die Restlaufzeit oder der Kupon. Diese Ausstattungsmerkmale einer Anleihe i bedingen die in den Kap. 4.3.2.2 bis Kap. 4.3.2.5 dargestellten Risiken. B_i wiederum ist die Menge aller das Bonitätsrisiko der Anleihe i bewertenden Faktoren X_1 bis X_n. Die Rendite r eines Wertpapiers i kann durch

Gleichung 24[500]

$$r = r_i(M, W_i, B_i),$$

$$\text{mit } B_i = (X_1, X_2, X_3, \ldots, X_n),$$

bestimmt werden.

Der *Credit Spread* e einer Anleihe i stellt sich dar als Renditedifferenz von grundsätzlich identischen Anleihen i und B (somit gilt $W_i = W_B$), wobei die Anleihe B (der sogenannte Benchmark) kein Bonitätsrisiko beinhaltet und folglich die Menge B_B leer ist:

Gleichung 25

$$e_i = r_i(M, W_i, B_i) - r_B(M, W_B, 0), \text{ mit } W_i = W_B.$$

Bei der empirischen Ermittlung von e_i stellt die Bestimmung der Rendite r_B ein besonderes Problem dar. Zunächst erweist es sich als äußerst schwer, eine Anleihe bzw. einen Anleihentyp ohne Ausfallrisiko zu finden. Vereinfachungsgemäß geht man jedoch davon aus, dass Staatstitel mit der US-Regierung als Emittenten oder von der deutschen Regierung begebene Titel kein Ausfallrisiko implizieren.[501] Somit muss man nun entweder eine äquivalente Staatsanleihe mit den gleichen Ausstattungsmerkmalen ($W_i = W_B$) finden, oder man verwendet einen *Index* aus verschiedenen risikolosen Anleihen.

Die Möglichkeit der Suche einer *adäquaten Bundesanleihe*[502] als Benchmark wird durch die Vielzahl der Einflussfaktoren aus der Menge W_i erschwert. Während man einen Teil der Einflussfaktoren durch die Auswahl einer entsprechend ausgestatteten Anleihe i ausschließen kann (bspw. keine Tilgungs- und Kündigungsrechte), muss das Zinsänderungsrisiko, welches durch die Restlaufzeit und den Kupon bestimmt wird, explizit durch die Rendite der Bundesanleihe bewertet werden. Dies bedeutet, man muss eine Bundesanleihe mit gleicher Restlaufzeit und gleichem Kupon wie die Anleihe i finden. In der Regel ist es nicht immer möglich, eine passende Anleihe (Lauf-

500 Vgl. hier und im Folgenden Lamy, Thompson (1988), S. 587.

501 Vgl. bspw. Perry, Liu, Evans (1988); Liu, Moore (1987); Barret, Heuson, Kolb (1986), Heinke (1998).

502 Die Begriffe Bundes- und Staatsanleihen werden synonym benutzt.

zeit- und Kupongleichheit) zu finden, da die Menge an Staatstiteln begrenzt ist.[503] Somit muss eine Ungenauigkeit bei einem der beiden Faktoren (Laufzeit vs. Kupon) in Kauf genommen werden.[504] Im Rahmen von Neuemissionen bspw. ist es üblich, lediglich eine laufzeitäquivalente Bundesanleihe zur Bestimmung des Credit Spread heranzuziehen.[505]

Bei der Bildung eines *Indexes* wird aus einer Menge an bonitätsrisikolosen Wertpapieren, welche jedoch alle unterschiedliche Ausstattungsmerkmale ($W_B \neq W_{B+1}$) besitzen, eine modellhafte Anleihe berechnet (Benchmark), die die entsprechenden Ausstattungsmerkmale W_i (der zu untersuchenden Anleihe i) aufweisen kann. Die Indexmenge beinhaltet die Renditen der bonitätsrisikolosen Wertpapiere als zu erklärende Größe (r_B) und die Einflussfaktoren Restlaufzeit und Kupon als erklärende Größen. Hierzu wird die Methodik der Schätzung einer Regressionsgleichung angewendet, wobei es kein einheitliches Regressionsmodell gibt.[506] Beispielsweise wird der *REX®-Rentenindex* über eine nicht-lineare Regressionsgleichung[507] mit den Einflussfaktoren Kupon und Restlaufzeit abgebildet, indem die Renditen aller Anleihen, Obligationen und Schatzanweisungen der Bundesrepublik Deutschland, des Fonds Deutsche Einheit und der Treuhandanstalt mit einer Restlaufzeit von 0,5 bis 10,5 Jahren herangezogen werden.[508/509]

4.3.3.3 Empirische Determinanten der Bonitätsrisikoprämie

Während Kapitel 4.3.3.2 Möglichkeiten der Isolation des Credit Spread aufgezeigt hat, werden im Weiteren die empirischen Einflussfaktoren dieser vom Markt bewerteten Bonitätsrisikoprämie erläutert.[510] Häufig werden im Rahmen von Untersuchungen zum Credit Spread *makroökonomische* und *titelspezifische* Einflussfaktoren analysiert.[511] In

---

503 Vgl. Heinke (1998), S. 17.

504 Bspw. akzeptieren Liu, Moore (1987) eine Abweichung zwischen den beiden Anleihen in der Restlaufzeit in Höhe von 6 Monaten. Vgl. Liu, Moore (1987), S. 544f.

505 Vgl. Lamy, Thompson (1988), S. 587; Jacob, Klein (1996), S. 143f.; Heinke (1998), S. 317

506 Vgl. Perry, Liu, Evans (1988), S. 233f.

507 Vgl. Kap. 5.3.3.

508 Vgl. zur Beschreibung des REX® Deutsche Börse AG (1997).

509 Als Alternative kann ein Index auf Basis der Kennzahl „Duration" gebildet werden. Dadurch gelingt es ebenfalls, einen Benchmark zu berechnen, die sowohl den Kupon als auch die Restlaufzeit beachtet.Vgl. Fung, Rudd (1986), S. 633f.; Barrett, Heuson, Kolb (1986), S. 256ff.; Barrett, Heuson, Kolb (1986b), S. 306.

510 Vgl. Heinke (1998), S. 83ff.

511 Vgl. zur Systematik Heinke (1998), S. 83. Vgl. zu einer weiteren Auflistung empirischer Größen Kolb (1992), S. 290; Ma, Rao, Peterson (1990), S. 61.

der vorliegenden Arbeit wird dieser Zweiteilung gefolgt. Abbildung 25 fasst die in den folgenden Kapiteln beschriebenen Einflussfaktoren des Credit Spread zusammen:

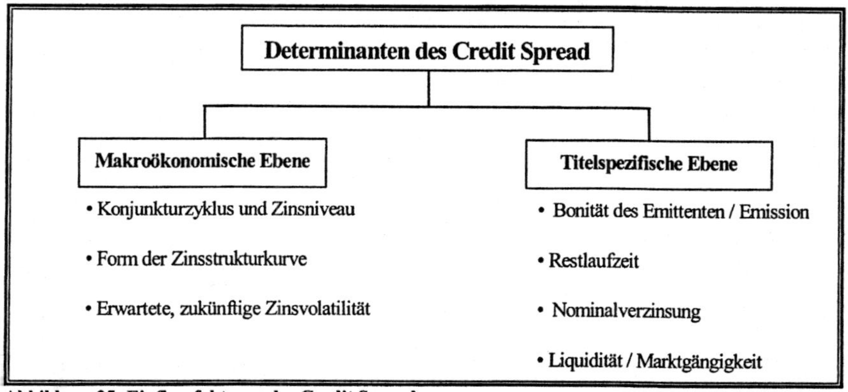

Abbildung 25: Einflussfaktoren des Credit Spread

4.3.3.3.1 Makroökonomische Ebene

In einer Vielzahl von Untersuchungen[512] wurde der *Konjunkturzyklus* (Business Cycle) oder das *allgemeine Zinsniveau* als wesentlicher und bestimmender Einflussfaktor für den Credit Spread herausgestellt. Die Risikoprämie nimmt demnach in der wirtschaftlichen Rezessionsphase zu, während sie in Aufschwungphasen abnimmt.[513] Abbildung 26 verdeutlicht die Entwicklung des Credit Spread im Zeitablauf. Es lässt sich erkennen, dass die Höhe des Credit Spread einer zyklischen Bewegung folgt, wie sie auch in der Konjunkturtheorie beschrieben wird.

Eine erste Begründung für diesen Zusammenhang findet sich in der veränderten fundamentalen Situation. Da sich in rezessiven Konjunkturphasen die Ertrags- und Liquiditätslage von Unternehmen grundsätzlich verschlechtern, erhöht sich die Wahrschein-

---

[512] Vgl. bspw. Jaffee (1975), S. 309ff.; Boardman, McEnally (1981), S. 207ff.; Kidwell, Koch (1982), S. 73; Kolb (1992), S. 290; Fabozzi (1996), S. 182; Ederington, Yawitz, Roberts (1987), S. 23ff.; van Horne (1979), S. 301; Dialynas (1988), S. 58; Dialynas, Edington (1992), S. 68.

[513] Vgl. hier und im Folgenden bspw. Dialynas, Edington (1992), S. 68. Vgl. hier und im Folgenden zu den volkswirtschaftlichen Begriffen Woll (2000) S. 558.

lichkeit, dass Tilgungs- bzw. Zinszahlungen ausfallen.[514] Dementsprechend steigt der Credit Spread (et vice versa).[515] Somit wird eine fundamentale Begründung für die beobachtete Entwicklung geliefert. Diese Zusammenhänge sollten sich langfristig auch in der Bilanz niederschlagen, und es kann somit argumentiert werden, dass sich die in Bilanzkennzahlen gemessene Bonität des Unternehmens aus fundamentalen Gründen ändert und sich folglich der Credit Spread im Sinne einer Marktbewertung der Bonität anpasst.[516]

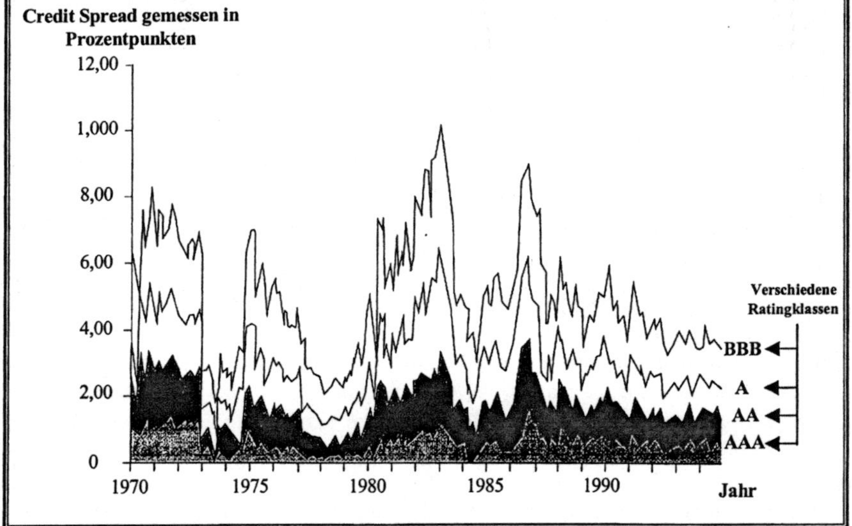

Abbildung 26: Zeitliche Entwicklung des Credit Spread (US-Markt)[517]

Eine zweite Begründung für den schwankenden Credit Spread lässt sich in der Risikoeinstellung von Investoren bzw. Gläubigern finden.[518] Da in rezessiven Phasen das allgemeine Zinsniveau höher liegt, sind Investoren mit einem „sichereren hohen Zins“

514 Dieser Effekt wird dadurch verstärkt, dass Kreditbelastungen in rezessiven Phasen durch ein erhöhtes Zinsniveau die Erträge der Unternehmen stärker belasten, als dies in expansiven Phasen der Fall ist.

515 Vgl. Jaffee (1975), S. 312; Fuller, Farrel (1987), S. 416; Kolb (1992), S. 290; Dialynas (1988), S. 58; Dialynas, Edington (1992), S. 68; Behrenwaldt (1996), S. 301.

516 Vgl. bspw. Weinstein (1981), S. 258; für den Verschuldungsgrad als Bonitätsindikator vgl. Perridon, Steiner (1997), S. 478ff.

517 In Anlehnung an Berblinger (1986), S. 49.

518 Vgl. hier und im Folgenden Barrett, Heuson, Kolb (1986a), S. 256; Kolb (1992), S. 290; Heinke (1998), S. 87.

zufrieden. Sie meiden risikoreichere Papiere, wodurch die Nachfrage nach diesen Anleihen abnimmt. Folglich nimmt auch der Kurs dieser Anleihen ab. Dies bedingt eine tendenzielle Erhöhung des Credit Spread (Anleihenrendite steigt aufgrund des niedrigeren Kurses). In expansiven Konjunkturphasen sinkt das allgemeine Zinsniveau, und Investoren bzw. Gläubiger versuchen, durch den Kauf von risikoreicheren Papieren eine akzeptable Rendite (unter Inkaufnahme eines größeren Risikos) zu erzielen. Somit fällt der Credit Spread tendenziell ab. Unterstellt wird dabei eine Risikonutzenfunktion mit konkaven und konvexen Kurvenabschnitten.[519] Insgesamt lässt sich ein positiver Zusammenhang zwischen Credit Spread und Zinsniveau konstatieren.

Die Erwartungen bezüglich der zukünftigen volkswirtschaftlichen Entwicklung werden u.a. in der *Form der Zinsstrukturkurve* sichtbar.[520] Nach der Erwartungshypothese bilden die langfristigen Zinssätze die Investorenerwartung bezüglich der zukünftigen kurzfristigen Zinssätze ab.[521] Eine normale (inverse) Kurve liegt vor, falls die Zinssätze mit der Laufzeit steigen (fallen). Somit erwarten die Investoren bei einer normalen (inversen) Kurve eine expansive (rezessive) Konjunkturphase. Wie oben dargelegt, wird sich folglich der Credit Spread bei einer normalen (inversen) Zinsstrukturkurve verringern (erhöhen).[522] Im Falle eines stärkeren (schwächeren) Anstiegs der Zinsstrukturkurve wird ein niedrigerer (höherer) Credit Spread erwartet.[523]

519 Eine Nutzenfunktion mit wechselndem Steigungsverhalten wurde in Kap. 2.1 beschrieben. Vgl. auch Berens, Delfmann (1995), S. 67.

520 „Werden die zu beobachtenden Marktzinsen für einen bestimmten Laufzeitbereich in ein Diagramm eingetragen, so ergibt sich daraus die Zins- bzw. Kupon- oder Renditestruktur", Steiner, Bruns (1998), S. 146.

521 Vgl. hier und im Folgenden bspw. van Horne (1990), S. 104ff.; Kolb (1992), S. 279ff.

522 Vgl. Dialynas, Edington (1992), S. 72,

523 Vgl. Duffee (1996b), S. 2.

Die *erwartete zukünftige Zinsvolatilität* kann als Kennzahl für die von den Gläubigern empfundene Unsicherheit verstanden werden, die sich auf die zukünftige ökonomische Entwicklung bezieht.[524] Eine höhere Volatilität bedeutet in diesem Zusammenhang eine größere Unsicherheit bezüglich zukünftiger Zahlungsströme und damit eine verbundene erhöhte Unsicherheit bezüglich der zukünftigen Zahlungsfähigkeit des Unternehmens. Die größere Unsicherheit führt zu einer Erhöhung des bewerteten Risikos. Somit ergibt sich ein positiver Zusammenhang zwischen der Zinsvolatilität und dem Credit Spread.[525/526]

4.3.3.3.2 Titelspezifische Ebene

Die *Bonität* eines Unternehmens ist offensichtlich für das Bonitätsrisiko eine wichtige Einflussgröße. In wissenschaftlichen Untersuchungen wird dieses Risiko regelmäßig entweder in Form von Ratings[527] oder über fundamentalen Faktoren[528] (wie auch in der vorliegenden Arbeit) operationalisiert. Grundsätzlich besteht ein negativer Zusammenhang zwischen Bonität und Bonitätsprämie, d.h. falls die Bonität eines Unternehmens sinkt, steigt der Credit Spread. Dieser recht offensichtliche Zusammenhang ergibt sich aus der definitorischen Beschreibung der Bonitätsprämie (bzw. des Credit Spread). Schwieriger erweist es sich, die die Bonität beschreibenden Faktoren zu identifizieren, wobei in den folgenden Kapiteln diese Faktoren detailliert analysiert werden.

Während auf der makroökonomischen Ebene die Konjunkturzyklen (Business Cycle) häufig als wichtigster Einfluss genannt werden, heben viele Untersuchungen die *Restlaufzeit* (neben der Bonität) als wesentlichen titelspezifischen Einflussfaktor hervor.[529] Vor diesem Hintergrund spricht MERTON von der „risk structure of interest rate“[530]. Hierbei wird die Struktur der Credit Spread innerhalb einer Bonitätsklasse untersucht. Während ein grundsätzlicher Zusammenhang zwischen Restlaufzeit und Credit Spread in vielen Untersuchungen bestätigt werden konnte, ist die Richtung und dementspre-

---

524 Vgl. bspw. Litterman, Iben (1991), S. 52 oder Dialynas (1988), S. 58.

525 Vgl. bspw. Lamy, Thompson (1988), S. 593 oder Barrett, Heuson, Kolb (1986), S. 110.

526 Vgl. für einen fundamentalen Erklärungsansatz bezüglich des Zusammenhangs zwischen der Zinsvolatilität, der Ertragskraft bzw. der erwarteten Deckungsquote des Unternehmens und dem Credit Spread Arnoldi (1993), S. 85 und auch Heinke (1998), S. 88.

527 Vgl. bspw. die Untersuchung von Heinke (1998).

528 Vgl. bspw. die Untersuchung von Fisher (1959).

529 Vgl. bspw. Kolb (1992), S. 290; van Horne (1979), S. 301; Litterman, Iben (1991), S. 52.

530 Merton (1974), S. 449; vgl. auch Fabozzi (1996), S. 150.

chend die Argumentation bezüglich des Zusammenhangs verschieden.[531] HEINKE unterscheidet hierbei zwischen einem fundamentalen (negativer Zusammenhang) und einem anlegerorientierten (positiver Zusammenhang) Erklärungsansatz.[532]

Der fundamentale Erklärungsansatz bezieht die Restlaufzeit auf die Rückzahlungsfähigkeit des Unternehmens.[533] Die Argumentation unterstellt, dass bei Erreichen des Fälligkeitszeitpunkts der Schuldner unter Umständen einen Liquiditätsengpass hat. Dies liegt darin begründet, dass aufgrund der notwendigen Anschlussfinanzierung bei ungünstigen Marktbedingungen die benötigten Kapitalvolumina zur Tilgung nicht zur Verfügung stehen (insbesondere bei schwachen Bonitätsklassen). Das Bonitätsrisiko steigt bei der am Ende der Laufzeit zu erbringenden Kapitalrückzahlung an. Somit entsteht ein negativer Zusammenhang zwischen Restlaufzeit und Credit Spread. Dieser wird als „Crisis at Maturity" (oder *Fälligkeitskrise*) bezeichnet.

Der anlegerorientierte Ansatz verfolgt eine Argumentationslinie in Anlehnung an die aus der Volkswirtschaft bekannte *Liquiditätspräferenztheorie*.[534] Der Anleger verlangt für eine längerfristig ausgeliehene Liquidität eine höhere Prämie, da die Wahrscheinlichkeit von Zahlungsstörungen größer wird. Er präferiert somit die heutige Liquidität. Aufgrund dieser Präferenz werden längerfristig laufende Anleihen mit einem höheren Credit Spread bewertet, und es ergibt sich ein positiver Zusammenhang zwischen Credit Spread und der Restlaufzeit.[535]

Während diese beiden Argumentationsstränge zunächst widersprüchlich erscheinen, kann der Gegensatz über einen klassifizierendern Faktor, die „Bonität", aufgelöst werden. Die Untersuchung von HICKMAN konnte belegen, dass lediglich bei bonitätsschwächeren Unternehmen die Fälligkeitskrise zum Tragen kommt, die Liquiditätspräferenz wirkt sich auf bonitätsstarke Unternehmen aus.[536] Dementsprechend nimmt bei bonitätsschwächeren Unternehmen der Credit Spread mit längerer Restlaufzeit der Anleihe ab, bei bonitätsstärkeren Unternehmen jedoch zu. Aus der konjunkturellen Abhängigkeit des Credit Spread folgt,[537] dass die Bonitätshöhe (als Klassifikationsmerkmal) in wirtschaftlich rezessiven Phasen niedriger ist. Das bedeutet, dass die

531 Vgl. bspw. Johnson (1967), S. 318; Kolb (1992), S. 290; van Horne (1979), S. 301; Litterman, Iben (1991), S. 52; Schulte (1996), S. 109ff.
532 Vgl. hier und im Folgenden Heinke (1998), S. 89ff.
533 Vgl. hier und im Folgenden bspw. van Horne (1990), S. 193f.; van Horne (1979), S. 307.
534 Vgl. hier und im Folgenden Felderer, Homburg (1994), S. 120.
535 Vgl. bspw. Fabozzi (1996), S. 150; Kolb (1992), S. 290; Fons (1994), S. 28.
536 Vgl. Hickman (1958), S. 109ff.
537 Vgl. Kap. 4.3.3.3.1.

Fälligkeitskrise in rezessiven Phasen bereits bei Unternehmen mit mittleren Bonitäten greift.[538]

Eine gleichartige Argumentation kann zur Begründung des Zusammenhangs zwischen Credit Spread und *Nominalverzinsung* verwendet werden, da die Höhe der Nominalverzinsung als Zahlungszeitpunkt interpretiert werden kann. Eine hohe Nominalverzinsung bedingt eine hohe Zinszahlung während der Laufzeit der Anleihe. Demgegenüber werden bei einer Nullkuponanleihe die Zinsen erst bei Fälligkeit ausgezahlt. Für eine Anleihe mit einem hohen Kupon besteht kein Bonitätsrisiko für bereits ausgezahlte Zinsen. Bei einer Nullkuponanleihe wiederum besteht ein Bonitätsrisiko sowohl für die Tilgungs- als auch alle Zinszahlungen über die gesamte Laufzeit. Diese Interpretation des Nominalzinses bedingt einen analogen Zusammenhang zwischen Nominalzins und Bonitätsprämie zu dem o.g. Zusammenhang zwischen Restlaufzeit und Bonitätsprämie. Aufgrund der Liquiditätspräferenz der Anleger wird ein negativer Zusammenhang zwischen Credit Spread und Nominalverzinsung begründet.[539] Ein positiver Zusammenhang zwischen Credit Spread und Nominalverzinsung hingegen wird aus fundamentaler Sicht (gemäß der Fälligkeitskrise) durch das erhöhte Risiko bei fixen Zinszahlungen am Laufzeitende gefolgert.[540]

Als ein weiterer Einflussfaktor des Credit Spread gilt die *Liquidität* einer Anleihe, die das gehandelte Volumen umschreibt.[541] Je höher die Liquidität (oder Marktgängigkeit) ist, umso schneller kann das Papier zu einem fairen Preis verkauft werden. Man spricht in diesem Zusammenhang auch von der Markttiefe. Bei mangelnder Nachfrage kann der Handel unter Umständen nicht unverzüglich zum fairen Preis zustande kommen. Die Liquiditätseigenschaft gewinnt bei bonitätsschwächeren Unternehmen an Bedeutung, da mit höherem Bonitätsrisiko die Gefahr einer Zahlungsstörung und damit eines

---

538 Vgl. Johnson (1967), S. 323.

539 Die Kennzahl Duration kann den Zusammenhang ebenso beschreiben. „Während die Höhe der Restlaufzeit die Duration erhöht, wird sie durch höhere Kupons gesenkt", Heinke (1998), S. 91.

540 Vgl. Bierman, Hass (1975), S. 761 und van Horne (1990), S. 185.

541 Vgl. hier und Folgenden Fisher (1959), S. 217ff.

plötzlichen Werteverlustes größer ist.[542] Um diesen Verlust rechtzeitig begrenzen zu können, ist eine ausreichende Marktgängigkeit der Anleihe erforderlich. Insgesamt ist somit ein negativer Zusammenhang zwischen der Liquidität und dem Credit Spread zu erwarten.[543]

4.4 Ableitung eines Prognosemodells

Das in Kap. 4.1 genannte Ziel der Konzeption eines *marktorientierten Kreditzinskalkulationsverfahrens* wird im weiteren Verlauf des Kapitels durch die Ableitung eines Prognosemodells angestrebt. Zielgröße dieses Modells ist, wie oben beschrieben, die Schätzung eines objektiven Kreditzinses. Objektiv ist ein Kreditzins, falls das Kreditrisiko mit einem marktlichen Maßstab bewertet und anschließend in einem Zinssatz quantifiziert wird.[544] Dieses Verständnis unterstellt die *„Richtigkeit"* der *Marktbewertung*, die in der Effizienztheorie zum Ausdruck kommt. Ein Markt ist genau dann effizient, wenn aufbauend auf allen relevanten Informationen die „wahren" Erwartungen der Markteilnehmer im gehandelten Preis widergespiegelt werden.[545] Übertragen auf einen effizienten Kreditzins bedeutet dies, die Markterwartung über die zukünftige Zahlungsfähigkeit (und Zahlungswilligkeit) eines Unternehmens zu bilden und das Risiko der Nichtrückzahlung des Kredites zu bewerten. Folglich wird die *Bonität* eines Unternehmens durch den einen marktorientierten Kreditzins objektiv bewertet.

Der in den volkswirtschaftlichen, vermögenstheoretischen Theorien beschriebene Kreditmarkt umfasst „neben den in staatlichen Wertpapieren verbrieften Krediten (...) auch die Buchkredite der Kreditinstitute an die privaten Nichtbanken"[546]. Aufbauend auf diesem Verständnis wird hier der *Kreditmarkt im weiteren Sinne* definiert als Ort des Zusammenkommens von Kreditnachfrage und –angebot. Regelmäßig überlässt im Rahmen eines Kredites der Kreditgeber im Vertrauen auf die Zahlungsfähigkeit des Kreditnehmers diesem das Geld.[547] Diese Fähigkeit wird durch die Bonität beschrieben. Bei der Bestimmung des Kreditzinses (im Sinne eines Gleichgewichtspreises für das Kreditangebot und die -nachfrage) wird die Bonität und das hiermit verbundene

---

542 Vgl. hier und im Folgenden Heinke (1998), S. 92; van Horne (1990), S. 185.

543 Eine Trennung des Credit Spread von der Gesamtrendite einer Anleihe bedingt, dass die zu untersuchende Anleihe im Vergleich zur Benchmark gleich liquide ist (Kap. 4.3.3.2). Staatstitel sind jedoch regelmäßig liquider als Unternehmensanleihen, vgl. Heinke (1998), S. 92. Folglich ist eine Trennung von Bonitätsrisiko und Liquiditätsrisiko in empirischen Untersuchungen kaum möglich, vgl. Duffee (1996), S. 16.

544 Vgl. Kirmße (1996), S. 61; Bröker (2000), S. 188 und Kap. 4.1.

545 Vgl. hier und im Folgenden Granziol (1981), S. 7 und Kap. 4.2.

546 Kath (1992), S. 199f.

547 Vgl. hier und im Folgenden Kap. 2.2 und auch Grill, Preczynski (1995), S. 233.

Bonitätsrisiko bewertet. Der Kreditmarkt im weiteren Sinne steht somit vor der Aufgabe der Bewertung des mit dem Kredit verbundenen Bonitätsrisikos. Die auf dem Kreditmarkt gehandelten Kredite können durch eine Fülle von Kriterien systematisiert werden.[548] Für die vorliegende Arbeit wird zwischen *handelbaren* und *nicht-handelbaren* Titeln unterschieden. Ein Finanztitel ist genau dann handelbar, wenn man die Forderung unmittelbar an einen Dritten verkaufen kann. Diese Eigenschaft wird auch als Vertretbarkeit oder Fungibilität bezeichnet.[549] Die in Kap. 4.3.1 beschriebenen Unternehmensanleihen fallen in diese Kategorie, da sie regelmäßig auf einem Markt gehandelt werden.[550]

Auf dem *organisierten Finanzmarkt* werden Wertpapiere (Effekten) gehandelt.[551] Diese Papiere verdeutlichen i.d.R. die Forderung der Eigentümer gegenüber den Emittenten der Wertpapiere und können in die Kategorien Eigen- und Fremdkapital unterteilt werden, indem die rechtliche Stellung des Eigentümers der einzelnen Forderung herangezogen wird. Falls es sich um ein eigenkapitalbezogenes Wertpapier (bspw. eine Aktie) handelt, ist der Eigentümer des Wertpapiers auch gleichzeitig (Mit)Eigentümer des Unternehmens.[552] Dieser Teilmarkt wird in der vorliegenden Arbeit als Kapitalmarkt im engeren Sinne bezeichnet. Falls es sich um ein fremdkapitalbezogenes Wertpapier handelt, besitzt der Eigentümer des Wertpapiers einen Gläubigeranspruch gegenüber dem Unternehmen. Auf dem *Kreditmarkt im engeren Sinne* nach der hier verwendeten Definition werden Wertpapiere gehandelt, die sich auf Fremdkapitalforderungen beziehen. Ein Beispiel sind die in Kap. 4.3.1 beschriebenen Unternehmensanleihen. Sowohl auf dem Kredit- als auch dem Kapitalmarkt werden *Risiken bewertet.* Soweit man einen *effizienten Markt*[553] unterstellt, wird somit auch das *Risiko effizient bewertet.*

Die Zielgröße des zu entwickelnden Prognosemodells ist der *objektive Kreditzins*, der das *effizient bewertete Bonitätsrisiko* eines Schuldners ausdrückt. Voraussetzung ist somit, dass es sich um die effiziente Marktbewertung eines bonitätsrisikobehafteten Titels handelt. Diese Forderung wird auf dem Kreditmarkt i.e.S. erfüllt (Abbildung 27).[554] *Die Schnittmenge von effizienter Risikobewertung* und *bonitätsrisikobehafteten*

---

548 Bspw. können Kredite auch nach der Art der Kreditnehmer oder nach der Fristigkeit der Kredite gegliedert werden (vgl. Hartmann-Wendels, Pfingsten, Weber (2000), S. 193ff.)

549 Vgl. Grill, Preczynski (1995), S. 359.

550 Vgl. Perridon, Steiner (1997), S. 157ff.

551 Nach dem o.g. Verständnis wird hiermit der Kapitalmarkt im weiteren Sinne bezeichnet, vgl. auch Perridon, Steiner (1997), S. 157.

552 Vgl. hier und im Folgenden Grill, Preczynski (1995), S. 387.

553 Zur Definition eines effizienten Marktes vgl. Kap. 4.2.

554 Auf die Einbeziehung der Schnittmengen wie z.B. Wandelanleihen wird an dieser Stelle vereinfachend verzichtet.

Titeln kann hinsichtlich einer *marktorientierten Kreditzinskalkulation* analysiert werden.

Die Grundidee des Prognosemodells ist es, aus empirischen Beobachtungen der effizienten Kreditrisikobewertung durch den Kreditmarkt i.e.S. mit Hilfe eines noch zu bestimmenden Instrumentes funktionale Zusammenhänge zwischen der effizient bewerteten Bonitätsrisikoprämie und den erklärenden Einflussfaktoren abzuleiten.

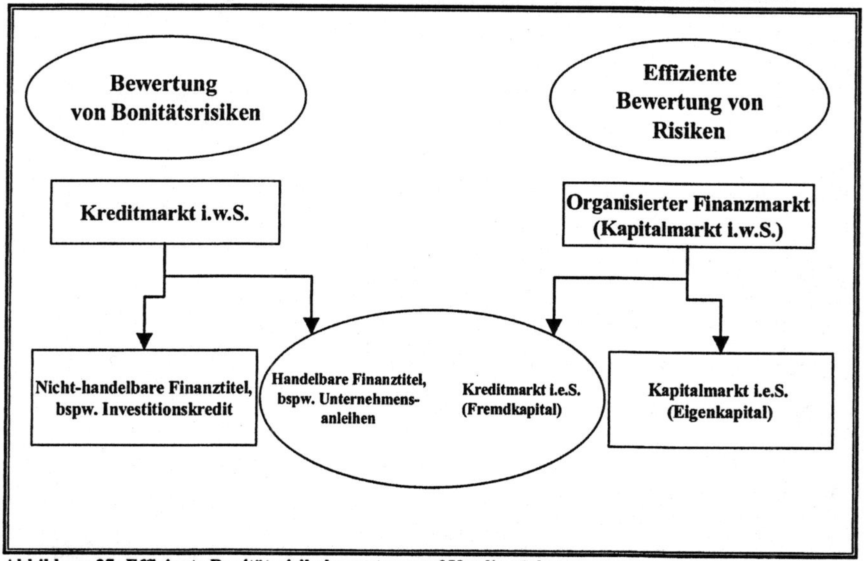

Abbildung 27: Effiziente Bonitätsrisikobewertung auf Kreditmärkten

Während die Zielgröße des Prognosemodells das innerhalb des objektiven Kreditzins enthaltene marktbewertete Bonitätsrisiko ist, müssen im weiteren Analyseverlauf *die potenziellen Einflussfaktoren* dieses *bewerteten Risikos* herausgestellt werden. Hier sind zunächst die in Kap. 2.3.2 dargestellten *modelltheoretisch* abgeleiteten Einflussfaktoren zu nennen. Im Einzelnen handelt es sich um:

- die Restlaufzeit des Kredites,
- das allgemeine Zinsniveau (sicherer Zins)
- die Form der Zinsstrukturkurve und
- das (nominale) Kreditvolumen.

Bewusst verzichtet wird auf die Modellparameter „Vermögenswert“, „Standardabweichung der Wachstumsrate des Vermögenswertes“, „Rückzahlungsquote“ und „Ausfallwahrscheinlichkeit“. Die Bestimmung des Vermögenswertes bzw. der hiermit verbundenen Standardabweichung der entsprechenden Wachstumsrate stößt bei der Umsetzung auf große Schwierigkeiten.[555] Dem Ansatz, den Unternehmenswert von börsennotierten Gesellschaften gleich dem kapitalisierten Marktwert zu setzen, kann man nicht folgen, da die Schwankungen des Unternehmenswertes (kurzfristig) nicht mit fundamentalen Faktoren erklärbar sind. Es handelt sich vielmehr um weitergehende (psychologische) Bestimmungsgründe, die den Aktienkurs beeinflussen.[556] Die Ausfallwahrscheinlichkeit und Rückzahlungsquote werden aus ähnlichen Gründen nicht mit aufgenommen.[557] Falls sich eine Wahrscheinlichkeit für den Ausfall eines Kredites finden lassen würde, wäre die Bestimmung des Kreditrisikos bzw. die monetäre Quantifizierung eine rein mathematische Aufgabe. Da dies in der Realität nicht gegeben ist, muss mittels weiterer Inputfaktoren die Ausfallwahrscheinlichkeit implizit abgebildet werden.

Neben diesen modelltheoretischen Einflussfaktoren der Bonitätsrisikoprämie haben *empirische* Untersuchungen weitere *Einflussfaktoren* des Credit Spread bereits bestimmen können.[558] Diese lassen sich in *makroökonomische* und *titelspezifische* Faktoren einteilen. Im Einzelnen handelt es sich hierbei um:

- den Konjunkturzyklus und das Zinsniveau,
- die Form der Zinsstrukturkurve,
- die erwartete zukünftige Zinsvolatilität,
- die Restlaufzeit,
- die Nominalverzinsung und
- die Liquidität bzw. Marktgängigkeit einer Anleihe.

Sowohl die modelltheoretischen als auch die empirischen Einflussfaktoren werden als den Credit Spread potenziell erklärende Faktoren in das Modell integriert.

Die *Bonität* des Unternehmens, die sich auch in dem Unternehmenswert und der Ausfallwahrscheinlichkeit reflektiert, als weiterer Einflussfaktor des Credit Spread lässt sich schwerer operationalisieren. Die in Kap. 3 beschriebenen *Bilanzanalyseverfahren* sind dazu in der Lage, Unternehmen hinsichtlich verschiedener Fragestellungen zu beurteilen. Insbesondere sind die dargestellten Verfahren in der Lage, Aussagen über die Bonität zu treffen. Innerhalb des Prognosemodells werden die vorgestellten Ver-

555 Vgl. hier und im Folgenden Kap. 2.5.
556 Vgl. Hoffjan, Siemes (1999).
557 Vgl. zur Substituierbarkeit der beiden Einflussfaktoren Ausfallwahrscheinlichkeit und Rückzahlungsquote Heinke (1998), S. 102.
558 Vgl. Kap. 4.3.3.3.

fahren dazu genutzt, die Bonität zu bewerten. Dies geschieht, indem zunächst alle potenziell erklärende Faktoren abgeleitet aus den verschiedenen Bilanzanalyseverfahren aufgenommen werden. Das später zu integrierende Analyseinstrument muss eigenständig und objektiv die am besten zur Bonitätsbeschreibung geeigneten fundamentalen Kennzahlen auswählen. Dieser Auswahlprozess muss auf objektive Maßstäbe zurückgreifen. Wie bereits oben beschrieben wurde, ermöglicht eine Anlehnung an einen marktlichen Maßstab eine objektive Auswahl. Somit werden die im Rahmen einer Marktbewertung des Bonitätsrisikos relevanten Kennzahlen gesucht. Grundsätzlich kann dies durch eine an marktlichen Grundsätzen angelehnte Gewichtung der einzelnen Kennzahlen geschehen. Es besteht für den weiteren Analyseverlauf die Notwendigkeit der Integration eines Instruments, das diesem Anspruch genügt.[559]

Darüber hinaus muss dieses Instrument auch nicht-lineare, multidimensionale und kontextabhängige Zusammenhänge zwischen der Zielgröße und den Einflussfaktoren beachten.[560] Die Nichtlinearität bezieht sich auf den unterstellten Funktionszusammenhang zwischen dem Credit Spread und den Einflussfaktoren, der – wie unter Kapitel 2.3.2 und 4.3.3.3 erläutert – sowohl innerhalb modelltheoretischer Überlegungen als auch empirischer Beobachtungen *nicht-linear* verläuft. Die Multidimensionalität bedeutet, dass mehrere Einflussfaktoren gleichzeitig bedacht werden müssen. Die Kontextabhängigkeit bezieht sich auf die Wirkungsweise einzelner Einflussfaktoren, d.h. die Wirkungsrichtung und die Wirkungsstärke eines Einflussfaktors wird durch die Konstellation mit den anderen Faktoren bestimmt. Bspw. wurde in Kap. 2.3.2.1 gezeigt, dass die Restlaufzeit sowohl einen positiven, keinen oder einen negativen Einfluss auf die Bonitätsprämie besitzt. Entscheidend für die Wirkungsrichtung ist die Ausprägung der Zinsstrukturkurve, sodass eine Kontextabhängigkeit des Einflussfaktors „Restlaufzeit" konstatiert werden kann.

Abbildung 28 zeigt die Vorgehensweise bei der Aufstellung eines *kreditmarktorientierten Prognosemodells*. Während der objektive Kreditzins, die potenziell bonitätsbeschreibenden Bilanzkennzahlen und die verschiedenen Einflussfaktoren bereits konkretisiert sind, bedarf es im weiteren Analyseverlauf der Auswahl eines geeigneten Analyseinstrumentes.[561] Die Einordnung der Vorgehensweise des Prognosemodells in die Kreditzinskalkulationsverfahren macht deutlich, dass es sich um ein heuristisches Lösungsverfahren handelt, da auf nicht willkürliche Art und Weise (Validierung mit geführten Untersuchungen) potenzielle Lösungen vom Suchprozess ausgeschlossen werden (Einschränkungen innerhalb der erklärenden Parameter) und es keine Garantie geben kann, da ein Konvergenzbeweis nicht führbar ist (funktionaler Zusammenhang

[559] Vgl. zum Auswahlprozess eines geeigneten Instrumentes Kap. 5.1.
[560] Vgl. hier und im Folgenden Kap. 2.3.2.
[561] Vgl. Kap. 5.1.

ist nicht beweisbar, sondern stellt eine gute Lösung dar).[562] Dies bedeutet für die unter Kap. 2.3.1 vorgenommene Systematisierung, dass es sich um ein heuristisches Kreditzinskalkulationsverfahren handelt.

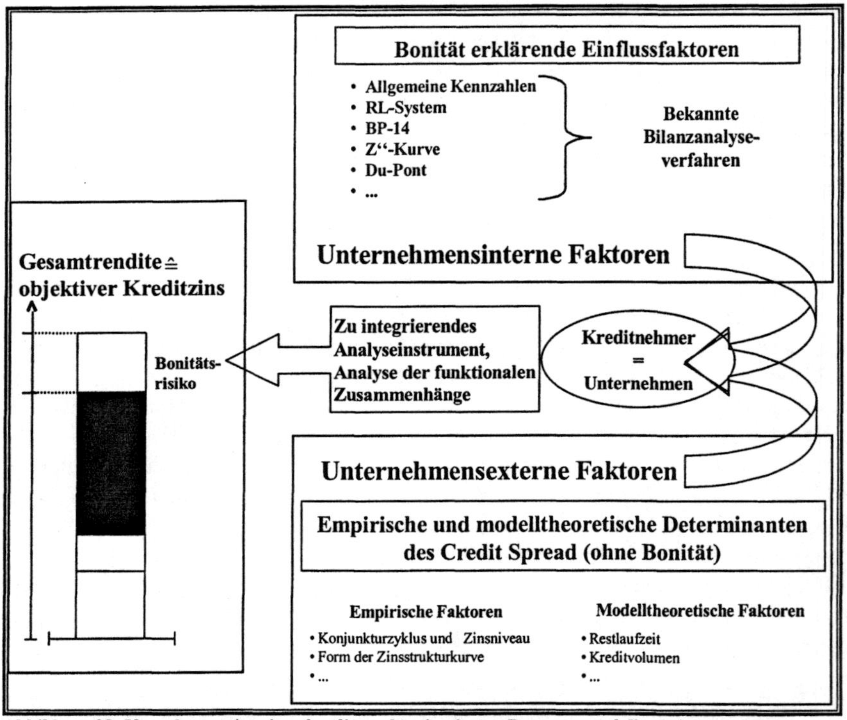

Abbildung 28: Vorgehensweise eines kreditmarktorientierten Prognosemodells als integrativer Bilanzanalyseansatz

[562] Vgl. zur Definition Streim (1975), S. 8 bzw. Kap. 2.3.1).

4.5 Kritische Würdigung des Modells

Nachdem im vorangegangenen Kapitel die Grundidee zur Entwicklung eines *empirisch-induktiven Kreditzinskalkulationsverfahren* dargelegt wurde, wird dieses im Weiteren mit den in Kap. 2.4 und Kap. 3.2 dargestellten Kriterien hinsichtlich der Eignung als *Kreditzinskalkulation* gewürdigt.[563] Dieser theoretischen Beurteilung muss eine Überprüfung der Modellgüte des integrierten Analyseinstrumentes folgen. Das Analyseinstrument dient zur Abbildung beobachtbarer Zusammenhänge. Dementsprechend ist eine hohe Modellgüte erreicht, wenn diese Zusammenhänge besonders gut abgebildet werden. Folglich kann die Modellgüte über den Fehlerwert zwischen dem beobachteten Zielwert und dem vom Prognosemodell bestimmten Wert abgeleitet werden.[564]

Im Rahmen der Bilanzanalyse (Kapitel 3.2) wurden die folgenden Beurteilungskriterien für die Bilanzanalyse vorgestellt:

- Das Neutralisierungsprinzip,
- das Ganzheitlichkeitsprinzip und
- das Objektivierungsprinzip.

Das *Neutralisierungsprinzip* fordert, dass bilanzpolitische Ermessensspielräume nicht zu einem veränderten Bonitätsbild führen. Grundsätzlich ist das Prinzip erfüllt, da auf Basis einer effizienten Beurteilung entweder „neutralisierte" Kennzahlen herangezogen bzw. die Ermessensspielräume erkannt und neutralisiert werden. Im Einzelfall kann eine weitere Prüfung der abgeleiteten Kennzahlen hinsichtlich der Erfüllung des Prinzips erfolgen. Hierzu könnten experimentell verschiedene Bilanzen „manipuliert" werden und die Sensitivität in den durch das Modell abgeleiteten Risikoprämien gemessen werden.[565]

Das *Ganzheitlichkeitsprinzip* besagt, dass ein Bilanzanalytiker sich ein umfassendes Bild des Unternehmens verschaffen soll. Dies kann in dem empirisch-induktiven Verfahren sichergestellt werden. Zunächst werden alle Kennzahlen aus den Bereichen der Ertrags-, Finanz- und Vermögenslage zur Urteilsbildung verwendet. Während in der Bilanzanalyse lediglich Bilanzzahlen verwendet werden, weist die Integration der Erwartungsbildungsmechanismen des Kreditmarktes für die Quantifizierung des Kre-

---

[563] Es werden die vertragsspezifischen Besonderheiten einer Anleihe im Vergleich zu einem Bankkredit vernachlässigt. Die Beurteilung bezieht sich somit auf ein allgemeines Kalkulationsverfahren. In Kap. 6.1.1 wird die Anwendungsmöglichkeit des Prognosemodells als Bewertungsmodell für Bankkredite analysiert.

[564] Vgl. hierzu auch Kap. 5.4.

[565] Vgl. Baetge (1998), S. 602ff. und Baetge (1997), S. 42ff.

ditrisikos den Vorteil auf, dass weitergehende Informationen (wie das Kreditvolumen oder der Nominalzins) mit in die Beurteilung einbezogen werden. Der vom effizienten Markt bestimmte Preis reflektiert alle verfügbaren Informationen. Somit weist dieser Ansatz einen höheren Anspruch an die Ganzheitlichkeit (hinsichtlich der Quantifizierung von Kreditrisiken) auf als die bekannten Bilanzanalyseverfahren.

Neben dem Neutralisierungs- und dem Ganzheitlichkeitsprinzip ist das *Objektivierungsprinzip* im Rahmen der konzeptionellen Ansprüche an die Bilanzanalyse zu überprüfen. Hierbei ist zunächst der *Weg der Bilanzanalyse* zu analysieren. Dies bedeutet, dass das Gesamturteil durch konstante Kriterien und gleiche Gewichtungen zustande kommt. Dies kann durch die Fixierung innerhalb eines funktionalen Zusammenhanges als gesichert angesehen werden. Die Festlegung von Parametern in einem funktionalen Zusammenhangs gewährleistet konstante Kriterien und eine gleiche Gewichtung. Anschließend muss das *Verfahren der Bilanzanalyse* hinsichtlich der Einhaltung der Objektivität überprüft werden. Dies kann durch den Bewertungsmechanismus eines effizienten Kreditmarktes sichergestellt werden. Folglich ist das Objektivitätskriterium durch die Konzeption einer marktorientierten Kalkulation erfüllt.

Während sich die Überprüfung dieser drei Kriterien an den Prinzipien der Bilanzanalyse orientiert hat, wird im Weiteren die Eignung als Kreditzinskalkulationsverfahren gewürdigt. Hierzu wird die Einhaltung der Prinzipien der Einzelbewertung und der Richtigkeit überprüft.[566]

Dem *Prinzip der Einzelbewertung* wird entsprochen, da der Ausgangspunkt für die Kalkulation der Ausfallprämie das individuelle Unternehmen ist. Es findet eine Kalkulation auf Basis eines einzelnen Kredites statt. Das Kriterium der Objektivität ist ebenfalls erfüllt, da jedes Kreditinstitut losgelöst zu demselben Kalkulationsergebnis gelangt, falls dieselbe Datenbasis die Grundlage der Untersuchung bildet.[567] Da marktrelevante, veröffentlichte und für jeden zugängliche Daten die Ausgangsbasis bilden, kann unterstellt werden, dass eine identische Datenbasis vorliegt. Somit kann jeder eigenständig die funktionalen Zusammenhänge nachbilden. Wichtig ist hierfür die Kenntnis des noch zu integrierenden Analyseinstrumentes. Durch den Bezug auf den Kredit- und Kapitalmarkt handelt es sich um einen marktlichen Bewertungsmaßstab, der als objektiv bezeichnet werden kann.

Die weitere Prüfung bezieht sich auf das Kriterium der *Aktualität.* Sicherlich sind die markt- und titelspezifischen Daten tagesaktuell erfassbar. Die Daten aus dem Jahresabschluss weisen jedoch die Problematik auf, dass sie, wie im Kap. 3.6 gezeigt, jährlich, i.d.R. zeitversetzt zur Verfügung stehen und einen vergangenheitsorientierten

---

566 Vgl. Kap. 2.4.

567 Unterstellt wird hier die Nutzung desselben Instruments zur Ableitung des funktionalen Zusammenhangs.

Aussagegehalt besitzen. Die Problematik „veralteter" Informationen könnte sich in der Modellgüte niederschlagen. Somit kann nicht ausgeschlossen werden, dass die Bilanzkennzahlen keinen signifikanten Einfluss auf die Anleihenrendite haben, jedoch würde eine Irrelevanz dieser Kennzahlen in dem empirisch-induktiven Verfahren durch eine schlechte Modellgüte sichtbar. Die Vergangenheitsorientierung des Datenmaterials wird am Kreditmarkt in Erwartungen transformiert, sodass zukunftsweisende Aussagen abgeleitet werden. Darüber hinaus stehen neben dem Jahresabschluss auch unterjährige Berichte zur Verfügung, die grundsätzlich zur Herleitung der fundamentalen Kennzahlen innerhalb der Bilanzanalyse geeignet sind, wodurch die Problematik nicht aufgehoben, jedoch entschärft wird.

Zusammenfassend lässt sich konstatieren, dass sich die kreditmarktorientierte Bilanzanalyse in ihrer Konzeption als Kalkulationsverfahren eignet. Sie entspricht einem heuristischen Lösungsverfahren. Die Umsetzung durch die Integration eines Analyseinstruments und die Ableitung eines funktionalen Zusammenhangs muss auf ihre praktische Relevanz hin überprüft werden. Die bereits oben beschriebene Modellgüte eignet sich hierzu, um das heuristische Lösungsverfahren zu bewerten. An ihr kann überprüft werden, inwieweit es sich um eine gute Lösung im Sinne eines heuristischen Kreditzinskalkulationsverfahrens handelt.[568]

---

568 Ebenfalls muss dieser Zusammenhang hinsichtlich der Erfüllungen des Ganzheitlichkeits- und des Neutralisierungsprinzips geprüft werden.

5. Empirische Untersuchung zur marktorientierten Bewertung des Kreditrisikos mittels Künstlicher Neuronaler Netze

Das in Kap. 4.4 vorgestellte Konzept eines Prognosemodells benötigt zur Untersuchung der Zusammenhänge zwischen der marktorientierten Kreditbewertung (Credit Spread) und den potenziellen unternehmensinternen und unternehmensexternen Faktoren ein Analyseinstrument. Im folgenden Kap. 5.1.1 werden zunächst die Anforderung an ein solches Instrument aufgezeigt, um darauf aufbauend in den Kap. 5.1.2 bis Kap. 5.2.3 ein Analyseinstrument vorzustellen. Es wird dargelegt, dass sich *Künstliche Neuronale Netze* grundsätzlich und ein spezieller *Netzwerktyp* im Besonderen (das *Multi-Layer-Perceptron* in Kombination mit dem *Error-Backpropagation-Algorithmus*) hierzu eignen. Nachdem das Analyseinstrument erklärt wurde, wird im Kap. 5.3 der zu untersuchende Datenbestand beschrieben. Dieser wird im anschließend Kap. 5.4 mittels des vorgestellten Künstlichen Neuronalen Netzes analysiert. Im Rahmen der Analyse wird zunächst ein „Grundmodell" (Kap. 5.4.3) und anschließend als Modellerweiterung ein „13er-Modell" (Kap. 5.4.5) abgeleitet. Abschließend werden in Kap. 5.6 die gefundenen Ergebnisse bewertet.

5.1 Künstliche Neuronale Netze als problemadäquates Instrument

5.1.1 Instrumentenanforderung

Das im vorangestellten Kapitel vorgestellte Konzept eines Prognosemodells, ist – wie jedes Modell – eine vereinfachte Abbildung der Realität. Der unterstellte Zusammenhang zwischen der Zielgröße (dem Credit Spread) und den erklärenden Werten (unternehmensinterne, bonitätsbeschreibende Faktoren und unternehmensexterne Marktfaktoren) zeichnet sich durch drei Merkmale aus:[569]

Erstens liegen *multidimensionale, kontextabhängige Wirkungsverknüpfungen* vor. Beispielsweise kann aus einer modelltheoretischen Betrachtung heraus die Restlaufzeit sowohl einen positiven als auch einen negativen Einfluss auf die Kreditprämie haben. Partielle Ableitungen bieten keine eindeutigen Lösungen.

569 Vgl. zur Herleitung der unterstellen Zusammenhänge Kap. 2.3.2, Kap. 4.3.3.3 und Kap. 4.4.

Zweitens liegen *nicht-lineare Zusammenhänge* vor. Exemplarisch wurden im Kapitel 2.3.2 modelltheoretische Kurvenverläufe aufgezeigt, die einen nicht-linearen Zusammenhang zwischen dem Credit Spread und den Faktoren wie bspw. der Restlaufzeit oder dem allgemeinen Zinsniveau beschrieben.[570]

Drittens wird das Konzept eines *Prognosemodells* entworfen, da (in Abgrenzung zu den meisten wissenschaftlichen Untersuchungen im Bereich der Kreditwürdigkeitsprüfung)[571] nicht nach einer Klassifikation in bspw. „solvent und insolvenzgefährdet" gesucht wird, sondern die Lösung eine quantifizierte Kreditprämie darstellt.

Es eignen sich verschiedene statistische Instrumente zur Prognose des Credit Spread. Ein mögliches Verfahren ist der Einsatz von Künstlichen Neuronalen Netzen. Der Vorteil dieses Einsatzes liegt insbesondere in der Möglichkeit, nicht-lineare, komplexe Probleme abzubilden und zu untersuchen.[572] Im Folgenden wird zunächst gezeigt, dass sich *Künstliche Neuronale Netze* für die vorliegende Problemstellung eignen, indem die Grundlagen und Anwendungsgebiete aufgezeigt werden, um anschließend einen speziellen Netzwerktyp für die weiteren Untersuchungen auszuwählen.

5.1.2 Grundlegende Betrachtung von Künstlichen Neuronalen Netzen als Teilgebiet der Künstlichen Intelligenz

Künstliche Neuronale[573] Netze sind im weitesten Sinne dem Forschungsgebiet der *Künstlichen Intelligenz* zuzuordnen (KI-Methoden). Künstliche Intelligenz wird nicht als Wissensgebiet verstanden, sondern vielmehr als „Konglomerat aus mehr oder weniger zufällig zusammengekommenen Forschungsbereichen, Programmiersprachen und zielorientierten Lösungsansätzen"[574] mit der Gemeinsamkeit, eine Problemstellung computergestützt zu lösen. Gleichzeitig ist die Struktur der Problemlösung an biologische Vorbilder angelehnt.[575] Der Forschungszweig Künstliche Intelligenz wurde durch die Verfügbarkeit entsprechender Computersysteme (computergestützte Problemlö-

570 Eine nicht-lineare und komplexe Problemstruktur ist regelmäßig in der Ökonomie zu finden, bspw. die Ertragsfunktion, das Lebenszykluskonzept, das Konzept der Erfahrungskurven, Ist-Kosten bei intensitätsmäßiger Anpassung, ISO-Gewinnkurven, Kurven bei degressiver und digitaler Abschreibung, Risikopräferenzkurven oder Analysen der zulässigen effizienten Wertpapierdepots. Vgl. Enders (2001), S. 372.

571 Vgl. Kap. 3.6.

572 In ihrer empirischen Studie belegen Fadlalla, Lin die Vorteile von Neuronalen Netzen gegenüber anderen statistischen Instrumenten für finanzwissenschaftliche Fragestellungen. Vgl. Fadlalla, Lin (2001), S. 112ff.

573 Der Begriff Neuron stammt aus dem griechischen und bedeutet Sehne oder Nerv.

574 Hürlimann (1987), S. 396.

575 Vgl. Blien, Lindner (1993), S. 497.

sung) ermöglicht.[576] Somit ist die Entwicklungsgeschichte eng mit der Computertechnologie verbunden. Während konzeptionelle Grundlagen bereits in den 60er-Jahren entwickelt wurden,[577] genießen diese Instrumente in der jüngsten Vergangenheit aufgrund von leistungsstärkeren elektronischen Datenverarbeitungssystemen eine gewachsene Aufmerksamkeit. Daher ist auch zukünftig eine extrem rasche Weiterentwicklung der KI-Methoden zu erwarten, wobei die Leistungsfähigkeit von Computern sich nicht ins Unendliche, gemessen an den Dimensionen der biologischen Vorbilder, steigern lässt.[578] Diese rasanten Entwicklungsmöglichkeiten erschweren eine vollständige Übersicht der KI-Methoden. Exemplarisch sein hier die Verfahren *Fuzzy Logic, Genetische Programmierung bzw. Genetische Algorithmen* und *Künstliche Neuronale Netze* genannt (Abbildung 29).

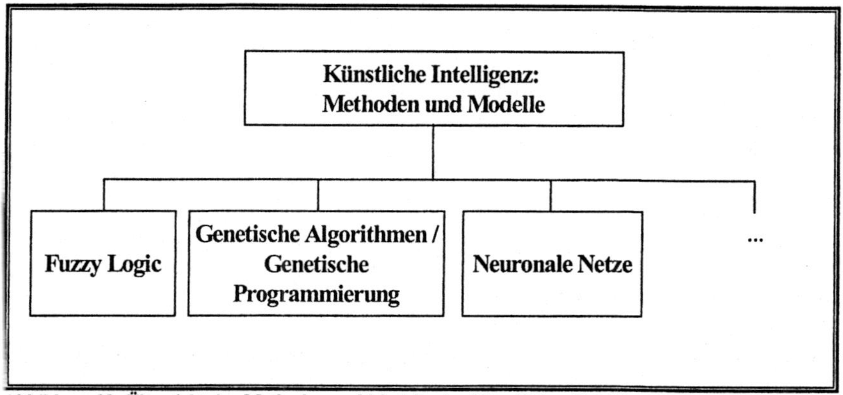

Abbildung 29: Übersicht der Methoden und Modelle der Künstlichen Intelligenz

Die *Fuzzy Logic* kann als die Verallgemeinerung der klassischen Mengentheorie dargestellt werden. Sie ahmt das menschliche Schließen und Kommunizieren nach.[579] Die

[576] Vgl. Ritter, Martinetz, Schulten (1991), S. 17ff. oder Köhle (1990), S. 35ff.

[577] Roseblatt stellte bereits 1958 das erste abgeschlossene Modell vor. Vgl. Carpenter (1989), S. 245f. Vgl. auch Füser (1995), S. 15.

[578] Vgl. Füser (1995), S. 4f.

[579] Vgl. Zimmermann (1999), S. 24; alternativ kann man sie auch als Verallgemeinerung der zweiwertigen Logik deuten.

genetischen Algorithmen (oder die *genetische Programmierung*) bilden den biologischen Evolutionsprozess nach und wenden dessen Problemlösungstechnik zur Bewältigung technischer und ökonomischer Probleme an.[580/581]

Neuronale Netze „erheben den Anspruch, die Denkprozesse des Menschen auf dem Computer abzubilden“[582]. Grundlage bildet somit das menschliche Gehirn bzw. die menschlichen Neuronen als dessen Bestandteile. Der Mensch besitzt über 100 Milliarden dieser Neuronen, die untereinander hochgradig vernetzt sind.[583] Fraglich ist es jedoch, inwieweit Neuronale Netze in der Lage sind, diese hochkomplizierten Vernetzungen abzubilden.[584] Dementsprechend kann man die Begriffswahl „Neuronale Netze“ mit der historischen Entwicklung begründen und aus heutiger Sicht ist es sinnvoller, von „mathematischen Modellen über Verbindungen von Berechnungseinheiten“[585] zu sprechen. Schematisch lässt sich ein natürliches Neuron wie in Abbildung 30 darstellen.

Ein Neuron besitzt einen Zellkörper (*Soma*), der den Zellkern und die anderen Zellorgane enthält.[586] Der Zellkern besitzt zwei Typen von Fortsätzen. Die *Dendriten* leiten Informationen in Richtung des Zellkörpers und die *Axone* in Richtung ihres Ausgangs. Die Neuronen geben hierbei Informationen in Form von elektrischen Impulsen weiter. In der Regel enthält ein Neuron genau ein einziges Axon jedoch eine Vielzahl von stark verzweigten Dendriten (Dendritenbaum). Die *synaptischen Eingänge* an den Dendriten funktionieren wie Analogschalter. Sie reagieren entweder erregend oder hemmend auf Eingangsinformationen.[587] Ihnen wird eine besondere Bedeutung beim Lernen zugesprochen. Ein Lernerfolg findet durch die Gewichtungsmöglichkeit von Informationen statt. Durch die parallele Verarbeitung von Informationen besitzt das

---

580 Vgl. Zimmermann (1999), S. 28.

581 Vgl. für eine Gegenüberstellung der Anwendungen der Genetischen Programmierung und der Künstlichen Neuronalen Netze zur Bewertung von Optionen Berens, Thonemann, Siemes, Kleinau (2001).

582 Füser (1995), S. 11.

583 Vgl. Wittkemper (1994), S. 11.

584 Auf Grund von Modifikationen und Weiterentwicklungen der Neuronalen Netze weisen einige Verfahren keine großen Parallelen zu dem biologischen Lernverhalten der natürlichen Neuronen auf (vgl. Schmitting (2000), S. 74). Somit wird von Potvin der Ausdruck „neurally's inspired problem-solving approaches“ (Potvin (1993), S. 328) gewählt.

585 Enders (2001), S. 372.

586 Vgl. hier und im Folgenden Campell (1997), S. 1082f.

587 Vgl. hier und im Folgenden Stanley, Bak (1991), S. 20ff.; Brause (1991), S. 31ff.; Dorfner (1991), S. 16f., Füser (1995), S. 13f.; Uthoff (1997), S. 170f.

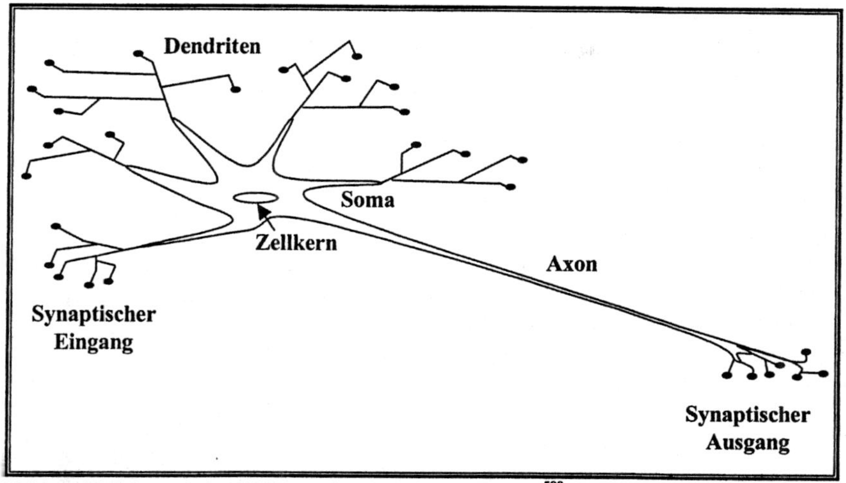

Abbildung 30: Schematische Abbildung eines biologischen Neurons[588]

Gehirn eine sehr hohe Verarbeitungsgeschwindigkeit und Lernfähigkeit. Die Idee, das biologische Vorbild zu adaptieren, geht auf McCULLOCH und PITTS zurück.[589] Der entscheidende Schritt gelang 1943, als das mathematische Modell zum Aufbau eines Neurons entwickelt wurde.[590] Grundsätzlich kann jeder arithmetische oder logistische Zusammenhang durch die „McCulloch-Pitts-Neuronen" abgebildet werden.[591] Mit der Weiterentwicklung von ROSEBLATT 1958 wurde das erste abgeschlossene Modell vorgestellt (*Perzeptron*), welches die Realisierung eines adaptiven klassifizierenden Systems darstellt.[592] MINSKY/PAPERT konnten jedoch Ende der 60er-Jahre die (aus ihrer Sicht) fundamentale Beschränkung des Modells durch das Unvermögen zur Lösung bekannter Fragestellungen nachweisen, sodass die KNN ins wissenschaftliche Abseits gerieten.[593] Das bis heute andauernde Interesse wurde 1985 durch die Veröffentlichung von RUMELHART/HINTON/WILLIAMS eines Error-Backpropagation-

588 In Anlehnung an Campell (1997), S. 1083.

589 Vgl. McCulloch, Pitts (1943), S. 115ff. Ansätze zur Untersuchung des menschlichen Lernverhaltens bzw. von Gehirnfunktionen gehen bereits auf erste Schriften 3000 vor Christus zurück. Darüber hinaus wurde bspw. in der Arbeit von Alan Turing 1936 bereits das Gehirn als Vorbild für einen Computer beschrieben. Vgl. Füser (1995), S. 15.

590 Vgl. Pytlik (1995), S. 151ff.

591 Vgl. Uthoff (1997), S. 170.

592 Vgl. Carpenter (1989), S. 245f.

593 Vgl. Rehkugler, Poddig (1992), S. 50.

Algorithmus wieder geweckt.[594] Bei Verwendung desselben konnten nun auch komplexere Netzwerke ein gewünschtes Lernverhalten zeigen.[595] Das Lernverhalten von KNN liegt darin begründet, dass das Netz „selbstständig" Strukturen erkennen kann, wobei man im Vorfeld „kein exakt beschriebenes Wissen zur Problemlösung"[596] benötigt. Dieses Wissen kann als Strukturwissen bezeichnet werden. Neuronale Netze werden trainiert und bilden selbständig Annahmen über strukturelle Zusammenhänge und optimieren diese. Dieser Prozess geschieht anhand von Beispielfällen. Ein Datensatz (Bspw. eine Person) mit einzelnen Informationen (bspw. Angaben über das Alter, Einkommen und dem Geschlecht) entspricht einem Beispielfall, und die Summe aller Beispielfälle entspricht der zu untersuchenden Datenmenge (bspw. Personengruppe). Das gelernte Wissen wird gespeichert und steht anschließend für neue, „unbekannte" Fälle zur Verfügung.

Der Begriff „Neuronales Netz" oder „Künstliches Neuronales Netz" ist hierbei nur als Sammelbegriff zu verstehen. Hierunter werden verschiedene Netzwerktypen verstanden. Jedes Neuronale Netz kann als Abbildungsmaschine der Realität verstanden werden, indem eine reelle Funktion $f: R^n \rightarrow R^m$ modelliert wird.[597] Es wird ein n-dimensionaler Eingabevektor in einen m-dimensionalen Ausgabevektor transformiert. Der funktionale Zusammenhang ist die abgebildete Realität. Unter einem Künstlichen Neuronalen Netz wird

„a system composed of many simple processing elements operating parallel whose function is determined by network structure, connection strengths, and the processing performed at computing elements or nodes"[598]

verstanden. Künstliche Neuronale Netze können verschiedene Problemstellungen anhand eines eigenständigen Lernverhaltens lösen. Im folgenden Kapitel werden diese Problemstellungen, welche die Anwendungsgebiete der KNN darstellen, verdeutlicht.

---

594 Vgl. Rumelhardt, Hinton, Williams (1986), S. 318ff.; vgl. auch Kapitel 5.2.2.
595 Zur historischen Entwicklung vgl. Zell (1994), S. 28ff.
596 Schumann (1991), S. 30; vgl. auch im Folgenden Schumann (1991), S. 30f.
597 Vgl. hier und im Folgenden Füser (1995), S. 22f.
598 DRAPA Neural Network Study, zitiert bei Strecker (1997), S. 1.

5.1.3 Anwendungsgebiete

Hauptanwendungsgebiet von Künstlichen Neuronalen Netzen ist die Mustererkennung.[599] Hierbei wird untersucht, inwieweit sich für eine gegebene Menge an Daten spezifische Muster erkennen lassen. Als Muster wird ein sich wiederholender (erkennbarer) Zusammenhang zwischen einzelnen Daten bezeichnet. Darüber hinaus können Neuronale Netze Muster vervollständigen oder zuordnen.[600] Die Klassifikation ist ein typischer Mustererkennungsvorgang.[601] Hierbei werden einzelne Merkmale von Daten dazu genutzt, um diese Datensätze bestimmten Klassen zuzuordnen. Der Klassifikator approximiert die funktionalen Zusammenhänge, die die Entscheidungsgrenzen in einem Musterraum definieren. Reale Problemstellungen zeichnen sich durch einen komplexen Musterraum aus, der sich nicht durch lineare Entscheidungsgrenzen einschränken lässt. Wie im weiteren Analyseverlauf gezeigt wird, zeichnen sich Neuronale Netze insbesondere dadurch aus, nicht-lineare Entscheidungsgrenzen anhand von Beispieldaten zu erkennen. Neben der Klassifikation ist auch die Prognose ein Vorgang der Mustererkennung. Falls bspw. ein Aktienkurs prognostiziert werden soll, geschieht dies auf Basis gefundener vergangenheitsorientierter Muster zwischen dem Aktienkurs und den erklärenden Faktoren wie bspw. dem Umsatz des Unternehmens oder der allgemeinen Marktentwicklung. Insgesamt lassen sich die folgende Anwendungsbereiche finden:[602]

- *Prüfung und Beurteilung*: Kreditwürdigkeitsprüfung, Insolvenzprüfung, Bilderkennung;
- *Klassenbildung*: Marktsegmentierung, Data Mining;
- *Prognose:* Kursprognose, Absatzprognose, Kostenprognose;
- *Optimierung*: Transportoptimierung (Traveling-Salesman-Problem)[603], Reihenfolgeplanung.

Der Lösungsprozess für diese Problemstellungen vollzieht sich innerhalb der Künstlichen Neuronen, welche im Weiteren erläutert werden.

---

599 Vgl. Corsten, May (1996), S. 3.

600 Vgl. Füser (1995), S. 10.

601 Vgl. hier und im Folgenden Corsten, May (1996), S. 3f.

602 Einen Überblick hinsichtlich der überzeugenden Leistungsfähigkeit Neuronaler Netze für verschiedene finanzwissenschaftliche Fragestellungen aus den Bereichen Prüfung und Beurteilung, Klassenbildung und Prognose findet sich bei Fadlalla, Lin (2001).

603 Vgl. zu den bislang nur wenig überzeugenden Leistungen von Neuronalen Netzen für diesen Anwendungsbereich Schmitting (2000), S. 73.

5.1.4 Der strukturelle Aufbau von Künstlichen Neuronen

Wie bereits oben ausgeführt, werden Künstliche Neuronen in Anlehnung an biologische Neuronen strukturiert. Sie besitzen n Eingänge (Dendriten), die mittels n Gewichten (Synapsen) die Eingangsinformationen zur Informationsverarbeitung weiterleiten (Soma). Die Verarbeitung innerhalb eines Neurons vollzieht sich in drei Schritten (vgl. Abbildung 31):[604]

1) Jede Eingangsinformation (x_i) wird mit einem speziellen Gewichtungsfaktor (w_i) multipliziert. Hierbei stellt i = [1;n] ein Dendrit dar. Die Gewichte sind unterschiedlich hoch, sodass die Eingangsinformationen einen unterschiedlichen Einfluss auf die später zu berechnende Ausgangsinformation (o) besitzen.[605] Die Gewichtungsfaktoren stellen die Synapsengewichte dar. Anschließend wird die Summe über alle Produkte gebildet (Skalarprodukt aus dem Vektor der Eingangsinformationen und dem Gewichtungsvektor als:

   $$y = F(\sum_{i=1}^{n} w_i x_i)).$$

2) Im folgenden Schritt erfolgt die Berechnung mittels der Aktivierungsfunktion A. Die im ersten Schritt gebildete Summe y wird hierzu mit Hilfe der Aktivierungsfunktion bewertet: A(y). Die Intensität des Ausgangssignals wird somit durch diese Funktion bestimmt.

3) Abschließend wird mit Hilfe der Transferfunktion T das Ausgangssignal A(y) weitergeleitet. T(A(y)) ergibt den Ausgabewert o. Diese Transferfunktion ist in der Regel die Identitätsfunktion.[606]

Insgesamt gilt somit (falls die Transferfunktion die Identitätsfunktion ist):

Gleichung 26

$$T(A(F(\sum_{i=1}^{n} w_i x_i))) = A(F(\sum_{i=1}^{n} w_i x_i)) = A(y) = o.$$

---

604 Vgl. Füser (1995), S. 24f.

605 Vereinfachungsgemäß wird zunächst eine Unterschicht in der Hidden-Ebene und ein Ausgabewert o unterstellt (vgl. Kap. 5.2.1).

606 Die Identitätsfunktion bildet einen Wert x auf einen Wert y identisch ab, y = T(x) = x.

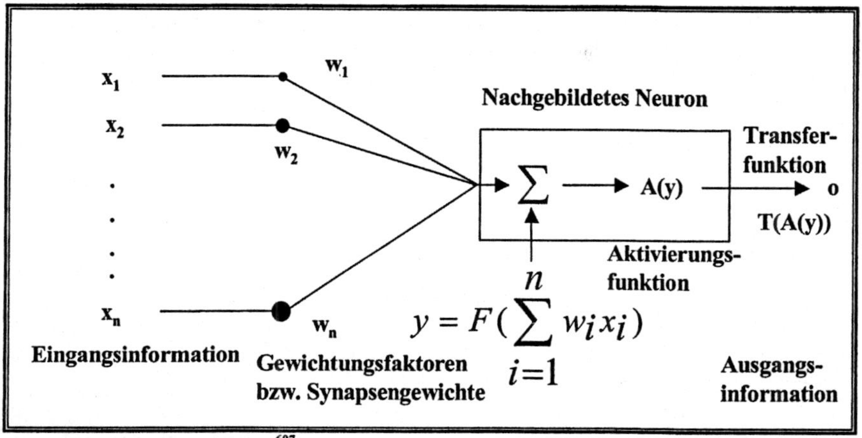

Abbildung 31: Künstliches Neuron[607]

Wie o.g. werden die Eingangsinformationen durch die Gewichte unterschiedlich stark bewertet. Innerhalb des im Weiteren dargestellten Lernprozesses, findet eine Veränderung der Gewichte statt. Grundlage des Lernprozesses sind die realen Strukturen, die in den zu untersuchenden Daten enthalten sind. Eine optimale Gewichtung sorgt dafür, dass die realen Strukturen bestmöglich durch die Gewichte innerhalb der Neuronen dargestellt werden.[608] Wie im weiteren Untersuchungsverlauf gezeigt wird, werden die Gewichte auf Basis der beobachtbaren Zusammenhänge gebildet, sodass erkennbare Muster in Gewichten abgespeichert und in funktionalen Zusammenhängen sichtbar werden. Ein Künstliches Neuron ist in der Lage, multidimensionale, hochkomplexe Zusammenhänge durch die Bestimmung entsprechender Gewichte abzubilden.[609] Die Aktivierungsfunktion dient hierbei der Abbildung nicht-linearer Zusammenhänge, da diese Funktion sich auf beliebige mathematische Zuordnungsvorschriften beziehen kann. Beispiele für Aktivierungsfunktionen, die auch nicht-lineare Zusammenhänge abbilden können, sind die Sigmoid-Funktion (vgl. Abbildung 32) und die Tanh-Funktion (vgl. Abbildung 33). Diese Aktivierungsfunktionstypen werden auch im weiteren Verlauf der Untersuchung herangezogen.

---

607 In Anlehnung an Füser (1995), S. 24.

608 Zur Findung der Gewichte mittels eines Lernvorgangs vgl. Kap. 5.2.2.

609 Vgl. bspw. Glormann (2001), S. 195f. oder Füser (1995), S. 16f.

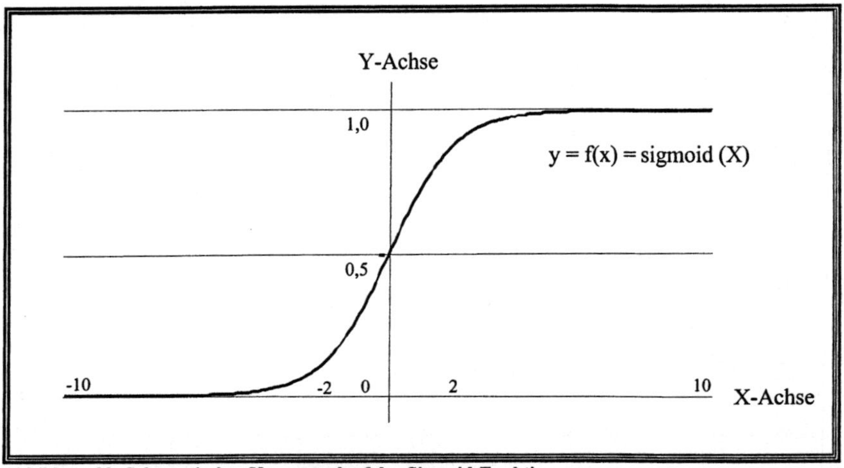

Abbildung 32: Schematischer Kurvenverlauf der Sigmoid-Funktion

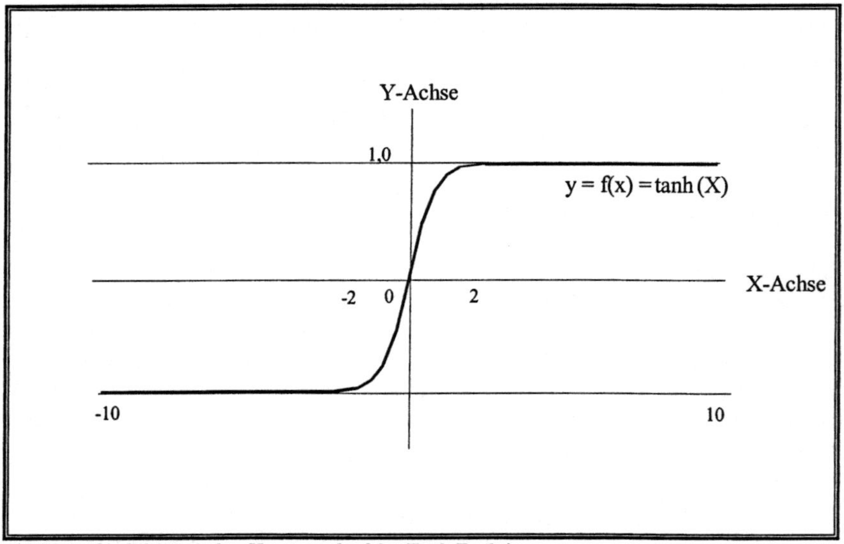

Abbildung 33: Schematischer Kurvenverlauf der Tanh-Funktion

Abbildung 34 veranschaulicht die oben allgemein beschriebenen Prozesse innerhalb der Neuronen anhand fiktiver Gewichte. Die unterschiedlich starken Eingabeinformationen werden zunächst mit den Gewichten multipliziert, sodass je Eingabewert ein gewichteter Eingabewert berechnet wird. Diese werden anschließend summiert. Das Ergebnis stellt die gewichtete Gesamteingabe dar. Diese wird mittels einer Aktivierungsfunktion bewertet, sodass als Endergebnis ein Ausgabewert von dem Künstlichen Neuron berechnet wird. Im Weiteren wird – falls nicht ausdrücklich eine bestimmte Funktion genannt wird – die Sigmoid-Funktion als Aktivierungsfunktion unterstellt.

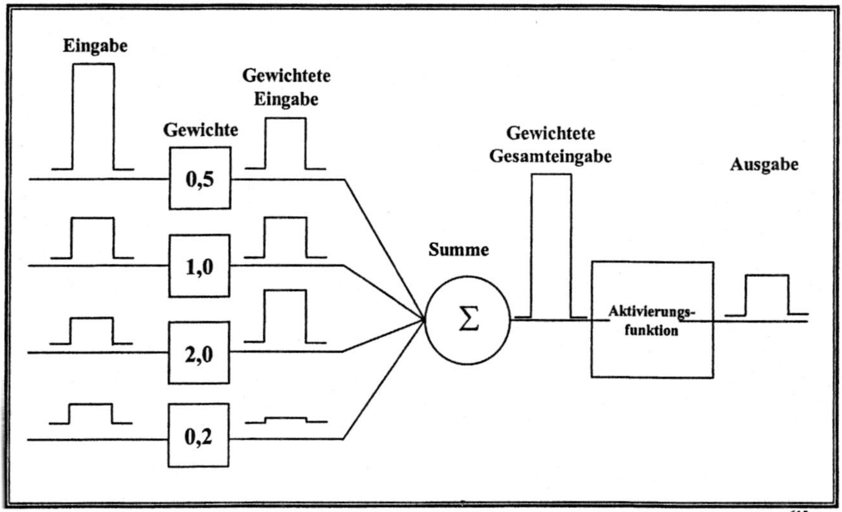

Abbildung 34: Vereinfachte Darstellung der Verarbeitung innerhalb eines Künstlichen Neurons[610]

[610] In Anlehnung an Hinton (1992), S. 136.

5.1.5 Problemspezifische Auswahl eines Netzwerktyps

Die Kapitel 5.1.2 bis 5.1.4 machen deutlich, dass Künstliche Neuronale Netze grundsätzlich in der Lage sind, multidimensionale und kontextabhängige und somit komplexe Wirkungszusammenhänge abzubilden. Sie sind durch die Verwendung nichtlinearer Aktivierungsfunktionen in der Lage, nicht-lineare Wirkungszusammenhänge zu integrieren. Mittels der Vorgehensweise einer Mustererkennung können neben Klassifizierungsproblemen auch Prognoseprobleme wie die Bestimmung eines konkreten Aktienkurses[611] oder einer Rendite von Staatsanleihen[612] gelöst werden. Darüber hinaus wurde im Rahmen der Bond-Rating-Klassifikation, d.h. der Zuordnung von Unternehmensanleihen zu bestimmten Ratingklassen, ebenfalls auf das Instrument der KNN zurückgegriffen.[613] Die bereits in Kap. 4.4 vorgestellten Anforderungen an ein zu integrierendes Analyseinstrument in das vorgestellte Prognosemodell liegen in diesen empirischen Untersuchungen (Prognose von Aktienkursen bzw. Staatsanleihenrendite und der Bond-Rating-Klassifikation) ebenfalls vor. Folglich belegen die bereits geführten Untersuchungen die grundsätzliche Eignung der KNN zur Verwendung als Analyseinstrument in das in Kap. 4.4 vorgestellte Konzept eines Prognosemodells.[614] Im Weiteren wird ein spezieller Netzwerktyp ausgewählt, der in das vorgestellte Konzept integriert wird.

Die oben dargestellten Zusammenhänge beschränken sich auf ein einzelnes Neuron, in einem Neuronalen Netz sind jedoch regelmäßig verschiedene Neuronen vorhanden und miteinander vernetzt.[615] Sowohl die Möglichkeiten der Vernetzung als auch die Arten der Informationsweitergabe erlauben es, *verschiedene Netzwerktypen* zu entwickeln.[616] Dementsprechend ist zur Verwendung eines KNN eine Auswahl zwischen diesen verschiedenen Netzwerktypen notwendig.

---

611 Vgl. zur Verwendung von KNN im Rahmen der Aktienkursprognose Uhlig (1995); Baun (1994); Rehkugler, Poddig (1990, 1992); Wittkemper (1994); White (1988); Schöneburg, Gantert, Reiner (1989); Schöneburg, Hansen, Gawelczyk (1990); Kimoto, Asakawa, Yoda, Takeoka (1990); Deutsche Bank Research zitiert bei Chaouli, Froitzheim (1992); SGS-Bank zitiert bei Graf (1991, 1993) und bei Werner (1993); Schumann, Lohrbach (1993); Malliaris (1994); Ruggiero (1994); Rhee (1994); Chenoweth, Obradovic (1994); Hiemstra (1994); Bentz, Refenes (1994); Baestaens, van den Bergh (1995).

612 Vgl. zur Verwendung von KNN im Rahmen der Prognose von Staatsanleihen Uhlig (1995); Poddig (1994); Landesbank Hessen-Thüringen zitiert bei Matthes (1994); Wild (1991), Allianz-Lebensversicherung zitiert bei Riess (1992).

613 Vgl. Dutta, Shekar (1988); Dutta, Shekar, Wong (1994); Utans, Moody (1991).

614 Die Autoren Fadlalla, Lin zeigen die Vorteilhaftigkeit von Neuronalen Netzen im Vergleich zu anderen Instrumenten. Vgl. Fadlalla, Lin (2001), S. 118.

615 Vgl. hier und im Folgenden bspw. Füser (1995), S. 31.

616 Zur Systematisierung verschiedener Netzwerktypen vgl. Füser (1995), S. 31ff.

Untersuchungen mit Künstlichen Neuronalen Netzen bedingen im Analyseverlauf verschiedene Entscheidungen hinsichtlich der verwendeten Parametereinstellungen innerhalb der Netzwerkarchitektur.[617] Diese Entscheidungen können nicht immer objektiv getroffen werden, sondern mitunter werden Faustregeln oder vergleichbare Analyseverläufe herangezogen. Für den erfolgreichen Einsatz von KNN ist es wichtig, auf erprobte Verfahren aufzubauen, um somit Erfahrungswerte bei den Parametereinstellungen zu nutzen. Ein sehr weit verbreitetes Verfahren ist ein *Multi-Layer-Perceptron*[618] (*MLP*) mit einem *Error-Backpropagation-Lernverhalten*[619]. Dieses Instrument kann wie die meisten Netzwerktypen dazu genutzt werden, Prognoseprobleme zu lösen.[620] Die Problemstellung aus Kapitel 4.1 entspricht einem Prognoseproblem (Prognose des Credit Spread). Zusammenfassend kann konstatiert werden, dass ein MLP in der Lage ist, dass in Kap. 4.1 dargestellte Problem grundsätzlich zu lösen. Darüber hinaus erfüllt es (wie die meisten Netzwerktypen aus dem Bereich der KNN) die gestellten Anforderungen und weist den größten Erfahrungswert bei vergleichbaren Studien auf.[621] Vor diesem Hintergrund wird im weiteren Analyseverlauf dieses Instrument in das Prognosemodell integriert (Kap. 5.4). Vor der Anwendung des Instrumentes wird dieser spezielle Netzwerktyp im Weiteren zunächst detailliert beschrieben (Kap. 5.2), um ihn anschließend zur Analyse der in Kap. 5.3 darzustellenden empirischen Untersuchungsmenge heranzuziehen.

---

617 Vgl. hier und im Folgenden bspw. Uhlig (1995), S. 48 und auch Kap. 5.4.1.

618 Nach Rehkugler, Poddig ist dies das am häufigsten eingesetzte Instrument der Neuronalen Netze. Vgl. Rehkugler, Poddig (1998), S. 381.

619 Das Error-Backpropagation-Verfahren stellt nach Füser die am weitesten verbreitete Lernmethode dar. Vgl. Füser (1995), S. 57.

620 Zur Beschreibung des MLP vgl. die Ausführungen in den folgenden Kapiteln.

621 Vgl. Rehkugler, Poddig (1998), S. 381; Füser (1995), S. 57; Fadlalla, Lin (2001), S. 112ff.

5.2 Das Multi-Layer-Perceptron in Kombination mit dem Error-Backpropagation-Algorithmus

5.2.1 Darstellung der Netzwerkstruktur

Wie bereits o.g., ist das „Multi-Layer-Perceptron" ein verbreitetes Instrument zur KNN-Analyse. Grundsätzlich werden in diesem Netzwerktyp Muster mittels eines überwachten Lernverhaltens[622] erkannt. Dies gelingt, indem das MLP eingeständig ein Muster bestimmt und dieses mit einem vorgegebenen Muster vergleicht (Soll-Ist-Paare). Diese Vorgehensweise wird als überwachtes Lernen bezeichnet. Ein MLP besteht (vgl. Abbildung 35) aus drei Schichten (auch Ebenen genannt), der *Eingabeschicht* (*Input-Ebene*), der *versteckten Schicht* (*Hidden-Ebene*) und der *Ausgabeschicht* (*Output-Ebene*).[623] Die einzelnen Neuronen innerhalb dieser Schichten wurden bereits in Kapitel 5.1.4 dargestellt. Wie in Abbildung 35 deutlich wird, kann die Hidden-Ebene weitere Unterschichten (in diesem Fall drei) besitzen.[624] Diese sogenannten *layers* bestehen aus einzelnen Neuronen (in diesem Fall je drei), auch als Knotenpunkte bezeichnet, und leiten die Informationen jeweils an die nachgelagerten Neuronen weiter.

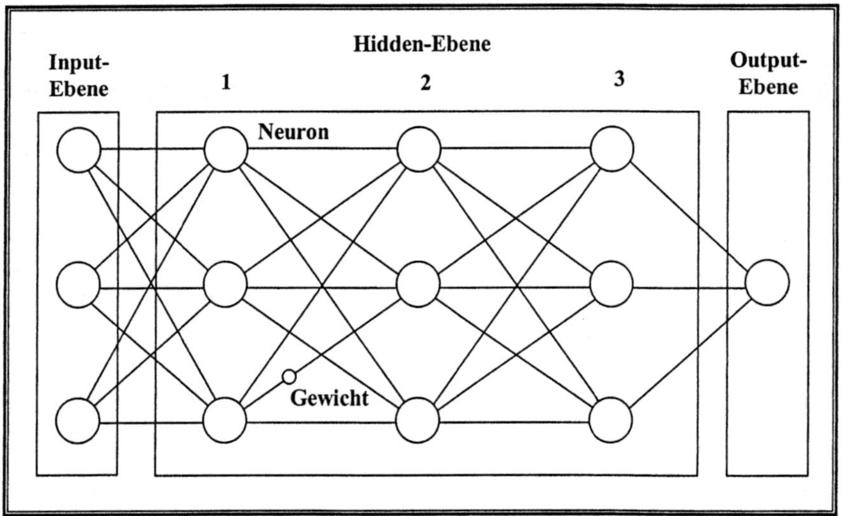

Abbildung 35: Grundstruktur eines Backpropagation-Netzes[625]

[622] Vgl. bspw. Hecht-Nilsen (1990), S. 48f.
[623] Vgl. Füser (1995), S. 31.
[624] Vgl. hier und im Folgenden Füser (1995), S. 31f.
[625] In Anlehnung an Füser (1995), S. 31.

Da Neuronen einer Schicht ausschließlich mit Neuronen einer *nachgelagerten Schicht positiv verbunden* sind, handelt es sich um ein *vorwärtsgerichtetes Netz* hinsichtlich der Informationsverarbeitungsrichtung.[626] Die *Eingangsneuronen* (im Weiteren mit oe_i gekennzeichnet) nehmen die verschiedenen Eingangsinformationen aus den Inputfaktoren auf. Häufig werden diese mit Hilfe einer Z-Transformation[627] normiert, damit Niveauunterschiede ausgeglichen werden.[628] Die Zahl der Eingangsneuronen hängt von der Anzahl der Informationen ab, die das Neuronale Netz verarbeiten soll. Dies bedeutet, dass für einen Datensatz mit drei Informationen (bspw. Geschlecht, Alter und Einkommen) drei Eingangsneuronen benötigt werden. Die nachgelagerte Schicht wird von der Eingabe- und Ausgabeschicht eingeschlossen. Da diese Verarbeitungsebene keine direkten Informationen von der Umwelt erhält, wird sie als versteckte Schicht bezeichnet.[629] Die Verarbeitung in den einzelnen Neuronen (im Weiteren mit ov_j gekennzeichnet) wird gemäß der im Kapitel 5.1.4 dargestellten Arbeitsweise Künstlicher Neuronen durchgeführt. Da die *verarbeitende Schicht* (*Hidden-Ebene*) sich wiederum in Unterschichten (layers) gliedert, wird der Ausgabewert eines Künstlichen Neurons in der versteckten Schicht u.U. an ein weiteres Künstliches Neuron weitergereicht. Der Ausgabewert eines Neurons wird von dem empfangenden Neuron gewichtet und als Summand in die Aktivierungsfunktion überführt. Der Ausgabewert (Summe aller gewichteten Eingabewerte transformiert mittels der Aktivierungsfunktion) wird anschließend wiederum an das nachgelagerte Neuron übermittelt. Die Anzahl der Künstlichen Neuronen und die Anzahl der versteckten Schichten sind nicht durch das zu analysierende Problem vordefiniert, sondern müssen im Rahmen der Untersuchungen festgelegt werden. Ebenso ist die Aktivierungsfunktion frei wählbar.[630]

Jedes Neuron in der Hidden-Ebene besitzt ein so genanntes *Bias-Neuron*, welches als Konstante in die jeweilige Aktivierungsfunktion einfließt.[631] Dieses Bias-Neuron ist nicht mit einem Neuron der vorgelagerten Schicht verbunden und somit in der Lage unabhängig von den Eingangsinformationen einen konstanten Wert, d.h. einen bei

---

626 Vgl. Dorfner (1991), S. 36ff.

627 Der Z-Wert stellt die lineare Transformation einer normalverteilten Zufallsvariablen X dar und berechnet sich nach der Gleichung als: Z-Wert = (X – Erwartungswert) / Standardabweichung (vgl. Schierenbeck (1999), S. 34).

628 Die Normalisierung kann auch mit Hilfe der Minmax-Tabelle vorgenommen werden. Vgl. bspw. Uthoff (1997), S. 174f.

629 Vgl. hier und im Folgenden Uthoff (1997), S. 175ff.

630 Vgl. zur Vorgehensweise bei der Bestimmung dieser Parametereinstellungen Kap. 5.4.1, Kap. 5.4.3 und auch Kap. 5.4.5.

631 Vgl. Uthoff (1997), S. 176.

jedem Datensatz identischen Wert, in die Aktivierungsfunktion einfließen zu lassen. Im Rahmen der Lernphase (vgl. Kap. 5.2.2) wird der eingehende Wert ermittelt und vom Netz eigenständig optimiert. Häufig wird dieses Bias-Neuron, wie auch in Abbildung 36 und den folgenden Abbildungen, nicht explizit im Netzwerkdesign aufgeführt.

Die *Ausgabeneuronen* (im Weiteren mit oa_k gekennzeichnet) in der *Ausgabeschicht* empfangen die einzelnen Ausgabewerte der Neuronen in dem letzten vorgelagerten layer und transformieren diese in den Zielwert. Die Anzahl der Ausgabeneuronen richtet sich nach der Problemstellung. Ist bspw. ein Zielwert (Kreditrisikoprämie) gesucht, so handelt es sich um ein Ausgangsneuron. Während im Kap. 5.2.1 die Netzwerkstruktur dargestellt wurde, wird im weiteren Verlauf der Analyse der innerhalb dieser Struktur ablaufende Lernprozess beschrieben.

5.2.2 Beschreibung des Lernprozesses (Error-Backpropagation-Algorithmus)

Zweck des MLP ist es, die Muster zwischen beobachtbaren Datensätzen zu erkennen bzw. zu erlernen. Ein Datensatz stellt hierbei eine Sammlung von Informationen zu einem Objekt (bspw. einer Aktie) dar. Zwecks Mustererkennungen wird der Error-Backpropagation-Algorithmus, ein Zwei-Phasen-Algorithmus, herangezogen.[632] *In der ersten Phase* bestimmt das Netz den Wert für einen Datensatz p. Basis dieser Wertbestimmung sind Gewichtungsfaktoren, wie sie in der ersten Phase (in der Regel zufallsbedingt) vorliegen. Diese ersten Gewichtungsfaktoren werden *Initialgewichtungsfaktoren* genannt. Der Wert des Ausgabeneurons k für den Datensatz p (oa_{pk}) wird bestimmt, indem die hinter dem Datensatz p liegenden Informationen mittels Eingangsneuronen (bspw. i - 1 bis i + n) propagiert werden (Propagation-Phase, dabei stellt P, mit p =1, 2, 3 ,...,P, die Anzahl aller Datensätze dar). Hierzu werden schichtweise in jedem Neuron mittels der in Kap. 5.1.4 vorgestellten Berechnungsvorschrift die Ausgabewerte der einzelnen Neuronen berechnet. Die in den einzelnen Neuronen herangezogenen Gewichte[633] werden mit w_{ij} (Gewicht zwischen Eingabe- und versteckter Schicht) und w_{jk} (Gewicht zwischen versteckter und Ausgabeschicht) bezeichnet. Abbildung 36 stellt die *Propagation-Phase* dar.

---

632 Vgl. hier und im Folgenden Füser (1994), S. 252ff. und auch Füser (1995), S. 58ff.

633 Vereinfachungsgemäß wird eine versteckte Schicht mit genau einer Unterschicht (layer) unterstellt.

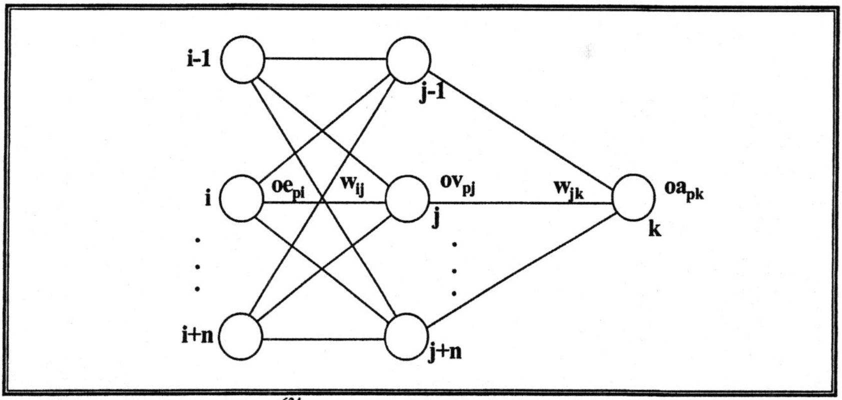

Abbildung 36: Propagation-Phase[634]

In der *zweiten Phase* wird mittels der messbaren Differenz aus dem Ausgabewert des Ausgabeneurons und dem beobachteten Istwert des entsprechenden Datensatzes eine Optimierung der verwendeten Gewichte erzielt.[635] Hierzu wird der für den Datensatz p durch das KNN bestimmte Wert oe_{pk} mit dem beobachteten Wert (Zielwert) t_{pk} verglichen.[636] Dieser *Fehlerwert* berechnet sich:[637]

a) für einen bestimmten Datensatz p als $E_P = \frac{1}{2}\sum_k (t_{pk} - oe_{pk})^2$. Der Proportionalitätsfaktor ½ wurde wegen der vereinfachten Herleitung der Lernregel eingeführt, k ist für das vorliegende Beispiel gleich „1“,[638]

b) für alle Datensätze als: $E = \sum_{p=1}^{P} E_p$.[639]

634 In Anlehnung an Füser (1995), S. 59.

635 Da ausgehend von dem berechneten Fehlerwert die Gewichte „rückwärts orientiert“ angepasst werden, spricht man vom Error-Back-Algorithmus. Vgl. Rumelhart, Hinton, Williams (1986), S. 322ff.; Ritter, Martinetz, Schulten (1991), S. 53ff.; Zell (1994), S. 105ff.; Rojas (1992), S. 149ff.

636 Mit t_p wird der aus Beobachtungen dokumentierte Zielwert hinsichtlich eines speziellen Trainingsmusters p bezeichnet.

637 Vgl. hier und im Folgenden Füser (1995), S. 60f.

638 Vgl. Füser (1995), S. 60.

639 Vgl. Uthoff (1997, S. 177.

Lernen bedeutet, die Differenz über alle Datensätze zu vermindern, dass heißt durch die Anpassung der Gewichtungsfaktoren diesen über alle Datensätze resultierenden Fehlerwert zu minimieren. Aus der Differenz ($|t_{pk} - oa_{pk}|$) eines Trainingsmusters p an dem Output-Neuron k leitet sich *systematisch* der *Korrekturvorgang* für die Gewichtungsfaktoren ab. Ziel der einzelnen Modifikationen der Gewichte ist die Minimierung des Gesamtfehlers des Netzes. Schlussfolgernd kann man somit das Lernen des Netzes als Versuch der systematischen Fehlerminimierung bezeichnen.[640]

Es ist nun zu untersuchen, wie diese *Fehlerminimierung* bzw. *Modifikation* der Gewichte verläuft. Zunächst wird der Anpassungsprozess der Gewichte zwischen dem Ausgabeneuron und den Neuronen in der versteckten Schicht untersucht. Hierzu wird ein neuer Parameter η eingeführt, der für die Gewichtsanpassung aufgrund des berechneten Fehlers verantwortlich ist.[641] Je größer dieser Wert ist, umso schneller vollzieht sich die Anpassung. Deshalb wird dieser Parameter als *Lernkoeffizient* (oder *Lernrate* bzw. *Lerngeschwindigkeit*) bezeichnet. Als Korrekturwert für den Gewichtungsfaktor w_{jk}, der zwischen einem Neuron in der versteckten Schicht und dem Ausgabeneuron k liegt, gilt:

Gleichung 27

$$\Delta w_{jkp} = \delta_{pk} \cdot \eta \cdot o_{pj}, \text{mit } \delta_{pk} = oa_{pk} \cdot (1 - oa_{pk}) \cdot (t_{pk} - oa_{pk})$$ [642].

Der *lokale Fehlerwert* δ_k eines Neurons k berechnet sich als Produkt aus der Differenz zwischen Ziel- und Ist-Wert ($t_{pk} - oa_{pk}$) und der Ableitung der Aktivierungsfunktion[643] ($oa_{pk} \cdot (1 - oa_{pk})$).[644] Typische Werte für den Parameter η liegen zwischen 0,70 und 0,90.[645] Es muss somit festgehalten werden, dass der Wert der Lerngeschwindigkeit nicht von der Problemstellung abhängig ist, sondern vielmehr vom Netzwerkarchitekten festgelegt wird. Der beschriebene Anpassungsprozess der Gewichte bezieht sich auf Ausgabeneuronen, da hier der Fehler zwischen gewünschtem und errechnetem Output ableitbar ist. Bei Neuronen in der versteckten Schicht ist dies jedoch nicht direkt möglich. Hierzu muss man den Fehlerwert zurückrechnen, indem man:[646]

---

640 Vgl. Rehkugler, Poddig (1992), S. 51.

641 Vgl. hier und im Folgenden Füser (1995), S. 61ff.

642 Vgl. Ritter, Martinetz, Schulten (1991), S. 54ff.; Füser (1995), S. 61.

643 Vgl. Füser (1995), S. 28.

644 Wie oben bereits genannt, wird als Aktivierungsfunktion die Sigmoid-Funktion gewählt.

645 Vgl. Füser (1995), S. 61.

646 Vgl. hier und im Folgenden Füser (1995), S. 62 und auch Uthoff (1997), S. 178. Refenes erläutert, dass, falls alle Gewichte dieselben Ausgangsgewichtungsfaktoren - dies sind die in der Propagationphase unterstellten Gewichte - besitzen, es nicht zu einem Lerneffekt kommen wird. Vgl. Refenes (1995), S. 29. Deshalb ist es wichtig, dass die Startgewichte in der Propagationsphase zufallsverteilt oder mindestens verschieden sind.

Gleichung 28

$$\Delta w_{ijp} = \delta_{jp} \cdot \eta \cdot o_{pi}, \text{ mit } \delta_{jp} = o_{pj} \cdot (1 - o_{pj}) \cdot \sum_k (\delta_{pk} \cdot w_{jk}) \text{ bestimmt.}$$

Der Fehlerwert des Neurons k in der Ausgabeschicht δ_k wird herangezogen, um den Fehlerwert des Neurons j in der versteckten Schicht δ_j zu bestimmten. Dieses Verfahren stellt die Fehlerrückführungstechnik (Error-Backpropagation-Methodik) dar. Ein *Lernschritt* oder *Lernzyklus* ist dann abgeschlossen, wenn der Fehlerwert „vollständig", d.h. über alle Neuronen, zurückgerechnet und eine anschließende Gewichtsanpassung vollzogen wurde. Dementsprechend müssen für einen Lernschritt alle Datensätze p aus der Menge [1;P] das Netz durchlaufen haben.

Die Schritte des Error-Backpropagation-Algorithmuses werden so lange wiederholt, bis der Fehler des Netzes ausreichend klein ist. Es handelt sich hierbei um „die Lösung eines nicht-linearen Optimierungsproblems. Der Optimierungsalgorithmus arbeitet nach dem Gradientenabstiegsverfahren."[647] Das Netz bewegt sich in die Richtung, in der die höchste Fehlerminimierung erreicht wird. Nach ROJAS wird die „Kombination derjenigen Gewichte eines Netzes, die den Berechnungsfehler minimiert, (...) als Lösung des Lernproblems betrachtet"[648]. Das *optimale Ergebnis* eines KNN kann dementsprechend als die Kombination von Gewichten gesehen werden, die den *geringsten Gesamtfehler* ausweist. Diese Gewichte werden im Weiteren als optimale Gewichte bezeichnet und ergeben in ihrer Kombination die optimale Netzstruktur.[649] Das durch den Error-Backpropagation-Algorithmus unter zu Hilfenahme der Datensätze „gelernte Wissen" spiegelt sich somit in den Gewichtungsfaktoren wider.

Inwieweit eine Struktur als optimale Struktur bezeichnet werden kann, ist fraglich. Nach Meinung des Verfassers können die Gewichte lediglich suboptimale Strukturen erzeugen, da durch eine sehr große Anzahl von Parametereinstellungen und Netzmodifikationen (vgl. Kap. 5.4) es nicht gewährleistet werden kann, dass alle möglichen Netzstrukturen getestet werden können. Eine suboptimale Struktur weist somit eine sehr gute Lösung auf, deren Fehlerwert in den Analysen nicht unterboten werden konnte. Wenn im Weiteren der Begriff „optimal" verwendet wird, ist dieser immer als beschränkt optimal, d.h. suboptimal, zu verstehen. Es ist keine bessere Lösung bekannt, jedoch kann die Existenz dieser nicht ausgeschlossen werden.

---

647 Füser (1995), S. 65, vgl. auch Ritter, Martinetz, Schulten (1991), S. 43.

648 Rojas (1992), S. 149.

649 Als Netzstruktur wird im Weiteren die gesamte Netzkonfiguration bezeichnet.

Während diese Darstellung die grundsätzliche Vorgehensweise der Fehlerkorrektur bzw. der Gewichtsanpassung erklärt, wird zwecks Performanceverbesserung[650] ein weiterer Parameter in den Anpassungsprozess eingefügt.[651] Das so genannte *Momentum* α berücksichtigt den historischen Lernanpassungsprozess.[652] Dies bedeutet im Einzelnen, dass die Gewichtungsfaktorenanpassung (d.h. die Veränderung des einzelnen Gewichtes w) im vorausgegangenen Lernschritt (L - 1) für den aktuellen Lernschritt (L) Verwendung findet. Während bisher die Gewichtsanpassung zwischen zwei Neuronen sich ausschließlich an dem Fehlerwert des jeweiligen Neurons δ orientiert hat, wird durch die Erweiterung um den Summanden bestehend aus dem Produkt von Momentum und Gewichtsveränderung des vorangegangenen Lernschrittes eine Orientierung an den letzten Error-Backpropagation-Vorgang geschafft. Somit ergibt sich die rekursive Anpassung der Gewichtungsfaktoren am Beispiel eines Datensatzes p als:

Gleichung 29

$$\Delta w_{ijp}(L) = \delta_{jp} \cdot \eta \cdot o_{pj} + \alpha \cdot \Delta w_{ijp}(L-1)$$ [653].

5.2.3 Bestimmung der Datenaufteilung

Während in den vorstehenden Ausführungen die Datensätze als gegeben betrachtet wurden, wird im Folgenden auf die Behandlung der Datengrundlage eingegangen. In den Beschreibungen zum Lernprozess wurden alle Datensätze [1;P] herangezogen, um das Lernen in den Neuronen zu ermöglichen. Im Trainings- oder Lernprozess wird mit den oben dargestellten Verfahren eine Funktion abgeleitet, die zwischen einer Menge an Inputfaktoren und einem Ausgangswert einen Bezug herstellt. Diese wird mittels Fehleroptimierung solange modifiziert, bis die Abweichungen zwischen dem errechne-

---

650 Unter Performance wird in der vorliegenden Arbeit die Lernzeit des KNN verstanden. Als Lernzeit wird die Zeitdauer bezeichnet, die das KNN benötigt, um die Gewichtsanpassungen vorzunehmen. Insbesondere von den Parametereinstellungen und den informationstechnologisch bedingten Voraussetzungen sind Lernzeiten von vielen Stunden bis hin zu Tagen zu beobachten. Deshalb weist sich ein besonders gutes Netz sowohl durch einen minimalen Fehlerwert als auch eine kurzen Lernzeit aus. Falls man einen der beiden Zielwerte (niedrige Bearbeitungszeiten oder Fehlerminimierung) stärker gewichten muss, so sollte man nach Meinung des Verfassers der Fehlerminimierung eine größere Gewichtung zukommen lassen, da insbesondere durch die technologische Weiterentwicklung kürzere Lernzeiten zu erwarten sind.

651 Diese Modifikation wird erläutert, da sie in der hier verwendeten empirischen Anwendung benutzt wurde. In der Literatur werden darüber hinaus weitere Vorschläge zur Performanceverbesserung angeführt. Vgl. bspw. Rojas (1992), S. 168ff.

652 Vgl. hier und im Folgenden bspw. Köhle (1990), S. 97, Kohonen (1991), S. 617ff.; Füser (1995), S. 71.

653 Vgl. Füser (1995), S. 71 und die dort dargestellten Anpassungsprozesse für Neuronen in der versteckten Schicht.

ten und dem tatsächlichen Wert minimal sind. Fraglich ist nun, ob diese Zusammenhänge auch auf einen Datensatz übertragbar sind, der nicht in den Lernprozess einbezogen wurde. Hierzu wird die Inputdatenmenge in zwei Mengen aufgeteilt:[654] Die *Lernmenge,* mit den *Trainingsdaten,* (*Feststellung* der optimalen Gewichte) und die *Testmenge*, mit den *Generalisierungsdaten,* (*Überprüfung* der optimalen *Gewichte*). Somit lässt sich die gesamte Datenmenge in *Lern-* und *Testdaten* aufteilen. Die oben beschriebenen Algorithmen bewirken eine Optimierung der Gewichte hinsichtlich der Fehlerminimierung für die Lerndaten. Gewünscht ist jedoch nicht ein möglichst geringer Fehler für die Lerndaten, sondern vielmehr eine „fehlerfreie" Abbildung der Testdaten, weil hierdurch eine generalisierte Aussage (Modellbildung) erst möglich wird. Falls man ein Netz trainiert, wird sich der Gesamtfehler stetig verringern. Falls man eine reine Optimierung des Fehlers der Trainingsdaten als Zielsetzung verfolgt, würde man unendlich viele Lernzyklen durchführen. Hier wird die Gefahr des *„overlearning"* deutlich. Naturgemäß reduziert das Netz im Lernprozess den Gesamtfehler mit Bezug auf die Lernmenge kontinuierlich. Die Gewichtsanpassungen werden ausschließlich in Bezug auf die Trainingsdaten optimiert. Sobald diese Gewichtsanpassungen zwar den Fehlerwert der Trainingsdaten reduzieren können, jedoch nicht den der unbekannten Datensätze (Generalisierungsfrage), spricht man vom „Auswendiglernen der Trainingsdaten"[655]. Um diesen nicht erwünschten Effekt zu vermeiden, wird ein dritter Datenbereich eingefügt: die *Validierungsdaten.* Aufgabe dieser ist die Festlegung des *„early-stopping-Zeitpunktes"*, nämlich des Zustandes, ab dem sich der Fehlerwert der Validierungsdaten nicht weiter reduziert lässt. Die Validierungsdaten sind kein Bestandteil des Lernprozesses, d.h. sie wirken nicht auf die Gewichtsveränderungen ein, sondern sie dienen dazu, den Fehlerwert an für das KNN unbekannten Datensätzen zu messen. Die Testmenge dient ausschließlich zur Fehlermessung. Dies bedeutet, dass die mit Hilfe der Lernmenge gefundene bestmögliche Netzstruktur an dieser Menge gemessen und die Güte des KNN gemessen durch den Fehlerwert anhand dieser Datensätze bestimmt wird. Abbildung 37 zeigt die drei Datenbereiche auf und ordnet die Begriffe Trainings-, Validierungs- und Generalisierungsdaten den Begriffspaaren Lern- und Testmenge zu.

---

[654] Vgl hier und im Folgenden Füser (1995), S. 75ff.

[655] Füser (1995), S. 76.

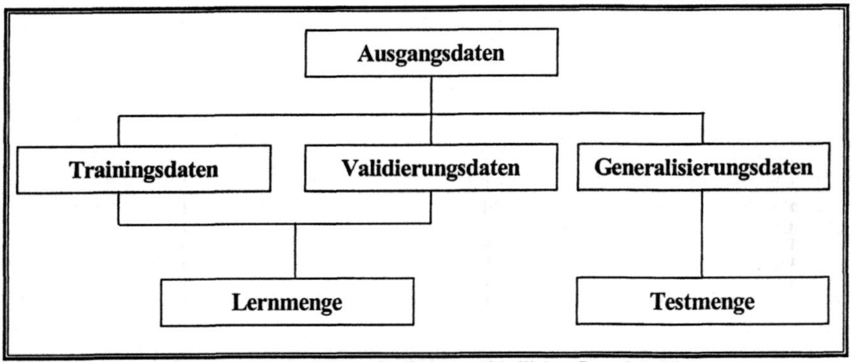

Abbildung 37: Aufteilung der Ausgangsdaten in die unterschiedlichen Datenbereiche

Die optimale Netzstruktur wird an dem „early-stopping-Zeitpunkt" festgemacht, indem der Fehlerwert fortlaufend für die Trainings- und Validierungsdaten berechnet wird. Das optimale Netz (die optimalen Gewichte) liegt im Minimum der Fehlerfunktion der Valdierungsdaten vor.[656] Abbildung 38 verdeutlicht das Kurvenverhalten.

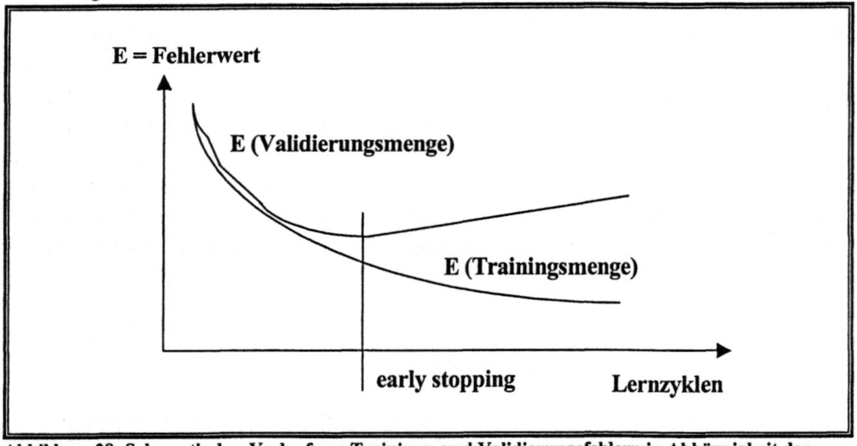

Abbildung 38: Schematischer Verlauf von Trainings- und Validierungsfehlern in Abhängigkeit der Lernzyklen[657]

[656] Vgl. Schiffmann (1999), S. 48f.

[657] In Anlehnung an Schiffmann (1999), S. 48.

5.3 Datenbasis, Datenherkunft und Ableitung des Untersuchungsdatensatzes

Nachdem in Kap. 5.1 dargestellt wurde, dass KNN im Allgemeinen sich als Analyseinstrument für das im Kap. 4.4 dargestellte Konzept eines Prognosemodells eignen, wurde im Kap. 5.2 die wohl bekannteste Netzstruktur, das Multi-Layer-Perceptron, in Kombination mit dem Error-Backpropagation-Algorithmus vorgestellt. Um dieses Instrument einsetzen zu können, ist das Vorliegen einer Datenmenge zwingend erforderlich, da das KNN die in den Daten enthaltenen Muster erlernen soll. Wie im Kap. 4.4 dargestellt wurde, soll das KNN als Analyseinstrument herangezogen werden, um die Zusammenhänge zwischen unternehmensinternen und – externen Faktoren und eines bewerteten Kreditrisikos (Credit Spread) zu analysieren. Im Weiteren werden nun die von der REUTERS GMBH bereitgestellten Datensätze und die für die Untersuchung aufbereitete Datenmenge erläutert.[658/659] Zunächst wird der Datenbestand dargestellt und mittels deskriptiver Statistikkennzahlen beschrieben. Anschließend werden die in der Untersuchung herangezogenen Einflussfaktoren abgeleitet. In dem darauffolgenden Kapitel wird abschließend die Zielgröße, der Credit Spread, bestimmt.

5.3.1 Aufbau und Struktur des Datenbestandes

Der Datenbestand setzt sich schwerpunktmäßig aus zwei Datenbankabfragen zusammen. Zunächst wurden die Schlusskurse von gehandelten amerikanischen *Industrieanleihen* jeweils zum *15. April der Jahre 1995 bis 1999* ermittelt.[660] Es wurde der 15. April gewählt, damit die bis zu diesem Zeitpunkt veröffentlichten relevanten Bilanzinformationen der Anleihenemittenten gemäß der unterstellten Effizienzhypothese in dem Marktpreis der Anleihe verarbeitet waren (mittel-strenge Effizienz[661]). Bei den ermittelten Kursen der Industrieanleihen handelt es sich um den Ask Price.[662] Bei den untersuchten Wertpapieren handelt es sich um Titel, die weder eine Garantie[663] noch ein Kündigungsrecht besitzen und bei denen alle Zahlungen in US-Dollar vereinbart sind.

---

658 An dieser Stelle dankt der Verfasser der Reuters GmbH zur Bereitstellung der Daten.

659 Bei der folgenden Datenbeschreibung und der folgenden Darstellung der Ergebnisse der KNN-Analyse wurde die Anwendung SPSS® in der Version 10.0 verwendet.

660 Falls der 15. April kein Börsentag war, wurde der nächstfolgende Börsentag gewählt.

661 Vgl. Kap. 4.2.

662 Der Unterschied zwischen Kauf- und Verkaufskurs ist als Händlerspanne zu deuten. Alle im weiteren Verlauf folgenden Preisgrößen beziehen sich auf den Ask Price (Kaufkurs).

663 Garantien werden bei Anleihen von Dritten ausgesprochen und stellen somit eine Art der Besicherung dar. Vgl. zu den verschiedenen Besicherungsformen Perridon, Steiner (1997), S. 301ff. Keine Anleihe in der Untersuchung wies eine Besicherungsform auf, die über die gesetzlichen Mindestbesicherungen hinausgeht.

Folgende Wertpapierinformationen wurden ausgewiesen:

- Ticker (Kürzel des Emittenten),
- Committee on Uniform Securities Identification Procedures (CUSIP, Wertpapierspezifische Identifkationsnummer),
- Ask Price bzw. Yield (effektive Verzinsung der Anleihe),[664]
- Cupon (Nominalzins),
- Maturity (Fälligkeitstermin), Restlaufzeit (Fälligkeitstermin – Stichtag),
- Emissionsvolumen der Anleihe und
- Branchenzuordnung.

Wegen deutlicher Unterschiede in den Bilanzierungsvorschriften sowohl innerhalb der Vorschriften des US-GAAP als auch des HGBs, werden die Anleihen von Unternehmen aus dem Finanzdienstleitungssektor von der Untersuchung ausgeklammert.[665] Im Datenhaushalt der REUTERS GMBH werden lediglich die Bilanzdaten von aktiennotierten Unternehmen abgespeichert, sodass alle in die Untersuchung einfließenden Unternehmen aktiennotiert sind.[666] Alle Bilanzen sind nach den US-GAAP Vorschriften aufgestellt. Folgende Informationen konnten ermittelt werden:

- Allgemeine Unternehmensdaten: Ticker, Organisation Full Name, Record Date, Pay Date, Announcement Date, Short Name of Organisation, Description of Company Activities, First Line of Address, Second Line of Address, Third Line of Address, Accounts Format ID, Period End Date, Report Period Year.
- Bilanzzahlen und weitere Größen aus dem Jahresabschluss: Revenue, Other Income, Operating Costs, Depreciation (Profit and Loss), Operating Result (Profit and Loss), Net Interest, Pretax Profit or Loss, Tax, Net Profit or Loss, Preference Dividends, Average Shares, Equity Issued, Total Current Assets, Cash and Equivalents, Receivables, Inventories, Fixed Assets, Total Assets, Total Liabilities, Current Liabilities, Long Term Debt, Deferred Liabilities, Shareholder's Equity, Preferred Stock, Net Cash Operating, Other Income, Exchange Rate Effect, Net Income or Loss, Depreciation and Amortisation, Price Earnings Ratio, Price to Book Ratio, Dividend Yield, Net Cash Investing.

---

664 Der Autor vermutet, dass Reuters die marktübliche ISMA-Methodik (vgl. Nöth, (1995), S. 541f.) anwendet. Ein entsprechender Hinweis findet sich bei der Produktdokumentation Reuters (1999), S. 32.

665 Vgl. Glormann (2001), S. 126.

666 Diese exogen bestimmte Einschränkung der Datengrundlage ist als besonders kritisch anzusehen, falls die Tatsache der Börsennotierung einen eigenständiger Einflussfaktor auf den Credit Spread darstellt.

Insgesamt konnte in 1666 Fällen ein Datensatz bestehend aus Bilanzinformationen und dem Anleihenkurs zum 15. April des entsprechenden Jahres generiert werden. Die zu den Kursen korrespondierenden Bilanzdaten beziehen sich jeweils auf das Vorjahr, d.h. einem Anleihenkurs vom 15. April 1995 wurden die Bilanzdaten des Geschäftsjahres 1994 zugeordnet.

Es lassen sich einzelne Unternehmen identifizieren, die über den gesamten Untersuchungszeitraum nur zu bestimmten Stichtagen Anleihen auf dem Markt platziert haben, und andere wiederum, welche über den gesamten Zeitraum zu jedem Zeitpunkt mit mehreren verschiedenen Anleihen auf dem Markt präsent waren. Diese Informationen sind bei Stichprobenziehung (vgl. Kapitel 5.4.2) von besonderer Relevanz. Insgesamt handelt es sich um 136 verschiedene Unternehmen bzw. um 345 verschiedene Unternehmensbilanzen. Die Abbildung 39 zeigt eine Verteilung der untersuchten Unternehmen hinsichtlich der Branchenzugehörigkeit. Unternehmen aus der Chemiebranche sind am häufigsten, unterproportional sind Unternehmen aus den Bereichen der Schifffahrt, Textilien und elektronischen Ausstattung vertreten.[667]

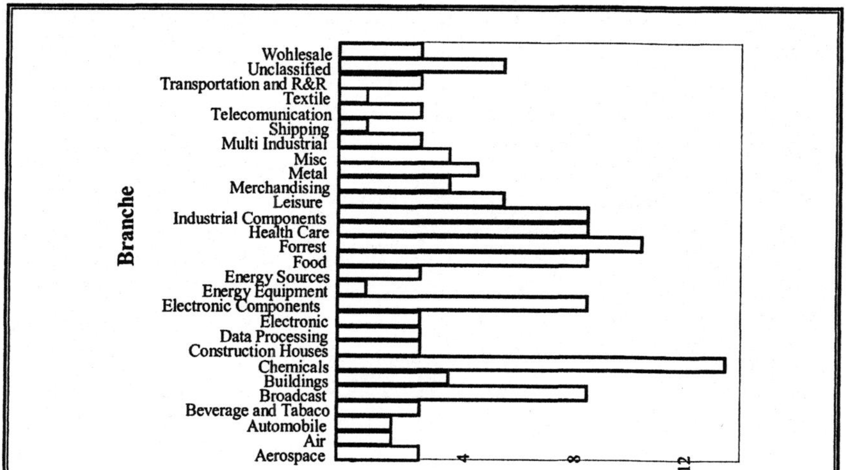

Abbildung 39: Branchenverteilung der untersuchten Unternehmen

Innerhalb der analysierten Unternehmen überwiegen große Firmen, was durch eine durchschnittliche Bilanzsumme von ca. 16,615 Milliarden US-Dollar verdeutlicht

667 Die Brancheneinteilung ist von der Reuters GmbH vorgenommen worden. Eine detaillierte Darstellung findet sich im Anhang.

wird. Dies wird darin bestätigt, dass 75 Prozent der Unternehmen eine Bilanzsumme größer 12,141 Milliarden US-Dollar aufweisen (vgl. Tabelle 13).

		Angaben in US Dollar
Bilanzsumme: Es sind Unternehmen aus allen Branchen untersucht worden (außer Versicherungen und Banken).	Mittelwert	16.615.838.168,60
	Median	5.445.000.000,00
	Standardabweichung	37.592.634.352,85
	Minimum	18.375.000,00
	Maximum	279.097.000.000,00
	Interquartilbereich	12.141.975.000,00

Tabelle 13: Deskriptive Kennzahlen der Untersuchungsmenge hinsichtlich des Merkmales „Bilanzsumme"

5.3.2 Ableitung von Bilanzkennzahlen und weiterer Inputfaktoren

Wie in der unter Kapitel 4.4 dargestellten Konzeption eines Prognosemodells dargestellt wurde, werden sowohl unternehmensinterne als auch externe Faktoren zur Bestimmung des Credit Spread benötigt. Die Bilanzkennzahlen bilden die unternehmensinternen Kennzahlen. Es wird nicht als Ziel angesehen, neue Kennzahlen zu generieren, sondern aus den bereits heute in der Praxis verwendeten eine Auswahl unter zu Hilfenahme des KNN zu treffen. Somit ist es notwendig, auf Basis der Inputdaten (zunächst die reinen Bilanzkennzahlen) die in Kapitel 3 dargestellten und in Tabelle 14 zusammengefassten Kennzahlen zu bilden. Hierbei stellt der Detaillierungsgrad der von REUTERS bereitgestellten Daten eine entscheidende Restriktion bei der Kennzahlenbildung dar. Ein weiteres Problem besteht in den (teilweise) unterschiedlichen Rechnungslegungsvorschriften. Dieses Problem lässt sich ebenfalls aufgrund des Detaillierungsgrades der Ausgangsdaten nicht in allen Fällen lösen.

Insgesamt werden 52 Bilanzkennzahlen ausgewiesen, die entweder analog zu einem der oben genannten Analyseinstrumente berechnet oder in Anlehnung an eine der Vorgehensweisen (aufgrund von Informationsdefiziten) gebildet wurden. Anschließend wird eine partielle Korrelationsanalyse durchgeführt, um die Inputfaktoren um bestimmte Eingangsinformationen zu reduzieren. Diese Inputfaktorenreduktion greift auf die Problematik der zu großen Anzahl von Eingangsneuronen innerhalb der Bildung von Neuronalen Netzen zurück. Falls in einem Datensatz zwei Eingangsneuronen dieselben Informationen enthalten, d.h. es liegt eine vollständige Korrelation

Bezeichnung	Beschreibung im Kapitel	Darstellung in Tabelle, Abbildung oder Gleichung
Allgemeine Kennzahlen (K_1 bis K_{70})	Kap. 3.3.1	Tabelle 6
Rentabilitäts-Liquiditätssystem	Kap. 3.3.2	Abbildung 20
Backpropagation-14 / Baetge-Bilanz-Rating-14	Kap. 3.4.2	Tabelle 9
Z''-Score	Kap. 3.4.1	Tabelle 8, Gleichung 23
DuPont-Kennzahlensystem / ROI-System	Kap. 3.3.2	Abbildung 19
Risiko-Sicherheit-Wachstum-Verfahren	Kap. 3.3.3	Tabelle 7
Saarbrücker-Modell	Kap. 3.3.3	Abbildung 21

Tabelle 14: Ableitung der untersuchten Kennzahlen

zwischen den korrespondierenden Eingangsinformationen vor, dann besitzt dieser zweite Faktor keine neue Information für das KNN und er ist für die KNN-Analyse unnötig. Diese unnötigen Faktoren verlangsamen die Lernzeit der KNN und können gleichzeitig nicht dazu beitragen, eine bessere Lösung zu finden. Im Gegenteil besteht sogar die Gefahr, dass das KNN nicht die wahren Strukturen aufgrund von zu vielen unnötigen Informationen erlernen kann.[668]

Als Schwellenwert für die Definition als „gleiche Information" fungiert ein Korrelationskoeffizient nach PEARSON[669] zwischen zwei Eingangsinformationen von 0,95. Der Grund liegt darin, dass durch die hohe Korrelation die Informationen des einen Inputfaktors auch innerhalb eines zweiten enthalten sind. Bei Paaren mit dieser hohen Korrelation wird einer der beiden Inputfaktoren (zufallsbedingt) ausgewählt und von der weiteren Analyse ausgegrenzt.[670] Ein Beispiel für eine deutliche Korrelation ist die Kennzahl Eigenkapitalrentabilität vor und nach Steuern. Hier liegt eine partielle Korrelation von 0,974 mit einer zweiseitigen Signifikanz auf einem Niveau von 0,01 vor. Nach der Reduktion werden die folgenden Kennzahlen (B_1-B_{26}) in die weitere Untersuchung einbezogen:

668 Vgl. bspw. Glormann (2001), S. 246f.

669 Vgl. Hartung, Elpelt (1989), S. 145ff.; oder auch Bamberg, Baur (1996), S. 36ff.

670 Unterstellt wird hierbei, dass beide Faktoren eine gleich große Anzahl von fehlenden Datensätzen aufweisen (vgl. Kapitel 5.3.4). Falls dies nicht der Fall ist, wird der Faktor mit der höheren Anzahl ausgeklammert.

B_n	***Berechnungsvorschrift***
B_1	Revenue / Inventories
B_2	Revenue / Total Assets
B_3	Current Liabilities / Shareholder's Equity
B_4	Current Liabilities / Total Assets
B_5	Shareholder's Equity / Equity Issued
B_6	Net Cash Operating / (Shareholder's Equity + Long Term Debt)
B_7	Current Liabilities / Revenue
B_8	Operating Result / Income bzw. Loss Before Tax
B_9	Operating Result / Revenue
B_{10}	Income bzw. Loss Before Tax / Equity Issued
B_{11}	Net Cash Operating / Equity Issued
B_{12}	Cash And Equivalents
B_{13}	Net Cash Operating / Current Liabilities
B_{14}	(Total Current Assets – Current Liabilities) / Total Assets
B_{15}	Revenue / Shareholder's Equity
B_{16}	(Income bzw. Loss Before Tax + Interest) / Total Assets
B_{17}	Income bzw. Loss Before Tax / Shareholder's Equity
B_{18}	Income bzw. Loss Before Tax / Revenue
B_{19}	Net Cash Operating Before Tax
B_{20}	Total Liabilities / Net Cash Operating
B_{21}	Inventories – Current Liabilities
B_{22}	Cash And Equivalents / Current Liabilities
B_{23}	(Long Term Debt + Shareholder's Equitiy) / Fixed Assets
B_{24}	Shareholder's Equity / Total Assets
B_{25}	Net Cash Operating Before Tax / Revenue
B_{26}	Net Cash Operating Before Tax / Total Assets

Tabelle 15: In der Untersuchung berücksichtigte Bilanzkennzahlen[671]

[671] Die Position „Revenues and expenses“ ist die vergleichbare Position der betriebsbedingte Erträge und Aufwendungen i.e.S.; „Inventories“ ist eine Bilanzposition für die Vorräte, die als Umlaufvermögen gewertet werden und somit der Position „current assets“ zugeordnet werden; die Position „current liabilities“ gibt die kurzfristigen Verbindlichkeiten wieder, die innerhalb des nächsten Wirtschaftsjahres fällig werden; „shareholders' equity“ ist die Summe aus dem gezeichneten Kapital, den Kapitalrücklagen und den Gewinnrücklagen; die Position „net cash operating“ entspricht den Einzahlungen resultierend aus der gewöhnlichen Geschäftstätigkeit; die Position „operating result“ entspricht dem betriebsbedingten Ergebnis; die Position „cash and equivalents“ bildet Geldmittel und geldmittelähnliche Zahlungsgrößen ab; die Position „long term debt“ entspricht einer Sammelposition für Verbindlichkeiten, die nicht im kommenden Wirtschaftsjahr fällig sind. Vgl. für die Definitionen Gräfer (1992), S. 17ff. und Glormann (2000), S. 69ff.

Neben den unternehmensinternen Faktoren wurden bei der Darstellung des Prognosemodells weitere Einflussfaktoren bestimmt (vgl. Abbildung 28). Diese Faktoren kann man in die Ebenen makroökonomische und titelspezifische Kennzahlen einteilen (vgl. auch Kap. 4.3.3.3). Makroökonomisch bedeutet, dass dieser Einflussfaktor sich auf die Bewertung aller Anleihen auswirkt, titelspezifische Faktoren wirken sich lediglich bei der Bewertung auf die mit der Kennzahl korrespondierende Anleihe aus. In Anlehnung an die in Kap. 4.3.3.3 dargestellten kapitalmarkttheoretischen, empirischen Untersuchungen werden die folgenden Messgrößen gewählt:[672/673]

Einflussfaktor	Abk.	Messgröße
		Makrovariable
Zinsvolatilität des Marktes	M_1	10-Tages-Standardabweichung des risikolosen Zinsniveaus.[674]
Marktzinsniveau	M_2	Individuelles, d.h. kupon- und laufzeitorientiertes, risikoloses Zinsniveau.
Zinserwartung	M_3	Kursdifferenz aus einer risikolosen Anleihe mit 10,5 und 0,5 Jahren Restlaufzeit, wobei der Nominalzins konstant bei 6 % liegt.
		Titelspezifische Kennzeichen
Marktliquidität des Papiers	T_1	Emissionsvolumen der Anleihe in Mio. US$.
Restlaufzeit der Anleihe	T_2	Differenz zwischen Stichtag und Fälligkeitstag der Anleihe in Jahren.
Nominalverzinsung	T_3	Nominalverzinsung in Prozent vom Nominalwert der Anleihe.

Tabelle 16: Zusammenfassung der bilanzunabhängigen, unternehmensexternen Kennzahlen

672 Die Bonitätsprämie wird annahmegemäß nicht über den Faktor Zeit erklärt, sodass Autokorrelationen zwischen einzelnen Faktoren und dem Credit Spread auszuschließen sind. Falls die Einflussfaktoren nicht unabhängig voneinander sind, werden bei der KNN-Analyse keine Verzerrungen erzeugt, da ein großer Vorteil der KNN in der Lösung von den restriktiven Voraussetzungen der linearen Separabilität und der Unabhängigkeit der Inputfaktoren liegt. Vgl. Bröker (2000), S. 62.

673 Als Indexrendite zur Berechnung der risikolosen Rendite wird auf die Indexbildung im Rahmen der später folgenden Credit Spread Bestimmung zurückgegriffen.

674 Zu dieser Vorgehensweise vgl. Thompson, Vaz (1990), S. 460; Heinke (1998), S. 323.

Die Standardabweichung berechnet sich als: $$s_t = \left[\frac{1}{9} \cdot \sum_{j=t-10}^{t-1} \left(r_j(T,c) - \frac{\sum_{j=t-10}^{t-1} r_j(T,c)}{10} \right)^2 \right]^{1/2},$$

mit s_t = 10-Tages-Standardabweichung täglicher Differenzen der Indexrenditen in Prozent. Die Herleitung der Indexrendite wird im Rahmen der Bestimmung des Credit Spread erklärt.

Somit ergibt sich folgende Struktur für die Inputfaktoren:

- B_1 bis B_{26}: Unternehmensindividuelle Bilanzkennzahlen,
- M_1 bis M_3: Makroökonomische Kennzahlen und somit stichtagsabhängig,
- T_1 bis T_3: Titelspezifische Kennzahlen und somit anleiheabhängig.

5.3.3 Ermittlung des Credit Spread

Ziel der Arbeit ist die Untersuchung des Zusammenhangs zwischen den verschiedenen *Inputfaktoren* und der *Risikoprämie*. Während die Inputfaktoren zunächst abgeleitet wurden, wird nun die quantifizierte Risikoprämie ermittelt.

Es besteht die Notwendigkeit der Isolierung des Credit Spread aus der effektiven Rendite. Diese wurde als Rendite nach der ISMA-Methode bestimmt. Im Kap. 4.3.3.2 wurden verschiedene Verfahren zur Berechnung des Credit Spread vorgestellt. Eine Möglichkeit besteht in der Bestimmung eines Indexes, welcher zu jedem Kupon-Restlaufzeit-Paar eine entsprechende Rendite ausweist. Der Index leitet sich aus einer Menge an risikolosen Wertpapierrenditen ab, indem eine Regressionsfunktion gebildet wird. Auch in der vorliegenden Analyse wird eine Bestimmung des Credit Spread unter zu Hilfenahme einer Menge an risikolosen Wertpapieren gebildet. Hierzu wurden die Wertpapierrenditen von US-Staatsanleihen zu jedem der untersuchten Stichtage ermittelt.[675]

In der vorliegenden Arbeit wird ein Index gemäß des REX®-Rentenindexes gebildet:[676]

Gleichung 30

$$r_{B,t}(J,C) = \beta_1 + \beta_2 \cdot J + \beta_3 \cdot J^2 + \beta_4 \cdot J^3 + \beta_5 \cdot \ln(J) + \beta_6 \cdot C + \beta_7 \cdot C^2$$

mit $r_{B,t}(J,C) =$ Bonitätsrisikolose Rendite in t für eine Restlaufzeit von J Jahren und einem Kupon von C Prozent,

$\beta_i =$ Regressionskoeffizienten, mit i=[1;7].[677]

Diese Regressionsgleichung bildet den Zusammenhang zwischen Restlaufzeit, Kupon und effektiver Rendite ab. Die Rendite $r_{B,t}$ ist lediglich eine „virtuelle" oder „synthetische" Rendite, da kein faktisches Wertpapier diese Rendite ausweist, sondern diese aus der Menge von verschiedenen Staatsanleihen gebildet wird. In der vorliegenden Arbeit wird diese Funktion des REX®-Rentenindexes verwendet, da sie einen deutlich niedri-

675 Eine Auflistung der US-Staatsanleihen findet sich im Anhang.
676 Zu den unterschiedlichen Vorgehensweisen der Credit Spread Isolation vgl. Kap. 4.3.3.2.
677 Vgl. Deutsche Börse AG (1997), S. 13; vgl. auch Heinke (1998), S. 318f.

geren Fehlerwert aufweist als alternative Gleichungen (bspw. einer linearen Regression). Im Anhang sind die Fehlerwerte der entsprechenden Jahre aufgezeigt.[678]

Zur Ermittlung der Indexes wurde zu jedem der untersuchten Stichtage eine Abfrage der entsprechenden US-Staatsanleihen durchgeführt, um die zugehörigen Regressionskoeffizienten β_i (i=[1;7]) zu erhalten. Durch Einsetzen (Gleichung 30) gelangt man zum Credit Spread als Differenz aus der risikobehafteten Rendite der Unternehmensanleihe i und der bonitätsrisikolosen Rendite der virtuellen Staatsanleihe B:

Gleichung 31

$$e_{i,t}(J,C) = r_{i,t}(J,C) - r_{B,t}(J,C)$$

mit $r_{i,t}(J,C)$ = Effektive Rendite der zu untersuchenden Anleihe i zum Zeitpunkt t,
$r_{B,t}(J,C)$ = Effektive Rendite der bonitätsrisikolosen Anleihe B zum Zeitpunkt t,
$e_{i,t}(J,C)$ = Credit Spread Anleihe i zum Zeitpunkt t.

Unabhängig davon, welche Vorgehensweise man zur Bildung des Credit Spread heranzieht, kommt es zu einer Fehlerimplikation, da es sich entweder um eine geschätzte Größe handelt, oder eine exakt vergleichbare Anleihe nicht vorhanden ist.[679] Die Autoren ZIEBART/REITER setzen in ihrer Untersuchung nicht die Inputfaktoren zum Credit Spread, sondern zur effektiven Verzinsung der Unternehmensanleihe in Beziehung.[680] Dementsprechend verzichten die Autoren darauf, den Credit Spread zu isolieren, sondern untersuchen die Einflussfaktoren der gesamten Anleihenrendite.

Diesem Vorgehen kann man nach Meinung des Verfassers nur dann zustimmen, falls sichergestellt werden kann, dass die Informationen der Zinsstrukturkurve, welche bei der Berechnung des Credit Spread benötigt werden, als (weiterer) Inputfaktor in das System eingesetzt werden. Da in der vorliegenden Arbeit als Inputfaktor für das allgemeine Zinsniveau der Effektivzins der entsprechenden virtuellen Staatsanleihe mit gleicher Laufzeit (abgelesen aus der Regressionsgleichung) integriert wird[681], kann in einer Modellmodifikation der Fehler, welcher durch die Credit Spread Bildung ent-

---

678 Die Summe der korrigierten, quadrierten Abweichungen werden regelmäßig nicht in Untersuchungen veröffentlicht. Die in der vorliegenden Arbeit erzielten Werte sind im Vergleich zu anderen Studien „als durchschnittlich" zu bewerten. Die aus einer falschen Berechnung des Credit Spread resultierende Ungenauigkeit wird jedoch durch eine Modellmodifikation (Kapitel 5.5.1) behoben.

679 Vgl. Kap. 4.3.3.2.

680 Vgl. Ziebart, Reiter (1992).

681 Vgl. Heinke (1998), S. 322f.

steht[682], rückgängig gemacht und der Zusammenhang zwischen den Inputfaktoren und der effektiven Rendite untersucht werden.[683]

5.3.4 Behandlung von fehlenden Daten und Extremwerten

Neuronale Netze - insbesondere die Konzeption von Multi-Layer-Perceptronen in Verbindung mit dem Backpropagation-Lernalgorithmus - verlangen eine lückenlose Datenbasis.[684] Dies bedeutet, dass im Inputdatensatz keine Datenlücken (*missing values*) vorhanden sein dürfen. Grundsätzlich gibt es bei der Verwendung eines MLP zwei Möglichkeiten, mit fehlenden Daten umzugehen:[685] Entweder werden sie ersetzt, oder der Datensatz wird von der Untersuchung ausgeschlossen. In der vorliegenden Arbeit wurde aufgrund des geringen Anteils von fehlenden Daten an der gesamten Datenmenge (Grundmodell 1,4 % bzw. 13er-Modell unter einem Prozent)[686] der pragmatische Weg gewählt, der durch die angewendete Software Neural Connections 2.0® unterstützt wird.[687] Fehlende Informationen werden durch den Median innerhalb dieses Inputfaktors geschätzt und ersetzt.[688] Die fehlenden Werte sind deutlich über die Untersuchungsmenge verstreut, und es lassen sich keine eindeutigen Schwerpunkte finden.

Ausreißer oder *Extremwerte*, d.h. extrem hohe oder niedrige Inputfaktoren, können die Mittelwerte und Streuungen der Inputfaktoren stark beinträchtigen.[689] Da die Inputfaktoren vor dem Import in das Neuronale Netz normalisiert werden (damit Unterschiede in der Dimension nicht Verzerrungen bei den Gewichten bedingen), führen Extremwerte zu deutlichen Veränderungen innerhalb der normierten Inputfaktoren. Es findet hierdurch ein deutlicher Anstieg der Häufung um den Nullwert statt, sodass durch die Existenz von Extremwerten die übrigen Inputfaktoren zu Konstanten gestaucht werden. Somit wird, falls die Datengrundlage dies zulässt, eine Korrektur der Extremwerte vorgenommen. Als Extremwerte werden in der vorliegenden Arbeit ausschließlich hohe bzw. niedrige Credit Spreads bezeichnet. Negative Credit Spreads sind von der Definition her nicht möglich und können lediglich durch die Berechnungsvorschrift erklärt werden. Insbesondere in den Bereichen von extrem kurzen oder extrem langen

---

682 Bspw. werden – wie im weiteren Analyseverlauf gezeigt wird - aufgrund der Berechnung des Credit Spread unter Zuhilfenahme einer Indexrendite negative Werte ausgewiesen.

683 Vgl. Kap. 5.5.1.

684 Vgl. Glormann (2001), S. 182.

685 Vgl. hier und im Folgenden Glormann (2001), S. 180ff.

686 Vgl. zum Grundmodell Kap. 5.4.3 und zum 13er-Modell Kap. 5.4.5.

687 Vgl. zur Beschreibung der Software Kap. 5.4.1.

688 Die Möglichkeit des Datenausschlusses würde zu einer Kürzung der Datensätze von über 500 oder über 50 % der Inputfaktoren führen, da die missing values über die gesamte Untersuchungsmenge und alle Inputfaktoren verstreut sind.

689 Vgl. hier und im Folgenden Glormann (2001), S. 185f.

Restlaufzeiten werden Schwächen in der Berechnung deutlich.[690] Der Datenbestand wird um die 12 höchsten und 13 niedrigsten Credit Spreads (als Extremwerte) gekürzt. Diese 25 Werte entsprechen ca. 1,5 % des gesamten Datenbestands. Somit wird ein Kompromiss zwischen der vollständigen Erfassung aller Datensätze und der Verzerrung der Inputfaktoren durch Extremwerte gefunden. Die weiteren Ausführungen und Untersuchungen beziehen sich auf den folgenden Datensatz:

Nach der Reduktion um 25 Datensätze besteht die in die KNN-Analyse einfließende Untersuchungsmenge insgesamt aus 1641 Wertpapierrenditen, ausgedrückt durch den Credit Spread.[691] Die Tabelle 17 gibt die deskriptiven Kennzahlen zur Beschreibung der Datenmenge hinsichtlich der Merkmale „Credit Spread", „Restlaufzeit", und „Nominalzins" wieder. Auffallend ist der minimale negative Credit Spread in Höhe von –191 Basispunkten. Der Mittelwert für das Kriterium Credit Spread in Höhe von 0,7674 liegt in einem mit anderen Studien vergleichbaren Bereich.[692] Die Streuung der Risikoprämie deutet bereits auf die marktübliche Häufung von Anleihen mit guter Bonität hin. Sowohl Restlaufzeit als auch Nominalzins bilden im Mittel markttypische Werte ab. Das Minimum beim Nominalzins in Höhe von „0" lässt sich mit Nullkuponanleihen erklären, die ebenfalls in die Untersuchung miteinbezogen wurden.

Merkmal	Dimension	Anzahl N	Spannweite	Minimum	Maximum	Mittelwert	Standard-abweichung	Varianz
Credit Spread	Prozent-punkte	1641	4,81	-1,91*	2,90	0,7674	0,5071	0,257
Restlauf-zeit	Jahre	1641	34,88	0,51	35,39	8,1732	7,3719	54,346
Nominal-zins	Prozent-punkte	1641	13,50	0,00	13,50	7,7162	1,2686	1,609
Gültige Werte	-	1641	-	-	-	-	-	-

Tabelle 17 Deskriptive Kennzahlen der Untersuchungsmenge hinsichtlich der Merkmale „Credit Spread", „Restlaufzeit" und Nominalzins"

* = Ein negativer Credit Spread ist von der Definition her ausgeschlossen und kann lediglich durch die Berechnungsvorschrift erklärt werden.

690 Dies zeigt sich auch bei der Anwendung des REX® in der Praxis. Vgl. Deutsche Börse AG (1997). Darüber hinaus muss bei jeder Indexbildung eine Gewichtung der Staatsanleihen hinsichtlich der einzelnen Restlaufzeiten und Kupons vorgenommen werden. Vgl. Deutsche Börse (2001), S. 5. Diese Tatsache könnte zu einer Verzerrung bei der Abbildung der Zinsstrukturkurve führen.

691 Die durchschnittliche Bilanzsumme (gemessen als Median) liegt bei 5.445 Mio. US$.

692 Vgl. hier und im Folgenden Kap. 5.6.2.

5.4 Die Datenanalyse mit dem Backpropagation-Netz

5.4.1 Einzustellende Parameter innerhalb der Software Neural Connection®

Während in Kap. 5.1 und Kap. 5.2 ein konkretes Netz für die Analyse des in Kap. 5.3 dargestellten Datenbestands ausgewählt und beschrieben wurde, wird im Weiteren mittels einer Software dieser Datenbestand hinsichtlich der in Kap. 4.4 dargestellten Zielsetzung des Prognosemodells analysiert. Eine hierzu geeignete Software ist Neural Connection 2.1®, die in Deutschland von der Firma SPSS® vertrieben wird.[693] Neben dem Netzwerktyp „Multi-Layer-Perceptron" verfügt die Software auch über weitere bekannte Neuronale Netze wie „Kohonen-" oder „Bayesian-Netze". Die bereits in den vorangegangenen Kapiteln dargestellten vom Netzwerkarchitekten zu treffenden Entscheidungen, wie die Aufteilung der Datenmenge in die Bereiche Trainings-, Validierungs- und Generalisierungsdaten oder die Festlegung des Momentums oder der Aktivierungsfunktion, werden auch von dem Einsatz einer Software mitbestimmt. Bspw. ist es nicht möglich, Aktivierungsfunktionen außerhalb der in der Software bereitgestellten Typen zu wählen, obwohl theoretisch auch andere Funktionstypen eingesetzt werden könnten. Im Weiteren werden nun die softwarespezifischen Besonderheiten für die einzelnen Parameter vorgestellt.[694]

Zunächst wird von der Software ein Grundschema vorgeschlagen. Dieses Grundschema gibt bspw. die Anzahl an Neuronen in der versteckten Schicht vor. Der Aufbau des Grundschemas ist abhängig vom Untersuchungsdesign (bspw. von der Anzahl an Eingangsneuronen).[695]

Die Datenaufteilung zwischen den o.g. drei Datenbereichen kann individuell variiert werden. Die Aktivierungsfunktion kann entweder „Linear", „Tanh" oder „Sigmoid" sein. Weitere Funktionstypen können nicht integriert werden. Wahlweise kann die versteckte Schicht ein oder zwei Unterschichten (layers) beinhalten. Falls zwei Unterschichten gewählt werden, können je layer unterschiedliche Aktivierungsfunktionen herangezogen werden. Die Anzahl der Neuronen in den einzelnen layers kann individuell gebildet werden. Wie bereits oben beschrieben wurde, müssen in der ersten Propagationsphase zufallsbedingte Startgewichte gewählt werden. Diese Startgewichte werden in Anlehnung an eine Verteilungsfunktion bestimmt. Hierzu bietet die Soft-

---

693 Vgl. hier und im Folgenden www.spss.com/Germany.

694 Vgl. hier und im Folgenden SPSS (1997).

695 Auf Basis des Softwarehandbuches ist nicht eindeutig nachzuvollziehen, wie die Software zum Grundschema gelangt (vgl. SPSS (1997)). Auf Nachfragen des Verfassers wurde der Vorgang der Konzeption des Grundschemas als Betriebsgeheimnis deklariert. Dementsprechend ist eine detaillierte Beschreibung nicht möglich.

ware zwei Verteilungsfunktionen („uniform" und „gaussian") an.[696] Über den Parameter „range" kann in der Software für die verwendete Verteilungsfunktion eine Bandbreite für die Startgewichte bestimmt werden.[697] Eine Besonderheit der Software besteht in der Möglichkeit der Bildung von Lerngruppen.[698] Eine Lerngruppe wird definiert durch eine festgelegte Anzahl von Lernzyklen bzw. Lernschritten. Falls bspw. eine Lerngruppe aus 100 Lernschritten besteht, ist sie beendet, sobald 100 Lernzyklen, d.h. 100 Backpropagation-Schritte ausgeführt wurden. Für jede Lerngruppe kann die Anzahl an Lerndaten individuell definiert werden. Bspw. können in der ersten Lerngruppe 250 und in der zweiten 500 Datensätze vorhanden sein. Hierdurch wird ein (zeitlich) schnelles Lernen mit wenigen Daten in den ersten Lerngruppen ermöglicht. Grundsätzlich sollte die Anzahl an Daten in den einzelnen Lerngruppen ansteigen. Die gesamte Anzahl an Lernschritten ist unbegrenzt. Die Werte für die Parameter „Momentum" und „Lernkoeffizient" können individuell eingestellt werden. Es können für die unterschiedlichen Lerngruppen unterschiedliche Werte angesetzt werden, sodass man durchaus auch steigende bzw. fallende Werte innerhalb eines KNN für diese beiden Parameter verwenden kann.

Tabelle 18 fasst die einzustellenden Parameter zusammen. Die Spalte „Mögliche Ausprägungen" zeigt das Spektrum an Ausprägungen auf. Sie ergibt sich aus den in den vorangegangenen Kapiteln aufgezeigten Möglichkeiten der Netzwerkarchitektur. Während einzelne Einstellungen wie die Aktivierungsfunktion grundsätzlich nicht eingeschränkt werden können, weisen andere wie das „Momentum" bestimmte sinnvolle Ausprägungsintervalle auf. Die Spalte „Softwarespezifische Einstellungen" geht auf die verwendete Software Neural Connection 2.1® und die damit verbundenen Möglichkeiten ein.

---

696 „Uniform" („gaussian") bedeutet eine konstante Gleichverteilung (normalverteilte Verteilung) der Gewichte in dem Intervall der Bandbreite („Range").

697 Vgl. SPSS (1997), S. 134f. „The Multi-Layer Perceptron begins training with random node input weights. However, as mentioned above, the choice of these weights can have a large effect on the performance of your network. Neural Connection therefore allows you to change the distribution pattern of the weight values, and the range within which the values are chosen. It also allows you to change the seed for the random number generation." Auszug aus der Online-Hilfe, Neural Connection 2.1.

698 Zu der Bedeutung der Lerngruppe vgl. SPSS (1997), S. 128f. „When Neural Connection trains a Multi-Layer Perceptron, it uses an incremental learning technique, where the Multi-Layer Perceptron is trained in stages. In the first stage a sample of examples from the training set is used to train the Multi-Layer Perceptron. The best network produced at this stage is then passed on to the second stage, and is used as a starting point for training. (...) In the second stage a larger sample of the data is used to train the network, and again the best network is passed on to the next stage. This procedure continues for four stages." Auszug aus der Online-Hilfe, Neural Connection 2.1.

Parameter	Mögliche Ausprägungen	Softwarespezifische Einstellungen
Datenaufteilung	Alle Variationen für die prozentuale Aufteilung in die drei Mengen.	Grundschema: 80 % Trainings-, 10 % Validierungs- und 10 % Generalisierungsdaten; jedoch alle Variationen möglich.
Variation der Aktivierungsfunktionen	Grundsätzlich alle mathematischen Funktionen denkbar, in der Regel: lineare Funktion, Schwellenwertfunktion, Sigmoid-Funktion[699] und Tanh-Funktion.	Linear, Tanh- und Sigmoid-Funktion.
Anzahl der layer	Theoretisch unbegrenzt.	Wahlweise ein oder zwei versteckte Schichten.
Anzahl der Neuronen je Schicht	Theoretisch unbegrenzt, jedoch gibt es eine Vielzahl von verschiedenen heuristischen Regeln (vgl. auch die folgenden Kapitel).	Theoretisch unbegrenzt
Startgewichte	Jede rationale Zahl, u.U. gekoppelt an eine Verteilungsfunktion.	Als Verteilungsfunktionen werden die Typen „uniform" und „gaussian" vorgeschlagen; der Parameter „range" gibt Anwendern die Möglichkeit, die Verteilungsfunktionen zu beschreiben.
Anzahl der Lernschritte	Theoretisch unbegrenzt, jedoch Problem des overlearnings und der Performance.	In bis zu vier Lerngruppen können theoretisch unendlich viele Lernzyklen durchlaufen werden.
Momentum	FÜSER schlägt einen Wert von 0,9 vor,[700] jedoch können keine allgemeinen Vorgaben abgeleitet werden.[701]	Manuelle Eingabe möglich; Momentum kann sich in Abhängigkeit der Lerngruppen (im Lernverlauf) verändern.
Lernkoeffizient	Sollte in dem Intervall von [0;1] liegen, häufig liegt er in dem Intervall [0,7;0,9].[702]	Manuelle Eingabe möglich; Lernkoeffizient kann sich in Abhängigkeit der Lerngruppen (im Lernverlauf) verändern.

Tabelle 18: Einzustellende Parameter für das KNN unter der Beachtung der softwarespezifischen Möglichkeiten

5.4.2 Ziehung der Stichproben für die Künstliche Neuronale Netzanalyse

Bevor mit Hilfe der KNN-Analyse der in Kap. 5.3 beschriebene Datenbestand untersucht werden kann, muss dieser in die Mengen der Trainings-, Validierungs- und Generalisierungsdaten eingeteilt werden.[703] Die Ziehung der drei Stichproben sollte folgende Voraussetzungen erfüllen:[704]

699 Vgl. Füser (1995), S. 27.
700 Vgl. Füser (1995), S. 71; vgl. zur Darstellung der Sigmoid-Funktion die Ausführungen im Anhang.
701 Vgl. Schiffmann (1999), S. 48f.
702 Vgl. Füser (1995), S. 61.
703 Vgl. Krause (1993), 124ff.
704 Vgl. hier und im Folgenden Glormann (2001), S. 149ff.

- Bei einem Klassifikationsproblem sollten die verschiedenen Klassen innerhalb der Trainingsmengen gleichverteilt sein,
- jede Gruppe sollte möglichst repräsentativ für den gesamten Datenbestand sein.

Bei Klassifizierungsproblemen sollte darauf geachtet werden, dass die verschiedenen Klassenstärken innerhalb der Trainingsmenge gleich groß sind, damit nicht eine von beiden Klassen beim Lernprozess dominiert wird. Beispielsweise sollten bei der Untersuchung von Kreditausfallwahrscheinlichkeiten in den Trainingsdaten solvente und insolvenzgefährdete Unternehmen gleich stark vertreten sein. Das vorliegende Problem stellt jedoch ein Prognoseproblem dar. Dementsprechend liegen keine einzelnen Klassen vor.

Innerhalb der im weiteren Verlauf beschriebenen *Szenarienbildung* wird die gesamte Datenmenge in Gruppen separiert. Folglich lassen sich in Abhängigkeit der Gruppendefinition verschiedene Aufteilungen (Szenarien) finden. In *Szenario 1* wird unterstellt, dass ein Unternehmen bereits verschiedene Anleihen begeben haben kann. Das KNN soll folglich lernen, die Credit Spreads von Anleihen zu bestimmten, deren Schuldner bereits auf dem Kapitalmarkt als Emittenten weiterer Anleihen agieren. Es findet eine vollkommen zufällige Stichprobenziehung statt und jede Anleihe stellt eine einzelne Gruppe dar, sodass es sich um 1641 Gruppen handelt. Über alle Gruppen hinweg lag eine Standardabweichung des Credit Spread von 0,7669 vor. Die Standardabweichung drückt aus, wie stark der Wert des Credit Spread zwischen den Anleihen schwankt.

Falls man unterstellt, dass ein Unternehmen (unabhängig von der wertpapierspezifischen Ausstattung) mit derselben Kreditprämie bewertet wird, muss innerhalb der Datenaufteilung keine zufällige Stichprobe verfolgt, sondern vielmehr eine teilweise gesteuerte Unternehmensauswahl getroffen werden.

Falls man unterstellt, dass ein Unternehmen bereits in der Vergangenheit eine Anleihe emittiert hat, jedoch augenblicklich kein Wertpapier von diesem Unternehmen gehandelt werden soll, bildet die zugehörige Bilanz das Kriterium zur Gruppeneinteilung. Dementsprechend wird sichergestellt, dass zu einem Stichtag Anleihen bzw. die zugehörigen Credit Spreads desselben Unternehmens in eine Gruppe eingeteilt werden, jedoch gleichzeitig Anleihen bzw. die zugehörigen Credit Spreads der vergangenen Jahre (mit entsprechend unterschiedlichen Bilanzkennzahlen) einer anderen Gruppe zugeordnet werden. Diese Annahme wird als *Szenario 2* bezeichnet. Bei dieser Einteilung entstehen 345 Gruppen. Innerhalb einer Gruppe beträgt die Standardabweichung zwischen dem Gruppenmittelwert des Credit Spread (arithmetisches Mittel) und den einzelnen Ausprägungen im Durchschnitt 0,5035. Dieser Schnitt gewichtet jede Gruppe gleich und zeigt, dass es auch innerhalb der einzelnen Gruppen zu deutlichen Unterschieden zwischen den Credit Spreads kommt.

Im *Szenario 3* bildet ein Unternehmen eine Gruppe. Dies unterstellt, dass Anleihen bzw. die zugehörigen Credit Spreads eines Unternehmens in einer Gruppe zu erfassen sind. Dementsprechend handelt es sich um 136 Gruppen. Innerhalb einer Gruppe beträgt die Standardabweichung zwischen dem Klassenmittelwert des Credit Spread (arithmetisches Mittel) und den einzelnen Ausprägungen im Durchschnitt 0,5741.[705] An dieser hohen durchschnittlichen Abweichung wird deutlich, dass einem Unternehmen sehr unterschiedliche Credit Spreads zugeordnet sind. Die Tabelle 19 fasst die gebildeten Szenarien zusammen. Dementsprechend kann die KNN-Analyse anhand von drei Szenarien geführt werden. Während in dem folgenden Kap. 5.4.3.1 zunächst für das Grundmodell die Parameter konfiguriert werden, wird im Kap. 5.4.3.2 der Datenbestand jeweils getrennt für die drei Szenarien ausgewertet. Bei der Herleitung der Parameterkonfiguration wird jeweils das Szenario 1 herangezogen, da die Software Neural Connections® keine automatisierte Gruppenbildung bei der Aufteilung in die Lern- und Testmenge unterstützt. Im Rahmen der Parameterkonfiguration ist es somit nicht möglich, für jedes Szenario getrennt eine Netzstruktur abzuleiten.

Szenario	**Gruppeneinteilung nach dem Kriterium**	**Gruppenanzahl**	**Standardabweichung des Credit Spread vom Mittelwert der jeweiligen Klasse als Mittelwert über alle Gruppen**
1	Anleihe	1641	0,7669
2	Bilanzen	345	0,5035
3	Unternehmen	136	0,5741

Tabelle 19: Standardabweichungen des Credit Spread innerhalb verschiedener Szenarien

5.4.3 Das Grundmodell

5.4.3.1 Parameterkonfiguration

Für die Analyse des in Kap. 5.3 dargestellten Datenbestands mit Hilfe des MLP ist wie in dem vorangegangenen Kapitel bereits dargestellt wurde, eine Vielfalt von einzustellenden Parametern vorhanden, die teilweise von der herangezogenen Software bedingt werden. Bei der Ableitung der optimalen Netzstruktur ist fraglich, in welcher Reihenfolge die Parameter variiert werden sollen und wie stark eine Variation ausfallen soll. An dem Beispiel von zwei Einstellungsparametern soll diese verdeutlicht werden.

Zum einen muss eine Entscheidung bezüglich der Anzahl der layers getroffen und zum anderen die Einteilung der Daten in die Gruppen Test-, Trainings- und Validierungsdaten vorgenommen werden. Während die layers als Anzahl bestimmt werden, ist die Dimension der Mengeneinteilung häufig prozentual anzugeben. Falls man nun von einem Startnetz ausgeht, besteht die Möglichkeit, entweder die Anzahl an layer oder

[705] Dieser Schnitt gewichtet wiederum jede Klasse gleich.

die Datenaufteilung zu variieren.[706] Hieraus resultieren zwei Fragen: Welche Anpassung soll man zunächst vornehmen und wie stark soll diese ausfallen? Zur Beantwortung dieser Fragen ist es notwendig, die im Analyseverlauf verwendete Software heranzuziehen und gleichzeitig auf Erfahrungswerten bei anderen Untersuchungen aufzubauen.

Die unter Kapitel 5.4.1 dargestellten Parameter lassen sich in Abhängigkeit von der benutzten Software Neural Connections 2.0® nach dynamischen und starren Einstellungen unterscheiden.[707] Wie bereits o.g., sind die Parameter „Lernkoeffizient" und „Momentum" durch die Spezifika der Software während des Lernprozesses veränderbar. Aufgrund der individuellen Einstellungsmöglichkeiten durch den Anwender kann der Lernkoeffizient z.B. im Trainingsverlauf ab- und das Momentum zunehmend sein. Somit sind diese Parameter als dynamische Einstellungen zu charakterisieren. Für diese dynamischen Parameter sind keine eigenständigen Netzmodifikationen notwendig, da diese Einstellungen innerhalb eines Netzes variieren können. Die übrigen starren Einstellungen müssen jeweils durch die Konzeption eigener Netzstrukturen verändert werden.

Die Veränderung der Parametereinstellungen in der vorliegenden Arbeit ist an die Vorgehensweise der Software Neuronaler-Netz-Simulator SNNS® (Stuttgarter Neuronaler Netz Simulator) angelehnt:[708]

- Ausgehend von einem Grundschema (Standardeinstellungen in der Software Neural Connections®) wird
- zunächst die Aktivierungsfunktion variiert.
- Anschließend wird die Netzgröße verändert, indem

706 Bezugsbasis für Angaben der prozentualen Datenaufteilung ist immer die gesamte Datenmenge.

707 Es wurde ein PC mit folgenden Eigenschaften eingesetzt: 800 MHZ, Pentium III®, 256 MB RAM.

708 Vgl. Lackes, Mack (2000), S. 239.

    - erstens die Anzahl an Knotenpunkten (Neuronen in der versteckten Schicht) und
    - zweitens die Anzahl der layers in der versteckten Schicht variiert werden.
- Im folgenden Schritt wird die prozentuale Aufteilung der Datenmengen in die Trainings-, Validierungs- und Testdaten variiert.
- Aufbauend auf diesen Ergebnissen werden verschiedene Verteilungsfunktionen für die Startgewichte konfiguriert und
- abschließend die Anzahl an Lernschritten variiert.[709]

Im Weiteren werden nun (ausgehend von dem Grundschema) die Parametervariationen *durchgeführt.* Hinzugezogen wird hierbei das Szenario 1, d.h. die Aufteilung in Trainings-, Validierungs- und Testdaten ist vollkommen zufallsverteilt. Dabei wird jede einzelne Parameterkonfiguration anhand des Fehlerwertes des Netzes beurteilt. Eine Parameterkonfiguration wird dann übernommen, wenn sie im Vergleich zu den Alternativen den niedrigsten Fehlerwert aufweisen kann. Es besteht somit die Frage, wie die Netzgüte bestimmt werden kann.

Unabhängig von der konkreten Parameterbelegung besitzt jedes Netz 32 Eingangsneuronen, da neben *3 makroökonomischen Variablen* (M_1-M_3), *3 titelspezifische Größen* (T_1-T_3) und *26 Bilanzkennzahlen* (B_1-B_{26}) herangezogen werden. Neben diesen 32 Inputneuronen besitzt jedes Netz genau ein Outputneuron, welches den Wert des Credit Spread angibt. Während die Inputneuronen beobachtete Größen sind, wird das Outputneuron bzw. der Wert dessen vom KNN bestimmt. Somit handelt es sich um den prognostizierten Credit Spread. Bei einem perfekten Netz würde der Wert des prognostizierten Credit Spread für eine Anleihe i ($\hat{e}_i$) dem Wert des am Markt beobachtbaren (e_i) entsprechen. Aus dieser Grundüberlegung heraus wird die Modellgüte eines Netzes als die Höhe der durchschnittlichen Abweichungen zwischen dem prognostizierten und dem beobachteten Credit Spread gemessen an den Generalisierungsdaten definiert. Im Weiteren wird diese durchschnittliche Abweichung als Fehlerwert des Netzes bzw. Fehlerwert der Testmenge (s_F) bezeichnet und berechnet sich als:

[709] Lernkoeffizienten bzw. Momentum werden im Lernverlauf dynamisch verändert. Der Lernkoeffizient startet bei 0,9 und endet bei 0,4. Das Momentum startet bei 0,1 und endet bei 0,6. Die Veränderung findet in vier Teilschritten statt, wobei jeder Teilschritt ¼ der gesamten Lernschritte umfasst.

Gleichung 32

$$s_F = \sqrt{\frac{1}{P_T} \cdot \sum_{i=1}^{P_T} |e_i - \hat{e}_i|^2} ,$$

mit: s_F = Fehlerwert eines Netzes, Fehlerwert der Testmenge
P_T = Menge der Testdatensätze,
e_i = gemessene Bonitätsprämie (Credit Spread) des Datensatzes i,
$\hat{e}_i$ = prognostizierte Bonitätsprämie (Credit Spread) des Datensatzes i,
$e_i - \hat{e}_i$ = Differenz eines Datensatzes i.

Ausgangspunkt für die Parametervariationen ist die softwarespezifische Grundeinstellung (Grundschema):

- Tanh-Aktivierungsfunktion,
- Netzgröße,
  - 16 Knotenpunkte,
  - 1 versteckte Schicht,
- 80-10-10 Aufteilung der Datenmenge,
- Startgewichte: 0,1; Verteilungsform: uniform,
- 400 Lernschritte in vier Gruppen („Lernstufe"). Nach Beendigung einer jeden Gruppe wird der Lernkoeffizient gesenkt bzw. das Momentum erhöht.

Zunächst wird die Aktivierungsfunktion variiert (vgl. Tabelle 20). Durch die softwarespezifischen Ausgestaltungsmerkmale werden drei Typen vorgegeben:

Aktivierungs-funktion	**Tanh**	**Sigmoid**	**Linear**
Fehlerwert der Testmenge	0,2523	**0,23351**	0,3600

Tabelle 20: Fehlerwertes s_F in Abhängigkeit der Aktivierungsfunktion für das Grundmodell

Da die erzielten Ergebnisse mit der Sigmoid-Aktivierungsfunktion im direkten Vergleich die Besten sind, wird diese für die weiteren Untersuchungen verwendet. Zunächst werden die Knotenpunkte (Neuronen in der versteckten Schicht) variiert. Zu dieser Parametereinstellung gibt es sehr unterschiedliche Empfehlungen. Häufig werden „Faustregeln" angewendet, die sich auf die Anzahl der Datensätze und / oder die

Anzahl der Eingangsneuronen beziehen. Beispielsweise wird von UHLIG vorgeschlagen:[710]

- $2\cdot\sqrt{I+K}$, wobei I + K = Summe aus Ausgabeneuronen und Eingabeneuronen; hier ca. 11 Knotenpunkte;
- Anzahl der Neuronen liegt zwischen der Hälfte und dem Zehnfachen der Anzahl der Eingabeneuronen (hier [16;320]).

Es wird deutlich, dass die Schwankungsbreite der Empfehlungen sehr groß ist. Die folgende Abbildung 40 zeigt die Abhängigkeit des Fehlerwertes von der Anzahl der Neuronen in der versteckten Schicht. Die weiteren Parametereinstellungen sind gemäß der vorangegangenen Untersuchung gleich der softwarespezifischen Grundeinstellung, wobei als Aktivierungsfunktion die Sigmoid-Funktion beibehalten wird.

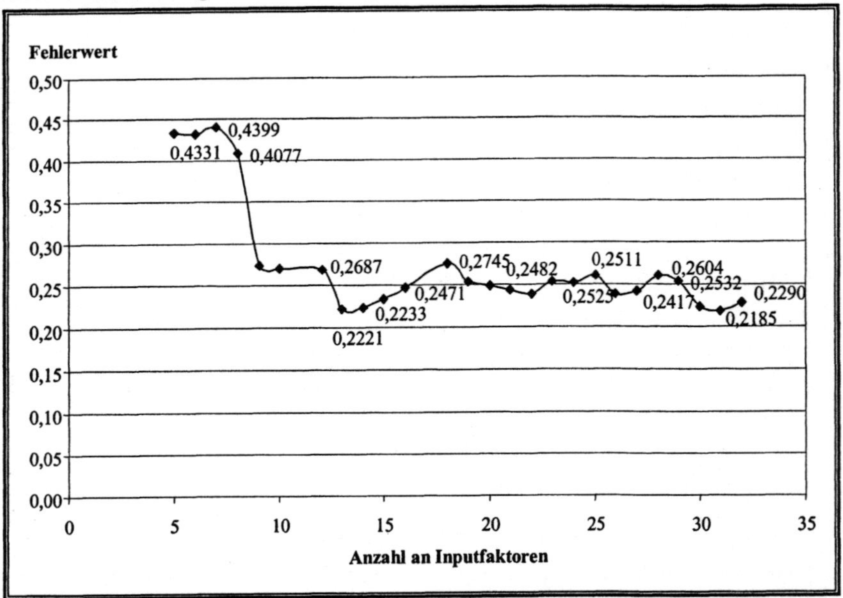

Abbildung 40: Fehlerwert s_F in Abhängigkeit von der Anzahl der Neuronen in der versteckten Schicht für das Grundmodell

Obwohl das Ergebnis (0,23243) bei n = 15 Knotenpunkten von der Einstellung mit n = 27 dominiert wird (0,22799), wird für die weiteren Versuche die Einstellung mit

710 Vgl. Uhlig (1995), S. 48; Brown (1993), S. 50ff.; Katz (1992), S. 58ff.; Shih (1991), S. 62ff.

15 Knotenpunkten verwendet, da hier eine wesentlich günstigere Lernzeit zu messen ist.[711]

Eine Netzvergrößerung kann neben der Erweiterung der Knotenanzahl in der ersten Schicht durch die Aufnahme einer zweiten (oder weiteren) Schicht erfolgen. Dies hat den Vorteil, in der zweiten (oder weiteren Schicht) eine andere Aktivierungsfunktion benutzen zu können. Das oben gefundene Netz mit 15 Neuronen wird im Weiteren um eine zweite Schicht ergänzt. Es werden weiterhin 15 Neuronen in der versteckten Schicht benutzt, bzw. bei den Variationen 10-12 werden insgesamt 20 Neuronen in der versteckten Schicht verwendet. Aufgrund der bereits gewonnenen Ergebnisse wird mindestens in einem layer eine Sigmoid-Funktion als Aktivierungsfunktion benutzt. Die Tabelle 21 zeigt einen Überblick hinsichtlich der gemessenen Fehlerwerte.

Aktivierungsfunktion (zwei Schichten)	**Fehlerwert**
(Ausgangsnetz) 1 Schicht, 15 Knoten; sigmoid-Funktion	**0,23243**
(Variation 1) 2 Schichten, 8 + 7 Knoten; sigmoid / tanh-Funktion	0,26818
(Variation 2) 2 Schichten, 8 + 7 Knoten, tanh / sigmoid-Funktion	0,28603
(Variation 3) 2 Schichten, 8 + 7 Knoten; sigmoid / sigmoid-Funktion	0,42300
(Variation 4) 2 Schichten, 10 + 5 Knoten; sigmoid / tanh-Funktion	0,42024
(Variation 5) 2 Schichten, 10 + 5 Knoten; tanh / sigmoid-Funktion	0,33276
(Variation 6) 2 Schichten, 10 + 5 Knoten; sigmoid / sigmoid-Funktion	0,30414
(Variation 7) 2 Schichten, 5 + 10 Knoten; sigmoid / tanh-Funktion	0,26573
(Variation 8) 2 Schichten, 5 + 10 Knoten; tanh / sigmoid-Funktion	0,32847
(Variation 9) 2 Schichten, 5 + 10 Knoten; sigmoid / sigmoid-Funktion	0,28034
(Variation 10) 2 Schichten, 10 + 10 Knoten; sigmoid / tanh-Funktion	0,27513
(Variation 11) 2 Schichten, 10 + 10 Knoten; tanh / sigmoid-Funktion	0,30024
(Variation 12) 2 Schichten, 10 + 10 Knoten; sigmoid / sigmoid-Funktion	0,28948

Tabelle 21: Fehlerwert s_F in Abhängigkeit von der Anzahl der layer, der Anzahl der Neuronen in der versteckten Schicht und der Aktivierungsfunktion für das Grundmodell

Die Variationen durch die Hinzunahme einer zweiten Schicht führen nicht zu einer Verringerung des Fehlerwertes.[712] Negativ anzumerken ist darüber hinaus, dass sich die Performance durch eine zweite Schicht verschlechtert.

Der nächste Schritt zur Parametervariation ist die Veränderung der prozentualen Aufteilung der gesamten Datenmenge. Es stellt sich die Frage, wie man bei einem erfolg-

---

[711] Insbesondere bei der späteren Erhöhung der Lernzyklen ist eine schnelle Bearbeitung notwendig. Mitunter dauert bei Lernzyklen von 10.000 Einheiten die Bearbeitung 24 Stunden. Somit kann man bei einem nahezu gleichwertigen Fehlerwert die Bearbeitungszeit deutlich (über 50 Prozent) reduzieren.

[712] Diese Feststellung deckt sich mit der Mehrzahl der KNN-Analysen aus dem finanzwissenschaftlichen Bereich, vgl. Fadlalla, Lin (2001), S. 117.

reichen Lernverhalten (große Trainingsmenge) eine Generalisierung (Testmenge) sicherstellen kann. Bei UHLIG findet sich ein übertragbarer Hinweis, und zwar:[713]

- Die Anzahl der Datensätze in der Trainingsmenge soll zwanzigmal so groß sein, wie die Anzahl der Eingabeneuronen (hier: 32 ·20 = 640), und
- es sollen viermal mehr Datensätze in der Trainingsmenge als Verbindungsgewichte (hier: 32 ·15 ·4 = 1920) vorhanden sein.

Im Folgenden werden die Ergebnisse verschiedener Aufteilungen in die Trainings-, Validierungs- und Testmenge tabellarisch aufgezeigt (Tabelle 22). Die oben bereits optimierten Einstellungen (Aktivierungsfunktion: sigmoid, 15 Neuronen, 1 Schicht) werden beibehalten.

Datenaufteilung in Trainings- / Validierungs- / Testmengen [Angaben in Prozent]	Fehlerwert gemessen an der Testmenge	Datenaufteilung in Trainings- / Validierungs- / Testmengen [Angaben in Prozent]	Fehlerwert gemessen an der Testmenge
95 / 2,5 / 2,5	0,27831	60 / 10 / 30	0,27745
90 / 5 / 5	0,27712	50 / 10 / 40	0,28382
85 / 5 / 10	0,28678	33 / 33 / 34	0,31985
80 / 10 / 10	**0,23243**	20 / 20 / 60	0,34620
70 / 10 / 20	0,23705	10 / 20 / 70	0,39151

Tabelle 22: Fehlerwert s_F in Abhängigkeit von der Aufteilung der Datenmenge für das Grundmodell

Die Aufteilung 80 / 10 / 10 stellt die beste Lösung dar, die eine gute Kombination zwischen Lernverhalten und Generalisierungsfähigkeit aufweist.

Der Parameter „Startgewichte" ist, wie bereits oben erläutert wurde, zum einen durch die Einstellung einer „range" und zum anderen durch eine Verteilungsform (uniform oder gaussian) bestimmt.[714] Somit werden Veränderungen sowohl des Wertebereiches (der Startgewichte) als auch der Verteilung hinsichtlich der Fehlerbeeinträchtigung analysiert (vgl. Tabelle 23).[715] Die beste Lösung liegt bei einer range von 0,3 und einer Gaussian-Verteilung der Startgewichte.

---

713 Vgl. Uhlig (1995), S. 36; Cassetti (1993), S. 78ff.; Kean (1992), S. 58ff.; Kean (1993), S. 78ff.

714 Für genauere Informationen siehe SPSS (1997), S. 134f.

715 Es wurden weitere Einstellungen für den Parameter „Range" gewählt (bspw. auch Werte größer 0,3), dabei wurden jedoch keine deutlichen Unterschiede sichtbar.

Range / Verteilung	Gaussian	Uniform
0,05	0,25121	0,26882
0,1	0,23243	**0,23241**
0,3	0,22907	0,24372

Tabelle 23: Fehlerwert s_F in Abhängigkeit von der Verteilung der Startgewichte für das Grundmodell

Als weitere Möglichkeit, den Lernprozess zu verändern, kann die Anzahl an Lernschritten durch den Netzarchitekten beeinflusst werden. Darüber hinaus besteht bei Neural Connection®, wie bereits o.g., die Möglichkeit der Einteilung von vier Lerngruppen. Die Lernschritte der einzelnen Lernstufen werden jeweils in gleich große Werte eingeteilt. Die Abbildung 41 zeigt die Entwicklung des Fehlerwertes in Abhängigkeit von den Lernschritten. Die untersuchten Lernschritte sind 50, 100, 200, 400, 800, 1.200, 1.600, 2.000, 2.400, 2.800, 3.200, 3.600, 4.000, 5.000, 6.000, 7.000, 8.000, 9.000 und 10.000. Der geringste Fehlerwert liegt bei 800 Lernschritten vor (Fehlerwert: 0,2291). Strenggenommen dürfte die Kurve sich ab einer gewissen Anzahl an Lernschritten nicht weiter verändern. Die Abbildung lässt vermuten, dass dies ab ca. 1200 Lernschritten der Fall ist. Lernwiederholungen darüber hinaus lassen ein „overlearning" stattfinden, somit ist ab diesem Punkt zu erwarten, dass der Fehlerwert nicht durch weitere Lernschritte gesenkt werden kann. Der (rückwirkende) Abbruchalgorithmus – niedrigster Fehlerwert der Validierungsmenge, „early-stopping-Zeitpunkt" – stoppt das Netz jeweils an derselben Stelle. Die Veränderungen bei 6.000 und 8.000 Lernschritten lassen sich nicht direkt erklären. Es ist zu vermuten, dass durch die programmspezifische Aufteilung in vier Lerngruppen der Lernprozess sich bei höheren Lernschritten leicht verändern kann.[716] Die Differenz dieser Unterschiede ist jedoch sehr gering. Insgesamt wird deutlich, dass keine Lernerfolge durch eine besonders große Anzahl von Lernschritten erzielt werden können. Da ein Übertrainieren durch die Validierungsmenge ausgeschlossen wird und das ausgewiesene Netz nicht durch den geringsten Fehlerwert der Trainings-, sondern den geringsten Fehlerwert der Validierungsmenge bestimmt wird, kann die Anzahl der Lernschritte nicht zu groß werden. Gleichzeitig wird jedoch die Bearbeitungszeit deutlich gesteigert. Als Indiz des „overlearning" ab 800 Lernwiederholungen lässt sich folgender Test anführen:

Falls man keinen „early-stopping-Zeitpunkt" misst, den Validierungsfehler als Abbruchkriterium also ausklammert, und eine Lernwiederholungsrate von 10.000 vorgibt, lässt sich ein Fehlerwert für die Trainingsmenge von unter 0,094673 messen. Gleich-

716 Diese Vermutung wird durch die Beobachtung gestützt, dass es bei Deaktivierung des Lernstufenmodus zu keiner Veränderung des Fehlerwertes bei hohen Lernwiederholungen kommt.

zeitig weist die Testmenge einen Fehlerwert von 0,328575 auf. Durch das oben genannte Abbruchkriterium, dem „early-stopping-Zeitpunkt“, ist somit die Generalisierungsfähigkeit des Netzes gesichert. Ein reines „Auswendiglernen“ der Muster innerhalb der Trainingsdaten ist nicht möglich.

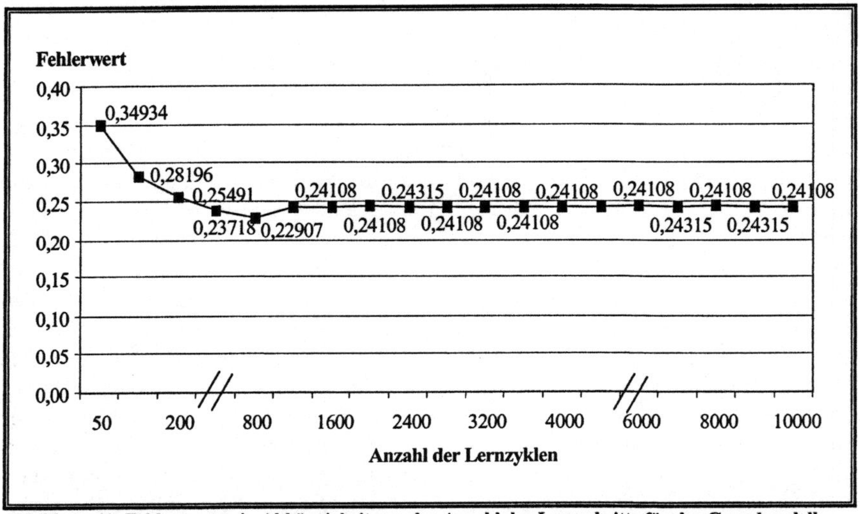

Abbildung 41: Fehlerwert s_F in Abhängigkeit von der Anzahl der Lernschritte für das Grundmodell

Es lässt sich konstatieren, dass die Ergebnisse, gemessen durch den Fehlerwert der Testmenge, in einem recht engen Intervall liegen. Die meisten Einstellungen führen zu einem Fehlerwert, der in dem Intervall von 0,24 - 0,25 liegt. Dies bedeutet eine relativ große Ergebnisrobustheit gegenüber Veränderungen in den verschiedenen Netzeinstellungen und der damit verbundenen Subjektivität durch den Netzwerkarchitekten.

5.4.3.2 Ergebnisdarstellung

Während in dem vorangegangenen Kapitel 5.4.3.1 die Parameterkonfiguration des Grundmodells abgeleitet wurde, wird im Weiteren sowohl die Netzwerkstruktur als auch der ausgewiesene Fehlerwert beschrieben. Das Grundmodell weist folgende Parametereinstellungen auf:

- Sigmoid-Aktivierungsfunktion
- Netzgröße
    - 20 Neuronen in der versteckten Schicht
    - 1 versteckte Schicht
- 80-10-10 Aufteilung der Datenmenge (Trainings- / Validierungs- / Generalisierungsdaten)
- Verteilungsfunktion der Startgewichte: gaussian[717]
- 800 Lernschritte.

Das Grundmodell besitzt den in Abbildung 42 dargestellten Aufbau. Insgesamt nehmen 32 Eingangsneuronen die Informationen auf, wobei sich drei auf die makroökonomischen Daten, drei auf die titelspezifischen Daten und 26 auf die Bilanzkennzahlen beziehen. Diese 32 Neuronen leiten die (normierten) Werte an 20 Neuronen in der versteckten Schicht weiter. Es handelt sich hierbei um einen layer, d.h. eine Unterschicht in der versteckten Schicht. Die im Rahmen der Informationsverarbeitung verwendete Aktivierungsfunktion ist die Sigmoid-Funktion. Die 20 Neuronen in der versteckten Schicht leiten ihre Werte an ein Ausgangsneuron weiter. Dieses gibt den prognostizierten Credit Spread wieder.

---

717 Softwarespezifische Einstellung, Range 0,3 (vgl. SPSS (1997), S. 134f.).

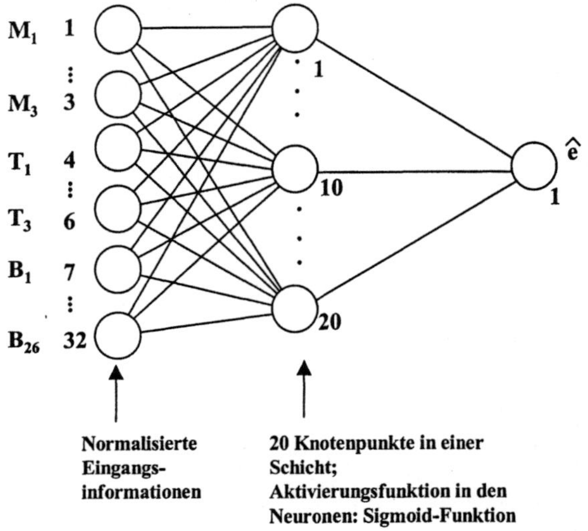

Abbildung 42: Schematischer Aufbau des Grundmodells

Zur Messung der Netzgüte wurde der Fehlerwert s_F bestimmt. Dieser berechnet sich aus den durchschnittlichen Abweichungen zwischen dem prognostizierten und dem beobachteten Credit Spread. Falls man nun die Differenz der einzelnen Datensätze bildet, d.h. je Anleihe i in der Testmenge die Differenz aus e_i und $\hat{e}_i$ bildet und diese gemäß einer Häufigkeitsverteilung abbildet, gelangt man zu der Fehlerverteilungsfunktion. Die *Fehlerverteilungsfunktion* ist die *Häufigkeitsfunktion* der Differenz von Prognose- und Istwert. Es sollte ein Mittelwert der Verteilungsfunktion nahe bei Null zu beobachten sein. Die Standardabweichung dieser Funktion entspricht dem Fehlerwert s_F. Darüber hinaus wird innerhalb der Beschreibung der Häufigkeiten der Abweichungen zwischen beobachteten und gemessenen Credit Spread eine Ausweitung des Intervalls über die Standardabweichung hinaus gewählt. Das *90-Prozent-Intervall* bezieht sich auf die in Absolutbeträgen gemessene Abweichung. Für das Szenario 1 bedeutet ein Wert von 0,3478, dass 90 Prozent der Abweichungen geringer sind als dieser Wert. Somit lassen sich Aussagen bezüglich der prozentualen Häufigkeit von Abweichungsgrößen innerhalb der Testmenge treffen.

Für das Grundmodell sind folgende Ergebnisse erzielt worden (vgl. Tabelle 24):

	Datenaufteilung in Prozent (Training / Validierung / Test); die Anzahl an Fällen für die Testmenge ist jeweils 164	**Standardabweichung der Fehlerverteilungsfunktion (Testmenge)**	**90 Prozent Intervall (Testmenge)**
Szenario 1	80 / 10 / 10	0,2294	0,3478
Szenario 2	80 / 10 / 10	0,2437	0,4302
Szenario 3	80 / 10 / 10	0,2942	0,5359

Tabelle 24: Standardabweichungen und 90-Prozent-Intervall-Fehlerwert der Fehlerverteilungsfunktion des Grundmodells

Das *Szenario 1* entspricht einer vollkommen zufälligen Datenaufteilung. Dies bedeutet, dass bei Unternehmen mit mehreren Wertpapieren auf dem Markt ein Wertpapier in der Test- und eines in der Trainingsmenge vorhanden sein kann. Für die Übertragung auf die Kreditvergabe würde dies bedeuten, die Kreditprämie eines bekannten Kunden zu berechnen, der bereits einen laufenden Kredit (mit anderen Ausstattungsmerkmalen) erhalten hat. Für das Szenario 1 wurde bei einer Standardabweichung von 0,2294 das beste Ergebnis erzielt. Dies kann damit begründet werden, dass die Credit Spread Bestimmung für eine zweite Anleihe bzw. einen zweiten Kredit mit einer höheren Genauigkeit durchgeführt werden kann, da bereits kundenspezifische Informationen vorliegen. Die Fehlerverteilungsfunktion (Abbildung 43) zeigt eine deutlich Häufung um den Nullpunkt. Diese Beobachtung wird auch durch den Mittelwert in Höhe von 0,01299 Prozentpunkten und einer Varianz von 0,05262 (Tabelle 25) bestätigt. Diese hohe Prognosefähigkeit kommt auch in dem Wert des 90-Prozent-Intervalls zum Ausdruck, da der Credit Spread von 90 Prozent der 164 untersuchten Anleihen von dem KNN mit einer Ungenauigkeit von maximal 0,3478 Prozentpunkten prognostiziert werden kann.

Deskriptive Kennzahlen Szenario 1, Grundmodell	$e_i - \hat{e}_i$
N	164
Median	0,09397
Mittelwert	0,01299
Standardabweichung (= s_F)	0,2294
Varianz	0,05262
Spannweite	1,92
Minimum	-0,57
Maximum	1,35

Tabelle 25: Deskriptive Kennzahlen der Testmenge, Szenario 1 im Grundmodell

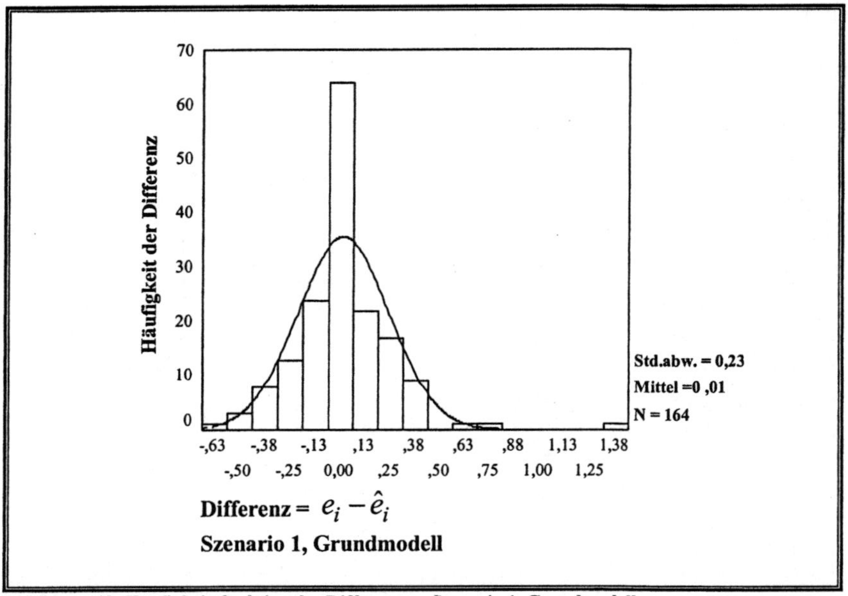

Abbildung 43: Häufigkeitsfunktion der Differenzen, Szenario 1, Grundmodell

Szenario 2 berücksichtigt, dass ein Unternehmen zu einem Stichtag nicht ein Wertpapier in der Trainings- und ein anderes in der Testmenge haben kann. Man kann dies interpretieren als ein Unternehmen, welches zwar bereits Kunde einer Bank ist, jedoch zu dem aktuellen Zeitpunkt keinen laufenden Kredit erhalten hat. Der Fehlerwert für das Szenario 2 ist günstiger als für das Szenario 3 jedoch schlechter als für das Szenario 1. Ebenfalls lässt sich eine Häufung der Fehlerverteilungsfunktion um den Nullwert beobachten (Abbildung 44), sodass auch der Mittelwert nahe bei Null liegt (Tabelle 26).

Deskriptive Kennzahlen Szenario 2, Grundmodell	$e_i - \hat{e}_i$
N	164
Median	-0,084955
Mittelwert	-0,069203
Standardabweichung (= s_F)	0,2437
Varianz	0,05940
Spannweite	1,03
Minimum	-0,55
Maximum	0,48

Tabelle 26: Deskriptive Kennzahlen der Testmenge, Szenario 2 im Grundmodell

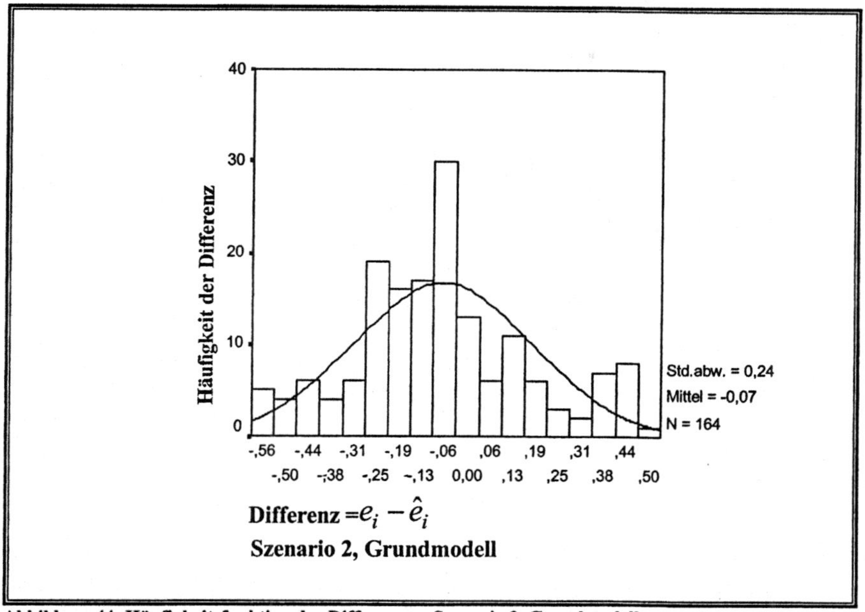

Abbildung 44: Häufigkeitsfunktion der Differenzen, Szenario 2, Grundmodell

Szenario 3 stellt sicher, dass ein Unternehmen nicht gleichzeitig in die Lern- und in die Testmenge eingeteilt werden kann. Dies bedeutet, dass ein Unternehmen noch kein Kunde der Bank ist. Es ist auffällig, dass im Szenario 3 die höchste Standardabweichung vorliegt (Tabelle 27) und es bei Betrachtung der Fehlerverteilungsfunktion zu keiner Häufung um den Nullwert kommt (Abbildung 45).

Die im Vergleich zu Szenario 1 schlechten Ergebnisse der Szenarien 2 und insbesondere 3 können damit begründet werden, dass das Grundmodell auf Basis des Szenarios 1 abgeleitet wurde. Es kann vermutet werden, dass die Fehlerwerte der beiden anderen Szenarien sich reduzieren lassen, falls eigene Parameterkonfigurationen dafür abgeleitet würden.

Deskriptive Kennzahlen Szenario 3, Grundmodell	$e_i - \hat{e}_i$
N	164
Median	0,1277
Mittelwert	0,1005
Standardabweichung (= s_F)	0,2942
Varianz	0,08653
Spannweite	1,15
Minimum	-0,41
Maximum	0,74

Tabelle 27: Deskriptive Kennzahlen der Testmenge, Szenario 3 im Grundmodell

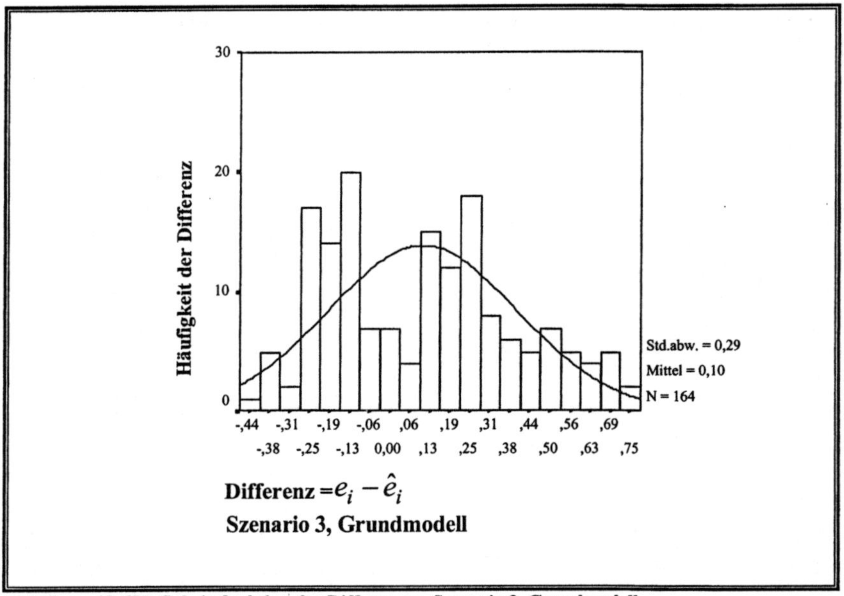

Abbildung 45: Häufigkeitsfunktion der Differenzen, Szenario 3, Grundmodell

5.4.4 Sensitivitätsanalyse als Ausgangspunkt einer Faktorenreduktion

Während sich die im Kapitel 5.4.3.1 dargestellte Parametervariation auf die Veränderung der Netzwerkeinstellungen und die damit verbundenen Ergebnisveränderungen, gemessen durch den Fehlerwert s_F der Testmenge, bezogen hat, werden im Folgenden die Inputfaktoren und deren Bedeutung für das Ergebnis untersucht. Grundsätzlich wird im Umgang mit Neuronalen Netzen versucht, die Anzahl der Inputfaktoren auf ein Minimum zu reduzieren.[718] Ausgangspunkt ist zunächst ein Netz mit einem möglichst umfassenden Katalog an Kennzahlen, d.h. Eingangsinformationen, aus denen dann die für die Mustererkennung relevanten Informationen bestimmt werden. Nicht-relevante werden „abgeschnitten", sodass der Begriff „*Pruning*" (to prune = abschneiden) für diese Technik verwendet wird.

Das Pruning könnte zum einen damit begründet werden, dass ein Neuronales Netz so einfach wie möglich gestaltet sein sollte, um die Anwendbarkeit zu stützen.[719] Eine Funktion mit wenigen Inputfaktoren ist „überschaubarer" und lässt sich von Anwendern bspw. bei Kreditentscheidungen leichter nachvollziehen. Außerdem wird die

[718] Vgl. bspw. hier und im Folgenden Glormann (2001), S. 247ff.
[719] Vgl. zu der Begründung des Pruning hier und im Folgeden Karnin (1990), S. 239.

Berechnungszeit und somit die Performance durch eine geringere Anzahl an Inputfaktoren positiv beeinflusst. Zum anderen – und dies ist der wichtigere Grund - wird die Reduktion der Inputfaktoren mit dem „*Verrauschen*" von Datensätzen begründet. Durch die Reduktion um nicht gebrauchte Informationen soll nämlich der Fehlerwert verringert werden. Eine Information wird dann nicht gebraucht, wenn sie für die Mustererkennung nicht notwendig ist. Beispielsweise könnte man für die Prognose des Credit Spread auch die „Tagestemperatur" als weiteren Inputfaktor aufnehmen. Es ist zu erwarten, dass diese Eingangsinformationen keinen Einfluss auf den Credit Spread ausübt. Dementsprechend müsste in einem optimalen Netz die Information „Tagestemperatur" mit einem Gewichtungsfaktor von „Null" bewertet werden. Eine andere Möglichkeit besteht darin den Eingangswert „Tagestemperatur" nicht als Inputfaktor aufzunehmen. Da man nicht von vorneherein die Relevanz oder Irrelevanz der Eingangsinformationen erkennen kann, ergibt sich zunächst die Möglichkeit, alle Kombinationen, die die Eingangsinformationen bilden, als Netzstrukturen anzulegen, und die entsprechenden Fehlerwerte abzulesen. Das Netz mit dem geringsten Fehlerwert beinhaltet die relevanten Eingangsinformationen. Bei 32 Inputfaktoren – wie bei der hier geführten Untersuchungen – müssten somit $2^{32} - 1 = 4.294.967.295$ Kombinationen untersucht werden. Aufgrund der großen Zahl kann jedoch nicht jede Kombination getestet werden. Somit ist es wichtig, Kenntnis über die Relevanz (oder anders ausgedrückt Sensitivität) der Eingangsinformationen auf den Zielwert zu erlangen.

Da durch die Software Neural Connections® keine direkten Pruningverfahren zur Verfügung gestellt werden, wird im Folgenden das Pruning auf der Grundlage einer *Sensitivitätsanalyse* durchgeführt.[720] Hierzu wird zunächst der Zielwert bei einem Datensatz ermittelt, bei dem alle Inputfaktoren gleich dem jeweiligen Median ihrer Verteilungsfunktion sind. Für diesen „virtuellen" Datensatz wird der Credit Spread mittels KNN bestimmt ($\hat{e}_M$). Anschließend wird jeweils ein Inputfaktor sowohl auf das 1. als auch auf das 3. Quartil seiner eigenen Verteilung gesetzt. Falls man bspw. die Sensitivität für die Eingangsinformation M_1 berechnen will, wird diese (und nur diese) Information gleich dem Wert des 1. Quartils (3. Quartils) gesetzt und der Credit

[720] Ein Überblick zu verschiedenen Pruningverfahren findet sich bei Baun, S. (1994), S. 163; Miller (1994), S. 125ff.; Benenati (1998), S. 51ff.

Spread mittels des KNN bestimmt ($\hat{e}^{X_{1.Quartil}}_{M_1}$ bzw. $\hat{e}^{X_{3.Quartil}}_{M_1}$). Die Differenz der beiden Credit Spreads ($\left|\hat{e}^{X_{1.Quartil}}_{M_1} - \hat{e}_M\right|$ bzw. $\left|\hat{e}^{X_{3.Quartil}}_{M_1} - \hat{e}_M\right|$) beschreibt die Sensitivität des Netzes in Bezug auf die Veränderungen des Inputfaktors M_1 (vgl. Abbildung 46).[721]

Es werden anschließend Rankings der Sensitivitäten in Bezug auf Änderungen hinsichtlich des 1. und des 3. Quartils aufgestellt, indem für alle Eingangsinformationen die Sensitivitäten einzeln bestimmt werden. Ein Inputfaktor kann in einem Quartil einen sehr starken Einfluss, in dem anderen jedoch nur eine geringere Bedeutung auf die Veränderung des Credit Spread besitzen. Bspw. könnte der Inputfaktor M_1 für das 1. Quartil einen 3. Platz und für das 3. Quartil einen 7. Platz ausweisen. Die Einzelrankings je Inputfaktor für das 1. und das 3. Quartil werden anschließend durch eine einfache Summierung zusammengezogen (für den Inputfaktor M_1 wäre dies ein Wert von 10) und mit Hilfe der Summe der Einzelrankings wird ein neues Gesamtranking ausgewiesen. Dem Inputfaktor mit der niedrigsten Summe aus den Einzelrankings wird der Platz 1 und dem Inputfaktor mit der höchsten Summe wird Platz 32 zugeordnet. Nachdem nun ein Ranking der Sensitivitäten aufgestellt wurde, wird der Inputfaktor mit dem tiefsten Rang gestrichen und von der weiteren Untersuchung ausgeklammert. Die Anzahl der Inputfaktoren des neuen Netzes reduziert sich somit um „1". Es wird wiederum für das neue Netz der Fehlerwert gemessen und im Anschluss an die Sensitivitätsanalyse ein neues Ranking als Ausgangspunkt für die Reduktion um einen Inputfaktor gebildet. Die Abbildung 47 zeigt den Verlauf des Fehlerwertes s_F in Abhängigkeit der Folge der Verringerung der Inputfaktoren.

721 Bei dieser Vorgehensweise wird unterstellt, dass alle Inputfaktoren voneinander unabhängig sind. Diese Annahme konnte nicht durch eine Korrelationsanalyse belegt werden. Trotz der Verletzung der Annahme wird die Sensitivitätsanalyse herangezogen, um die Einflussstärke einzelner Faktoren zu bestimmen. Vgl. auch zur Vorgehensweise der „globalen Sensitivitätsanalyse" bspw. Baetge (1998), S. 600f.; Glormann (2001), S. 280ff. Da im weiteren Analyseverlauf nach jeder auf Basis der Sensitivitätsanalyse bestimmten Faktorenreduktion der Fehlerwert gemessen wird, kann zumindest ausgeschlossen werden, dass relevante Informationen vernachlässigt werden. Es kann jedoch nicht widerlegt werden, dass andere Faktorenreduktionen (Pruningverfahren) zu besseren Netzstrukturen führen könnten. Vgl. auch das in Kap. 5.2.2 dargelegte Verständnis einer „optimalen" Struktur.

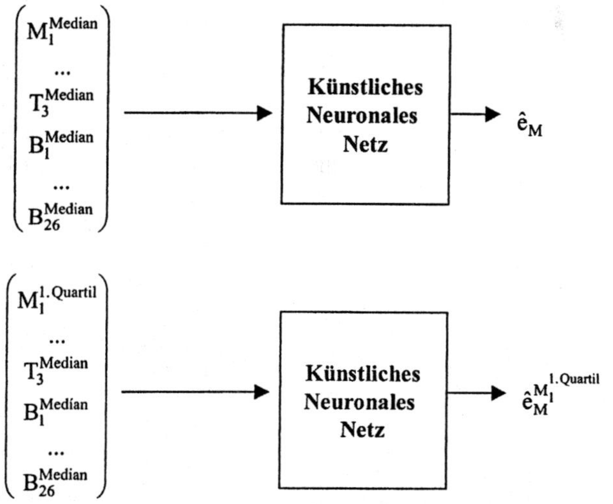

Median := **Median der Verteilungsfunktion der entsprechenden Variablen**
1./3. Quartil :=**1./3. Quartil der Verteilungsfunktion der entsprechenden Variablen**

Sensitivität von M_1 im Bereich des 1. Quartils:$= \left| \hat{e}_M^{M_1^{1.\,Quartil}} - \hat{e}_M \right|$

Abbildung 46: Differenzmessung innerhalb der Sensitivitätsanalyse am Beispiel des Inputfaktors M_1 und im Bereich des 1. Quartils

Ein Abbruchkriterium für die Inputreduktion wird durch den starken Anstieg von 0,2221 auf 0,2687 bei der Reduktion von 13 auf 12 Inputfaktoren aufgezeigt. Hier ist sowohl ein sehr guter Fehlerwert als auch eine sehr gute Performancezeit zu finden. Durch die starke Reduktion der Inputfaktoren liegt die Bearbeitungszeit unter 60 Minuten.[722] Folgende 13 Inputfaktoren wurden vom KNN als relevante Informationen charakterisiert: M_1, M_2, M_3, T_2, T_3, B_2, B_4, B_6, B_{13}, B_{16}, B_{18}, B_{22} und B_{24}.[723]

722 Die Lernzeit beim absoluten Minimum des Fehlerwertes (0,2185) betrug ca. 5 Stunden.
723 Zur Beschreibung und Interpretation vgl. Kap. 5.4.6.

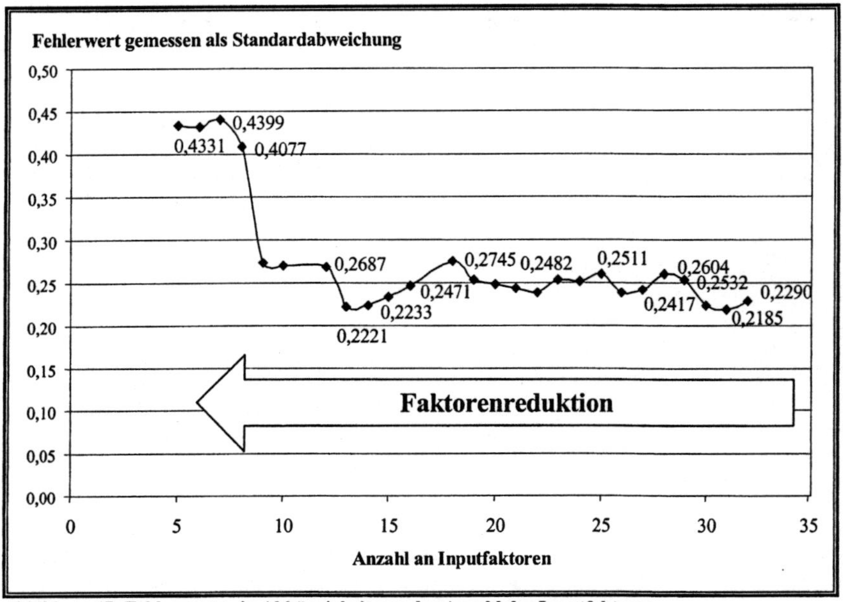

Abbildung 47: Fehlerwert s_F in Abhängigkeit von der Anzahl der Inputfaktoren

Man kann konstatierten, dass ein Netz mit einem Inputfaktorensatz von 13 verschiedenen Kennzahlen in sehr kurzer Zeit sehr gute Lernerfolge erzielen kann. Das Ziel der Sensitivitätsanalyse bestand zum einen in der Reduktion der Bearbeitungszeit (Performance) und zum anderen in der Reduktion des Fehlerwertes. Beide Ziele wurden erreicht.

5.4.5 Das 13er-Modell

5.4.5.1 Parameterkonfiguration

Parallel zu der Vorgehensweise in Kapitel 5.4.3.1 werden die Einstellungsparameter variiert. Das Grundschema ist hierbei das aus der Sensitivitätsanalyse abgeleitete Modell mit 13 Inputfaktoren. Unterstellt wird wiederum das Szenario 1. Folgende Einstellungen liegen auf Grund des Grundschemas der Software Neural Connection® vor:

- Sigmoid-Aktivierungsfunktion,
- Netzgröße:
    - 9 Knotenpunkte,
    - 1 versteckte Schicht,
- 80-10-10 Aufteilung der Datenmenge,
- Range: 0,3; Distribution: gaussian und
- 800 Lernschritte in vier Gruppen („Lernstufen"). Nach Beendigung einer jeden Gruppe wird der Lernkoeffizient gesenkt bzw. das Momentum erhöht.

Der Fehlerwert s_F des Grundschemas beträgt 0,2221. Analog zu der Herleitung des Grundmodells wird auch in dem 13er-Modell der Fehlerwert nach jeder Parametervariation gemessen und die Struktur wird als Ausgangsbasis für die nächste Variation herangezogen, die den niedrigsten Fehlerwert aufweist.[724]

Zunächst wird die Aktivierungsfunktion variiert (vgl. Tabelle 28). Durch die softwarespezifischen Ausgestaltungsmerkmale sind drei Typen vorgegeben.

Aktivierungsfunktion	**Tanh**	**sigmoid**	**linear**
Fehlerwert der Testmenge	0,3062	**0,2221**	0,3378

Tabelle 28: Fehlerwert s_F in Abhängigkeit von der Aktivierungsfunktion für das 13er-Modell

Anschließend wird bei Verwendung der Sigmoid-Aktivierungsfunktion die Anzahl der Neuronen in der versteckten Schicht verändert (erster Schritt) Netzgrößenvariation). Für das Netz, basierend auf 11 Knotenpunkten, liegt der niedrigste Fehlerwert mit 0,2217 vor (vgl. Abbildung 48).

724 Abweichend kann fallbezogen ein Netz mit einem sehr niedrigen Fehlerwert und gleichzeitig besten Performance gewählt werden.

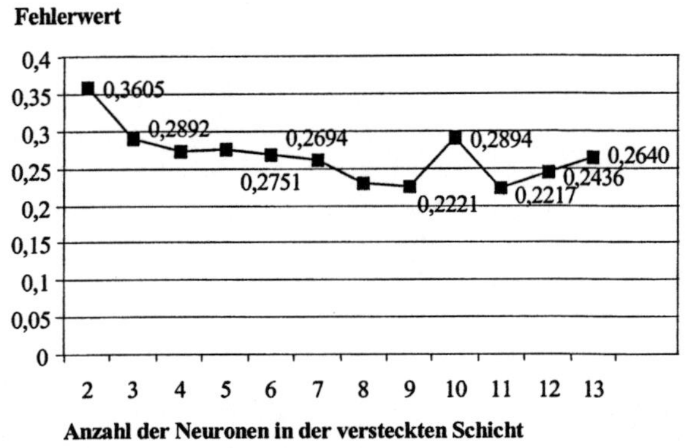

Abbildung 48: Fehlerwert s_F in Abhängigkeit von der Anzahl der Neuronen in der versteckten Schicht für das 13er-Modell

Für die weiteren Parametervariationen werden 11 Neuronen in der versteckten Schicht beibehalten. In dem zweiten Schritt der Netzgrößenvariation wird versucht, durch die Aufnahme eines zweiten layers den Fehlerwert zu verringern. Analog zu Kapitel 5.4.3.1 wird mindestens in einem layer eine Sigmoid-Aktivierungsfunktion verwendet. Die Tabelle 29 zeigt einen Überblick hinsichtlich der gemessenen Fehlerwerte.

Aktivierungsfunktion (zwei Schichten)	Fehlerwert
(Ausgangsnetz) Schicht, 11 Knoten, sigmoid-Funktion	**0,2217**
(Variation 1) 2 Schichten, 5 + 6 Knoten, sigmoid / tanh-Funktion	0,2900
(Variation 3) 2 Schichten, 5 + 6 Knoten, tanh / sigmoid-Funktion	0,2822
(Variation 2) 2 Schichten, 5 + 6 Knoten, sigmoid / sigmoid-Funktion	0,2868

Tabelle 29: Fehlerwert s_F in Abhängigkeit von der Anzahl der Schichten der Knotenpunkte und der Aktivierungsfunktion für das 13er-Modell

Die bereits im Rahmen des Grundmodells gefundenen Ergebnisse zur Netzgrößenvariation durch Aufnahme einer zweiten Schicht werden auch beim 13er-Modell bestätigt. Die Lerndauer nimmt zu, während gleichzeitig der Lernerfolg – gemessen als Fehlerwert der Testmenge – deutlich abnimmt. Somit werden hier keine weiteren Schichten in die Untersuchung aufgenommen. Im Weiteren wird die Aufteilung der Datenmenge variiert. Tabelle 30 zeigt die Ergebnisse.

Datenaufteilung in Trainings- / Validierungs- / Testmengen [Angaben in Prozent]	Fehlerwert, gemessen an der Testmenge	Datenaufteilung in Trainings- / Validierungs- / Testmengen [Angaben in Prozent]	Fehlerwert, gemessen an der Testmenge
95 / 2,5 / 2,5	0,2235	60 / 10 / 30	0,2522
90 / 5 / 5	0,2663	50 / 10 / 40	0,2805
85 / 5 / 10	0,2960	33 / 33 / 34	0,2937
80 / 10 / 10	**0,2217**	20 / 20 / 60	0,2911
70 / 10 / 20	0,2306	10 / 20 / 70	0,3701

Tabelle 30: Fehlerwert s_F in Abhängigkeit von der Aufteilung der Datenmenge für das 13er-Modell

Für den Bereich 80 / 10 / 10 liegt im direkten Vergleich die beste Lösung vor, die eine gute Kombination zwischen Lernverhalten (große Lernmenge) und Generalisierungsfähigkeit (große Testmenge) aufzeigt. Somit können die Datenaufteilungen des Grundschemas übernommen werden.

Die Startgewichte wurden nun hinsichtlich der Verteilung und des Wertebereiches verändert. Tabelle 31 zeigt einen Ergebnisüberblick:

Range / Verteilung	Gaussian	Uniform
0,3	0,2217	0,2468
0,05	0,2373	0,2394
0,03	**0,2205**	0,2379

Tabelle 31: Fehlerwert s_F in Abhängigkeit der von Verteilung der Startgewichte für das 13er-Modell

In einer abschließenden Variation werden die Lernschritte verändert. Es wird analog zu der Herleitung des Grundmodells eine Lernschrittvariation vorgenommen. Das bedeutet jeweils, für die unterschiedlichen Anzahlen an Lernzyklen (50, 100, 200, 400, 800, 1.200, 1.600, 2.000, 2.400, 2.800, 3.200, 3.600, 4.000, 5.000, 6.000, 7.000, 8.000, 9.000 und 10.000), eine Netzstruktur zu entwickeln. Parallel zu den o.g. Beobachtungen sollte eine Fixierung des Fehlerwertes ab einer bestimmten Anzahl an Lernschritten zu beobachten sein. Wie Abbildung 49 zeigt, ist dies jedoch nicht zu beobachten. Der Verfasser ist der Meinung, dass dies wiederum ein programmspezifisches Verhalten ist. Durch die Aufteilung in vier Lernstufen ist es scheinbar möglich, auch bei hohen Lernzyklen zu neuen Netzstrukturen zu gelangen. Hieraus resultieren unterschiedliche Fehlerwerte bei der Erhöhung der Anzahl an Lernschritten.[725]

[725] Diese Vermutung wird wiederum durch die Beobachtung gestützt, dass es bei der Deaktivierung des Lernstufenmodus zu keiner Veränderung des Fehlerwertes bei hohen Lernwiederholungen kommt.

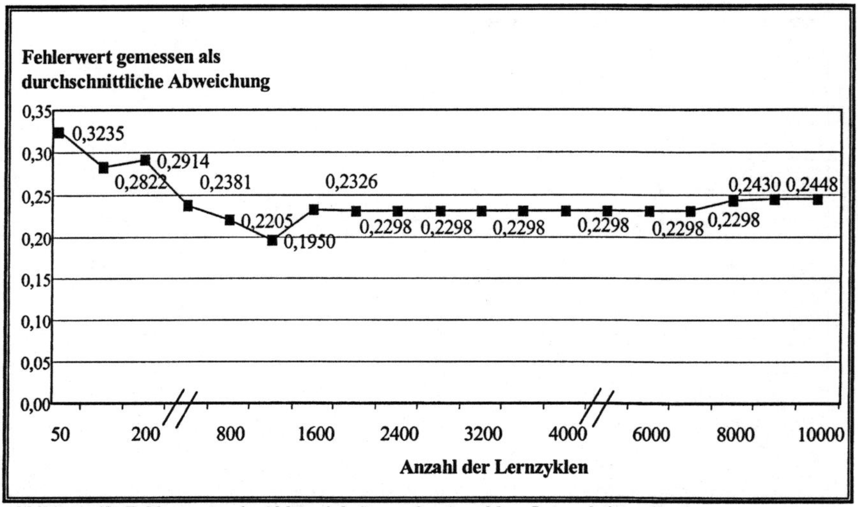

Abbildung 49: Fehlerwert s_F in Abhängigkeit von der Anzahl an Lernschritten für das 13er-Modell

Ein ähnlicher Kurvenverlauf wie bei Abbildung 41 ist zu beobachten: Ein zunächst sehr stark fallender Fehlerwert, der sich nach einem (lokalen) Minimum nicht weiter positiv verändert. Auffallend sind in der Abbildung 49 die bereits oben genannten Veränderungen des Fehlerwertes bei sehr hohen Lernwiederholungsraten. Das lokale Minimum liegt bei 1200 Lernschritten und einem Fehlerwert von 0,1950.

Zusammenfassend kann man – ähnlich wie beim Grundmodell – festhalten, dass die Ergebnisse recht stabil sind. Sie liegen wiederum in einem engen Ergebnisintervall und belegen die Unabhängigkeit von den verschiedenen Netzeinstellungen. Der geringste Fehlerwert lag bei 0,1950 Prozentpunkten.

5.4.5.2 Ergebnisdarstellung

Auf Basis der Grundmodells wurde eine Inputfaktorenreduktion auf Basis einer Sensitivitätsanalyse durchgeführt. Im Ergebnis wurden 13 Inputfaktoren bestimmt, die (bzw. die dahinter liegenden Informationen) im Rahmen der KNN-Analyse als die wichtigsten Eingangsinformationen analysiert wurden. Ohne diese 13 Inputfaktoren konnte das KNN den Credit Spread vergleichbar schlechter prognostizieren. Folglich wurden diese 13 Inputfaktoren herangezogen, um ein zweites Netz zu bestimmen: Das 13er-Modell. Analog zu der Herleitung des Grundmodells wurden auch bei dem 13er-Modell Parametervariationen durchgeführt, um einen möglichst geringen Fehlerwert zu ermöglichen. Die beste Parameterkonstellation innerhalb der bestmöglichen Netzstruktur wies einen Fehlerwert in Höhe von 0,1950 Prozentpunkten auf. Das 13er-Modell hat folgende Parametereinstellungen:

- Sigmoid-Aktivierungsfunktion,
- Netzgröße:
    - 11 Knotenpunkte,
    - 1 versteckte Schicht,
- 80-10-10 Aufteilung der Datenmenge,
- Verteilung der Startgewichte: range 0,03 und gaussian,
- 1.200 Lernschritte.

Wie in Abbildung 50 dargestellt, leiten 13 Inputfaktoren (M_1, M_2, M_3, T_2, T_3, B_2, B_4, B_6, B_{13}, B_{16}, B_{18}, B_{22} und B_{24})[726] in der Eingabeschicht die (normierten) Informationen in die versteckte Schicht. Diese besteht aus einem layer mit 11 Neuronen. Die mit Hilfe der Sigmoid-Aktivierungsfunktion verarbeiteten Informationen werden an ein Neuron in der Ausgabeschicht weitergeleitet. Dieses gibt den prognostizierten Credit Spread $\hat{e}_i$ für die Anleihe i wieder.

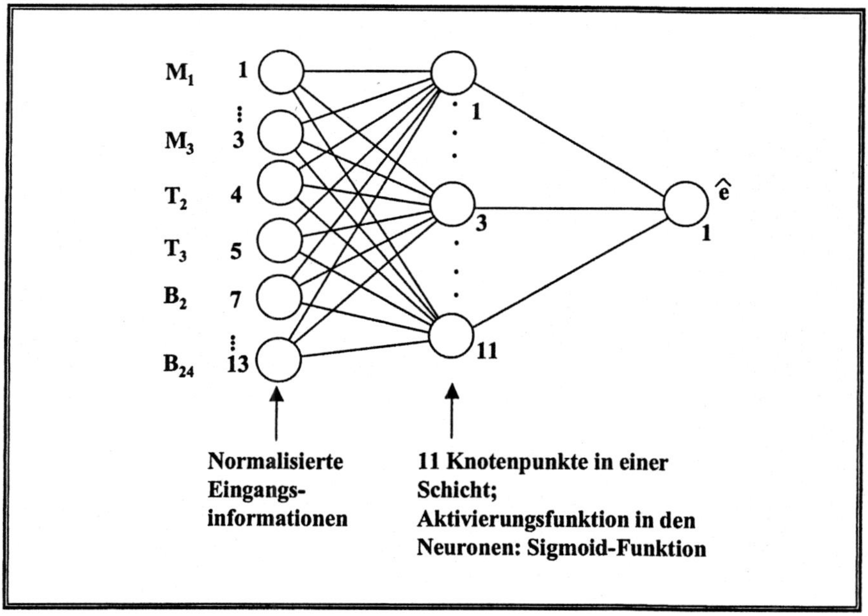

Abbildung 50: Schematischer Aufbau des 13er-Modells

Analog zu der Vorgehensweise beim Grundmodell wird das 13er-Modell nicht nur für das Szenario 1, sondern ebenfalls für die Szenarien 2 und 3 verwendet. Die Fehlerver-

---

726 Zur Beschreibung und Interpretation vgl. Kap. 5.4.6.

teilungsfunktion resultiert wiederum aus der Häufigkeitsverteilungsfunktion der einzelnen Differenzen. Die Standardabweichung der Fehlerverteilungsfunktion entspricht wiederum dem Fehlerwert des entsprechenden Netzes. Wie auch bei dem Grundmodell weist das Szenario 1 den geringsten Fehlerwert auf. Im Vergleich zwischen dem Grundmodell und dem 13er-Modell konnte sowohl die *Standardabweichung* (*von 0,2294 auf 0,1950*) als auch das *90 Prozent Intervall (von 0,3478 auf 0,3234*) gesenkt werden. Dies bedeutet, dass bei der Prognose des Credit Spread einer Anleihe das 13er-Modell in 90 Prozent der untersuchten Fälle eine maximale Differenz zum gemessenen Credit Spread in Höhe von 0,3234 Prozentpunkten hat. Auch für die Szenarien 2 und 3 konnten die Fehlerwerte deutlich gesenkt werden, so wies bspw. das 90 Prozent Intervall für das Szenario 3 beim Grundmodell noch eine Abweichung von 0,5359 auf. Das 13er-Modell hat demgegenüber eine geringere Abweichung in Höhe von 0,4044 Prozentpunkten. Die Tabelle 32 fasst die Ergebnisse der unterschiedlichen Szenarien zusammen.

	Datenaufteilung in Prozent (Training / Validierung / Test); die Anzahl an Fällen für die Testmenge ist jeweils 162[727]	Standardabweichung der Fehlerverteilungsfunktion (Testmenge)	90 Prozent Intervall (Testmenge)
Szenario 1	80 / 10 / 10	0,1950	0,3234
Szenario 2	80 / 10 / 10	0,2247	0,4632
Szenario 3	80 / 10 / 10	0,2589	0,4044

Tabelle 32: Standardabweichungen und 90-Prozent-Intervall-Fehlerwert der Fehlerverteilungsfunktion des 13er-Modells

Für das *Szenario 1* konnte wie auch beim Grundmodell der mit 0,1950 geringste Fehlerwert ermittelt werden (vgl. auch Tabelle 33). Dementsprechend konnten Anleihen von Emittenten, von denen zeitgleich weitere Anleihen gehandelt werden, von dem KNN am treffendsten abgebildet werden. Die Fehlerverteilungsfunktion besitzt wiederum eine Häufung um den Nullpunkt (vgl. Abbildung 51), sodass auch der Mittelwert mit –0,000251 sehr nahe an Null liegt.

727 Die Testmenge (10 % der Datengrundlage) besteht aus exakt 9,872 % oder 162 Fällen. Diese Rundungsdifferenzen führen dazu, dass, obwohl sowohl im Grundmodell als auch im 13er-Modell 10 % der Testmenge gewählt wurden, die Anzahl der Fälle sich leicht unterscheidet.

Deskriptive Kennzahlen Szenario 1, 13er-Modell	$e_i - \hat{e}_i$
N	162
Median	-0,00518
Mittelwert	-0,000251
Standardabweichung (= s_F)	0,1950
Varianz	0,03802
Spannweite	1,03
Minimum	-0,27
Maximum	0,76

Tabelle 33: Deskriptive Kennzahlen der Testmenge, Szenario 1 im 13er-Modell

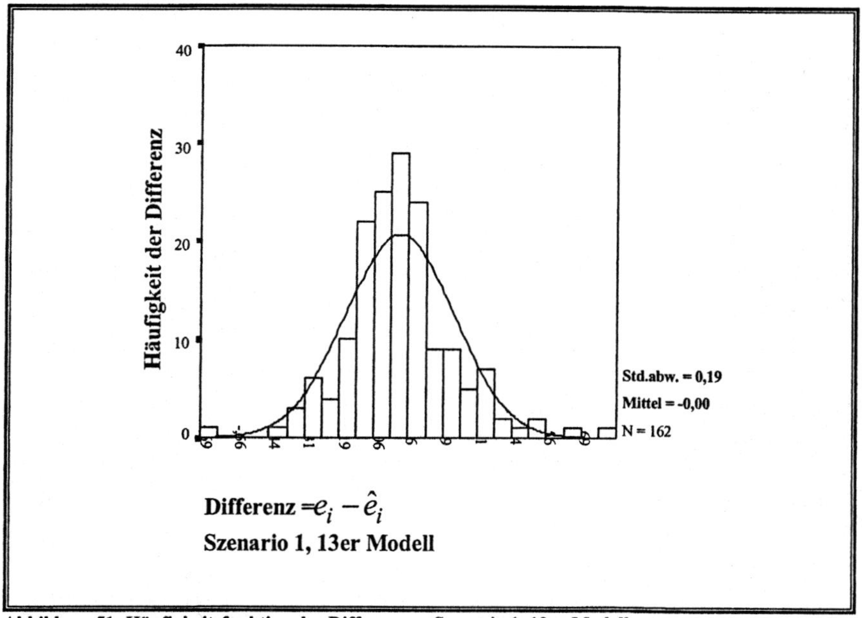

Abbildung 51: Häufigkeitsfunktion der Differenzen, Szenario 1, 13er-Modell

Für das *Szenario 2*, was unterstellt, dass vom Emittent der zu bewertenden Anleihe zeitgleich keine weitere Anleihe auf dem Kapitalmarkt gehandelt wird, kann zwar im Vergleich zum Grundmodell eine günstigere Standardabweichung gemessen werden, jedoch ist der Fehlerwert für das 90 Prozent Intervall größer. In Abbildung 52 ist zu erkennen, dass in dem Bereich der Differenzen vom –0,56 bis –0,31 es zu einer relativ großen Häufung kommt. Aufgrund dieser deutlichen Differenzen resultiert ein relativ schlechter 90 Prozent Intervall Wert. Der Mittelwert in Höhe von 0,06092 (vgl. Tabelle 34) ist (erwartungsgemäß) nahe Null.

Deskriptive Kennzahlen Szenario 2, 13er-Modell	$e_i - \hat{e}_i$
N	162
Median	0,06329
Mittelwert	0,06092
Standardabweichung (= s_F)	0,2247
Varianz	0,05050
Spannweite	1,16
Minimum	-0,57
Maximum	0,59

Tabelle 34: Deskriptive Kennzahlen der Testmenge, Szenario 2 im 13er-Modell

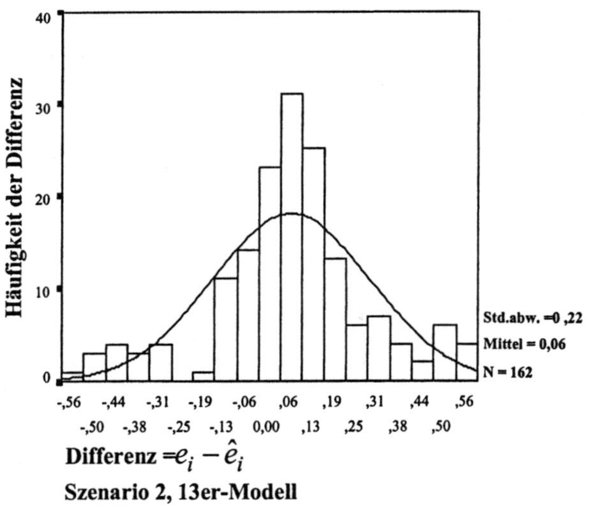

Abbildung 52: Häufigkeitsfunktion der Differenzen, Szenario 2, 13er-Modell

Insbesondere der niedrige Mittelwert in Höhe von –0,0343 (vgl. Tabelle 35) und der im Vergleich zum Grundmodell deutlich niedrigere 90 Prozent Intervall Wert dokumentieren die positiven Auswirkungen der Inputfaktorenreduktion für das *Szenario 3*. Trotzdem wird in Abbildung 53 deutlich, dass es sowohl im Bereich der positiven als auch negativen Differenzen zwischen dem prognostizierten und dem beobachteten Credit Spread zu Häufungen außerhalb des Nullwertbereiches kommt. Dementsprechend liegt eine relativ hohe Varianz mit 0,06701 vor.

Wie auch bei der Ergebnisdarstellung des Grundmodells können die schlechten Ergebnisse der Szenarien 2 und 3 damit begründet werden, dass das 13er-Modell auf Basis des Szenarios 1 abgeleitet wurde. Es kann vermutet werden, dass die Fehlerwerte der beiden anderen Szenarien sich reduzieren lassen, falls eigene Parameterkonfigurationen dafür abgeleitet werden.

Deskriptive Kennzahlen Szenario 3, 13er-Modell	$e_i - \hat{e}_i$
N	162
Median	-0,0282
Mittelwert	-0,0343
Standardabweichung (= s_F)	0,2589
Varianz	0,06701
Spannweite	0,99
Minimum	-0,51
Maximum	0,48

Tabelle 35: Deskriptive Kennzahlen der Testmenge, Szenario 3 im 13er-Modell

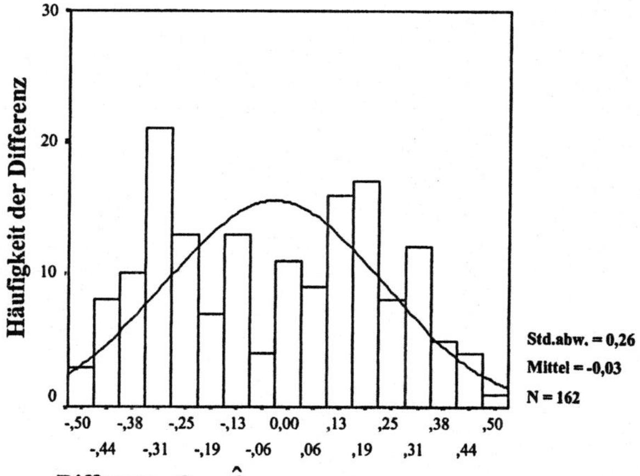

Abbildung 53: Häufigkeitsfunktion der Differenzen, Szenario 3, 13er-Modell

5.4.6 Einordnung des 13er-Modells in die Bilanzanalyse und in die modelltheoretischen Verfahren der Kreditzinskalkulation

Während in den vorangegangenen Kapiteln ein Neuronales Netz entwickelt und die für dieses Netz relevanten Eingangsinformationen abgeleitet wurden, werden diese Erkenntnisse im weiteren Analyseverlauf zu den in den Kap. 2 und Kap. 3 gewonnenen Erkenntnissen der Kreditzinskalkulationsverfahren und der Bilanzanalyse in Beziehung gesetzt. Die Auswahl von 13 Faktoren verdeutlicht die Fähigkeit des Netzes, anhand von wenigen Inputfaktoren die Erwartungsbildung des Kapital- bzw. Kreditmarktes bezüglich des Ausfallrisikos des Kreditnehmers zufriedenstellend abzubilden. Diese Inputfaktorenauswahl wird im Folgenden näher untersucht. Hierzu soll die „Netzauswahl" mit den im Kapitel 3 dargestellten traditionellen und modernen Kennzahlen bzw. Kennzahlensystemen verglichen werden. Dieser Vergleich sieht von der Bilanzierungsproblematik (US-GAAP vs. HGB) ab.

In Tabelle 36 werden die gefundenen Inputfaktoren genannt und (falls möglich) dem Informationsbereich der Bilanz (Ertrags-, Finanz-, Vermögenslage) zugeordnet. Gleichzeitig werden diese Kennzahlen in die bekannten Bilanzanalyseverfahren aus Kapitel 3 eingeordnet. Eine eindeutige Einordnung ist nicht möglich, da die untersuchten Kennzahlen auf aggregierten Informationsebenen in die empirische Analyse eingeflossen sind. Neben der Einordnung in die Bilanzanalyseverfahren ist auch die Zuordnung zu den im Kapitel 2.3.2 vorgestellten modelltheoretischen Konzepten der Kreditzinskalkulation ersichtlich.

In Kap. 4.4 wurde ein Konzept für ein Prognosemodell vorgestellt, das den Bewertungsprozess des Kreditmarktes heranzieht, um den Credit Spread für eine einzelne Anleihe bzw. Kredit zu bestimmten. Hierzu war es notwendig ein Analyseinstrument zu integrieren, das in der Lage ist, die am Markt beobachtbaren Zusammenhänge (Muster) zwischen dem Credit Spread und den unterschiedlichen Inputfaktoren abzubilden. Ein Instrument, das hierzu in der Lage ist, sind die Künstlichen Neuronalen Netze. Diese können den Bewertungsprozess des Kreditmarktes abbilden. Das 13er-Modell macht deutlich, dass der Bewertungsprozess des Kreditmarktes *eine Kombination aus den bekannten Bilanzanalyseverfahren* darstellt und gleichzeitig die Bilanzanalyse um Faktoren *erweitert.*

Die acht Kennzahlen (B_2, B_4, B_6, B_{13}, B_{16}, B_{18}, B_{22} und B_{24}) beziehen sich auf *alle drei Bereiche (Ertrags-, Vermögens- und Finanzlage)* des Jahresabschlusses. Das geforderte *Ganzheitlichkeitsprinzip* wird folgerichtig bei der Kennzahlenauswahl vom KNN beachtet. Die im Rahmen der Kreditzinskalkulation geforderten Determinanten Zinsvolatilität (M_1), allgemeines Marktzinsniveau (M_2), Zinserwartungen (M_3), Restlaufzeit des Kredits (T_2) und Nominalverzinsung (T_3) werden ebenfalls in das Prognosemodell integriert. Sie finden sich auch in den im Kap. 2.3.2 dargestellten Modellen wieder. Man kann das für die Bilanzanalyse geforderte *Ganzheitlichkeitsprinzip* um Komponenten für die Kreditzinskalkulation *erweitern*, da, modelltheoretisch belegt und durch empirische Studien gestützt, ein Zusammenhang zwischen weiteren Faktoren und dem Kreditzins besteht. Makroökonomische und titelspezifische Faktoren müssen bei Einhaltung des Ganzheitlichkeitsprinzips in ein Kreditzinskalkulationsverfahren integriert werden.

	Definition	*Informationsbereich der Bilanz*	*Parallelen zu Bilanzanalyseverfahren*[728]	**Parallelen zum stochastischen (st) oder optionspreistheoretischen (op) Modell**
M_1	Zinsvolalität des Marktes	Keine	Keine	op: direkt[729]
M_2	Marktzinsniveau	Keine	Keine	st: direkt, op: direkt
M_3	Zinserwartung	Keine	Keine	st: direkt
T_2	Restlaufzeit der Anleihe	Keine	Keine	st: direkt, op: direkt
T_3	Nominalverzinsung	Keine	Keine	st: direkt, op: indirekt[730]
B_2	Revenue / Total Assets	Ertragslage	Bspw. RL-System (Kapitalumschlagshäufigkeit)	st: indirekt in der Ausfallwahrscheinlichkeit bzw. der Rückzahlungsquote; op: indirekt im Unternehmenswert, die Kennzahl „Quasi-Verschuldungsgrad“ zeigt diesen Einfluss exemplarisch auf
B_4	Current Liabilities / Total Assets	Vermögenslage	Bspw. BP-14 (Fremdkapitalquote)	
B_6	Net Cash Operating (Shareholder's Equity + Long Term Debt)	Finanzlage	Bspw. RL-System (dynamischer Verschuldungsgrad)	
B_{13}	Net Cash Operating / Current Liabilities	Finanzlage	Bspw. BP-14 (Finanzkraft2)	
B_{16}	(Income before Tax + Interest) / Total Assets	Ertragslage	Bspw. Z''-Score (X_3)	
B_{18}	Income Before Tax / Revenue	Ertragslage	Bspw. ROI (Periodenerfolg / Umsatz)	
B_{22}	Cash and Equivalents / Current Liabilities	Finanzlage	Bspw. RL-System (Liquiditätskoeffizient)	
B_{24}	Shareholder's Equity / Total Assets	Vermögenslage	Bspw. Saarbrückener Modell (Eigenkapitalquote)	

Tabelle 36: Darstellung der erklärenden Kennzahlen des 13er-Modells und ihre Einordnung in den Informationsbereich des Jahresabschlusses, hinsichtlich der bekannten Bilanzanalyseverfahren und der modelltheoretischen Ansätze zur Bepreisung des Bonitätsrisikos

5.5 Modellmodifikationen

Im Folgenden werden einige Modellmodifikationen behandelt. Das Ausgangsmodell ist hierbei das unter Kapitel 5.4.5 herausgearbeitete 13er-Modell. Es wird darauf verzichtet, die oben genannten Parametervariationen in den Modellmodifikationen durchzuführen, da es nicht Ziel ist, die Ergebnisgüte signifikant zu verbessern, sondern vielmehr sollen die Effekte modifizierter im Folgenden erläuterter Fragestellungen untersucht werden.

---

728 Es kann lediglich von Parallelen gesprochen werden. Bspw. bildet B_{13} den Quotienten aus „Current Liabilities“ und „Net Cash Operating“. Die Größe Finanzkraft2 setzt kurzfristige Verbindlichkeiten ins Verhältnis zum ertragswirtschaftlichen Cash Flow. Somit lassen sich Parallelen im Bezug auf die Fristigkeit der Verbindlichkeiten sehen. Die Aggregationsebene der bereitgestellten Daten verhindert einen detaillierten Vergleich.

729 Neuere Ansätze bspw. Shimko, Tejima, van Deventer (1993) oder Longstaff, Schwartz (1995) nehmen die Zinsvolatilität mit auf.

730 Bei einer Modellerweiterung erhält die Nominalverzinsung einen Einfluss, da die verbundenen Zahlungen in Cash Flows separiert werden. Vgl. Kirmße (1996), S. 148ff.

5.5.1 Effektive Rendite vs. Credit Spread

Die Bildung des Credit Spread ist – wie im Kapitel 4.3.3 dargestellt – in der Praxis immer mit Fehlerwerten behaftet. Somit könnte man davon absehen, den Credit Spread zu ermitteln. Alternativ kann man ein Prognosemodell zur Herleitung der effektiven Rendite konzipieren.[731] Dadurch ist die Zielvariable in dem KNN nicht die Differenz aus effektiver Rendite und dem berechneten sicheren Zins, sondern lediglich der effektive Zins. Fragwürdig ist dieses Vorgehen, falls man dem System die Informationen der Indexkurve vorenthält. Da jedoch bei dem Inputfaktor „Zinsniveau" parallel zu der Vorgehensweise von HEINKE[732] hier der „analoge"[733] Kreditmarktzins gewählt wurde, ist dem System explizit die Information aus der Regressionsgleichung bekannt. Somit wird keine Zusatzinformation durch die Veränderung des Zielwertes erreicht. Das o.g. 13er-Modell mit einem Fehlerwert von 0,1950 wird im Weiteren modifiziert, indem die Zielvariable, der Credit Spread, durch die effektive Rendite ersetzt wird.[734]

Wie für die hier geführte Untersuchung zu erwarten ist, bleibt der Fehlerwert nahezu gleich und liegt bei 0,1951. Dies ist nicht verwunderlich, da es eine rein mathematische Umformung darstellt, welche durch das Netz „nachgebildet" wurde. Es ist zu erwarten, dass man nach einer Netzmodifikation denselben Fehlerwert erzielen kann. Dies wiederum unterstellt jedoch, dass die Netzstruktur die Umformung nachbilden kann. Somit muss der Anwender Strukturwissen besitzen, um den (fast) identischen Fehlerwert zu erzielen.[735] In diesem Fall würde das zweite Netz eine lineare Verknüpfung besitzen.

Ausgangssituation ist die Berechnung der Bonitätsprämie nach der Gleichung 25

$e_i = r_i(M, W_i, B_i) - r_B(M, W_B, 0).$

Somit kann die effektive Rendite eines Wertpapiers bestimmt werden als:

Gleichung 33

$$r_i(M, W_i, B_i) = e_i + r_B(M, W_B, 0).$$

---

731 Vgl. Ziebart, Reiter (1992), S. 252ff.

732 Vgl. Heinke (1998), S. 309ff.

733 Analog bedeutet, es wurde die fiktive effektive Rendite einer laufzeit- und kupongleichen Anleihe benutzt.

734 Falls man den nominalen Zins nicht anhand der Indexkurve bzw. den bei der Credit Spread Bestimmung verwendeten sicheren Zins (r_B) bildet, wird dem System eine Information vorenthalten, so das unterschiedliche Ergebnisse bei der Prognose der effektiven Rendite im Vergleich zum Credit Spread zu erwarten sind. Vgl. bspw. Thompson, Vaz (1990), S. 460; Billingsley, Lamy, Mare (1985), S. 62 und Hsueh, Kidwell (1988), S. 49.

735 Vgl. Adam, Best, Dehnen, Steffens (2000), S. 20f.

Ein entsprechendes Netz zur Prognose der effektiven Rendite könnte somit die in Abbildung 54 dargestellte Struktur aufweisen.

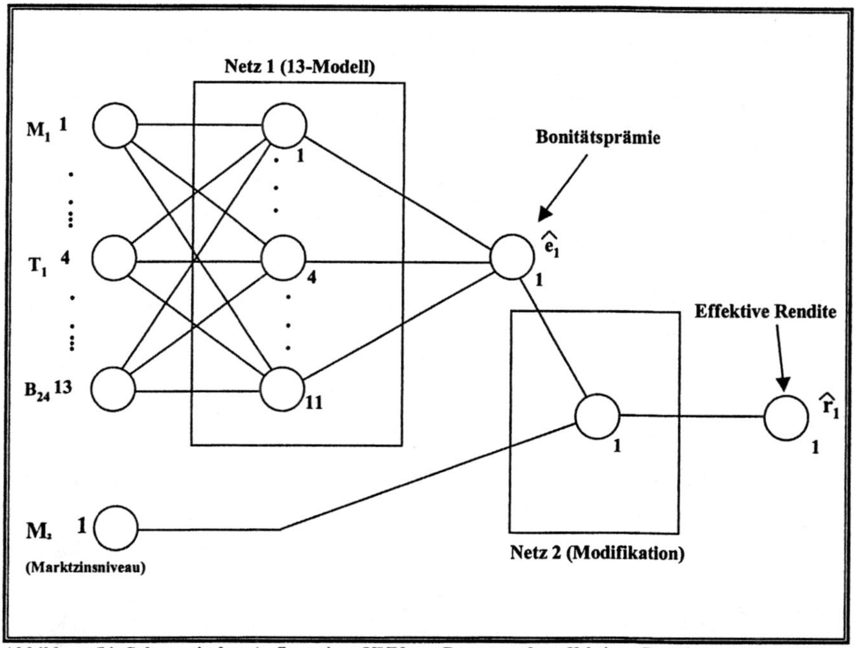

Abbildung 54: Schematischer Aufbau eines KNN zur Prognose der effektiven Rendite

Während die Standardabweichung von 0,1951 im Vergleich zum Mittelwert der Testmenge einen Anteil von 0,2186 besitzt (d.h. eine prozentuale Standardabweichung um den Mittelwert von 21,86 %), ist bei der effektiven Rendite dieser Wert weitaus geringer. Da der Mittelwert der effektiven Rendite 6,4238 Prozentpunkte beträgt, ergibt sich eine relative Abweichung von 3,0371 %.

5.5.2 Untersuchungen innerhalb einzelner Risikoklassen

Im Rahmen von Klassifizierungsproblemen wird regelmäßig darauf geachtet, dass der Anteil der verschiedenen Klassen innerhalb der Lernmenge gleich groß ist.[736] Diese Gleichverteilung bezieht sich in erster Linie auf die Trainingsdaten. Bei einem Prognoseproblem ist diese Gleichverteilung nicht durch die Häufigkeit innerhalb der einzelnen Mengen (Lern- und Testmenge) direkt messbar, da keine Klassen vorliegen. Der Grund, warum man eine Gleichverteilung anstrebt, liegt in dem Bemühen, das Netz

---

[736] Vgl. hier und im Folgenden bspw. Glormann (2001) S. 148ff.

gleich stark auf alle potenziellen Datensätze zu trainieren. Für das vorliegende Problem bedeutet dies, dass es nicht zu einer überproportional hohen Anzahl von weniger stark ausfallgefährdeten Unternehmen in der Trainingsmenge kommen darf. Falls man jedoch die Verteilung der Credit Spreads untersucht (vgl. Abbildung 55), kann man erkennen, dass es sehr wohl zu einer Anhäufung kommt. Diese ist damit zu erklären, dass es auf dem Kreditmarkt für besonders sichere Unternehmen tendenziell einfacher ist, sich zu refinanzieren, als für bonitätsmäßig schlechter gestellte Unternehmen. Folglich ist auch die Gleichverteilung in der Trainingsmenge nicht gewährleistet.

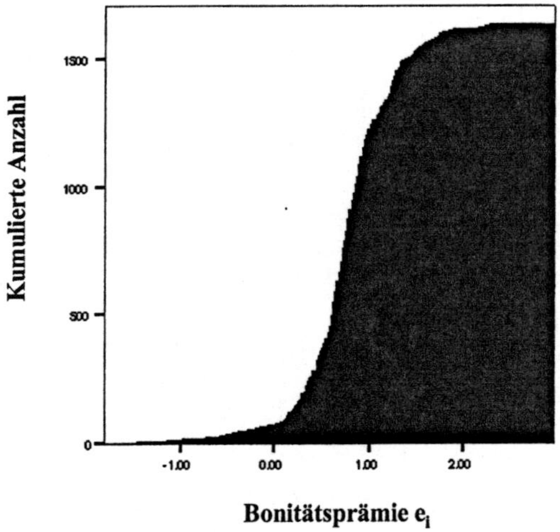

Abbildung 55: Häufigkeitsprofil der Untersuchungsdaten hinsichtlich der Bonitätsprämie

Somit muss der Gefahr vorgebeugt werden, dass es zu einem „overlearning“ innerhalb der bonitätsstärkeren Unternehmen kommt. Dies kann man in zwei Schritten sicherstellen. Zunächst kann der Fehlerwert der verschiedenen Gruppen gegen die Bonität abgetragen werden. Anschließend kann man die Inputdatensätze so „manipulieren“, dass es zu einer Gleichverteilung kommt. Dies gelingt, indem man zunächst „künstliche Klassen“ bildet und anschließend entweder nur eine bestimmte Anzahl an Fällen pro Klasse zulässt oder die weniger stark besetzten Klassen durch eine einfache Vervielfältigung der einzelnen Fälle künstlich vergrößert.

Zunächst wird der Fehlerwert der Testmenge gegen den Credit Spread abgetragen. Abbildung 56 verdeutlicht die Ergebnisse. Auf der x-Achse wird der Credit Spread abgetragen und auf der y-Achse der Fehlerwert (dargestellt als Differenz aus Zielwert und Prognosewert). Es wird deutlich, dass ein leichter Anstieg des Fehlerwertes in

Abhängigkeit von der Risikohöhe zu beobachten ist. Falls man eine lineare Regression unterlegt, gelangt man zu einem korrigierten R^2 von 0,114. Es liegt eine äußerst schwache (lineare) Korrelation vor. Eine Residuenüberprüfung (vgl. Abbildung 57) lässt keine starken systematischen Bewegungen erkennen. Es besteht eine äußerst geringe Gefahr, dass sich das System auf bonitätsstarke Unternehmen spezialisiert hat.

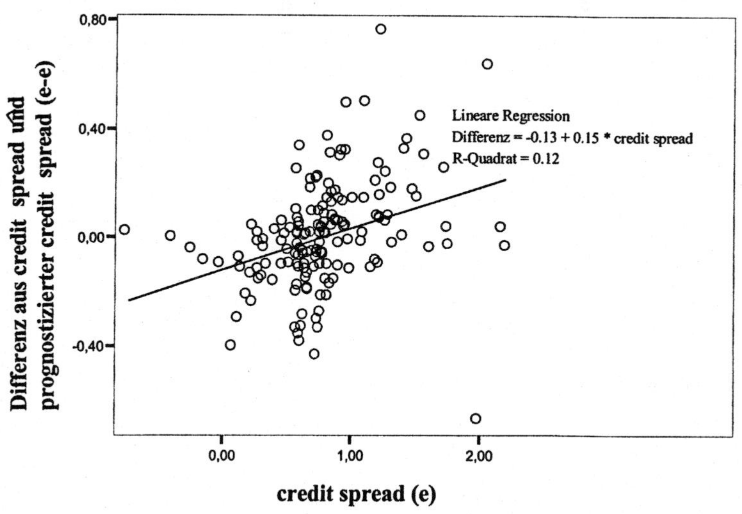

Abbildung 56: Lineare Regressionsanalyse von Credit Spread und der Differenz von dem prognostizierten Credit Spread und dem Credit Spread

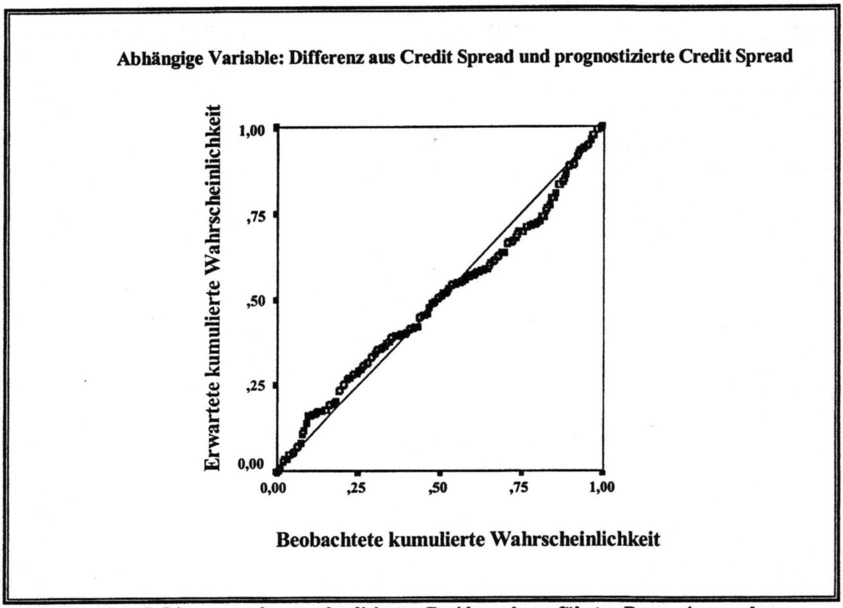

Abbildung 57: P-P-Diagramm der standardisierten Residuen der geführten Regressionsanalyse

Obwohl keine deutliche „Spezialisierung“ aufgrund der durchgeführten Regressionsanalyse erkennbar ist, wird im Folgenden eine Möglichkeit überprüft, diesen wenn auch geringen Effekt zu vermeiden. Zunächst wurde der Inputdatensatz - lediglich die Lernmenge - in folgende Klassen (in Abhängigkeit vom Credit Spread) eingeteilt (vgl. Tabelle 37):

Klasse	Credit Spread (e)		Klassengröße
	von [Prozentpunkte], (ausschließlich)	bis [Prozentpunkte], (einschließlich)	
1	Offen	0	68
2	0	0,25	70
3	0,25	0,50	186
4	0,50	0,75	379
5	0,75	1,00	383
6	1,00	1,25	161
7	1,25	1,50	120
8	1,50	1,75	57
9	1.75	2,00	19
10	2,00	Offen	18

Tabelle 37: Klassenaufteilung der Credit Spreads

Somit ergibt sich folgendes Klassenhäufigkeitsprofil (Abbildung 58):

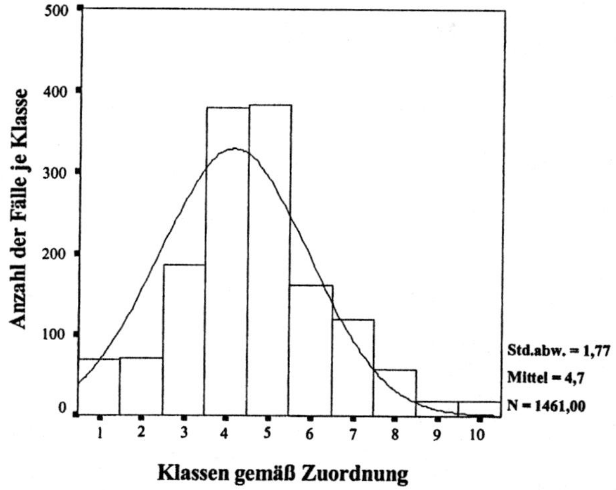

Abbildung 58: Klassenhäufigkeiten der Credit Spreads

Die größte Häufigkeit (Klassen 4 und 5) wird als Referenzpunkt für die Multiplikation gewählt. Dementsprechend werden die anderen Klassen bzw. die einzelnen Datensätze durch einen entsprechenden Multiplikationsfaktor vervielfacht. Tabelle 38 zeigt die unterschiedlichen Sätze auf:

Klasse	Credit Spread (e)		Gewichtungsfaktor	Korrigierte Klassengröße
	von [Prozentpunkte], (ausschließlich)	bis [Prozentpunkte] (einschließlich)		
1	Offen	0	6	408
2	0	0,25	5	350
3	0,25	0,50	2	372
4	0,50	0,75	1	379
5	0,75	1,00	1	383
6	1,00	1,25	2	322
7	1,25	1,50	3	360
8	1,50	1,75	7	399
9	1.75	2,00	21	399
10	2,00	Offen	22	396

Tabelle 38: Korrigierte Klassenaufteilung der Credit Spreads

Der veränderte Inputdatensatz besitzt somit folgendes Klassenhäufigkeitsprofil hinsichtlich der gebildeten Klassen (vgl. Abbildung 59):

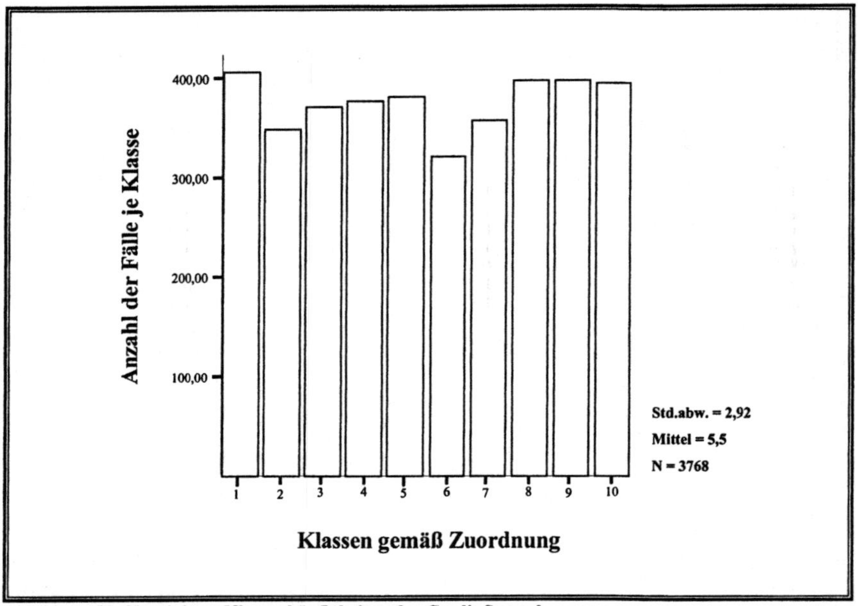

Abbildung 59: Korrigierte Klassenhäufigkeiten der Credit Spreads

Folglich hat sich auch der Datenumfang auf 3.768 vergrößert. Die modifizierte Datenmenge wird anschließend als Lernmenge für das 13er-Modell-Netz benutzt. Der gemessene Fehlerwert von 0,2235 liegt innerhalb des in den Parametervariationen gefundenen Intervalls (vgl. Kap. 5.4.5). Es ist zwar möglich, dass durch weitere Netzoptimierungsprozesse der Fehlerwert reduziert werden kann. Fraglich ist jedoch, ob dadurch ein günstigerer Fehlerwert als 0,1950 erreicht werden kann.

Durch die „künstliche" Vergrößerung der Lernmenge wurden dem KNN für die Analyse keine neuen, weiteren Informationen gegeben. Es wurde lediglich eine Gleichverteilung von Informationen von bonitätsstärkeren und bonitätsschwächeren Unternehmen erreicht. Dementsprechend wurde der berechnete gesamte Netzfehler nicht von den Fehlerwerten bonitätsstärkerer Unternehmen überproportional beeinflusst. Die auf Basis des berechneten Gesamtfehlers durchgeführte Gewichtsanpassungsphase (Error-Backpropagation) wurde (aufgrund der „künstlichen Vergrößerung) nicht in die Richtung einer verstärkten Ausprägung (im Sinne einer Gewichtsanpassung) auf bonitätsstärkere Unternehmen gelenkt. Alternativ hätte man auch bei der Bildung der Lernmenge – ähnlich wie bei der Vorgehensweise bei Klassifizierungsproblemen[737] - einen

[737] Vgl. hier und im Folgenden bspw. Glormann (2001), S. 150f.

hohen Credit Spread (bspw. Klasse 10), stellvertretend für ein bonitätsschwaches Unternehmen, heranziehen können, um für die anderen Klassen eine Umfangsbegrenzung vorzugeben. Folglich hätte man jedoch lediglich 10 x 18 = 180 Anleihen in die Lernmenge aufgenommen. Dies entspricht ca. 10 Prozent der gesamten Untersuchungsdaten. In Anlehnung an die erzielten Ergebnisse zu den unterschiedlichen Variationen der Datenaufteilung (vgl. Kap. 5.4.3.1 und Kap. 5.4.5) wurde vom Verfasser die (potenzielle) Möglichkeit einer Fehlerwertreduktion mittels dieser alternativen Vorgehensweise als äußerst gering eingestuft.

Insgesamt lässt sich konstatieren, dass die Gefahr einer Überbetonung von bonitätsstarken Unternehmen nicht ausgeschlossen werden kann, die Modellmodifikation mit einer „künstlich" vergrößerten Menge an Trainingsdaten jedoch keinen Hinweis auf diese Verzerrung geben. Im weiteren Analyseverlauf wird das 13er-Modell hinsichtlich der Prognosegüte ausgedrückt im Fehlerwert s_F bewertet.

5.6 Ergebnisbewertung

5.6.1 Definition eines Vergleichsobjektes

Die Ergebnisse der hier geführten Untersuchung mittels Neuronaler Netze können durch den Vergleich mit den Ergebnissen anderer Studien gewürdigt werden. Ein *Vergleichsobjekt* sollte folgende Eigenschaften haben:

- Lösung einer gleichen Problemstellung,
- ein vergleichbares Gütemaß ausweisen und
- gleiche Rahmenbedingungen besitzen.

Die Einschätzung der Güte des Neuronalen Netzes bzw. des 13er-Modells kann durch zwei Ansätze erreicht werden: Zum einen können die Ergebnisse anderer wissenschaftlicher Untersuchungen zum Credit Spread verwendet werden und so direkt die Fehlerfunktionswerte miteinander verglichen werden, zum anderen können die von anderen Quellen gelieferten Einschätzungen zum Ausfallrisiko eines Unternehmens betrachtet werden.

5.6.2 Vergleich der Testergebnisse

Als *erste Möglichkeit* wird ein Vergleich zwischen publizierten Untersuchungen über die Einflussfaktoren des Credit Spread geführt. Wie bereits im Kapitel 4.3.3.3 dargelegt wurde, gibt es bereits eine Fülle von Untersuchungen, insbesondere aus dem amerikanischen Raum, die sich mit dem Credit Spread auseinander gesetzt haben. Ein Vergleich mit diesen Vorgehensweisen widerspricht dem letzten Punkt der o.g. Kriterien für ein Vergleichsobjekt. Die Rahmenbedingungen, in diesem Fall die Datengrundlage, sind nicht deckungsgleich. Dies ist darin begründet, dass der Untersuchungszeitraum regelmäßig nicht gleich ist. Darüber hinaus sollten dieselben Anleihen analysiert werden. Ein weiteres Problem ist die Vergleichbarkeit der Inputfaktoren.

Die veröffentlichten Studien beziehen sich regelmäßig auf Schwankungen des Credit Spread innerhalb bestimmter Ratingklassen.[738] Eine Arbeit, welche die Abweichung zwischen einem modelltheoretisch bestimmten Credit Spread und dem am Kreditmarkt beobachteten Credit Spread ausweist, ist die Arbeit von LAMY/THOMPSON (1988).

Die Autoren benutzen das Rating neben dem Marktzinsniveau, der Volatilität und dem Emissionsvolumen,[739] um den Credit Spread zu erklären. Von ihrer Untersuchung werden „unusual“[740] Anleihen, wie Nullkuponanleihen oder Anleihen mit variabler Verzinsung, ausgeklammert. Der Untersuchungszeitraum geht von Januar 1977 bis Juni 1983 und schließt eine Menge von 392 Unternehmen mit „investment grade“ ein.[741] Ihre Analyse (multivariate Regressionsanalyse) führt zu einem adjustieren R^2 von ca. 0,44.[742] Der Fehlerwert bezieht sich auf die gesamte Untersuchungsmasse. Dies bedeutet, es wurde nicht in verschiedene Untergruppen (wie unterschiedliche Ratingklassen) unterschieden. Nicht zuletzt hieraus wird deutlich, dass, obwohl die Grundfragestellung beider Untersuchungen äußerst ähnlich ist, ein Vergleich nur sehr eingeschränkt möglich ist.[743] Falls man hiervon abstrahiert, können die Ergebnisse des Neuronalen Netzes als treffender bezeichnet werden, da sich (für die Testmenge des 13er-Modells im Szenario 1) ein Wert, ermittelt nach der Methodik des R^2-Bestimmtheitsmaßes, von *0,89* bei der Credit-Spread-Prognose ergibt (bzw. nach der Methodik des adjustierten R^2-Bestimmtheitsmaßes ein Wert von *0,88)*. Die analoge Berechnung der Werte für die Prognose der effektiven Rendite liegt bei *0,94* (gemäß des adjustierten R^2-Bestimmtheitsmaßes ist ebenfalls ein Wert von *0,94* zu beobachten).[744/745]

Eine *zweite Vergleichsmöglichkeit* bietet die veröffentlichte Einschätzung des Ausfallrisikos von Ratingagenturen. Hier sei bereits angemerkt, dass ein Rating eine Klassifizierung darstellt. Somit ist die Zielsetzung nicht mit dem Informationsgehalt des Credit

738 Vgl. bspw. Heinke (1998); Hsueh, Kidwell (1988); Johnson (1967).

739 Neben diesen Einflussfaktoren ziehen die Autoren weitere Variablen heran, um Spezifika der Datenmenge, wie Kündigungsrechte, abzudecken. Vgl. Lamy, Thompson (1988), S. 593.

740 Lamy, Thompson (1988), S. 594.

741 Zur Definition von „investement grade“ vgl. Kapitel 2.3.3.

742 Vgl. Lamy, Thompson (1988) S. 597.

743 Diese Einschränkung bezieht sich ebenfalls auf die Interpretationsmöglichkeiten der Größe R^2.

744 Vgl. zu der Definition des adjustierten Bestimmtheitsmaßes Hartung, Elpelt (1989), S. 87.

745 Bei der Berechnung des Bestimmtheitsmaßes wurden die Differenzen zwischen dem prognostizierten und dem gemessenen Credit Spread herangezogen. Diese Differenzen sind analog einer Regressionsanalyse als quadrierte Abweichungen bewertet worden, die Inputfaktoren wurden als Einflussfaktoren gedeutet.

Spread deckungsgleich. Aufgrund der Geheimhaltung des Ratingprozesses ist es nicht möglich, eine Prognose bzgl. eines Unternehmens bzw. einer Anleihe abzuleiten. Diese Tatsache steht somit im Widerspruch zu der genannten Voraussetzung, dass die Fragestellung der zu vergleichenden Studien deckungsgleich ist.[746] Da jedoch das Rating als Instrument zur Einschätzung bzw. Quantifizierung des Kreditrisikos von Banken verwendet wird,[747] kann ein Vergleich zwischen der Aussagefähigkeit der veröffentlichten Ratingeinstufungen und den berechneten Credit Spreads gezogen werden.[748] Es wird ein Vergleich zwischen den Modellergebnissen und der Streuung des Credit Spread innerhalb von verschiedenen Ratingklassen geführt. Falls somit das Rating für eine Anleihe bekannt ist und dieser Anleihe daraufhin der durchschnittliche, für diese Ratingklasse gemessene Credit Spread, zugeordnet wird, ist eine Differenz zwischen dem zugeordneten und dem gemessenen Credit Spread zu beobachten. Diese Differenzen können als Häufigkeitsfunktion dargestellt werden. Die Standardabweichung dieser Funktion drückt die Unsicherheit in der Prognose aus. Es wird die Unsicherheit in der Prognose des richtigen Credit Spread mittels eines Rating simuliert. Es werden verschiedene Untersuchungen zitiert, um zum einen die Datenmenge und den Zeitraum zu variieren, und zum anderen verschiedene Methoden zur Berechnung des Credit Spread heranzuziehen.

Zunächst werden die von LONGSTAFF/SCHWARTZ veröffentlichten Daten genutzt.[749] Im Zeitraum von 1977-1992 haben die Autoren für verschiedene Unternehmen die Ratingklassen nach MOODY'S (aufgeteilt nach Utilities / Industrials / Railroads und jeweils Aaa - Baa) und die jeweils zugehörigen durchschnittlichen Standardabweichungen der Credit Spreads um den Ratingklassenmittelwert als arithmetisches Mittel berechnet.[750] Die Standardabweichung drückt den Fehlerwert aus, dem man bei Heranziehung der Ratingeinstufung als Prognosemodell für den Credit Spread durchschnittlich unterliegt. Dieser wird mittels einer berechneten laufzeitgleichen Staatsanleihe ermittelt, welche wiederum aus einer Durchschnittsberechnung einer 10- und einer 30-jährigen Anleihe stammt. Die Tabelle 39 zeigt die Ergebnisse, die in Abbildung 60 veranschaulicht werden.

---

746 Darüber hinaus besteht die Problematik der absoluten Vergleichbarkeit der Untersuchungsdaten (bspw. hinsichtlich einer zeitlichen Deckung).

747 Vgl. Kapitel 2.3.3.

748 Die Prognosefähigkeit von Ratingagenturen kann nicht verglichen werden, da lediglich das veröffentlichte Rating als Vergleichsmaßstab verwendet werden kann. Folglich wird die Prognosefähigkeit mittels veröffentlichter Rating untersucht.

749 Vgl. hier und im Folgenden Longstaff, Schwartz (1995).

750 Vgl. Longstaff, Schwartz (1995), S. 808; risikoreichere („speculativ grades“) Unternehmen werden bei der Untersuchung ausgeklammert.

Rating / Branche	Mittelwert (des Credit Spread in Prozentpunkte)	Standardabweichung (des Credit Spread in Prozentpunkte)	Häufigkeit (Anzahl)
Aa Railroads	0,191	0,869	149
Aaa Industrials	0,481	0,373	190
A Railroads	0,794	0,770	149
Aa Industrials	0,809	0,452	190
Aaa Utility	0,930	0,349	180
A Industrials	1,231	0,580	190
Baa Railroad	1,240	0,821	149
Aa Utility	1,276	0,431	190
A Utility	1,660	0,667	190
Baa Industrials	1,835	0,654	190
Baa Utility	2,077	0,758	190

Tabelle 39: Numerische Darstellung der Untersuchungsergebnisse von Longstaff/Schwartz (1995) bezüglich der Standardabweichung des Credit Spread innerhalb einzelner Ratingklassen

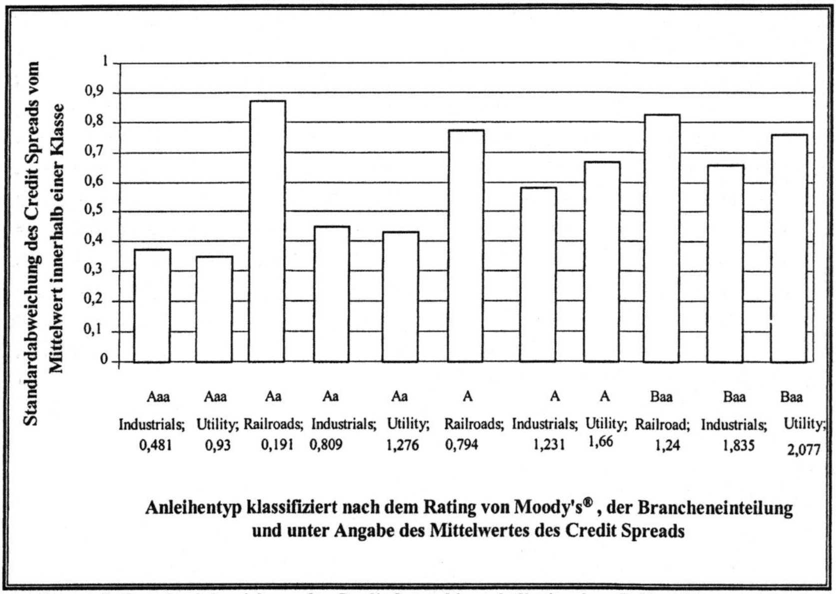

Abbildung 60: Standardabweichung des Credit Spread innerhalb einzelner Ratingklassen bei der Untersuchung von Longstaff/Schwartz (1995)

Falls man eine Rangfolge (x-Achse) in Abhängigkeit des Rating bildet, sieht man einen leichten Anstieg der Standardabweichung bei risikoreicheren Unternehmen.

Alternativ kann man auch die Ergebnisse von HEINKE heranziehen.[751/752] Diese Untersuchung bezieht sich auf einen Zeitraum von 1988 bis 1997 und umfasst 868 Wertpapiere. In dieser Untersuchung werden spekulative Anleihen nicht von der Untersuchung ausgeschlossen. Gleichzeitig werden jedoch von allen Branchen und Emittenten Anleihen berücksichtigt. Somit werden auch supranationale Organisationen, Staaten, lokale Gebietskörperschaften, Finanzierungsgesellschaften und Banken einbezogen. Lediglich ein Anteil von 21,2 Prozent der untersuchten Anleihen bezieht sich auf Industrieanleihen. Der Credit Spread wird analog zu der vorliegenden Untersuchung mittels Index-Bildung durch die oben verwendete Regressionsgleichung (vgl. Gleichung 30 und Gleichung 31) berechnet. Tabelle 40 zeigt die Ergebnisse numerisch und Abbildung 61 grafisch auf.

Rating	**Mittelwert (des Credit Spread in Prozentpunkte)**	**Standardabweichung (des Credit Spread in Prozentpunkte)**	**Häufigkeit (Anzahl)**
Aaa	0,076	0,190	253
Aa1	0,121	0,164	53
Aa2	0,220	0,183	43
Aa3	0,242	0,162	43
A1	0,346	0,157	31
A2	0,425	0,168	20
A3	0,571	0,248	9
Baa1	0,619	0,549	6
Baa2	0,750	0,214	5
Baa3	1,390	0,721	14
Ba1	2,476	0,630	12
Ba2	4,056	1,393	8
Ba3	2,926	0,425	7
B1	3,990	1,159	18

Tabelle 40: Numerische Darstellung der Untersuchungsergebnisse von Heinke (1998) bezüglich der Standardabweichung des Credit Spread innerhalb einzelner Ratingklassen

751 Vgl. hier und im Folgenden Heinke (1998).

752 Die Untersuchung bezieht sich auf den EURO-Kapitalmarkt. Somit ist die Bedingung für ein Vergleichsobjekt hinsichtlich der Übereinstimmung der Datengrundlage verletzt. Trotz dieser Einschränkung ist nach Meinung des Verfassers ein Vergleich lohnenswert, da somit ein Eindruck bzgl. der Prognosefähigkeit von Rating für den europäischen Markt gegeben werden kann.

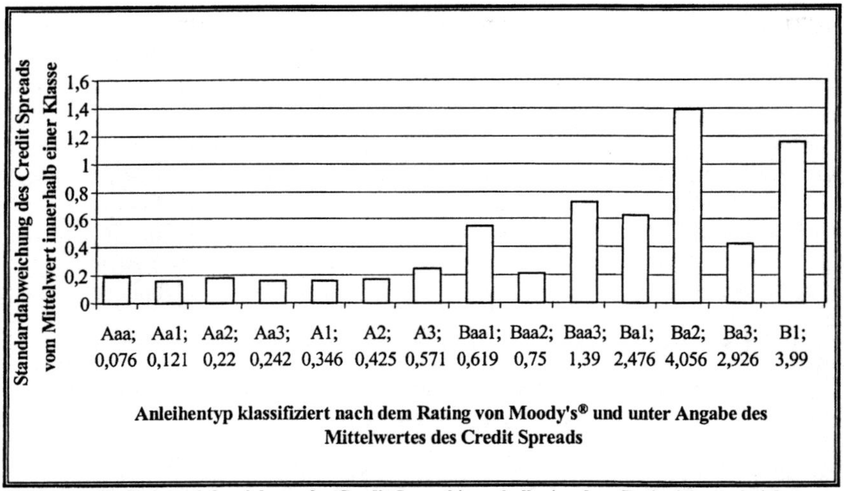

Abbildung 61: Standardabweichung des Credit Spread innerhalb einzelner Ratingklassen bei der Untersuchung von Heinke (1998)

Es ist auffällig, dass es zu einem deutlichen Anstieg der Unsicherheit der Prognose innerhalb der risikoreicheren, niedrigen Ratingklassen kommt.

Abschließend wird die Untersuchung der Autoren BRISTER/KENNEDY/LIU aus dem Jahre 1994 herangezogen.[753] Die Autoren schlossen 498 US-amerikanische Neuemissionen aus dem Zeitraum 1982-1987 in die Untersuchung ein. Es wurden alle Risikoklassen und sämtliche Industrieanleihen (nicht nach Branchen getrennt) untersucht. Als Rating wurde die Einschätzung von Standard and Poor's gewählt. Der Credit Spread wurde mittels einer durationsgleichen Staatsanleihe gebildet. Existierte keine durationsgleiche Staatsanleihe, wurden zwei benachbarte Anleihen zu diesem Zweck als Portfolio betrachtet und mittels linearer Interpolation der exakte Punkt bestimmt. Tabelle 41 und Abbildung 62 fassen die Zusammenhänge numerisch und grafisch zusammen, wobei wiederum eine steigende Unsicherheit bei risikoreicheren Ratingklassen zu beobachten ist.

[753] Vgl. hier und im Folgenden Brister, Kennedy, Liu (1994).

Rating	Mittelwert (des Credit Spread in Prozentpunkte)	Standardabweichung (des Credit Spread in Prozentpunkte)	Häufigkeit (Anzahl)
AAA	0,351	0,2617	14
AA	0,701	0,4629	102
A	0,966	0,5556	195
BBB	1,406	0,7668	89
BB	3,336	1,0329	27
B	4,203	1,2678	63
CCC	5,222	1,1782	8

Tabelle 41: Numerische Darstellung der Untersuchungsergebnisse von Brister/Kennedy/Liu (1994) bezüglich der Standardabweichung des Credit Spread innerhalb einzelner Ratingklassen

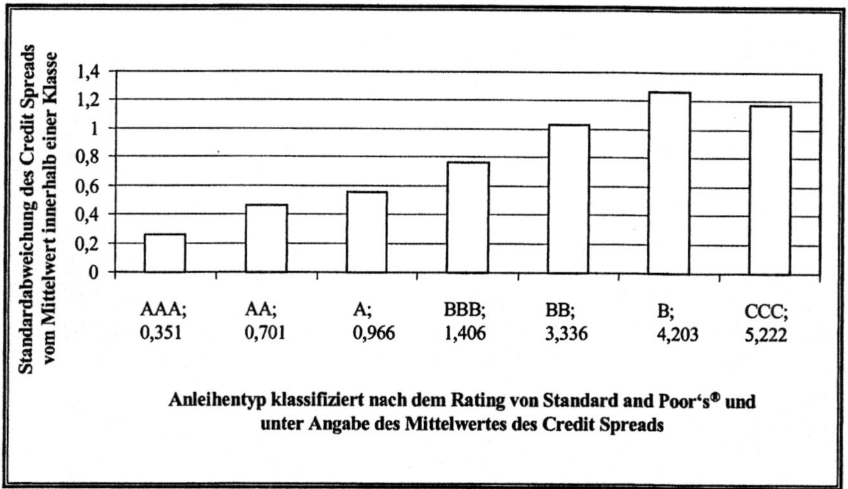

Abbildung 62: Standardabweichung des Credit Spread innerhalb einzelner Ratingklassen bei der Untersuchung von Brister/Kennedy/Liu (1994)

Um die durch das 13er-Modell gewonnenen Erkenntnisse nun mit den innerhalb der Ratingklassen erkannten Standardabweichungen zu vergleichen, werden die Fehlerwerte in Abhängigkeit von der Höhe des Credit Spread ausgewiesen. Da keine Klassen vorliegen, werden „Punktwolken" mit den einzelnen Werten erzeugt. Auf der x-Achse wird dabei das Risikopotenzial und auf der y-Achse die Abweichung zwischen dem beobachteten und dem prognostizierten Credit Spread abgetragen. Hierbei werden sowohl die Werte der Test- als auch die der Lern- und Validierungsmengen in dem Koordinatensystem abgetragen (vgl. Abbildung 63). Für den Vergleich der KNN-Analyse mit den zitierten Arbeiten zur Regressionsanalyse wird neben der Testmenge auch die Lern- bzw. Validierungsmenge herangezogen, da auch bei den zitierten Regressionsanalysen die gesamte Datenmenge betrachtet wurden,[754] obwohl auch bei einer Regressionsanalyse eine Trennung in Trainings- und Generalisierungsdaten möglich wäre. Die Testmenge der KNN-Analyse wird auch bei dem im Weiteren beschriebenen Vergleich der Untersuchungen gesondert ausgewiesen.

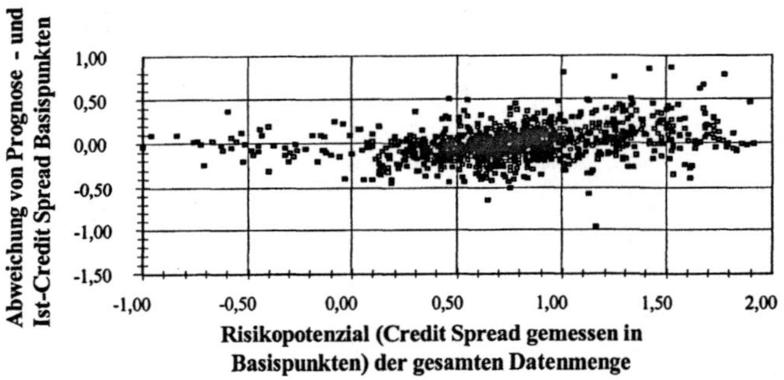

Abbildung 63: Abweichung der Prognose des Credit Spread in Abhängigkeit des Risikopotenzials für die Lern- und Validierungsmenge

Wie man erkennen kann, findet eine Häufung der Abweichungen bei x =[0,5;1] statt, ohne dass man eine Tendenz bei den Ausreißern erkennen könnte. Dies bestätigt die Tatsache, dass ein Großteil der untersuchten Anleihen einen Credit Spread zwischen 0,5 und 1 Prozentpunkten besitzt. Die Abweichungen zwischen dem prognostizierten und dem beobachteten (Ist) Credit Spread sind tendenziell bei einem höheren Risikopotenzial (gemessen an dem Ist Credit Spread) im Vergleich zu Anleihen mit einem niedrigen Risikopotenzial höher. Diese Beobachtungen decken sich mit der in Abbildung 56 für die Testmenge durchgeführten Regressionsanalyse.

Um eine Vergleichbarkeit der Untersuchungen zu ermöglichen, werden die Daten der Test- und der gesamten Datenmenge in neun Klassen eingeteilt. Die Einteilung geschieht in Anlehnung an die von Ratingagenturen ausgewiesenen Gruppen. Die o.g. drei Untersuchungen dienen hierzu als Beispiel für die quantifizierten Klassengrenzen. Bei Anleihen mit einem niedrigen Credit Spread (unter einem Prozentpunkt) wurden kleinere Intervalle (0,25 Prozentpunkte) als bei Anleihen mit einem höheren Credit

[754] Vgl. Brister, Kennedy, Liu (1994); Heinke (1998); Longstaff, Schwartz (1995).

Spread (0,50 Prozentpunke) gewählt. Somit gelangt man zu der in Tabelle 42 dargestellten Klasseneinteilung.

Für einen direkten Vergleich werden die Ergebnisse des 13er-Modells und der genannten drei Untersuchungen gemeinsam in einem Koordinatensystem abgetragen. Auf der x-Achse wird in Abhängigkeit vom Mittelwert des Credit Spread die Ratingklasse abgetragen. Die y-Achse weist die entsprechende Standardabweichung innerhalb der einzelnen Klassen aus.

Modell-Rating	von, ausschließlich (Credit Spread in Prozentpunkte)	bis, einschließlich (Credit Spread in Prozentpunkte)	Häufigkeiten in der Testmenge	Gemessene Standardabweichung (der Abweichung von Prognose und Ist Credit Spread), Testmenge	Mittelwert der Klasse (gemessen als Credit Spread in Prozentpunkte), Testmenge	Häufigkeiten in der Gesamtmenge	Gemessene Standardabweichung (der Abweichung von Prognose und Ist Credit Spread), Gesamtmenge	Mittelwert der Klasse (gemessen als Credit Spread in Prozentpunkte), Gesamtmenge
1	offen	0,00	5	0,05	-0,29	73	0,13	-0,60
2	0,00	0,25	6	0,12	0,17	73	0,15	0,16
3	0,25	0,50	15	0,09	0,36	201	0,13	0,39
4	0,50	0,75	48	0,16	0,64	450	0,14	0,64
5	0,75	1,00	50	0,17	0,86	419	0,15	0,86
6	1,00	1,50	27	0,20	1,24	316	0,19	1,22
7	1,50	2,00	7	0,18	1,66	86	0,22	1,67
8	2,00	2,50	4	0,53	2,13	22	0,34	2,19
9	2,50	offen	0	0	0	1	0	2,90

Tabelle 42: Klasseneinteilung für die Untersuchungsmenge

Sowohl bei der KNN-Analyse als auch bei Rating nimmt die *Prognosefähigkeit mit steigendem Risiko ab.* Dies kann bei dem KNN mit der unterproportionalen Vertretung von entsprechenden Unternehmen in der Lernmasse begründet werden (vgl. Kapitel 5.5.2). Der Anstieg der Standardabweichung des Credit Spread bei höherem Rating ist bereits in anderen wissenschaftlichen Studien herausgestellt worden und lässt sich bei der Prognose mittels des 13er-Modells bestätigen.

Falls man sowohl die absoluten Fehlerwerte als auch den Anstieg direkt vergleicht, *kann das 13er-Modell bessere Ergebnisse* als die zur Kreditzinskalkulation verwendeten Ratingeinschätzungen erzielen. Diese Feststellung abstrahiert von den o.g. Problemen bzgl. eines Vergleiches. In Abbildung 64 wurde sowohl die Testmenge als auch die vollständige Datenmenge (Lern- Validierungs- und Generalisierungsdaten) verwendet. Beide Gruppen sind dunkler gehalten. Die helleren Balken beziehen sich auf die o.g. Untersuchungen.

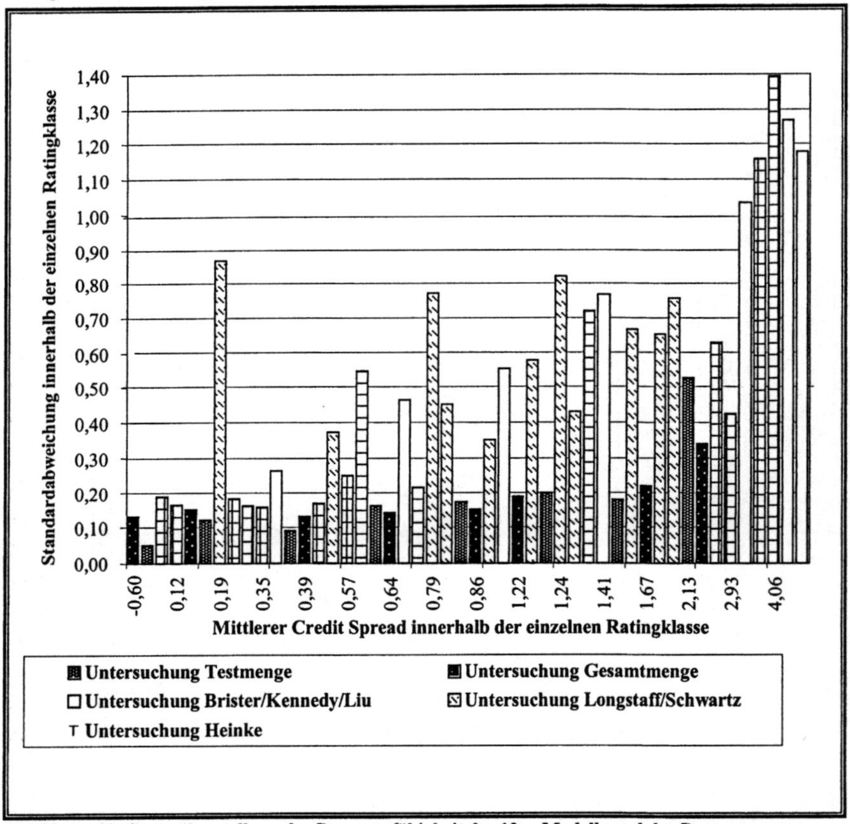

Abbildung 64: Gegenüberstellung der Prognosefähigkeit des 13er-Modells und der Prognose von Ratings

5.7 Ergebniszusammenfassung

Die Untersuchungen mittels Neuronaler Netze konnten zeigen, *dass es einen Zusammenhang zwischen den gefundenen Inputfaktoren und dem vom Kreditmarkt bewerteten Risiko gibt.* Die gestellten Fragen unter Kapitel 4.1 können insoweit beantwortet werden.

Kreditgeber verwenden die Bilanzanalyse im Rahmen ihrer Dispositionsentscheidung. Es findet jedoch *keine isolierte Betrachtung* statt, sondern vielmehr werden weitere Kriterien, wie makroökonomische oder titelspezifische Faktoren, zur Bestimmung des Kreditrisikos verwendet. Diese Faktoren finden sich auch in empirischen Studien und modelltheoretischen Ansätzen wieder. Es kann ein Set von Kennzahlen benannt werden, das den Entscheidungsprozess besonders gut nachbilden kann. Dieses System besitzt jedoch nicht den Anspruch der Ausschließlichkeit. Auch andere Kombinationen von Kennzahlen führen zu ähnlich guten Ergebnissen. Mit Hilfe der getroffenen Kennzahlenauswahl im 13er-Modell ist eine Prognose des Credit Spread und damit des bewerteten Kreditrisikos möglich. Auf Basis eines Vergleichs mit drei Studien zur Prognosefähigkeit von Ratings kann die Schlussfolgerung gezogen werden, dass die mit der Prognose des 13er-Modells *verbundene Unsicherheit geringer ist, als die bei der Prognose mittels externer Ratingeinschätzungen.*

Als Prognosemodell wurde ein Neuronales Netz eingesetzt. Im Rahmen dieser Anwendung sind subjektive Parametereinstellungen vorzunehmen. Eine Vielzahl von Modifikationen des Grundmodells zeigten eine gute Ergebnisstabilität, sodass die gefundene Lösung zum einen eine stabile, gute Strukturwahl hat. Die im Fehlerwert gemessene Lösungsgüte variiert in einem recht engen Intervall. Zum anderen erhält der Vorgang der subjektiven Parametereinstellung durch eine möglichst große Variation und eine gleichzeitig argumentative Begründung eine Objektivierung.

Die Ergebnisse geben Anlass, das Instrument der Neuronalen Netze weiter zu untersuchen, da deutliche Hinweise auf deren Eignung als Prognoseinstrument innerhalb der Kreditbewertung gefunden wurden. Wie bereits im Kapitel 4.5 dargestellt, erfüllt das Prognosemodell die geforderten Kriterien für ein Kalkulationsverfahren. Darüber hinaus konnte die empirische Studie durch die Modellgüte die Eignung als Kreditzinskalkulationsverfahren herausstellen und diese im exemplarisch geführten Vergleich zu drei Studien zur Prognosefähigkeit von Ratings als besser einstufen. Die Kennzahlenauswahl des 13er-Modells erfüllt die Anforderungen des *Ganzheitlichkeitskriteriums*, da das Unternehmen mittels der Vermögens-, Ertrags- und Finanzlage bewertet wird.[755] Die Erfüllung des *Neutralitätskriteriums* kann nicht direkt nachgewiesen werden. Entweder unterstellt man dem Mechanismus des Kreditmarktes, wie es COENENBERG

---

755 Vgl. Tabelle 36.

aus der Annahme eines effizienten Kapitalmarktes schlussfolgert,[756] dieses Prinzip oder es gilt, in einem weiteren Schritt die Einhaltung des Neutralitätskriteriums zu prüfen. Dies könnte beispielsweise durch „eigenhändig" durchgeführte Bilanzmanipulationen geschehen, indem zunächst durch Ausnutzung bilanzieller Spielräume einzelne Positionen verändert werden und anschließend der auf Basis der veränderten Bilanz vom KNN ausgewiesene Kreditzins mit dem ursprünglichen verglichen wird. Falls das Neutralitätsprinzip erfüllt ist, darf keine Veränderung des berechneten Kreditzinses zu beobachten sein.

[756] Vgl. Coenenberg (2000), S. 1124.

6. Bewertung von Unternehmenskrediten und Unternehmensanleihen mittels Künstlicher Neuronaler Netze

6.1 Anwendungsgebiete der Forschungsergebnisse

Die gefundenen Ergebnisse der Untersuchung führen zu der Frage, inwieweit sich diese Erkenntnisse für die praktische Nutzung eignen. Denkbar ist die Anwendung grundsätzlich in allen Bereichen, in denen Kreditrisiken zu bewerten sind. Im Weiteren wird geprüft, welche *Möglichkeiten zum Einsatz des dargestellten Verfahrens* zum einen im Rahmen der *Kreditbewertung durch Kreditinstitute* (Kapitel 6.1.1) und zum anderen für die *Bewertung von Anleihen* (Kapitel 6.1.2) bestehen.

6.1.1 Kreditvergabe

Die Übertragung der Untersuchungsergebnisse vom Anwendungskontext „Kreditmarkt" auf die Vergabe von Bankenkrediten bedingt, dass sich diese beiden Fremdkapitaltitel nicht fundamental unterscheiden. Obwohl es diese Unterschiede gibt,[757] ist dem Autor keine wissenschaftliche Arbeit bekannt, die wertmäßige Konsequenzen der Unterschiede zwischen Bankenkrediten und Unternehmensanleihen thematisiert.[758] Beispielsweise wird das aus der Kapitalmarkttheorie abgeleitete Optionspreismodell ebenfalls auf Bankenkredite übertragen.[759]

Die Kreditvergabe an Firmenkunden ist an die aus der amerikanischen Bankenpraxis bekannten sechs „Cs of Credit" geknüpft. Innerhalb der *Kreditwürdigkeitsprüfung* werden Informationen hinsichtlich der folgenden Bereiche erhoben:[760]

- Character (Unternehmerpersönlichkeit und -integrität),
- Capacity (sachliches und personelles Leistungsvermögen des Unternehmens),
- Capital (Vermögenslage des Kreditnehmers)
- Collaterals (Sicherheitensituation),
- Conditions (technologische und konjunkturelle Bedingungen) und
- Coverage (Wirkungskreis und Aktionsradius des Unternehmens).

Insbesondere bei der Vergabe von Krediten an kleine und mittlere Unternehmen wird der erste Punkt (Unternehmerpersönlichkeit und –integrität) in das Entscheidungskal-

---

[757] Ein Vergleich der beiden Instrumente (Bankenkredite vs. Anleihen) findet sich bspw. bei Sommerfeld (2001), S. 1ff.

[758] Vgl. Sommerfeld (2001), S. 297.

[759] Vgl. Kap. 2.3.2.2, ein weiteres Beispiel ist die Übertragung des CAPM. Vgl. Bröker (2000), S. 52.

[760] Vgl. hier und im Folgenden Hartmann-Wendels, Pfingsten, Weber (2000), S. 161; Sinkey (1992), S. 528; Priewasser (1992), S. 362.

kül des Kreditsachbearbeiters einbezogen. Insbesondere die subjektive Beurteilung qualitativer Merkmale wie die Bewertung der Unternehmerpersönlichkeit führen zu einer mangelnden Transparenz der Kreditentscheidung.[761] Die getroffenen Entscheidungen können nicht von einem Dritten vollständig nachgebildet werden und führen insbesondere bei unerfahrenen Kreditentscheidern zu vermehrten Fehlbeurteilungen.

Die Vorgehensweise des oben vorgestellten 13er-Modells abstrahiert von der Beurteilung durch den Einzelnen. Es wird eine marktliche und somit objektive und nachvollziehbare Bewertung des Kreditrisikos vorgenommen.[762] Unter zu Hilfenahme der KNN-Analyse könnten die relevanten Informationen hinsichtlich der Vermögens-, Ertrags- und Finanzlage, der allgemeinen Marktsituation und der gesamtwirtschaftlichen Erwartungen abgedeckt, analysiert und sichtbar gemacht werden. In der im Kap. 5.3 beschriebenen Untersuchungsmenge, die mittels des Instrumentes der KNN analysiert wurde, waren vorrangig große Unternehmen vertreten. Fraglich ist somit ob im Rahmen von mittleren oder kleineren Unternehmen dieselben Kennzahlen entscheidend sind.

Relative Kennzahlen, wie sie auch im vorgestellten 13er-Modell verwendet werden, erfassen Verzerrungen aufgrund der Größe mathematisch.[763] Beispielsweise setzt die Kennzahl B_2 den Umsatz („Revenue") in Beziehung zum Gesamtkapital („Total Assets"). Folglich muss ein größeres Unternehmen einen entsprechend höheren Umsatz ausweisen, um denselben Kennzahlenwert wie ein kleines Unternehmen zu erreichen. Neben dieser Eigenschaft von relativen Kennzahlen, Unternehmensgrößen zu berücksichtigen, weisen die untersuchten Unternehmen eine gewisse Varianz in der Unternehmensgröße auf.[764] Das kleinste untersuchte Unternehmen hat eine Bilanzsumme von 18,375 Millionen US-$, das größte von 279.097,000 Millionen US-$. Falls sich durch die Unternehmensgröße die Relevanz von Kennzahlen ändert, würde das Netz dies für die untersuchten Objekte beachten. Für Unternehmen, die eine geringere Größe als die untersuchten aufweisen, kann vermutet werden, dass dieselben oder ähnliche Kennzahlen in das Entscheidungskalkül einfließen würden. Kredit-Scoring-Modelle greifen regelmäßig auf „bekannte" Kennzahlen zurück, die auch in dieser vorliegenden Untersuchung beachtet wurden, wie bspw. die bereits o.g. Kenn-

---

761 Vgl. hier und im Folgenden Glormann (2001), S. 307f.

762 Vgl. Kap. 4.4.

763 Dieser Aussage stehen die Ergebnisse von Jerschensky und von Küting, Weber gegenüber. Die Autoren weisen auf die Bedeutung von Größenunterschieden auch bei relativen Kennzahlen hin. Vgl. Jerschensky (1998), S. 231ff.; Küting, Weber (2000), S. 25ff.

764 Vgl. Tabelle 13.

zahl Umsatz / Gesamtkapital.[765] In anderen Scoring-Modellen[766] wird ebenfalls nicht explizit auf die Unternehmensgröße eingegangen.

Die bei der Kreditvergabe geprüfte Frage nach Sicherheiten des Kreditnehmers wird nicht im 13er-Modell abgebildet. Es wird eine Anleihe ohne Sonderrechte innerhalb der Besicherung unterlegt, sodass weitere Vereinbarungen zu einer tendenziellen Reduktion des Credit Spread bzw. Kreditzinses führen sollten. Jedoch weisen MÜLLER/MÜLLER darauf hin, dass die Vergabe von Sicherheiten „im allgemeinen nur eine sekundäre Rolle spielen [darf], da sie letztlich nur die Funktion einer Notbremse erfüllen (...). Banken legen im Allgemeinen Kredite nicht mit der Absicht heraus, diese im Rahmen von Zwangsmaßnahmen durch Sicherheitsverwertung zurückzuführen, sondern im Rahmen einer ordnungsgemäßen Bedienung über die Laufzeit“[767].

Besonders für die *Kalkulation eines im obigen Sinne objektiven Kreditzinses* eignen sich die Ergebnisse des Neuronalen Netzes. Das 13er-Modell ist in der Lage, einen *marktlichen, objektiven Wert* für das Kreditrisiko zu bestimmen. Da nicht alle von Kreditinstituten bei der Kreditvergabe verlangten Kriterien in die Bewertung einbezogen werden, kann man – falls man an der gängigen Bankpraxis bei der Vergabe von Krediten, insbesondere an mittelständische Unternehmen, festhalten möchte – das *bepreiste Ausfallrisiko als Intervall in das Entscheidungskalkül für die Kreditentscheidung* einbeziehen. Falls bspw. ein Unternehmen einen Kredit beantragt, kann auf Basis der eingereichten Bilanz, der aktuellen Marktsituation (bspw. das allgemeine Zinsniveau) und der Kreditmerkmale (bspw. Kreditvolumen oder Kreditlaufzeit) das 13er-Modell einen Kreditzins berechnen. Dieser könnte beispielsweise bei 6 % p.a. liegen. Dieser Zinssatz drückt den Preis aus, der sich gemäß der Prognose des Modells für diesen Kredit am Kapitalmarkt bilden würde. Die Prognose selber ist mit einer Unsicherheit behaftet. Diese lässt sich bspw. anhand des Fehlerwertes s_F operationalisieren. Ein Wert s_F in Höhe von 0,195 bedeutet, dass in 66 % der untersuchten Fälle die Differenz aus dem prognostizierten Kreditzinssatz und dem am Markt beobachtbaren Satz eine geringere Abweichung als 0,1950 Prozentpunkte aufweist. Falls man eine Aussage über die Abweichung für 90 % der untersuchten Fälle treffen möchte, kann man den Wert „90-Prozent-Intervall“ (= 0,3234) heranziehen.[768] Für die Prognose des o.g. Beispiels bedeutet dies, dass man einen Kreditzins von 6 % prognostiziert und ein entsprechendes „66-Prozent-Intervall“ ([5,805;6,195]) bzw. ein „90-Prozent-Intervall“ ([5,6766;6,3234]) bilden kann. Diese unterstellten Intervalle berechnen sich durch die

---

[765] Vgl. Altman, Saunders (1997).

[766] Vgl. Altman (1993), S. 186.

[767] Müller, Müller (1998), S. 3; (die mit [ ] gekennzeichneten Inhalte wurden vom Verfasser hinzugefügt). Die Autoren weisen jedoch daraufhin, dass die Praxis das Gegenteil als den gängigen Fall aufzeigt.

[768] Vgl. Tabelle 32.

Annahme eines Sicherheitsniveaus (66 % bzw. 90 %). Der Kreditentscheider kann innerhalb des Intervalls den Kreditzins festlegen.[769/770] Dies kombiniert die Ergebnisse der KNN mit dem Erfahrungswissen des Kreditentscheiders.[771] Darüber hinaus kann das Intervall für die Berücksichtigung von Sicherheiten benutzt werden.

Der nach dem Prognosemodell berechnete Kreditzins stellt die Prämie für einen unbesicherten[772] Kredit dar. Falls man wiederum ein Intervall auf Basis eines Sicherheitsniveaus um den prognostizierten Zins berechnet, kann die Sicherheit in Form eines Zinsabschlages bedacht werden. Der bestehende Prozess der Kreditwürdigkeitsprüfung kann um die Erkenntnisse des Prognosemodells erweitert werden.

Während die Kreditzinskalkulation die Bepreisung des Ausfallrisikos zur Zielsetzung hat, wird im Rahmen eines (*internen*) *Rating* der Schuldner einer Klasse zugeteilt.[773] Annahmegemäß unterliegen die Schuldner in einer Klasse demselben Ausfallrisiko. Gemäß dem Baseler Abkommen werden Kreditinstitute in Zukunft für die Berechnung der Risikoaktiva einen Gewichtungsfaktor heranziehen.[774] Dieser soll sich individuell je Schuldner(klasse) aus der Bonität ableiten. Somit handelt es sich um einen risikoadäquaten Bonitätsgewichtungsfaktor. „Zur Festlegung des zu verwendenden Gewichtungsfaktors sind objektiv nachvollziehbare Kriterien heranzuziehen, wie sie z.B. von Ratinggesellschaften verwendet werden“[775]. Die Verwendung von internen Ratingsystemen unterliegt der Zustimmungspflicht durch die Bankenaufsicht. Für die Aner-

---

769 Es wird in der Diskussion von einem weiteren Problemkreis abstrahiert. Sowohl Ratingagenturen als auch der Kapitalmarkt haben im Gegensatz zu Kreditinstituten einen geringeren Erfahrungswert bei der Vergabe von Krediten an den Mittelstand als Kreditinstitute, sodass eine externe Ratingeinstufung u.U. nicht einer internen vorzuziehen ist.

770 Durch die unterschiedlichen Rahmenbedingungen des Kreditmarktes im weiteren und im engeren Sinne können sich die Bewertungsmechanismen unterscheiden. Bspw. sind die Transaktionskosten bei einer gehandelten Anleihe und einem Investitionskredit sicherlich unterschiedlich, sodass ein Kreditzinskalkulationsverfahren diese Unterschiede aufnehmen sollte. Das Optionspreismodell geht bspw. nicht auf diese Besonderheiten ein. Dem Verfasser ist kein Kalkulationsverfahren bekannt, das explizit diese Unterschiede aufgreift und den Bewertungsprozess daraufhin anpasst.

771 Dieser Vorschlag ähnelt der Vorgehensweise, die Ergebnisse des KNN und das Expertenwissen hinsichtlich der Jahresabschlussanalyse zu kombinieren, („mit Hilfe von KNN und Experten-(Erfahrungs)wissen noch bessere Ergebnisse der Jahresabschlussanalyse zur Beurteilung der wirtschaftlichen Lage von Unternehmen erzielbar“), Enders (2001), S. 372).

772 Es handelt sich um eine über die rechtliche nicht hinausgehende Besicherung.

773 Vgl. Kap. 2.3.3.

774 Vgl. hier und im Folgenden Schulte-Mattler (1999), S. 530ff.

775 Vgl. Schulte-Mattler (1999), S. 531.

kennung interner Ratings hat der Baseler Ausschuss eine Reihe von Kriterien definiert:[776]

- Vollständigkeit, Transparenz, hinreichende Klarheit und Nachvollziehbarkeit der im Rating berücksichtigten Kriterien,
- statistischer Nachweis der Güte (Trennfähigkeit) sowie der Sensitivität der Einstufung bei im Zeitablauf sich verändernder Bonität,
- eine ausreichende Differenzierung der Ratingklassen,
- die Möglichkeit der Ableitung von empirischen Ausfallraten, Rückzahlungsquoten etc. aus einer eigenen Datenbasis,
- die Möglichkeit des Backtestings von erwarteten und realisierten Kreditnehmerausfällen und erwarteten Verlusten,
- Sicherstellung der organisatorischen Maßnahmen zur unabhängigen Kontrolle der Ratings durch Mitarbeiter, die nicht direkt im Kreditentscheidungsprozess (bspw. bei der Konditionengestaltung) involviert sind.

Während die konzeptionellen Ansprüche der Ermittlung einer objektiven Risikobewertung durch die kreditmarktorientierte Vorgehensweise gedeckt sind, stellt sich die Frage, inwieweit sich das Prognosemodell eignet, Unternehmen bzw. Kredite in einzelne Ratingklassen einzustufen. Folglich erweist sich eine Differenzierung in Ratingklassen als Modifikationsbedarf des vorgestellten Modells. Darüber hinaus ist die Datenmenge in der Untersuchung aufgrund des Umfangs, der Stichprobenauswahl und des Bezugs zum amerikanischen Kapitalmarkt kritisch zu bewerten. Sicherlich geben jedoch die guten Ergebnisse Anlass, weitere Untersuchungen vorzunehmen, um eine vollständige Deckung der Anforderungen zu gewährleisten.

6.1.2 Einsatzmöglichkeiten beim Primär- und Sekundärhandel von Anleihen

Grundsätzlich stehen Emittenten von Unternehmensanleihen zwei Wege zur Abwicklung der Primärtransaktion, d.h. der *Erstemission* von Finanztiteln, zur Verfügung.[777] Entweder wählen Gesellschaften einen direkten Absatz ohne Einschaltung einer Bank oder aber sie entscheiden sich unter Einschaltung eines Kreditinstitutes zu einem indirekten Vertriebsweg. Der erste Fall wird als Eigenemission, der zweite als Fremdemission bezeichnet.[778] Der entscheidende Unterschied liegt in der Übernahme des vorhandenen Risikos der Nichtplatzierung einzelner Titel. Während bei der Eigenemission

[776] Vgl. Jansen (2001b), S. 99f.
[777] Vgl. hier und im Folgenden Jacob, Klein (1996), S. 107, hinsichtlich der unterschiedlichen Risikoprofile bei der Emission vgl. Jacob, Klein (1996), S. 120ff.
[778] Vgl. Rudolph (1981), S. 61.

dieses Risiko beim Emittenten verbleibt, übernimmt bei der Fremdemission die Emissionsbank unter Zahlung einer Prämie dieses Risiko.[779]

Somit besteht bei der Emission von Fremdkapitaltiteln das Problem der Preisfindung. Als Preis wird die *Emissionsrendite* verstanden, die der Effektivverzinsung und somit dem Zins nach der aus der Investitionstheorie bekannten internen Zinsfußmethode gleichkommt.[780] Hierzu eignen sich zwei Verfahren: das *konkurrenzorientierte* und das *investorenorientierte* Verfahren. Im Rahmen des *konkurrenzorientierten* Verfahrens sucht die Bank eine Vergleichsanleihe mit möglichst gleichen Ausstattungsmerkmalen. Neben instrumentellen Bestandteilen wie Laufzeit und Zins ist es besonders wichtig, einen Vergleich mit einem Emittenten gleicher Bonität durchzuführen.[781] „Um die Vergleichbarkeit zwischen emittierender und Referenzanleihe hinsichtlich des Bonitätsrisikos zu ermitteln, wird dabei – wenn existent – auf das Rating der Fremdkapitaltitel zurückgegriffen."[782] Die Emissionsbank kann somit den Kurs der zu emittierenden Anleihe an die Referenzanleihe anlehnen. Da dieses Vorgehen zunächst die Existenz eines Rating und einer Referenzanleihe voraussetzt, sind die in den Kapiteln 2.3.3 und 5.6 angebrachten Kritikpunkte zu beachten. Bei der zweiten Verfahrensweise, dem *investorenorientierten Preisfindungsverfahren*, wird im Rahmen einer auktionsähnlichen Vorgehensweise von Käufern ein Gebot abgegeben.[783] Dieses bezieht sich auf einen Aufschlag, zu dem der potenzielle Käufer bereit ist, die Unternehmensanleihe zu erwerben. Marktzinsänderungen während der Gebotsphase werden somit aus dem Verfahren eliminiert.[784] Dieses Vorgehen - das „fixed price reoffer"-Verfahren – wird in den USA und Großbritannien praktiziert. Im direkten Vergleich zu dem konkurrenzorientierten Verfahren liegt der Vorteil des investorenorientierten Verfahrens in dem Verzicht auf eine Referenzanleihe. Es muss somit keine Anleihe gefunden werden, die ähnliche Ausstattungsmerkmale besitzt.

Die oben mittels des KNN identifizierten Zusammenhänge zwischen der effektiven Verzinsung und verschiedenen Inputfaktoren innerhalb des Prognosemodells spiegeln sich sowohl im konkurrenzorientierten als auch im investorenorientierten Verfahren wider, da im Rahmen beider Methoden eine Einschätzung des Risikos und des daraus resultierenden Preises vorgenommen werden muss. Während bei dem konkurrenzorientierten Verfahren ein Emittenten-Rating bzw. eine Referenzanleihe bekannt sein

---

779 Die Möglichkeit des „private placements" auf dem US-Markt stellt eine hier nicht thematisierte Zwischenform dar. Vgl. Fabozzi, Modigliani (1992), 73f. oder auch Jacob, Klein (1996), S. 108.

780 Vgl. hier und im Folgenden Jacob, Klein (1996), S. 138.

781 Vgl. Fabozzi (1995), S. 51.

782 Jacob, Klein (1996), S. 138.

783 Vgl. hier und im Folgenden Jacob, Klein (1996), S. 138f.

784 Vgl. hierzu Schmitz (1995), Sp. 519.

muss, ist das oben beschriebene 13er-Modell in der Lage, einen Preis für eine Anleihe zu bilden, ohne diese spezifischen Kenntnisse zu haben. Im Rahmen des investorenorientierten Verfahrens kann das 13er-Modell genutzt werden, um das Gebot des potenziellen Käufers zu würdigen.

Während sich diese beiden Verfahren der Preisfindung und die Möglichkeiten der Nutzung des hier vorgestellten 13er-Modells auf den Primärmarkt stützen, zeichnet sich der Kapitalmarkt durch den Handel von emittierten Papieren auf dem *Sekundärmarkt* aus. Es findet ein kontinuierlicher Handel[785] mit der Anleihe und dadurch eine kontinuierliche Bewertung des Risikos statt. Marktteilnehmer, insbesondere Händler, werden in die Lage versetzt, ihren aktuellen und potenziellen Wertpapierbestand ständig zu überprüfen und (für Unternehmensanleihen) das Kreditrisiko des Emittenten und das Marktzinsrisiko einzuschätzen, um zu einer Kauf- bzw. Verkaufsentscheidung zu gelangen. Dieser Bewertungsprozess führt zu der in Kap. 4.2 erläuterten Effizienz des Kapitalmarktes. Für einen ertragreichen Handel müssen die Märkte aber vorübergehend ineffizient sein.[786] Händler analysieren und bestimmen Wertpapiere, die über- oder unterbewertet sind. Das heißt, der Marktpreis entspricht nicht dem „Wert". Durch den entsprechenden Wertpapierkauf bzw. –verkauf bewegt sich dann der Marktpreis in Richtung „Wert", sodass sich lediglich vorübergehende Ungleichheiten, also Ineffizienzen, bilden können. Zu untersuchen ist, wie Händler an diese Informationen gelangen.

Um die permanente Überprüfung einer Vielzahl von potenziellen Einflussfaktoren der Wertpapierkurse zu erleichtern, können Händler auf unterstützende *Handelssysteme* zurückgreifen, welche permanent Kennzahlen und Indikatoren berechnen und ausweisen. Durch die Definition von Schwellenwerten (bzw. Kombinationen von Schwellenwerten) macht das System auf einzelne Anleihen aufmerksam. Während diese Handelssysteme sehr häufig auf markttechnischen Indikatoren aufbauen, wird im Rahmen einer Fundamentalanalyse, aufbauend auf Kennzahlen (bspw. aus der Bilanzanalyse

785 Auf den Unterschied zwischen stetigen und kontinuierlichen Preisfindungsmechanismen soll nicht eingegangen werden. An dieser Stelle ist mit dem Begriff „kontinuierlicher Handel" ein dauerhafter, permanenter Handel gemeint, wobei einzelne Preisfindungen bspw. über einen Handelstag verteilt sein können. Somit handelt es sich um einen diskreten Handelsverlauf. Im Vergleich zu einem Bankenkredit soll jedoch der kontinuierliche Charakter herausgestellt werden.

786 Vgl. zu den Effizienzformen und dem Informationsparadoxon Kap. 4.2.

oder einem Branchenvergleich), eine Einschätzung des Unternehmens vorgenommen.[787]

Die Erkenntnisse des hier vorgestellten Prognosemodells unterstützen den Händler bei der Überwachung des Wertpapierportfolios. Aufbauend auf fundamentalen Daten des Unternehmens - ergänzt um täglich schwankende Größen (wie die Zinserwartung) - kann eine Einschätzung des Risikos des Unternehmens und des Kurses der Anleihe durch das Prognosemodell vorgenommen werden. Wie bereits in Kap. 6.1.1 dargelegt, bestimmt das Prognosemodell den objektiven Wert einer Anleihe, indem ein Effektivzins ausgewiesen wird. Diese Kurs- oder Preisinformation kann mittels eines Intervalls konkretisiert werden. Gehandelte Kurse, die über oder unter dem objektiven Wert liegen bzw. sich bspw. außerhalb eines 90-Prozent-Intervalls befinden, geben deutliche Handlungsempfehlungen. Es kann somit ein bestehendes Handelssystem oder auch eine Fundamentalanalyse durch die Integration des hier vorgestellten Prognosemodells erweitert werden.

6.2 Anwendungsvoraussetzungen

Während Kapitel 6.1 exemplarisch einige mögliche Anwendungsfelder der Untersuchungsergebnisse aufzeigt, besteht bei einer Übertragung der Erkenntnisse auf den deutschen Markt weiterer Untersuchungsbedarf. Zum einen wurde die Analyse an der US-amerikanischen Börse durchgeführt und zum anderen wurden die in die Studie einfließenden Bilanzkennzahlen aus nach US-GAAP bilanzierten Jahresabschlüssen entnommen. Somit kann geprüft werden, ob sich die funktionalen Zusammenhänge übertragen lassen und ob die Inputfaktoren systemabhängig sind. Dieses würde bedeuten, dass bei der Eingabe von zwei Bilanzen desselben Unternehmens - wobei eine nach US-GAAP und eine nach dem HGB aufgestellt wurde - zwei deutlich abweichende Ergebnisse durch das dargestellte Prognosemodell generiert würden. Das folgende Kapitel 6.2.1 überprüft, ob die unterschiedlichen Rahmenbedingungen gegen eine Übertragung sprechen. Kap. 6.2.2 erläutert, inwieweit sich die vom KNN identifizierten Zusammenhänge, die sich auf das Bilanzkennzahlen nach dem US-GAAP beziehen, auf Bilanzkennzahlen nach dem HGB überleiten lassen.

---

[787] Vgl. zu Handelsstrategien und Handelssystemen auch Zapotocky (2000), S. 1082. Der Autor nennt auch exemplarisch ein Handelssystem, das auf einem Neuronalen Netz basiert.

6.2.1 Vergleich der institutionellen Rahmenbedingungen

Die Ergebnisse der Untersuchung basieren auf dem Bewertungsmechanismus der US-amerikanischen Börse. Es gilt somit zu prüfen, inwieweit eine Bewertung börsen- bzw. länderspezifisch ist. Anders formuliert wird untersucht, ob ein Wertpapier an der US-amerikanischen Börse anders bewertet werden würde, als an einer deutschen Börse. Die Effizienzannahme schließt eine unterschiedliche Bewertung aus.[788] Die restriktiven Modellannahmen sind jedoch regelmäßig nicht erfüllt (bspw. keine Transaktionskosten), sodass eine Untersuchung den Einfluss der Rahmenbedingungen analysieren muss. Man könnte einen derartigen Vergleich beispielsweise anhand der Kriterien Börsenaufsicht, Marktstrukturen und gesetzliche Steuernormen führen.[789]

Offensichtlich sind die Ausprägungen der genannten Kriterien an den Börsen unterschiedlich. Die im Jahre 1933 in den Vereinigten Staaten eingerichtete Wertpapierüberwachungsbehörde „Securities and Exchange Commission" (SEC)[790] bedingt im Vergleich zum „Bundesaufsichtsamt für den Wertpapierhandel" in Frankfurt (BAWe) eine geringere Regulierung der nationalen Finanzmärkte.[791] Ebenfalls uneinheitlich sind die Marktstrukturen. Grundsätzlich liegt in beiden Systemen eine dezentrale Marktstruktur vor.[792] Im US-amerikanischen System wird besonders stark um die Investorenaufträge konkurriert, sodass sich heterogene Strukturen bilden. In Deutschland jedoch sind diese Marktstrukturen nicht durch eine auffallende Heterogenität gekennzeichnet. Erst die Einführung des Xetra®-Handels zwingt die Regionalbörsen dazu, Innovationen zu realisieren, die letztendlich zu heterogenen Strukturen führen.[793] Neben abwicklungstechnischen Unterschieden sind die Steuersysteme in den beiden Staaten unterschiedlich. Bei Kauf- bzw. Verkaufsentscheidungen von Investoren, die

788 Vgl. zu dieser Schlussfolgerung die in Kap. 4.2 getätigte Definition des effizienten Marktes.

789 Zur detaillierten Beschreibung der amerikanischen aufsichtsrechtlichen Gesetzgebung mit besonderem Bezug zum Rechnungslegungssystem vgl. Glormann (2001), S. 11ff.

790 „Ihre Aufgabe ist es seitdem, die Einhaltung der bestehenden Wertpapiergesetze zu überprüfen, um so den Anleger und die Öffentlichkeit vor Mißbräuchen zu schützen", Puckler (1986), S. 45.

791 Vgl. Bohl, Alexander (2000), S. 469.

792 Vgl. hier und im Folgenden Kirchner (1999), S. 22.

793 Vgl. Kirchner (1999), FN 12, S. 22f.

letztendlich die Preise determinieren, sind steuerliche Aspekte zu beachten. Beispielsweise sind in Deutschland für den privaten Anleger realisierte Kursgewinne durch den An- und Verkauf desselben Wertpapiers nicht steuerpflichtig.[794] Für den US-amerikanischen Anleger jedoch sind sowohl im privaten wie im erwerbswirtschaftlichen Bereich, unabhängig von einer Haltefrist oder der Höhe der Beteiligung bzw. der Kursgewinne, Veräußerungsgewinne zu versteuern.[795] Somit kann aus steuerlichen Aspekten heraus der Anleger dem Verkauf einer Anleihe in Deutschland zu einem bestimmten Kurs zustimmen, während unter sonst gleichen Bedingungen der Anleger in den USA davon absieht. Der Grund für diesen Einzelfall liegt in der unterschiedlichen Rendite nach Steuern.

Daraus folgt, dass unterschiedliche Rahmenbedingungen an US-amerikanischen und deutschen Börsen grundsätzlich zu einer unterschiedlichen Preisfindung und somit zu einem nicht gleichen Bewertungsmechanismus führen können. Falls diese Annahme unterstellt wird, muss geprüft werden, inwieweit die gefundenen Strukturen innerhalb des dargestellten Prognosemodells von diesen Unterschieden betroffen sind. Die Relevanz für das 13er-Modell könnte untersucht werden, indem weitere Analysen sowohl Daten vom deutschen als auch vom US-amerikanischen Finanzmarkt berücksichtigen. Falls die Information (deutscher bzw. amerikanischer) „Finanzmarkt" für die Prognose eine Relevanz besitzt, würde die Gewichtung der entsprechenden Information „Finanzmarkt" bzw. des korrespondierenden Eingangsneurons ungleich Null sein oder der Fehlerwert der Netzstruktur deutlich steigen, falls man dem KNN diese Eingangsinformation vorenthält (Pruning-Verfahren).

6.2.2 Transformationsmöglichkeiten der Ergebnisse auf Bilanzen nach dem HGB

Da die oben präsentierten Ergebnisse sich auf den Zusammenhang zwischen der Risikoprämie und nach US-GAAP bilanzierten Unternehmenskennzahlen beziehen, ist fraglich, inwieweit sich diese *Erkenntnisse* auf die Ermittlung von Risikoprämien mittels nach HGB bilanzierten Kennzahlen *übertragen lassen*. Drei Möglichkeiten bieten sich, diesem Problem zu begegnen.

---

[794] Eine Ausnahme stellten die Spekulationssteuer dar. Als Spekulationssteuer sind Steuern auf realisierte Kursgewinne abzuführen, falls diese durch ein Geschäft innerhalb von 12 Monaten zustande kamen. Falls innerhalb von einem Steuerjahr die Summe der Kursgewinne 1.000,00 DM übersteigt, unterliegt der Gesamtbetrag der Einkommensteuer. Vgl. ESTG 2001 § 23.

[795] Vgl. American Chamber of Commerce in Germany e.V. (2001), S. 60.

Erstens ist es möglich, aufbauend auf den gefundenen Strukturen, *ein neues Netz* zu entwerfen.[796] Dieses würde nicht mit US-GAAP, sondern mit HGB-Zahlen trainiert werden oder aber es würde sowohl mit US-GAAP als auch HGB-Zahlen (optional ergänzt um IAS-Bilanzen) trainiert. Die in die Untersuchung einfließenden Datensätze würden durch einen entsprechenden Inputfaktor „Bilanzierungstyp" gekennzeichnet. Das Netz erkennt Unterschiede durch entsprechende Datenkonstellationen. Im Ergebnis hat man somit ein *bilanzierungssystemneutrales Netz*. Dies setzt voraus, dass eine entsprechend große Zahl an Unternehmen nach HGB bilanzieren und von diesen Unternehmen Anleihen gehandelt werden. Dies kann augenblicklich nicht beobachtet werden. Es kann jedoch vermutet werden, dass durch die Ausdehnung des EURO-Kapitalmarktes und die expansiven Tendenzen auf dem Markt für Unternehmensanleihen sich zukünftig eine entsprechende Untersuchungsmasse bilden wird.[797]

Zweitens kann geprüft werden, inwieweit sich das gefundene Netz *neutral* gegenüber dem zugrunde gelegten Bilanzierungssystem verhält.[798] Hierzu ist es notwendig, Unternehmen zu identifizieren, die zu einem Stichtag zwei Bilanzen veröffentlicht haben. Vorraussetzung hierfür ist, dass eine Bilanz gemäß US-GAAP und eine gemäß HGB aufgestellt wurden. Somit kann man direkt ablesen, inwieweit sich die mittels des dargestellten Prognosemodells bestimmten Risikoprämien auf Basis der beiden Bilanzen unterscheiden oder ob ein neutrales Verhalten des Prognosemodells beobachtet werden kann.

Als dritte Reaktionsmöglichkeit auf das Problem der unterschiedlichen Bilanzierungsvorschriften kann die aktuelle Entwicklung zu einem *einheitlichen* Bilanzierungssystem gedeutet werden. Bereits heute bilanzieren viele deutsche Großunternehmen nicht

---

796 Glormann konnte in einer aktuellen Untersuchung nachweisen, dass mittels einer ähnlichen Vorgehensweise wie bei der Herleitung des BP-14, jedoch auf Basis von nach US-GAAP bilanzierten Jahresabschlüssen, ein ähnlicher Fehlerwert ermittelt werden kann. Vgl. Glormann (2001), S. 123ff. Dies gibt Anlass, auch eine erfolgreiche Übertragung des 13er Prognosemodells zu erwarten.

797 Kritisch an dieser Vorgehensweise ist, dass Unternehmen, die Anleihen emittieren, nach Meinung des Verfassers nicht nach dem HGB, sondern eher nach dem US-GAAP oder dem IAS bilanzieren. Tendenziell werden große Unternehmen die Finanzierungsform „Anleihe" wählen und es ist zu beobachten, dass große deutsche Unternehmen bereits heute nach US-GAAP bzw. IAS bilanzieren. Vgl Schaudwet (2001).

798 Vgl. hierzu Baetge (1998b), S. 98ff.

mehr nach dem HGB. Im Jahre 2001 benutzte von den 30 DAX Unternehmen lediglich das Unternehmen Karstadt/Quelle das HGB als Rechnungslegungssystem.[799] Für börsennotierte Unternehmen ist absehbar, dass eine einheitliche Bilanzierung verpflichtend wird.[800] Folglich werden die für die Berechnung der Risikoprämie erforderlichen Inputfaktoren (Kennzahlen nach dem US-GAAP) auch bei deutschen Unternehmen ableitbar sein.[801] Abbildung 65 fasst die drei Möglichkeiten zusammen.

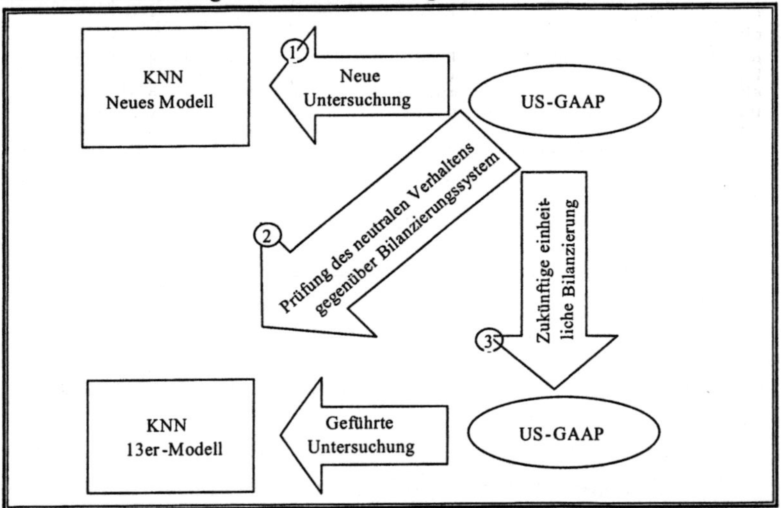

Abbildung 65: Möglichkeiten zur Übertragung der Forschungsergebnisse auf Bilanzen nach dem HGB

---

[799] Vgl. Schaudwet (2001). Im Jahre 2002 wird sich auch die Karstadt Quelle AG von der HGB-Bilanzierung lösen.

[800] Vgl. Goergen (2001), S. 92ff.

[801] Unterstellt wird hierbei, dass das US-GAAP als einheitliches Bilanzierungssystem herangezogen wird. Falls sich bspw. das IAS als System durchsetzt (vgl. Goergen (2001), S. 92ff.), muss die Gültigkeit des 13er-Modells gesondert untersucht werden.

7. Schlussbetrachtung

Gegenstand der vorliegenden Arbeit ist die Untersuchung der Problemstellungen bei der Quantifizierung des Kreditrisikos. In diesem Sinne wird die Konzeption eines innovativen, heuristischen Verfahrens zur marktorientierten Kreditrisikobewertung entwickelt.

Hierzu sind zunächst modelltheoretische und heuristische Ansätze für die Kreditzinskalkulation analysiert worden. Kapitel 2 und 3 belegen, dass ein abschließendes Kreditzinskalkulationsverfahren nicht gefunden werden konnte, obwohl die Notwendigkeit zur Quantifizierung von Kreditrisiken, wie in Kap. 1 beschrieben, aufgrund von marktlichen Entwicklungen und neuen aufsichtsrechtlichen Verpflichtungen entscheidend zugenommen hat.

Modelltheoretische Konzepte, wie das Optionspreismodell, können zwar eine theoretisch objektive Kalkulation sicherstellen, doch kann bei der praktischen Handhabung eine subjektive Komponente nicht ausgeschlossen werden. Selbst die Bestimmung von scheinbar objektiv ermittelbaren Größen, wie dem sicheren Zins, erlauben dem Anwender einen großen subjektiven Entscheidungsspielraum.

Heuristische Verfahren verstoßen i.d.R. gegen den Anspruch der individuellen Kreditbeurteilung, da sie eine Segmentierung vornehmen. Im Fall der Vergabe eines (externen) Rating kann die objektive qualitative Risikobeurteilung nicht nachvollzogen werden. Es besteht darüber hinaus die Problematik der Quantifizierung des Risikogehalts.

Kreditinstitute setzten regelmäßig die Bilanzanalyse im Rahmen der Firmenkreditvergabe ein, um eine objektive Kreditrisikoeinschätzung zu gewährleisten. Folglich wurde untersucht, inwieweit die Bilanzanalyse dem Anspruch eines objektiven Bewertungsvorganges standhalten kann. Insbesondere Verfahren der klassischen Bilanzanalyse, wie das ROI-System, widersprechen diesem Anspruch. Neuere Instrumente, wie Verfahrensweisen der Diskriminanzanalyse, können eine objektive qualitative Aussage anhand eines statistischen Verfahrens ermitteln. Diese Techniken können jedoch nicht kritiklos auf die Kreditzinskalkulation übertragen werden. Mit der notwendigen Quantifizierung des Kreditrisikos stößt die Bilanzanalyse an ihre Grenzen. Zwar berücksichtigen einige Ansätze die wichtige Anforderung einer individuellen Kalkulation, doch scheitern die Verfahren an dem Anspruch einer objektiven Bepreisung des Risikos.

Insgesamt erscheint somit das Problem einer *objektiven, individuellen Kreditzinskalkulation* in Literatur und Praxis *nicht abschließend* gelöst. Auf Basis dieser Erkenntnisse und der *Annahme effizienter Kapitalmärkte* konnte im Kapitel 4 ein Prognosemodell abgeleitet werden. Hierzu wurde zunächst das Untersuchungsobjekt „Unternehmensanleihe“ gewählt, um das in der Anleihenrendite enthaltene Kreditrisiko isolieren zu können. Das daraus entwickelte Prognosemodell erfüllt die Anforderungen an ein Kreditzinskalkulationsmodell. Dieses Verfahren erlaubt eine *marktgerechte Beprei-*

sung des Kreditrisikos und baut auf den bereits gewonnenen Erkenntnissen der empirischen Kapitalmarktforschung, den finanzmarkttheoretischen Modellen und der Bilanzanalyse auf, indem bspw. das allgemeine Marktzinsniveau oder Zinserwartungen in den Preismechanismus einbezogen werden.

Das Prognosemodell benötigt die Integration eines Instrumentes, das die Ansprüche, die insbesondere aus den Aspekten der Nicht-Linearität und der Multidimensionalität resultieren, erfüllen kann. *Künstliche Neuronale Netze erfüllen diese Voraussetzungen*, sodass sie als zentrales Werkzeug der empirischen Untersuchung im Kapitel 5 gewählt wurden. Hier wurde mittels eines Künstlichen Neuronalen Netzes eine empirische Untersuchung durchgeführt.

Ein zentrales Ergebnis der Untersuchung ist die Abbildung der Erwartungsbildung von Kreditmärkten mittels eines Künstlichen Neuronalen Netzes. Damit lässt sich die Marktbewertung des Kreditrisikos simulieren.

Aus der Fülle von Bilanzkennzahlen konnten marktrelevante Größen extrahiert werden. Diese, erweitert um makroökonomische Einflussfaktoren, stellen ein System der kreditmarktorientierten Bilanzanalyse dar.

Innerhalb der KNN-Analyse wurde eine Struktur durch die bestmöglichen Parametereinstellungen bzw. den resultierenden Gewichtungsfaktoren bestimmt. Hierzu wurde die Prognosegüte, gemessen als Fehlerwert s_F, der verschiedenen Parametereinstellungen dokumentiert. Die Prognosegüte des Künstlichen Neuronalen Netzes liegt auch bei leicht modifizierten Netzstrukturen aufgrund unterschiedlicher Parametereinstellungen in einem engen Intervall, wodurch einem Kritikpunkt bezüglich Neuronaler Netze widersprochen werden kann. Die subjektiven Parametereinstellungen haben keinen signifikanten Einfluss auf die Modellgüte, da bei einer hinreichend großen Untersuchung verschiedener Strukturen ähnliche Ergebnisse generiert werden. Trotzdem kann die gefundene Netzstruktur des 13er-Modells nicht als optimal beschrieben werden, da weitere Parametervariationen u.U. zu besseren Ergebnissen führen können. Ein absolutes Fehlerminimum kann nicht garantiert werden. Bei den gefundenen Netzstrukturen handelt es sich um eine (heuristisch) gute Lösung.

Um die Modellgüte des Künstlichen Neuronalen Netzes zu würdigen, kann man die Ratingeinschätzungen von Agenturen wie STANDARD & POOR'S vergleichend hinzuziehen. Falls man unterstellt, dass diese in ein Kreditzinskalkulationsverfahren integriert werden und mittels der vom Kapitalmarkt verlangten Prämien (Credit Spread) eine Quantifizierung des Kreditrisikos vorgenommen wird, ist – insbesondere bei risikoreicheren Unternehmen – die Prognosegüte des Künstlichen Neuronalen Netzes, wie der geführte Vergleich darlegen konnte, überlegen.

Die *Anwendung* des Prognosemodells für die Kreditzinskalkulation benötigt Bilanzkennzahlen, ausgehend von einem nach den US-GAAP bilanzierten Jahresabschluss. Somit ist die Frage offen, wie man mit Bilanzen nach dem HGB oder auch IAS umgehen soll. Es sind alternative Verfahrensweisen denkbar, wobei die internationalen Anpassungstendenzen die Erkenntnisse des Prognosemodells, basierend auf einer US-amerikanischen Bilanz, begünstigen.

Diese Erkenntnisse geben Anlass, die gefundenen Zusammenhänge innerhalb des heuristischen Kalkulationsverfahren erweiternd zu analysieren, indem bspw. auf Basis einer größeren Datenmenge die Strukturen weitergehend untersucht werden.

Die Untersuchungsergebnisse eignen sich grundsätzlich für den primären und den sekundären Wertpapierhandel. Bei der Übertragung des Modells auf die Kreditzinskalkulation von Firmenkrediten, insbesondere an mittelständische Unternehmen, ist ein weiterer Forschungsbedarf erkennbar.

Das Prognosemodell unterstellt ein Marktkreditportfolio. Dies bedeutet, der einzelne Kredit ist Teil eines Marktportfolios. Da ein Einzelrisiko nicht isoliert vom Markt bewertet wird, sondern im Zusammenhang zu anderen im Marktportfolio vorhandenen Risiken steht, findet eine Risikobewertung auf Basis des Marktkreditportfolios statt. Es besteht die Notwendigkeit, das bankspezifische, individuelle Kreditportfolio zu bewerten. Eine Überführung des Prognosemodells in ein Modell zur Bestimmung des Kreditportfoliorisikos steht noch aus. Die reine Risikoquantifizierung als Informationserstellung muss darüber hinaus in das Risikomanagement integriert werden.

Zusammenfassend kann man das Prognosemodell als eine Erweiterung der bisherigen Instrumente zur Bepreisung von Ausfallrisiken beschreiben. Dem Problem der Quantifizierung von Kreditrisiken wurde mittels eines *heuristischen Lösungsverfahrens* unter dem Fokus einer Marktorientierung begegnet.

8. Anhang

Regressionsergebnisse der Indexbildung über den Untersuchungszeitraum.
Bei allen Darstellungen sind die Werte K_1 bis K_7 gleich β_1 bis β_7 zu setzen.

```
All the derivatives will be calculated numerically.
 Auswertung 1995


 Iteration  Residual SS           K1            K2            K3            K4
                                  K5            K6            K7

     1      35052,68371  5,00000000   ,500000000  -,10000000   ,001000000
                          ,500000000  -,01000000   ,010000000
     1.1    16,70340915  8,25152126   1,87253730  -,07630180   ,001140174
                         -5,7828499   -,00898730   ,000686072
     2      16,70340915  8,25152126   1,87253730  -,07630180   ,001140174
                         -5,7828499   -,00898730   ,000686072
     2.1    16,70340915  8,25152138   1,87253572  -,07630171   ,001140172
                         -5,7828463   -,00898725   ,000686068

Run stopped after 4 model evaluations and 2 derivative evaluations.
Iterations have been stopped because the relative reduction between successive
residual sums of squares is at most SSCON = 1,000E-08


Nonlinear Regression Summary Statistics     Dependent Variable RENDITE

  Source                DF  Sum of Squares  Mean Square

  Regression             7     7079,45353    1011,35050
  Residual             137       16,70341       ,12192
  Uncorrected Total    144     7096,15694

  (Corrected Total)    143       31,71434

  R squared = 1 - Residual SS / Corrected SS =     ,47332

                                            Asymptotic 95 %
                              Asymptotic    Confidence Interval
  Parameter    Estimate       Std. Error    Lower         Upper

  K1          8,251521382   ,156589397  7,941876621  8,561166142
  K2          1,872535718   ,242028537  1,393940934  2,351130502
  K3          -,076301713   ,011437471  -,098918526  -,053684901
  K4           ,001140172   ,000189515   ,000765420   ,001514925
  K5         -5,782846260   ,672195101 -7,112065834 -4,453626685
  K6          -,008987248   ,021796353  -,052088037   ,034113541
  K7           ,000686068   ,001814283  -,002901552   ,004273689

  Asymptotic Correlation Matrix of the Parameter Estimates

                K1        K2        K3        K4        K5        K6        K7

  K1        1,0000     ,4950    -,3710     ,2967    -,6472     ,1361    -,0667
  K2         ,4950    1,0000    -,9844     ,9585    -,9800    -,0322     ,0353
  K3        -,3710    -,9844    1,0000    -,9935     ,9351     ,0578    -,0621
  K4         ,2967     ,9585    -,9935    1,0000    -,8937    -,0683     ,0784
  K5        -,6472    -,9800     ,9351    -,8937    1,0000    -,0392     ,0091
  K6         ,1361    -,0322     ,0578    -,0683    -,0392    1,0000    -,8897
  K7        -,0667     ,0353    -,0621     ,0784     ,0091    -,8897    1,0000
```

Tabelle 43: Ergebnisse der Regressionsbildung für das Jahr 1995

```
All the derivatives will be calculated numerically.
 Auswertung 1996


 Iteration  Residual SS          K1           K2           K3           K4
                                 K5           K6           K7

     1      48341044,85  5,00000000  1,00000000   ,500000000   ,050000000
                         1,00000000   ,100000000  ,010000000
     1.1    34,92150323  6,00185559  1,39890347  -,06430573   ,001043155
                         -3,4265931  -,01335609   ,001304954
     2      34,92150323  6,00185559  1,39890347  -,06430573   ,001043155
                         -3,4265931  -,01335609   ,001304954
     2.1    34,92150323  6,00185153  1,39890855  -,06430613   ,001043164
                         -3,4266003  -,01335612   ,001304959

Run stopped after 4 model evaluations and 2 derivative evaluations.
Iterations have been stopped because the relative reduction between successive
residual sums of squares is at most SSCON = 1,000E-08


Nonlinear Regression Summary Statistics     Dependent Variable RENDITE

  Source                  DF   Sum of Squares  Mean Square

  Regression               7     7111,69892     1015,95699
  Residual               169       34,92150        ,20664
  Uncorrected Total      176     7146,62042

  (Corrected Total)      175       59,16821

  R squared = 1 - Residual SS / Corrected SS =     ,40979

                                               Asymptotic 95 %
                                  Asymptotic   Confidence Interval
  Parameter   Estimate            Std. Error   Lower          Upper

  K1          6,001851531   ,120367654  5,764233691  6,239469370
  K2          1,398908548   ,194800079  1,014353625  1,783463471
  K3          -,064306127   ,010977372  -,085976561  -,042635692
  K4           ,001043164   ,000202615   ,000643182   ,001443147
  K5         -3,426600280   ,416803874 -4,249412993 -2,603787566
  K6          -,013356122   ,025415248  -,063528373   ,036816130
  K7           ,001304959   ,002154907  -,002949045   ,005558962

  Asymptotic Correlation Matrix of the Parameter Estimates

              K1        K2        K3        K4        K5        K6        K7

  K1      1,0000    -,7116     ,7755    -,7886     ,5539     ,0447    -,0462
  K2      -,7116    1,0000    -,9784     ,9471    -,9671    -,1043     ,0913
  K3       ,7755    -,9784    1,0000    -,9926     ,9051     ,1361    -,1342
  K4      -,7886     ,9471    -,9926    1,0000    -,8558    -,1473     ,1569
  K5       ,5539    -,9671     ,9051    -,8558    1,0000     ,0034    -,0233
  K6       ,0447    -,1043     ,1361    -,1473     ,0034    1,0000    -,8874
  K7      -,0462     ,0913    -,1342     ,1569    -,0233    -,8874    1,0000
```

Tabelle 44: Ergebnisse der Regressionsbildung für das Jahr 1996

```
All the derivatives will be calculated numerically.
Auswertung 1997


 Iteration  Residual SS          K1          K2          K3          K4
                                 K5          K6          K7

     1      10790871518   1,00000000  2,00000000  3,00000000  1,00000000
                          1,00000000  6,00000000  1,00000000
     1.1    49,99401839   5,83322637  ,564012894  -,02815347  ,000487668
                          -,94067088  -,01516994  ,001363000
     2      49,99401839   5,83322637  ,564012894  -,02815347  ,000487668
                          -,94067088  -,01516994  ,001363000
     2.1    49,99401825   5,83319707  ,564036302  -,02815540  ,000487706
                          -,94069620  -,01517074  ,001363209

Run stopped after 4 model evaluations and 2 derivative evaluations.
Iterations have been stopped because the relative reduction between successive
residual sums of squares is at most SSCON = 1,000E-08


Nonlinear Regression Summary Statistics     Dependent Variable YIELD

  Source                 DF  Sum of Squares  Mean Square

  Regression              7      8961,04225   1280,14889
  Residual              197        49,99402       ,25378
  Uncorrected Total     204      9011,03626

  (Corrected Total)     203        75,69866

  R squared = 1 - Residual SS / Corrected SS =     ,33957

                                          Asymptotic 95 %
                          Asymptotic    Confidence Interval
  Parameter   Estimate    Std. Error     Lower        Upper

  K1         5,833197070  ,133066619  5,570779181  6,095614959
  K2          ,564036302  ,102172455   ,362544146   ,765528458
  K3         -,028155397  ,007323020  -,042596972  -,013713822
  K4          ,000487706  ,000153505   ,000184983   ,000790430
  K5         -,940696202  ,135844730 -1,208592745  -,672799658
  K6         -,015170737  ,026425528  -,067283966   ,036942493
  K7          ,001363209  ,002092348  -,002763068   ,005489485

  Asymptotic Correlation Matrix of the Parameter Estimates

                K1        K2        K3        K4        K5        K6        K7

  K1        1,0000    -,8916     ,8430    -,7982     ,8474    -,0874     ,0434
  K2        -,8916    1,0000    -,9641     ,9208    -,9118    -,2071     ,1588
  K3         ,8430    -,9641    1,0000    -,9906     ,8093     ,2302    -,2105
  K4        -,7982     ,9208    -,9906    1,0000    -,7454    -,2317     ,2319
  K5         ,8474    -,9118     ,8093    -,7454    1,0000     ,0221    -,0334
  K6        -,0874    -,2071     ,2302    -,2317     ,0221    1,0000    -,8917
  K7         ,0434     ,1588    -,2105     ,2319    -,0334    -,8917    1,0000
```

Tabelle 45: Ergebnisse der Regressionsbildung für das Jahr 1997

```
All the derivatives will be calculated numerically.
Auswertung 1998



 Iteration  Residual SS          K1           K2           K3           K4
                                 K5           K6           K7


     1        7794554861  5,00000000  1,00000000  1,00000000  1,00000000
                          1,00000000  1,00000000  1,00000000
     1.1     11,37645724  5,26625901  ,226119727  -,01500847  ,000323634
                          -,18359108  -,02993251  ,001494897
     2       11,37645724  5,26625901  ,226119727  -,01500847  ,000323634
                          -,18359108  -,02993251  ,001494897
     2.1     11,37645715  5,26625021  ,226128545  -,01500912  ,000323643
                          -,18359789  -,02993438  ,001495053

Run stopped after 4 model evaluations and 2 derivative evaluations.
Iterations have been stopped because the relative reduction between successive
residual sums of squares is at most SSCON = 1,000E-08


Nonlinear Regression Summary Statistics     Dependent Variable YIELD

  Source                  DF  Sum of Squares  Mean Square


  Regression               7    5056,09559      722,29937
  Residual               152      11,37646         ,07485
  Uncorrected Total      159    5067,47205

  (Corrected Total)      158      22,15732

  R squared = 1 - Residual SS / Corrected SS =      ,48656

                                          Asymptotic 95 %
                          Asymptotic    Confidence Interval
  Parameter   Estimate    Std. Error    Lower          Upper

  K1        5,266250208   ,106563824  5,055712708  5,476787709
  K2         ,226128545   ,075463513   ,077035741   ,375221350
  K3        -,015009123   ,005081002  -,025047628  -,004970618
  K4         ,000323643   ,000105196   ,000115809   ,000531478
  K5        -,183597886   ,111252240  -,403398262   ,036202490
  K6        -,029934377   ,017320155  -,064153701   ,004284947
  K7         ,001495053   ,001237455  -,000949779   ,003939885

  Asymptotic Correlation Matrix of the Parameter Estimates

               K1       K2       K3       K4       K5       K6       K7


  K1       1,0000   -,8986    ,8510   -,8083    ,8956   -,2549    ,1266
  K2       -,8986   1,0000   -,9722    ,9345   -,9442   -,0750    ,1219
  K3        ,8510   -,9722   1,0000   -,9913    ,8656    ,1244   -,1847
  K4       -,8083    ,9345   -,9913   1,0000   -,8092   -,1415    ,2140
  K5        ,8956   -,9442    ,8656   -,8092   1,0000   -,0933    ,0019
  K6       -,2549   -,0750    ,1244   -,1415   -,0933   1,0000   -,9047
  K7        ,1266    ,1219   -,1847    ,2140    ,0019   -,9047   1,0000
```

Tabelle 46: Ergebnisse der Regressionsbildung für das Jahr 1998

All the derivatives will be calculated numerically.

Auswertung 1999

Iteration	Residual SS	K1 / K5	K2 / K6	K3 / K7	K4
1	6320068799	5,00000000	1,00000000	1,00000000	1,00000000
		1,00000000	1,00000000	1,00000000	
1.1	18,31070435	4,14946260	,458103494	-,02883743	,000588012
		-,30729321	-,04914163	,002749041	
2	18,31070435	4,14946260	,458103494	-,02883743	,000588012
		-,30729321	-,04914163	,002749041	
2.1	18,31070419	4,14948898	,458102706	-,02883759	,000588023
		-,30728855	-,04914739	,002749304	

Run stopped after 4 model evaluations and 2 derivative evaluations.
Iterations have been stopped because the relative reduction between successive residual sums of squares is at most SSCON = 1,000E-08

Nonlinear Regression Summary Statistics   Dependent Variable YIELD

Source	DF	Sum of Squares	Mean Square
Regression	7	2919,26269	417,03753
Residual	99	18,31070	,18496
Uncorrected Total	106	2937,57340	
(Corrected Total)	105	39,33018	

R squared = 1 - Residual SS / Corrected SS = ,53444

Parameter	Estimate	Asymptotic Std. Error	Asymptotic 95 % Confidence Interval Lower	Upper
K1	4,149488976	,250194308	3,653049189	4,645928763
K2	,458102706	,086782885	,285906634	,630298778
K3	-,028837591	,007149514	-,043023778	-,014651405
K4	,000588023	,000163276	,000264048	,000911998
K5	-,307288553	,063162633	-,432616920	-,181960185
K6	-,049147394	,045085141	-,138606095	,040311307
K7	,002749304	,002760578	-,002728281	,008226889

Asymptotic Correlation Matrix of the Parameter Estimates

	K1	K2	K3	K4	K5	K6	K7
K1	1,0000	-,7477	,6760	-,6311	,8356	-,6087	,4873
K2	-,7477	1,0000	-,9647	,9219	-,8456	,0123	,0317
K3	,6760	-,9647	1,0000	-,9908	,7492	,0273	-,0963
K4	-,6311	,9219	-,9908	1,0000	-,6921	-,0382	,1218
K5	,8356	-,8456	,7492	-,6921	1,0000	-,3125	,2327
K6	-,6087	,0123	,0273	-,0382	-,3125	1,0000	-,9400
K7	,4873	,0317	-,0963	,1218	,2327	-,9400	1,0000

Tabelle 47: Ergebnisse der Regressionsbildung für das Jahr 1999

Lfd. Nummer	Unternehmen	Ticker
1	ABBOTT LABORATORIES	ABT
2	ANALOG DEVICES INC	ADI
3	ATLANTIC RICHFIELD CO	ARC
4	AVERY DENNISON CORP	AVY
5	AVNET INC	AVT
6	BF GOODRICH CO	GR
7	BORG-WARNER AUTO INC	BWA
8	CABOT CORP	CBT
9	CARNIVAL CORP	CCL
10	CARPENTER TECHNOLOGY CORP	CRS
11	CBS INC	CBS
12	CENTURY TELEPHONE ENTERPRISES INC	CTL
13	COASTAL CORP	CGP
14	COMDISCO INC	CDO
15	DIAL CORP	DL
16	DILLARD DEPARTMENT STORES INC	DDS
17	DONNELLEY RR AND SONS CO	DNY
18	DOW CHEMICAL CO	DOW
19	DOW JONES & COMPANY INC	DJ
20	EASTMAN CHEMICAL CO	EMN
21	EATON CORP	ETN
22	EI DU PONT DE NEMOURS AND CO	DD
23	ELI LILLY AND CO	LLY
24	EMERSON ELECTRIC CO	EMR
25	EQUIFAX INC	EFX
26	FEDERAL-MOGUL CORP	FMO
27	FERRO CORP	FOE
28	FMC CORP	FMC
29	FORD MOTOR CO	F
30	FORT JAMES CORP	FJ
31	FOSTER WHEELER CORP	FWC
32	GANNETT CO INC	GCI
33	GENERAL ELECTRIC CO	GE
34	GENERAL MILLS INC	GIS
35	GENERAL MOTORS CORP	GM
36	GEON CO	GON
37	GEORGIA-PACIFIC CORP	GP
38	GILLETTE CO	G
39	GLATFELTER PH CO	GLT
40	GTE CORP	GTE
41	GUIDANT CORP	GDT
42	HALLIBURTON CO	HAL
43	HANNA MA CO	MAH
44	HARCOURT GENERAL INC	H
45	HARRIS CORP	HRS
46	HARSCO CORP	HSC
47	HERCULES INC	HPC
48	HERSHEY FOODS CORP	HSY
49	HILTON HOTELS CORP	HLT
50	HJ HEINZ CO	HNZ
51	HONEYWELL INC	HON
52	HOUGHTON MIFFLIN CO	HTN
53	IBP INC	IBP
54	ILLINOIS TOOL WORKS INC	ITW
55	INGERSOLL-RAND CO	IR
56	INTERNATIONAL BUSINESS MACHINES CORP (IBM)	IBM
57	INTERNATIONAL MULTIFOODS CORP	IMC
58	INTERNATIONAL PAPER CO	IP

Lfd. Nummer	Unternehmen	Ticker
59	JC PENNEY COMPANY INC	JCP
60	JOHNSON & JOHNSON INC	JNJ
61	KANSAS CITY SOUTHERN INDUSTRIES INC	KSU
62	KAUFMAN & BROAD HOME CORP	KBH
63	KELLOGG CO	K
64	KIMBERLY-CLARK CORP	KMB
65	KINARK CORP	KIN
66	KNIGHT-RIDDER INC	KRI
67	LAFARGE CORP	LAF
68	LITTON INDUSTRIES INC	LIT
69	LORAL CORP	LOR
70	LYONDELL PETROCHEMICAL CO	LYO
71	MAGNETEK INC	MAG
72	MALLINCKRODT INC	MKG
73	MARRIOTT INTERNATIONAL INC	MAR
74	MASCO CORP	MAS
75	MCDONALD'S CORP	MCD
76	MCGRAW-HILL INC	MHP
77	MEAD CORP	MEA
78	MERCK & CO INC	MRK
79	MILLIPORE CORP	MIL
80	MONSANTO CO	MTC
81	MOTOROLA INC	MOT
82	NEW YORK TELEPHONE CO	NYT
83	NEWELL CO	NWL
84	NORFOLK SOUTHERN CORP	NSC
85	NORTHROP GRUMMAN CORP	NOC
86	OLIN CORP	OLN
87	PARKER HANNIFIN CORP	PH
88	PEP BOYS-MANNY MOE & JACK INC	PBY
89	PEPSICO INC	PEP
90	PHELPS DODGE CORP	PD
91	PHILIP MORRIS COMPANIES INC	MO
92	POTLATCH CORP	PCH
93	PPG INDUSTRIES INC	PPG
94	PRAXAIR INC	PX
95	PROCTER & GAMBLE CO, THE	PG
96	PULTE CORP	PHM
97	QUAKER OATS CO	OAT
98	RALSTON PURINA CO	RAL
99	RAYONIER INC	RYN
100	REYNOLDS METALS CO	RLM
101	ROCKWELL INTERNATIONAL CORP	ROK
102	ROHM & HAAS CO	ROH
103	SARA LEE CORP	SLE
104	SEARS ROEBUCK AND CO	S
105	SHERWIN-WILLIAMS CO	SHW
106	SOLUTIA INC	SOI
107	SOUTHWEST AIRLINES INC	LUV
108	TEMPLE-INLAND INC	TIN
109	TEXAS INSTRUMENTS INC	TXN
110	THOMAS & BETTS CORP	TNB
111	TIME WARNER INC	TWX
112	TIMES MIRROR CO	TMC
113	TIMKEN CO	TKR
114	TRIBUNE CO	TRB
115	TRW INC	TRW
116	UNION PACIFIC CORP	UNP

Lfd. Nummer	Unternehmen	Ticker
117	UNISYS CORP	UIS
118	UNITED TECHNOLOGIES CORP	UTX
119	UNIVERSAL CORP	UVV
120	UNIVERSAL FOODS CORP	UFC
121	US HOME CORP	UH
122	USAIR GROUP INC	U
123	USG CORP	USG
124	VF CORP	VFC
125	VIACOM INC	VIA
126	VULCAN MATERIALS CO	VMC
127	WAL-MART STORES INC	WMT
128	WALT DISNEY CO, THE	DIS
129	WARNER-LAMBERT CO	WLA
130	WEIRTON STEEL CORP	WS
131	WENDY'S INTERNATIONAL INC	WEN
132	WESTVACO CORP	W
133	WEYERHAEUSER CO	WY
134	WHITMAN CORP	WH
135	WR GRACE AND CO	GRA
136	XEROX CORP	XRX

Tabelle 48: Untersuchte Menge an Unternehmen mit dem zugehörigen Tickersymbol

Lfd. Nr.	Ticker	CUSIP	Ask Kurs in Dollar	ISMA Rendite in %	Kupon in %	Fälligkeit	Restlaufzeit [Jahren]
1	ABT	002824AH3	93,36	7,38	6,40	01.12.06	9,77
2	ADI	032654AA3	98,66	7,15	6,63	01.03.00	2,92
3	ARC	048825AN3	121,66	7,32	10,88	15.07.05	8,37
4	ARC	048825AU7	124,00	7,48	9,88	01.03.16	19,15
5	ARC	048825AV5	111,02	7,89	9,13	01.03.11	16,10
6	ARC	048825AV5	116,43	7,29	9,13	01.03.11	15,09
7	ARC	048825AV5	113,25	7,56	9,13	01.03.11	14,08
8	ARC	048825AV5	120,75	6,69	9,13	01.03.11	13,06
9	ARC	048825AW3	113,22	7,77	9,00	01.04.21	24,31
10	ARC	048825AY9	111,29	8,03	9,00	01.05.31	34,54
11	ARC	048825AZ6	112,76	8,03	9,13	01.08.31	34,79
12	ARC	048825BA0	102,68	8,00	8,25	01.02.22	25,16
13	ARC	048825BB8	108,40	8,03	8,75	01.03.32	35,39
14	ARC	048825BC6	105,19	7,94	8,50	01.04.12	17,20
15	ARC	048825BC6	110,79	7,34	8,50	01.04.12	16,19
16	ARC	048825BC6	107,68	7,63	8,50	01.04.12	15,18
17	ARC	04882PAY5	108,14	4,80	8,54	15.08.01	2,37
18	ARC	04882PAZ2	108,20	4,80	8,55	20.08.01	2,39
19	ARC	04882PBB4	107,93	4,80	8,42	23.08.01	2,39
20	ARC	04882PBY4	119,49	6,21	8,44	21.02.12	13,04
21	ARC	04882PCA5	118,92	6,21	8,38	21.02.12	13,04
22	ARC	04882PCC1	119,59	6,21	8,45	22.02.12	13,05
23	ARC	04882PCE7	120,29	6,21	8,53	21.02.12	13,04
24	ARC	04882PCH0	120,49	6,21	8,55	01.03.12	13,07
25	ARC	04882PCJ6	121,14	6,21	8,62	12.03.12	13,10
26	ARC	04882PCL1	121,09	6,22	8,60	15.05.12	13,28
27	ARC	04882PCN7	108,55	5,02	8,18	01.04.02	3,01
28	ARC	04882PCN9	108,55	5,02	8,18	01.04.02	3,01
29	AVY	05361HAY0	103,61	5,45	6,47	21.04.03	4,08
30	AVY	05361HBB9	103,71	5,46	6,50	22.04.03	4,08
31	AVY	05361HBD5	103,05	5,75	6,50	15.01.04	4,83
32	AVY	05361HBG8	97,38	6,97	6,50	15.05.03	7,18
33	AVY	05361HBW3	99,12	7,68	7,55	10.06.04	9,28

Lfd. Nr.	Ticker	CUSIP	Ask Kurs in Dollar	ISMA Rendite in %	Kupon in %	Fälligkeit	Restlaufzeit [Jahren]
34	AVY	05361HBW3	103,12	7,04	7,55	10.06.04	8,27
35	AVY	05361HCE2	97,65	7,76	7,56	23.05.25	29,53
36	AVT	053807AC7	97,36	7,37	6,88	15.03.04	7,02
37	BWA	099724AA4	94,91	7,76	7,00	01.11.06	9,69
38	PX	124800AC7	96,11	7,45	6,63	15.03.03	6,00
39	PX	124800AD5	97,47	7,14	6,25	30.06.00	3,26
40	CBS	124845AD0	98,69	7,96	7,63	01.01.02	4,78
41	CBT	12705QAF2	112,04	6,83	8,22	06.08.12	13,51
42	CBT	12705QAL9	112,48	6,83	8,27	14.08.12	13,53
43	CCL	14365HAA0	100,35	6,81	7,00	05.05.99	2,08
44	CRS	14428TAA9	101,06	6,92	7,43	16.08.99	2,37
45	CRS	14428TAB7	101,08	6,92	7,44	16.08.99	2,37
46	CRS	14428TAE1	102,31	7,18	7,80	19.09.01	4,49
47	CRS	14428TAF8	102,28	7,18	7,79	19.09.01	4,49
48	CRS	14428TBG5	100,06	7,02	7,03	22.05.18	19,38
49	CTL	156686AF4	100,90	7,58	7,75	01.05.04	7,15
50	CTL	156686AG2	92,86	7,70	6,55	01.12.05	8,76
51	CGP	190441AH8	115,16	7,56	10,25	15.10.04	7,61
52	CGP	190441AJ4	109,46	7,23	10,38	01.10.00	3,51
53	CGP	190441AK1	123,78	7,85	10,75	01.10.10	13,66
54	CGP	190441AL9	108,89	7,27	10,00	01.02.01	3,86
55	CGP	190441AM7	111,05	7,51	9,75	01.08.03	6,39
56	CGP	190441AN5	103,33	6,99	8,75	15.05.99	2,11
57	CGP	190441AP0	114,85	7,92	9,63	15.05.12	15,30
58	CGP	190441AQ8	102,92	7,46	8,13	15.09.02	5,50
59	CDO	20033RDH9	100,02	6,02	6,05	31.10.97	0,55
60	DL	25247QAM4	94,66	7,09	5,90	25.10.01	5,61
61	DDS	254063AJ9	105,46	7,10	9,63	15.09.97	2,44
62	DDS	254063AJ9	104,65	6,12	9,63	15.09.97	1,44
63	DIS	25468PAQ9	100,23	5,26	5,60	13.01.00	0,76
64	DIS	25468PAU0	100,30	5,28	5,60	17.04.00	1,03
65	DIS	25468PAV8	100,59	5,23	5,83	05.05.00	1,08
66	DIS	25468PAX4	98,23	5,69	5,25	10.11.03	4,64
67	DIS	25468PAZ9	98,11	5,72	5,25	01.12.03	4,70
68	DIS	25468PBB1	100,68	4,74	5,14	08.02.01	1,85
69	DIS	25468PBC9	107,14	5,19	13,50	10.03.00	0,92
70	DIS	25469HBD4	87,53	7,34	5,80	27.10.08	12,71
71	DIS	25469HBD4	86,14	7,63	5,80	27.10.08	11,70
72	DNY	257867AB7	108,30	7,29	9,13	01.12.00	5,70
73	DNY	257867AB7	109,38	6,72	9,13	01.12.00	4,69
74	DOW	260543AT0	106,71	7,70	8,63	01.04.06	11,11
75	DOW	260543AT0	109,64	7,25	8,63	01.04.06	10,10
76	DOW	260543BC6	108,02	8,11	8,85	15.09.21	26,79
77	DOW	260543BC6	111,76	7,78	8,85	15.09.21	25,79
78	DOW	260543BE2	91,70	8,13	7,38	01.03.23	28,27
79	DOW	260543BE2	94,78	7,84	7,38	01.03.23	27,26
80	DOW	260543BF9	88,00	8,12	6,85	15.08.13	18,59
81	DOW	260543BF9	93,13	7,57	6,85	15.08.13	17,58
82	DOW	26054EAD1	103,11	5,24	9,04	25.02.00	0,88
83	DOW	26054EAN9	117,43	5,86	9,35	20.04.05	6,11
84	DOW	26054EAR0	116,96	5,88	9,20	21.06.05	6,28
85	DOW	26054EAT6	96,09	8,11	7,75	15.09.20	25,78
86	DOW	26054EAT6	99,73	7,77	7,75	15.09.20	24,77
87	DJ	260561AD7	96,39	6,67	5,75	01.12.00	4,69
88	DD	263534AN9	102,27	6,80	8,45	15.10.96	1,51
89	DD	263534AN9	101,35	5,62	8,45	15.10.96	0,51
90	DD	263534AR0	107,87	7,24	9,15	15.04.00	5,06
91	DD	263534AR0	108,90	6,58	9,15	15.04.00	4,06

Lfd. Nr.	Ticker	CUSIP	Ask Kurs in Dollar	ISMA Rendite in %	Kupon in %	Fälligkeit	Restlaufzeit [Jahren]
92	DD	263534AS8	103,84	7,01	8,65	01.12.97	2,66
93	DD	263534AS8	103,72	6,19	8,65	01.12.97	1,65
94	DD	263534AW9	104,65	7,63	8,25	15.09.06	11,58
95	DD	263534AW9	108,93	7,02	8,25	15.09.06	10,57
96	DD	26353LDJ7	102,14	5,07	9,00	10.11.99	0,58
97	DD	26353LDQ1	106,31	4,81	8,98	21.11.00	1,63
98	DD	26353LED9	106,44	4,78	8,93	06.12.00	1,67
99	DD	26353LEN7	103,76	5,09	8,60	01.06.00	1,15
100	DD	26353LER8	106,89	4,70	8,80	25.01.01	1,81
101	DD	26353LEX5	106,87	4,68	8,70	07.02.01	1,85
102	EMN	277432AA8	90,08	7,97	6,38	15.01.04	8,87
103	EMN	277432AA8	95,99	7,05	6,38	15.01.04	7,86
104	EMN	277432AB6	83,29	8,86	7,25	15.01.24	29,16
105	EMN	277432AB6	93,55	7,82	7,25	15.01.24	28,15
106	ETN	278058AL6	108,12	7,80	8,90	15.08.06	11,49
107	ETN	278058AL6	112,40	7,18	8,90	15.08.06	10,48
108	ETN	278058AM4	104,47	7,70	8,10	15.08.22	26,71
109	ETN	278058AN2	97,06	7,24	6,38	01.04.99	4,01
110	ETN	278058AN2	99,51	6,56	6,38	01.04.99	3,00
111	ETN	278058AP7	93,78	8,19	7,63	01.04.24	29,38
112	ETN	278058AP7	98,66	7,74	7,63	01.04.24	28,37
113	EMR	291011AE4	95,27	6,99	6,30	01.11.05	9,68
114	EMR	291011AF1	97,32	5,87	5,50	15.09.08	9,56
115	EMR	291011AG9	93,65	5,88	5,00	15.10.08	9,64
116	EMR	291011AH7	99,71	5,89	5,85	15.03.09	10,06
117	EFX	294429AA3	92,83	7,70	6,50	15.06.03	8,28
118	EFX	294429AA3	96,87	7,06	6,50	15.06.03	7,27
119	FMC	302491AJ4	104,71	7,35	8,75	01.04.99	4,01
120	FMC	302491AJ4	105,33	6,72	8,75	01.04.99	3,00
121	FMC	302491AK1	90,62	7,93	6,38	01.09.03	8,49
122	FMC	302491AK1	95,28	7,21	6,38	01.09.03	7,48
123	FMC	30249QAD2	100,95	6,56	6,75	05.05.05	6,15
124	FMC	30249QAE0	101,26	6,81	7,00	15.05.08	9,22
125	FMC	30249QAF7	103,74	5,95	7,13	25.11.02	3,67
126	FMC	30249QAG5	102,35	5,32	6,60	30.03.01	1,99
127	FMC	30249QAH3	100,51	6,40	6,53	21.12.03	4,76
128	FMO	313906AA7	101,48	8,03	8,33	15.11.01	6,67
129	FMO	313906AA7	104,83	7,26	8,33	15.11.01	5,66
130	FMO	313906AB5	101,14	7,75	8,06	20.10.99	4,57
131	FMO	313906AB5	103,29	6,98	8,06	20.10.99	3,56
132	FMO	313906AC3	101,80	8,13	8,46	26.10.02	7,63
133	FMO	313906AC3	105,78	7,33	8,46	26.10.02	6,62
134	FMO	313906AN9	99,13	8,38	8,25	03.03.05	10,02
135	FMO	313906AN9	104,73	7,51	8,25	03.03.05	9,01
136	FMO	313906AN9	104,73	7,51	8,25	03.03.05	9,01
137	FMO	313906AP4	99,93	8,18	8,16	06.03.03	7,99
138	FMO	313906AP4	104,30	7,35	8,16	06.03.03	6,99
139	FMO	313906AQ2	99,62	8,17	8,12	06.03.03	7,99
140	FMO	313906AQ2	104,08	7,35	8,12	06.03.03	6,99
141	FOE	315405AE0	91,36	8,58	7,63	01.05.13	18,30
142	FOE	315405AE0	101,48	7,47	7,63	01.05.13	17,29
143	FOE	315405AF7	98,22	7,55	7,38	01.11.15	19,83
144	F	345370AP5	107,89	7,79	8,88	01.04.06	11,11
145	F	345370AP5	112,22	7,14	8,88	01.04.06	10,10
146	F	345370AY6	107,52	7,50	9,00	15.09.01	6,50
147	F	345370AY6	109,65	6,83	9,00	15.09.01	5,49
148	F	345370AZ3	113,47	8,01	9,50	15.09.11	16,65
149	F	345370AZ3	119,19	7,39	9,50	15.09.11	15,64

Lfd. Nr.	Ticker	CUSIP	Ask Kurs in Dollar	ISMA Rendite in %	Kupon in %	Fälligkeit	Restlaufzeit [Jahren]
150	F	345370BA7	101,40	6,86	7,88	15.10.96	1,51
151	F	345370BA7	101,07	5,63	7,88	15.10.96	0,51
152	F	345370BJ8	107,55	8,17	8,88	15.01.22	27,13
153	F	345370BJ8	113,29	7,68	8,88	15.01.22	26,13
154	F	345370BK5	100,67	7,32	7,50	15.11.99	4,64
155	F	345370BK5	102,81	6,60	7,50	15.11.99	3,63
156	F	345370BN9	92,28	7,80	7,13	15.11.25	30,01
157	F	345370BT6	99,70	6,65	6,63	15.02.28	30,27
158	F	345370BT6	99,25	6,68	6,63	15.02.28	29,26
159	F	345370BX7	100,90	6,42	6,50	01.08.18	19,58
160	FJ	347471AS3	101,24	6,17	6,50	15.09.02	4,48
161	FJ	347471AS3	101,89	5,88	6,50	15.09.02	3,47
162	FWC	350244AA7	96,87	7,21	6,75	15.11.05	9,72
163	GTE	362320AQ6	110,38	6,72	9,38	01.12.00	4,69
164	GTE	362320AR4	104,13	7,21	8,85	01.03.98	2,91
165	GTE	362320AR4	104,46	6,27	8,85	01.03.98	1,90
166	GTE	362320AS2	107,48	7,83	9,10	01.06.03	8,24
167	GTE	362320AS2	112,03	6,93	9,10	01.06.03	7,23
168	GTE	362320AT0	99,35	8,81	8,75	01.11.21	26,93
169	GTE	362320AT0	112,31	7,65	8,75	01.11.21	25,92
170	GTE	362320AX1	99,29	6,49	6,36	15.04.06	7,11
171	GTE	362320AY9	98,67	6,66	6,46	15.04.08	9,14
172	GTE	362320AZ6	98,56	6,98	6,84	15.04.18	19,28
173	GTE	362320BA0	96,33	7,24	6,94	15.04.28	29,43
174	GTE	36232HAC0	100,72	6,46	6,60	22.09.05	6,54
175	GCI	364730AF8	95,47	7,03	5,25	01.03.98	2,91
176	GCI	364730AF8	98,11	6,33	5,25	01.03.98	1,90
177	GCI	364730AG6	94,19	7,25	5,85	01.05.00	5,11
178	GCI	364730AG6	97,75	6,49	5,85	01.05.00	4,10
179	GCI	364730AG6	99,25	6,25	5,85	01.05.00	2,08
180	GE	369604AT0	101,26	6,57	7,88	01.05.96	1,05
181	GE	369604AT0	100,08	5,24	7,88	01.05.96	0,04
182	GE	369604AV5	102,67	6,97	7,88	15.09.98	3,46
183	GE	369604AV5	103,68	6,20	7,88	15.09.98	2,45
184	GIS	37033LAA4	100,91	4,69	9,00	06.07.99	0,23
185	GIS	37033LAC0	101,00	4,75	8,85	19.07.99	0,27
186	GIS	37033LAS5	106,59	4,81	9,00	15.12.00	1,70
187	GIS	37033LAU0	102,41	5,17	8,95	15.12.99	0,68
188	GIS	37033LBP0	117,43	5,93	9,14	15.12.05	6,77
189	GIS	37033LBQ8	106,67	4,81	9,05	15.12.00	1,70
190	GIS	37033LBR6	106,34	4,81	8,82	18.12.00	1,71
191	GIS	37033LBS4	106,55	4,81	8,95	18.12.00	1,71
192	GIS	37033LBT2	112,18	5,30	9,00	20.12.02	3,74
193	GIS	37033LBU9	109,99	4,96	8,85	01.02.02	2,84
194	GIS	37033LBV7	116,43	5,96	8,90	15.03.06	7,02
195	GIS	37033LBX3	112,37	5,69	8,75	15.12.03	4,74
196	GIS	37033LBZ8	112,46	5,75	8,75	12.02.04	4,90
197	GIS	37033LCA2	116,81	5,98	8,90	15.06.06	7,28
198	GIS	37033LCB0	107,42	4,67	8,58	23.04.01	2,06
199	GIS	37033LCB0	107,42	4,67	8,58	23.04.01	2,06
200	GIS	37033LCC8	109,62	5,67	8,08	18.11.03	4,66
201	GIS	37033LCD6	110,72	5,83	8,11	18.11.04	5,68
202	GIS	37033LCE4	112,76	6,01	8,13	20.11.06	7,71
203	GIS	37033LCF1	112,70	6,01	8,12	20.11.06	7,71
204	GIS	37033LCN4	107,63	5,10	7,77	05.06.02	3,19
205	GIS	37033LCP9	107,63	5,10	7,77	03.06.02	3,18
206	GIS	37033LCQ7	102,43	5,16	7,42	01.06.00	1,15
207	GIS	37033LCR5	102,55	5,15	7,50	05.06.00	1,16

Lfd. Nr.	Ticker	CUSIP	Ask Kurs in Dollar	ISMA Rendite in %	Kupon in %	Fälligkeit	Restlaufzeit [Jahren]
208	GIS	37033LDA1	100,48	4,78	7,27	30.06.99	0,21
209	GIS	37033LDB9	100,44	4,77	7,26	24.06.99	0,20
210	GIS	37033LDK9	100,89	5,15	6,89	28.10.99	0,55
211	GIS	37033LDL7	100,89	5,15	6,88	28.10.99	0,55
212	GIS	37033LDM5	100,84	5,15	6,80	28.10.99	0,55
213	GIS	37033LDN3	100,86	5,15	6,83	29.10.99	0,55
214	GIS	37033LDP8	100,86	5,15	6,82	29.10.99	0,55
215	GIS	37033LDY9	95,11	7,11	5,38	08.07.98	3,27
216	GIS	37033LDY9	97,92	6,40	5,38	08.07.98	2,26
217	GIS	37033LDZ6	92,80	7,45	5,98	09.07.01	6,31
218	GIS	37033LDZ6	96,38	6,82	5,98	09.07.01	5,31
219	GIS	37033LFA9	96,44	5,66	4,75	08.10.03	4,55
220	GIS	37033LFC5	95,11	6,15	5,47	03.12.08	9,78
221	GIS	37033LFD3	94,58	6,15	5,40	08.12.08	9,79
222	GIS	37033LFE1	95,24	6,16	5,50	12.01.09	9,89
223	GIS	37033LFF8	98,23	6,21	6,00	22.01.11	11,95
224	GIS	37033LFG6	94,42	6,16	5,39	20.01.09	9,91
225	GM	370442AH10	110,86	6,84	9,63	01.12.00	4,69
226	GM	370442AH8	109,17	7,58	9,63	01.12.00	5,70
227	GM	370442AH8	110,86	6,84	9,63	01.12.00	4,69
228	GM	370442AM7	107,08	7,67	9,13	15.07.01	6,33
229	GM	370442AM7	109,55	6,92	9,13	15.07.01	5,32
230	GM	370442AP0	101,01	7,01	7,63	15.02.97	1,86
231	GM	370442AP0	101,37	5,88	7,63	15.02.97	0,85
232	GM	370442AQ8	94,67	7,90	7,00	15.06.03	8,28
233	GM	370442AQ8	99,68	7,06	7,00	15.06.03	7,27
234	GM	370442AR6	94,44	7,89	7,40	01.09.25	29,81
235	GM	370442AS4	99,10	7,23	7,10	15.03.06	10,06
236	GM	370442AU9	100,51	7,65	7,70	15.04.16	20,29
237	GM	37045EAC2	107,46	5,28	9,02	07.06.01	2,18
238	GM	37045EAD0	107,19	5,28	8,88	11.06.01	2,19
239	GM	37045EAF5	108,00	5,30	9,20	02.07.01	2,25
240	GM	37045EAH1	108,16	5,32	9,22	18.07.01	2,29
241	GM	37045EAN8	110,28	6,15	8,89	18.08.03	4,41
242	GM	37045EAP3	107,55	5,35	8,83	20.08.01	2,39
243	GM	37045EAS7	122,20	6,79	9,45	01.11.11	12,73
244	GON	37246WAA3	102,82	6,40	6,88	15.12.05	7,78
245	GON	37246WAA3	101,42	6,61	6,88	15.12.05	6,77
246	GON	37246WAC9	107,02	6,81	7,50	15.12.15	17,93
247	GON	37246WAC9	103,93	7,09	7,50	15.12.15	16,91
248	GP	373298BE7	104,58	8,96	9,50	01.12.11	16,86
249	GP	373298BE7	114,41	7,88	9,50	01.12.11	15,85
250	GP	373298BM9	96,59	8,05	7,70	15.06.15	19,44
251	GP	373298BN7	90,04	8,28	7,38	01.12.25	30,06
252	G	375766AB8	99,74	5,52	4,75	15.08.96	0,34
253	G	375766AC6	96,63	6,84	6,25	15.08.03	7,44
254	G	375766AD4	91,50	6,99	5,75	15.10.05	9,64
255	GLT	377316AA2	96,59	7,21	5,88	01.03.98	2,91
256	GLT	377316AA2	99,05	6,42	5,88	01.03.98	1,90
257	GR	382388AH9	109,52	7,66	9,63	01.07.01	6,29
258	GR	382388AH9	112,60	6,71	9,63	01.07.01	5,28
259	GR	38238QAA4	111,28	7,67	8,65	15.04.25	29,42
260	GR	38238QAB2	111,28	7,67	8,65	14.03.25	29,33
261	GR	38238QAC0	110,93	7,67	8,62	15.04.25	29,42
262	GR	38238QAD8	110,81	7,67	8,61	15.04.25	29,42
263	GR	38238QAE6	110,81	7,67	8,61	14.03.25	29,33
264	GR	38238QAF3	100,72	7,69	7,75	19.05.25	29,51
265	GRA	383883AG0	97,89	8,13	7,75	01.10.02	7,56

Lfd. Nr.	Ticker	CUSIP	Ask Kurs in Dollar	ISMA Rendite in %	Kupon in %	Fälligkeit	Restlaufzeit [Jahren]
266	GRA	383883AG0	103,11	7,14	7,75	01.10.02	6,55
267	GRA	383883AG0	101,47	7,42	7,75	01.10.02	5,54
268	GRA	383909AB4	98,42	7,80	7,40	01.02.00	4,86
269	GRA	383909AB4	101,84	6,83	7,40	01.02.00	3,85
270	GRA	383909AB4	100,74	7,10	7,40	01.02.00	2,84
271	GRA	383909AC2	97,85	8,33	8,00	15.08.04	9,46
272	GRA	383909AC2	104,45	7,27	8,00	15.08.04	8,45
273	GRA	383909AC2	102,61	7,53	8,00	15.08.04	7,44
274	GDT	401698AA3	97,66	6,58	6,15	15.02.06	6,94
275	HAL	406216AH4	101,45	8,61	8,75	15.02.21	26,21
276	HAL	406216AH4	112,97	7,58	8,75	15.02.21	25,20
277	MAH	41051PAE6	100,96	6,55	6,74	22.09.05	6,54
278	MAH	41051PAF3	100,82	6,77	6,89	22.09.08	9,58
279	MAH	41051PAG1	100,63	6,82	6,91	06.10.09	10,63
280	MAH	41051PAH9	97,56	6,84	6,52	23.02.10	11,02
281	MAH	41051PAJ5	97,65	6,87	6,58	23.02.11	12,04
282	MAH	410522AE6	106,89	8,22	9,38	15.09.03	8,53
283	MAH	410522AE6	112,36	7,19	9,38	15.09.03	7,52
284	H	41163GAC5	102,55	7,77	8,25	01.06.02	7,22
285	H	41163GAC5	106,18	6,99	8,25	01.06.02	6,21
286	H	41163GAD3	100,90	8,79	8,88	01.06.22	27,51
287	H	41163GAD3	111,07	7,87	8,88	01.06.22	26,51
288	HRS	413875AE5	86,37	8,23	7,00	15.01.26	30,18
289	HSC	415864AE7	102,01	6,75	8,75	15.05.96	1,09
290	HSC	415864AE7	100,24	5,20	8,75	15.05.96	0,08
291	HSC	415864AG2	88,27	7,94	6,00	15.09.03	8,53
292	HSC	415864AG2	94,77	6,91	6,00	15.09.03	7,52
293	HNZ	423074AG8	99,27	6,10	6,00	15.03.08	10,06
294	HNZ	423074AG8	99,41	6,09	6,00	15.03.08	9,05
295	HPC	427056AM8	94,58	7,53	6,63	01.06.03	8,24
296	HPC	427056AM8	97,58	7,06	6,63	01.06.03	7,23
297	HPC	427056AN6	101,41	5,88	7,85	15.01.00	0,77
298	HSY	427866AE8	108,94	7,98	8,80	15.02.21	26,21
299	HSY	427866AE8	113,16	7,61	8,80	15.02.21	25,20
300	HSY	427866AF5	97,27	7,10	6,70	01.10.05	9,60
301	HLT	432848AF6	100,81	7,55	7,70	15.07.02	7,34
302	HLT	432848AF6	103,57	6,98	7,70	15.07.02	6,34
303	HLT	432848AR0	104,57	6,63	7,20	15.12.09	11,84
304	HLT	432848AR0	102,78	6,83	7,20	15.12.09	10,83
305	HLT	432848AS8	107,50	6,80	7,50	15.12.17	19,96
306	HLT	432848AS8	104,36	7,07	7,50	15.12.17	18,94
307	HLT	43284QAA7	101,17	6,09	7,02	17.08.97	1,36
308	HLT	43284QAB5	102,35	6,60	7,40	17.08.99	3,38
309	HLT	43284QAC3	103,48	6,86	7,65	17.08.01	5,41
310	HLT	43284QAC4	103,48	6,86	7,65	17.08.01	5,41
311	HLT	43284QAD1	103,44	6,87	7,65	20.08.01	5,42
312	HLT	43284QAE9	102,49	6,61	7,45	19.08.99	3,39
313	HLT	43284QAH2	99,65	7,17	7,05	24.08.98	3,40
314	HLT	43284QAH2	101,25	6,47	7,05	24.08.98	2,39
315	HLT	43284QAJ8	100,08	7,17	7,20	30.08.98	3,41
316	HLT	43284QAJ8	101,58	6,47	7,20	30.08.98	2,41
317	HLT	43284QAK5	100,21	7,29	7,35	30.08.99	4,43
318	HLT	43284QAK5	102,22	6,60	7,35	30.08.99	3,42
319	HON	438506AH0	105,20	7,91	8,63	15.04.06	11,15
320	HON	438506AH0	109,89	7,22	8,63	15.04.06	10,14
321	HON	438506AH0	105,20	7,91	8,63	15.04.06	11,15
322	HON	438506AS6	99,13	6,69	6,63	15.06.28	29,60
323	HON	43850QAA1	102,34	6,66	7,46	16.08.99	3,38

Lfd. Nr.	Ticker	CUSIP	Ask Kurs in Dollar	ISMA Rendite in %	Kupon in %	Fälligkeit	Restlaufzeit [Jahren]
324	HON	43850QAB9	102,06	6,67	7,36	31.08.99	3,42
325	HON	43850QAC7	100,01	7,24	7,25	23.03.98	2,97
326	HON	43850QAC7	101,50	6,41	7,25	23.03.98	1,96
327	HON	43850QAD5	101,18	7,25	7,70	01.04.98	2,99
328	HON	43850QAD5	102,32	6,42	7,70	01.04.98	1,99
329	HON	43850QAE3	101,21	7,26	7,71	07.05.98	3,09
330	HON	43850QAE3	102,38	6,45	7,71	07.05.98	2,09
331	HON	43850QAF0	99,40	7,50	7,35	15.05.00	5,15
332	HON	43850QAF0	102,08	6,75	7,35	15.05.00	4,14
333	HON	43850QAG8	99,37	7,50	7,35	01.06.00	5,19
334	HON	43850QAG8	102,08	6,76	7,35	01.06.00	4,19
335	HON	43850QAH6	99,38	7,59	7,45	11.04.01	6,07
336	HON	43850QAH6	102,37	6,88	7,45	11.04.01	5,06
337	HON	43850QAJ2	99,10	7,65	7,48	11.04.02	7,08
338	HON	43850QAJ2	102,47	6,97	7,48	11.04.02	6,07
339	HON	43850QAK9	99,75	7,25	7,15	15.04.98	3,03
340	HON	43850QAK9	101,32	6,43	7,15	15.04.98	2,03
341	HTN	441560AA7	95,75	7,79	7,13	01.04.04	9,08
342	HTN	441560AA7	98,12	7,44	7,13	01.04.04	8,08
343	HTN	441560AB5	95,85	7,60	7,00	01.03.06	10,02
344	IBP	449223AB2	92,33	7,23	6,13	01.02.06	9,94
345	IBP	44922XAA8	97,98	6,24	6,00	15.01.11	11,93
346	ITW	452308AB5	101,26	7,09	7,50	01.12.98	3,67
347	ITW	452308AB5	102,49	6,45	7,50	01.12.98	2,66
348	ITW	452308AD1	94,52	7,23	5,88	01.03.00	4,94
349	ITW	452308AD1	97,64	6,57	5,88	01.03.00	3,93
350	IR	456866AF9	101,87	6,93	8,25	01.11.96	1,56
351	IR	456866AF9	101,31	5,71	8,25	01.11.96	0,55
352	IR	456866AG7	110,04	8,07	9,00	15.08.21	26,71
353	IR	456866AG7	116,52	7,53	9,00	15.08.21	25,70
354	IR	456866AH5	95,26	7,69	6,88	01.02.03	7,90
355	IR	456866AH5	99,06	7,05	6,88	01.02.03	6,89
356	IR	456866AN2	100,77	5,95	6,26	15.02.01	2,88
357	IR	456866AN2	102,55	4,77	6,26	15.02.01	1,87
358	IR	45686XAA1	101,76	5,11	6,56	28.07.00	1,31
359	IR	45686XAB9	101,81	5,11	6,60	28.07.00	1,31
360	IR	45686XAF0	100,43	5,02	6,57	02.08.99	0,31
361	IR	45686XAH6	101,83	5,10	6,60	01.08.00	1,32
362	IR	45686XAL7	104,89	5,22	6,86	05.08.02	3,36
363	IR	45686XAM5	104,80	5,22	6,83	05.08.02	3,36
364	IR	45686XAN3	104,68	5,23	6,79	07.08.02	3,36
365	IR	45686XAP8	104,65	5,23	6,78	07.08.02	3,36
366	IR	45686XAQ6	101,79	5,10	6,54	07.08.00	1,34
367	IR	45686XAR4	101,80	5,10	6,55	07.08.00	1,34
368	IR	45686XAS2	101,83	5,10	6,57	07.08.00	1,34
369	IR	45686XAT0	101,84	5,10	6,58	07.08.00	1,34
370	IR	45686XAU7	104,56	5,23	6,75	07.08.02	3,36
371	IR	45686XAV5	100,43	5,05	6,51	09.08.99	0,33
372	IR	45686XAW3	100,43	5,05	6,50	09.08.99	0,33
373	IR	45686XAX1	104,82	5,87	6,94	09.08.04	5,40
374	IR	45686XAY9	100,44	5,05	6,55	09.08.99	0,33
375	IR	45686XAZ6	100,44	5,05	6,53	09.08.99	0,33
376	IR	45686XBA0	100,45	5,05	6,54	10.08.99	0,33
377	IR	45686XBB8	105,01	5,87	6,98	10.08.04	5,40
378	IR	45686XBC6	104,96	5,87	6,97	11.08.04	5,41
379	IR	45686XBD4	104,92	5,87	6,96	10.08.04	5,40
380	IR	45686XBE2	104,65	5,23	6,78	12.08.02	3,38
381	IR	45686XBF9	104,62	5,23	6,77	12.08.02	3,38

Lfd. Nr.	Ticker	CUSIP	Ask Kurs in Dollar	ISMA Rendite in %	Kupon in %	Fälligkeit	Restlaufzeit [Jahren]
382	IR	45686XBG7	101,80	5,09	6,53	11.08.00	1,35
383	IR	45686XBX0	100,54	5,10	6,62	30.08.99	0,38
384	IR	45686XBY8	102,11	5,06	6,69	28.08.00	1,39
385	IR	45686XBZ5	100,53	5,25	6,20	15.11.99	0,60
386	IR	45686XCA9	100,51	5,25	6,17	17.11.99	0,60
387	IR	45686XCB7	103,42	4,95	6,38	19.11.01	2,64
388	IR	45686XCD3	102,86	5,74	6,46	19.11.03	4,67
389	IR	45686XCG6	102,87	5,90	6,51	01.12.04	5,72
390	IR	45686XCH4	103,01	6,11	6,57	03.12.07	8,76
391	IR	45686XCJ0	100,51	5,27	6,12	01.12.99	0,64
392	IR	45686XCK7	103,34	4,97	6,34	03.12.01	2,68
393	IR	45686XCL5	103,15	6,00	6,58	05.12.05	6,74
394	IBM	459200AG6	102,64	8,12	8,38	01.11.19	24,89
395	IBM	459200AG6	109,45	7,51	8,38	01.11.19	23,89
396	IBM	459200AG6	119,63	6,65	8,38	01.11.19	21,86
397	IBM	459200AG6	115,13	6,98	8,38	01.11.19	20,85
398	IBM	459200AH4	98,75	6,92	6,38	01.11.97	2,58
399	IBM	459200AH4	100,43	6,07	6,38	01.11.97	1,57
400	IBM	459200AJ0	99,25	7,38	7,25	01.11.02	7,65
401	IBM	459200AJ0	102,20	6,83	7,25	01.11.02	6,64
402	IBM	459200AJ0	105,00	5,97	7,25	01.11.02	4,61
403	IBM	459200AJ0	105,00	5,67	7,25	01.11.02	3,60
404	IBM	459200AK7	96,38	7,23	6,38	15.06.00	5,23
405	IBM	459200AK7	99,63	6,48	6,38	15.06.00	4,23
406	IBM	459200AK7	101,00	5,87	6,38	15.06.00	2,20
407	IBM	459200AK7	101,13	5,35	6,38	15.06.00	1,19
408	IBM	459200AL5	95,38	7,99	7,50	15.06.13	18,42
409	IBM	459200AL5	101,31	7,36	7,50	15.06.13	17,41
410	IBM	459200AL5	108,13	6,64	7,50	15.06.13	15,39
411	IBM	459200AL5	111,63	6,25	7,50	15.06.13	14,38
412	IBM	45920QAR5	101,28	5,00	6,04	07.08.00	1,34
413	IBM	45920QAU8	101,10	5,01	5,85	05.09.00	1,42
414	IBM	45920QAV6	102,40	4,71	5,95	14.05.01	2,11
415	IBM	45920QAX2	101,61	5,51	5,95	02.06.03	4,19
416	IBM	45920QBA1	102,36	4,76	5,91	29.06.01	2,24
417	IBM	45920QBB9	100,76	5,10	5,76	10.07.00	1,26
418	IBM	45920QBD5	102,12	4,71	5,80	15.05.01	2,12
419	IBM	45920QBL7	98,96	5,64	5,37	22.09.03	4,51
420	IBM	45920QBM5	94,73	6,14	5,40	01.10.08	9,61
421	IBM	45920QBR4	97,63	5,70	5,10	10.11.03	4,64
422	IBM	45920QBS2	98,31	5,67	5,25	01.12.03	4,70
423	IBM	45920QBT0	94,73	6,13	5,40	01.12.08	9,78
424	IBM	45920QBX1	95,37	6,14	5,50	15.01.09	9,90
425	IBM	45920QBY9	94,54	6,14	5,39	22.01.09	9,92
426	IBM	45920QBZ6	94,55	6,14	5,40	26.02.09	10,02
427	IBM	45920QCA0	100,75	4,68	5,13	12.02.01	1,86
428	IBM	45920QCB8	99,82	5,27	5,07	22.03.00	0,95
429	IBM	45920QCC6	99,82	5,27	5,08	03.04.00	0,99
430	IBM	45920QCD4	101,63	4,64	5,56	08.03.01	1,93
431	IBM	45920QCE2	101,25	4,62	5,30	26.03.01	1,98
432	IBM	45920QCG7	99,46	5,75	5,63	12.04.04	5,07
433	IMC	46004QAF8	100,39	6,89	7,00	23.05.00	4,16
434	IMC	46004QAH4	100,43	6,76	6,91	24.05.99	3,15
435	IMC	46004QAK7	98,19	6,90	6,39	09.06.00	4,21
436	IP	460146AJ2	108,10	7,68	9,70	15.03.00	4,98
437	IP	460146AJ2	110,00	6,74	9,70	15.03.00	3,97
438	IP	460146AK9	108,07	7,89	9,40	01.06.02	7,22
439	IP	460146AK9	111,82	6,99	9,40	01.06.02	6,21

Lfd. Nr.	Ticker	CUSIP	Ask Kurs in Dollar	ISMA Rendite in %	Kupon in %	Fälligkeit	Restlaufzeit [Jahren]
440	IP	460146AK9	111,82	6,99	9,40	01.06.02	6,21
441	IP	460146AM5	99,26	7,72	7,63	15.01.07	11,91
442	IP	460146AM5	102,83	7,24	7,63	15.01.07	10,91
443	IP	460146AM5	102,28	7,12	7,50	15.05.04	8,20
444	IP	460146AQ6	96,44	8,06	7,50	15.05.04	9,21
445	IP	460146AQ6	102,28	7,12	7,50	15.05.04	8,20
446	IP	460146AR4	88,43	8,03	6,13	01.11.03	8,66
447	IP	460146AR4	94,41	7,10	6,13	01.11.03	7,65
448	IP	460146AT0	101,36	7,69	7,88	01.08.06	11,45
449	IP	460146AT0	104,76	7,21	7,88	01.08.06	10,44
450	IP	460146AU7	100,46	7,55	7,63	01.08.04	9,42
451	IP	460146AU7	102,99	7,14	7,63	01.08.04	8,41
452	IP	46014HAB5	106,40	5,27	9,05	08.02.01	1,85
453	IP	46014HAG4	110,39	5,98	8,99	21.03.03	3,99
454	IP	46014HAL3	107,29	5,36	8,69	30.08.01	2,41
455	IP	46014HAM1	107,30	5,36	8,70	27.08.01	2,41
456	IP	46014HAN9	107,23	5,36	8,67	27.08.01	2,41
457	IP	46014HAP4	107,19	5,36	8,65	28.08.01	2,41
458	IP	46014HAQ2	112,33	6,58	8,72	29.08.06	7,48
459	IP	46014HAR0	107,38	5,37	8,70	11.09.01	2,45
460	IP	46014HAS8	107,45	5,37	8,72	14.09.01	2,46
461	IP	46014HAW9	107,36	5,37	8,68	14.09.01	2,46
462	IP	46014HAX7	105,51	5,49	7,72	03.01.02	2,76
463	IP	46014HBA6	106,92	5,57	8,17	18.03.02	2,97
464	IP	46014HBB4	107,70	6,37	8,22	18.03.04	5,00
465	IP	46014HBE8	107,56	5,58	8,39	01.04.02	3,01
466	IP	46014HBF5	107,48	5,58	8,36	01.04.02	3,01
467	IP	46014HBJ7	107,45	5,58	8,35	01.04.02	3,01
468	IP	46014HBL2	108,52	6,37	8,41	25.03.04	5,02
469	IP	46014HBM0	107,45	5,57	8,36	25.03.02	2,99
470	IP	46014HBN8	106,18	5,64	7,85	21.05.02	3,15
471	IP	46014HBS7	105,65	7,23	8,00	15.11.06	10,74
472	IP	46014HBT5	105,63	7,35	8,03	15.05.09	13,27
473	IP	46014HBU2	104,41	7,12	7,85	20.05.04	8,21
474	IP	46014HBV0	106,22	7,35	8,10	20.05.09	13,28
475	IP	46014HBW8	101,96	6,94	7,39	10.08.01	5,39
476	IP	46014HBX6	102,00	6,94	7,40	10.08.01	5,39
477	IP	46014HBY4	100,11	7,85	7,88	03.10.01	6,55
478	IP	46014HBY4	104,13	6,95	7,88	03.10.01	5,54
479	JNJ	478160AE4	100,61	7,26	7,38	29.06.02	7,30
480	JNJ	478160AE4	103,59	6,66	7,38	29.06.02	6,29
481	JNJ	478160AF1	87,20	7,86	6,73	15.11.23	28,99
482	JNJ	478160AF1	92,63	7,36	6,73	15.11.23	27,98
483	KSU	485170AB0	100,47	7,79	7,88	01.07.02	7,31
484	KSU	485170AB0	103,69	7,12	7,88	01.07.02	6,30
485	KSU	485170AD6	95,39	7,34	6,63	01.03.05	9,00
486	KSU	485170AE4	95,76	7,25	5,75	08.07.98	3,27
487	KSU	485170AE4	98,23	6,61	5,75	08.07.98	2,26
488	KBH	486168AE7	100,00	7,75	7,75	15.10.04	6,60
489	KBH	486168AE7	101,25	7,47	7,75	15.10.04	5,59
490	K	487836AK4	95,08	5,80	4,88	15.10.05	6,60
491	KMB	494368AG8	104,27	6,90	9,13	01.06.97	2,15
492	KMB	494368AG8	103,38	5,94	9,13	01.06.97	1,14
493	KMB	494368AL7	107,65	7,22	9,00	01.08.00	5,36
494	KMB	494368AL7	108,76	6,61	9,00	01.08.00	4,36
495	KMB	494368AN3	106,45	7,28	8,63	01.05.01	6,12
496	KMB	494368AN3	108,11	6,70	8,63	01.05.01	5,11
497	KMB	494368AQ6	90,20	7,88	6,88	15.02.14	19,10

Lfd. Nr.	Ticker	CUSIP	Ask Kurs in Dollar	ISMA Rendite in %	Kupon in %	Fälligkeit	Restlaufzeit [Jahren]
498	KMB	494368AQ6	95,25	7,36	6,88	15.02.14	18,09
499	KIN	495836AA6	98,50	7,10	6,00	01.10.97	1,48
500	KRI	499040AD5	116,80	7,87	9,88	15.04.09	14,19
501	KRI	499040AD5	121,70	7,27	9,88	15.04.09	13,19
502	LAF	50586FAM5	103,57	5,82	9,75	30.03.00	0,98
503	LAF	50586FAQ6	104,33	5,67	9,67	08.06.00	1,17
504	LAF	50586FAR4	104,32	5,67	9,65	09.06.00	1,17
505	LAF	50586FAX1	106,58	5,39	9,70	01.12.00	1,66
506	LAF	50586FBA0	107,52	5,28	9,75	02.02.01	1,83
507	LAF	50586FBE2	116,79	6,55	9,58	18.04.06	7,11
508	LAF	50586FBF9	107,73	5,22	9,32	24.04.01	2,06
509	LAF	50586FBG7	108,31	5,24	9,57	07.05.01	2,09
510	LAF	50586FBH5	108,12	5,24	9,46	10.05.01	2,10
511	LAF	50586FBL6	108,72	5,28	9,63	15.06.01	2,20
512	LAF	50586FBM4	110,29	5,50	9,60	15.01.02	2,80
513	LAF	50586FBN2	108,49	5,27	9,57	30.05.01	2,16
514	LAF	50586FBQ5	106,06	5,42	9,50	15.11.00	1,61
515	LAF	50586FBS1	104,82	5,56	9,40	15.08.00	1,36
516	LAF	50586FBT9	100,62	5,17	9,38	15.06.99	0,17
517	LLY	532457AH1	98,27	7,20	6,75	15.11.99	4,64
518	LLY	532457AH1	100,66	6,54	6,75	15.11.99	3,63
519	LLY	532457AJ7	92,99	7,44	6,25	15.03.03	8,02
520	LLY	532457AJ7	96,90	6,82	6,25	15.03.03	7,01
521	LLY	532457AK4	104,25	7,30	8,13	01.12.01	6,72
522	LLY	532457AK4	106,33	6,75	8,13	01.12.01	5,71
523	LLY	532457AK4	106,75	6,02	8,13	01.12.01	3,68
524	LLY	532457AK4	106,00	5,62	8,13	01.12.01	2,67
525	LLY	532457AL2	105,59	7,64	8,38	01.12.06	11,79
526	LLY	532457AL2	111,00	6,90	8,38	01.12.06	10,78
527	LLY	532457AL2	113,00	6,39	8,38	01.12.06	8,76
528	LLY	532457AL2	106,25	7,29	8,38	01.12.06	7,74
529	LLY	532457AM0	90,50	7,97	7,13	01.06.25	29,55
530	LLY	532457AM0	102,13	6,95	7,13	01.06.25	27,53
531	LLY	532457AM0	105,00	6,72	7,13	01.06.25	26,51
532	LIT	538021AJ5	99,63	6,14	6,05	15.04.03	5,07
533	LIT	538021AJ5	99,92	6,07	6,05	15.04.03	4,06
534	LOR	543859AE2	103,59	8,77	9,13	01.02.22	27,18
535	LOR	543859AE2	112,33	7,99	9,13	01.02.22	26,17
536	LOR	543859AG7	95,49	8,81	8,38	15.01.23	28,15
537	LOR	543859AG7	103,97	8,01	8,38	15.01.23	27,14
538	LOR	543859AH5	80,77	8,86	7,00	15.09.23	28,82
539	LOR	543859AH5	88,55	8,04	7,00	15.09.23	27,81
540	LOR	543859AJ1	97,58	8,00	7,63	15.06.04	9,29
541	LOR	543859AJ1	102,15	7,27	7,63	15.06.04	8,28
542	LYO	552078AA5	102,97	7,09	9,95	01.06.96	1,14
543	LYO	552078AA5	100,48	5,56	9,95	01.06.96	0,13
544	LYO	552078AB3	107,99	7,69	10,00	01.06.99	4,18
545	LYO	552078AB3	109,06	6,72	10,00	01.06.99	3,17
546	LYO	552078AC1	101,55	7,35	8,25	15.03.97	1,93
547	LYO	552078AC1	101,96	5,99	8,25	15.03.97	0,93
548	LYO	552078AD9	105,52	8,06	9,13	15.03.02	7,01
549	LYO	552078AD9	109,77	7,07	9,13	15.03.02	6,00
550	LYO	552078AE7	94,09	7,35	6,50	15.02.06	9,98
551	LYO	552078AF4	95,96	7,90	7,55	15.02.26	30,27
552	MAG	559424AE6	103,00	9,73	10,75	15.11.98	3,63
553	MAG	559424AE6	100,75	10,40	10,75	15.11.98	2,62
554	MKG	561226AA9	96,37	7,29	6,75	15.09.05	9,55
555	MKG	561226AB7	92,85	7,43	6,50	15.11.07	11,75

Lfd. Nr.	Ticker	CUSIP	Ask Kurs in Dollar	ISMA Rendite in %	Kupon in %	Fälligkeit	Restlaufzeit [Jahren]
556	MAR	571900AB5	98,61	8,08	7,88	15.04.05	10,14
557	MAR	571900AB5	104,34	7,21	7,88	15.04.05	9,13
558	MAR	571900AC3	98,07	7,38	7,13	01.06.07	11,29
559	MAR	571900AD1	93,34	7,54	6,75	01.12.09	13,83
560	MAS	574599AK2	106,52	7,69	9,00	01.10.01	6,55
561	MAS	574599AK2	109,25	6,93	9,00	01.10.01	5,54
562	MAS	574599AM8	97,04	7,43	6,63	15.09.99	4,47
563	MAS	574599AM8	99,88	6,66	6,63	15.09.99	3,46
564	MAS	574599AN6	86,50	8,60	7,13	15.08.13	18,59
565	MAS	574599AN6	94,62	7,69	7,13	15.08.13	17,58
566	MAS	574599AP1	89,04	7,94	6,13	15.09.03	8,53
567	MAS	574599AP1	94,50	7,09	6,13	15.09.03	7,52
568	MAS	574599AR7	101,95	6,45	6,63	15.04.18	19,28
569	MAS	574599AS5	97,02	6,17	5,75	15.10.08	9,64
570	MCD	580135BF7	110,02	7,77	8,88	01.04.11	16,18
571	MCD	580135BF7	114,83	7,23	8,88	01.04.11	15,18
572	MCD	580135BK6	102,08	7,49	7,80	01.10.04	9,59
573	MCD	580135BK6	105,67	6,90	7,80	01.10.04	8,58
574	MCD	580135BR1	101,72	5,03	8,38	29.10.99	0,55
575	MHP	580645AC3	109,02	7,36	9,43	01.09.00	5,45
576	MHP	580645AC3	110,22	6,69	9,43	01.09.00	4,44
577	MEA	582834AL1	97,26	7,27	6,60	01.03.02	4,95
578	MEA	582834AM9	95,11	7,84	7,35	01.03.17	20,17
579	MEA	58283KAB7	121,76	6,48	8,39	15.03.20	21,23
580	MEA	58283KAC5	107,57	5,21	7,75	02.08.02	3,35
581	MEA	58283KAD3	107,42	5,21	7,70	03.08.02	3,35
582	MEA	58283KAE1	108,70	5,85	7,79	06.08.04	5,39
583	MEA	58283KAF8	103,06	5,07	7,45	23.08.00	1,38
584	MEA	58283KAG6	107,53	5,24	7,72	23.08.02	3,41
585	MEA	58283KAH4	106,30	5,28	7,30	30.09.02	3,51
586	MRK	589331AC1	86,97	7,39	6,30	01.01.26	30,14
587	MRK	589331AC1	84,46	7,64	6,30	01.01.26	29,13
588	MIL	601073AA7	99,31	7,37	7,20	01.04.02	5,03
589	MIL	601073AB5	98,58	7,71	7,50	01.04.07	10,11
590	MTC	611662AJ6	108,56	7,88	8,88	15.12.09	14,87
591	MTC	611662AJ6	112,14	7,44	8,88	15.12.09	13,86
592	MTC	611662AJ6	109,88	7,64	8,88	15.12.09	12,85
593	MTC	611662AM9	106,38	8,11	8,70	15.10.21	26,88
594	MTC	611662AM9	110,07	7,79	8,70	15.10.21	25,87
595	MTC	611662AM9	108,76	7,89	8,70	15.10.21	24,86
596	MTC	611662AN7	93,74	7,47	6,00	01.07.00	5,28
597	MTC	611662AN7	97,13	6,79	6,00	01.07.00	4,27
598	MTC	611662AN7	97,06	7,04	6,00	01.07.00	3,26
599	MTC	611662AS6	101,37	6,64	6,75	15.12.27	30,10
600	MTC	611662AS6	100,94	6,68	6,75	15.12.27	29,09
601	MTC	611662AV9	101,10	4,92	5,38	01.12.01	2,67
602	MTC	61167HAS2	107,30	4,73	9,00	07.02.01	1,85
603	MTC	61167HAT0	112,24	5,36	8,95	10.02.03	3,88
604	MTC	61167HAU7	114,40	5,85	8,85	15.02.05	5,93
605	MTC	61167HAV5	111,79	5,81	8,85	17.02.04	4,92
606	MTC	61167HAW3	109,96	4,98	8,80	15.02.02	2,88
607	MTC	61167HAZ6	107,59	4,68	8,95	05.03.01	1,92
608	MTC	61167HBE2	107,76	4,65	8,85	02.04.01	2,00
609	MTC	61167HBG7	107,92	4,70	8,75	15.05.01	2,12
610	MTC	61167HBH5	101,12	5,88	6,11	03.02.05	5,89
611	MTC	61167HBJ1	100,76	6,10	6,21	05.02.08	8,94
612	MTC	61167HBK8	100,71	6,40	6,47	26.02.18	19,15
613	MTC	61167HBL6	100,40	6,10	6,16	27.02.08	9,00

Lfd. Nr.	Ticker	CUSIP	Ask Kurs in Dollar	ISMA Rendite in %	Kupon in %	Fälligkeit	Restlaufzeit [Jahren]
614	MOT	620076AF6	99,60	7,65	7,60	01.01.07	11,88
615	MOT	620076AF6	104,08	7,05	7,60	01.01.07	10,87
616	MOT	620076AF6	101,40	7,39	7,60	01.01.07	9,86
617	MOT	620076AG4	90,18	7,72	6,50	01.03.08	13,06
618	MOT	620076AG4	95,01	7,13	6,50	01.03.08	12,05
619	MOT	620076AG4	92,95	7,46	6,50	01.03.08	11,04
620	MOT	620076AH2	97,70	7,70	7,50	15.05.25	28,49
621	MOT	620076AN9	97,73	6,12	5,80	15.10.08	9,64
622	NYT	650094BL8	105,60	7,99	8,63	15.11.10	15,80
623	NYT	650094BL8	110,99	7,38	8,63	15.11.10	14,79
624	NYT	650094BL8	111,75	7,19	8,63	15.11.10	12,77
625	NYT	650094BS3	91,51	7,75	6,50	01.03.05	10,01
626	NYT	650094BS3	96,08	7,10	6,50	01.03.05	9,00
627	NYT	650094BS3	101,63	6,20	6,50	01.03.05	6,98
628	NYT	650094BS3	101,25	6,24	6,50	01.03.05	5,97
629	NYT	650094BT1	89,76	8,09	7,00	01.05.13	18,30
630	NYT	650094BT1	95,38	7,48	7,00	01.05.13	17,29
631	NYT	650094BT1	101,13	6,87	7,00	01.05.13	14,25
632	NYT	650094BV6	91,00	7,94	7,00	15.06.13	18,42
633	NYT	650094BV6	97,25	7,28	7,00	15.06.13	17,41
634	NYT	650094BV6	100,13	6,99	7,00	15.06.13	15,39
635	NYT	650094BV6	101,00	6,89	7,00	15.06.13	14,38
636	NYT	650094BX2	94,34	7,18	5,25	01.09.98	3,42
637	NYT	650094BX2	97,34	6,48	5,25	01.09.98	2,41
638	NYT	650094BX2	99,53	6,52	5,25	01.09.98	0,39
639	NYT	650094BY0	89,23	7,64	5,88	01.09.03	8,49
640	NYT	650094BY0	93,61	7,00	5,88	01.09.03	7,48
641	NYT	650094BY0	98,75	6,15	5,88	01.09.03	5,46
642	NYT	650094BZ7	87,46	7,66	5,63	01.11.03	8,66
643	NYT	650094BZ7	92,25	6,96	5,63	01.11.03	7,65
644	NYT	650094BZ7	99,38	5,78	5,63	01.11.03	4,62
645	NYT	650094CD5	98,50	6,31	6,13	15.01.10	11,93
646	NYT	650094CD5	100,38	6,08	6,13	15.01.10	10,91
647	NYT	650094CE3	91,75	7,55	6,25	15.02.04	8,96
648	NYT	650094CE3	95,38	7,03	6,25	15.02.04	7,95
649	NYT	650094CE3	101,00	6,04	6,25	15.02.04	5,92
650	NYT	650094CE3	101,38	5,92	6,25	15.02.04	4,91
651	NYT	650094CH6	98,37	6,22	6,00	15.04.08	10,15
652	NYT	650094CH6	99,25	6,11	6,00	15.04.08	9,14
653	NYT	650094CJ2	98,69	6,60	6,50	15.04.28	30,44
654	NYT	650094CJ2	98,81	6,59	6,50	15.04.28	29,43
655	NWL	65119QAJ2	100,23	4,46	7,83	14.05.99	0,08
656	NWL	65119QAW3	94,76	7,62	6,75	08.06.05	8,27
657	NWL	65119QAW3	94,76	7,62	6,75	08.06.05	8,27
658	NWL	65119QAX1	95,43	7,41	6,33	10.06.02	5,23
659	NWL	65119QAY9	95,73	7,41	6,40	10.06.02	5,23
660	NWL	65119QAZ6	97,18	7,17	6,18	11.07.00	3,29
661	NWL	65119QBB8	96,80	7,20	6,15	18.10.00	3,56
662	NWL	65119QBD4	96,22	7,21	6,00	22.11.00	3,66
663	NWL	65119QBE2	95,50	6,70	6,35	15.07.28	29,68
664	NWL	65119QBG7	100,25	5,63	5,70	22.09.03	4,51
665	NWL	65119QBH5	99,02	5,67	5,42	21.10.03	4,59
666	NWL	65119QBJ1	98,99	5,97	5,78	17.11.05	6,69
667	NSC	655844AA6	111,15	7,97	9,00	01.03.21	26,24
668	NSC	655844AA6	117,26	7,46	9,00	01.03.21	25,24
669	NSC	655844AA6	112,30	7,85	9,00	01.03.21	24,23
670	NSC	655844AB4	102,45	7,49	7,88	15.02.04	8,96
671	NSC	655844AB4	106,05	6,86	7,88	15.02.04	7,95

Lfd. Nr.	Ticker	CUSIP	Ask Kurs in Dollar	ISMA Rendite in %	Kupon in %	Fälligkeit	Restlaufzeit [Jahren]
672	NSC	655844AB4	102,88	7,33	7,88	15.02.04	6,94
673	NSC	655855BT0	102,85	5,95	6,50	01.08.04	6,39
674	NSC	655855BT0	103,35	5,75	6,50	01.08.04	5,38
675	NSC	655855CT9	102,86	5,88	7,18	15.09.00	2,46
676	NSC	655855CT9	103,00	4,94	7,18	15.09.00	1,44
677	NSC	655855CU6	104,36	5,89	7,32	15.09.01	3,47
678	NSC	655855CU6	105,71	4,78	7,32	15.09.01	2,46
679	NSC	655855CV4	106,00	5,88	7,45	15.09.02	4,48
680	NSC	655855CV4	107,06	5,16	7,45	15.09.02	3,47
681	NSC	655855CW2	107,43	5,90	7,53	15.09.03	5,50
682	NSC	655855CW2	107,62	5,56	7,53	15.09.03	4,49
683	NSC	655855CX0	108,41	5,95	7,55	15.09.04	6,51
684	NSC	655855CX0	108,27	5,75	7,55	15.09.04	5,50
685	NSC	655855CY8	109,49	5,99	7,60	15.09.05	7,53
686	NSC	655855CY8	109,56	5,79	7,60	15.09.05	6,52
687	NSC	655855CZ5	110,54	6,03	7,65	15.09.06	8,54
688	NSC	655855CZ5	110,80	5,83	7,65	15.09.06	7,53
689	NSC	655855DA9	111,54	6,07	7,70	15.09.07	9,56
690	NSC	655855DA9	112,02	5,87	7,70	15.09.07	8,54
691	NSC	655855DB7	112,42	6,10	7,73	15.09.08	10,57
692	NSC	655855DB7	113,04	5,90	7,73	15.09.08	9,56
693	NSC	655855DB7	112,42	6,10	7,73	15.09.08	10,57
694	NSC	655855DC5	113,23	6,12	7,75	15.09.09	11,59
695	NSC	655855DC5	113,92	5,94	7,75	15.09.09	10,58
696	NOC	666807AD4	101,82	8,34	8,63	15.10.04	9,63
697	NOC	666807AD4	107,13	7,47	8,63	15.10.04	8,62
698	NOC	666807AD4	105,70	7,61	8,63	15.10.04	7,61
699	NOC	666807AP7	109,61	6,81	7,75	01.03.16	18,14
700	NOC	666807AP7	106,37	7,10	7,75	01.03.16	17,13
701	OLN	680665AB2	104,06	7,41	9,50	15.06.97	2,19
702	OLN	680665AB2	103,67	6,14	9,50	15.06.97	1,18
703	OLN	680665AB2	100,54	5,86	9,50	15.06.97	0,17
704	OLN	680665AC0	101,18	7,78	8,00	15.06.02	7,26
705	OLN	680665AC0	105,27	6,93	8,00	15.06.02	6,25
706	OLN	680665AC0	102,65	7,37	8,00	15.06.02	5,24
707	OLN	68066XAA3	102,91	6,52	7,11	01.06.05	6,22
708	PPG	693506AQ0	109,65	8,10	9,00	01.05.21	26,41
709	PPG	693506AQ0	113,49	7,77	9,00	01.05.21	25,41
710	PPG	693506AQ0	111,99	7,88	9,00	01.05.21	24,39
711	PPG	693506AR8	97,69	7,22	6,88	01.08.05	9,43
712	PPG	693506AR8	96,54	7,44	6,88	01.08.05	8,42
713	PPG	693506AT4	96,07	7,23	6,25	15.02.02	4,91
714	PH	701094AF1	96,52	7,71	7,30	15.05.11	14,29
715	PH	70109HAD7	102,52	5,72	6,35	16.12.03	4,74
716	PH	70109HAF2	100,08	5,63	5,65	15.09.03	4,49
717	JCP	708160AY2	106,56	7,06	10,00	15.10.97	2,53
718	JCP	708160AY2	105,44	6,12	10,00	15.10.97	1,52
719	JCP	708160BF2	98,62	7,26	6,88	15.06.99	4,22
720	JCP	708160BF2	100,93	6,54	6,88	15.06.99	3,21
721	PBY	713278AD1	97,65	7,36	7,00	01.06.05	9,26
722	PBY	713278AD1	95,90	7,69	7,00	01.06.05	8,25
723	PBY	713278AE9	92,54	7,89	6,63	15.05.03	8,19
724	PBY	713278AE9	96,90	7,19	6,63	15.05.03	7,18
725	PBY	713278AE9	95,41	7,58	6,63	15.05.03	6,17
726	PBY	713278AE9	95,41	7,58	6,63	15.05.03	6,17
727	PBY	713281AC7	100,89	6,51	6,71	03.11.04	5,64
728	PBY	713281AD5	100,71	6,52	6,67	05.11.04	5,64
729	PBY	713281AE3	100,76	6,46	6,65	03.03.04	4,96

Lfd. Nr.	Ticker	CUSIP	Ask Kurs in Dollar	ISMA Rendite in %	Kupon in %	Fälligkeit	Restlaufzeit [Jahren]
730	PBY	713281AF0	101,38	6,62	6,88	06.03.06	6,99
731	PBY	713281AG8	100,66	6,63	6,75	10.03.06	7,01
732	PBY	713281AH6	101,49	6,65	6,92	07.07.06	7,34
733	PEP	713448AE8	101,48	6,66	7,63	18.12.98	1,70
734	PEP	713448AU2	101,64	7,20	7,75	01.10.98	3,50
735	PEP	713448AU2	102,80	6,49	7,75	01.10.98	2,49
736	PEP	713448AU2	101,62	6,56	7,75	01.10.98	1,48
737	PEP	713448AV0	101,47	6,60	7,63	01.11.98	1,57
738	PEP	713448AW8	100,14	6,90	7,00	15.11.96	1,60
739	PEP	713448AW8	100,72	5,70	7,00	15.11.96	0,59
740	PEP	713448AZ1	99,71	7,03	6,88	15.05.97	2,10
741	PEP	713448AZ1	100,95	5,94	6,88	15.05.97	1,09
742	PEP	713448AZ1	100,07	5,74	6,88	15.05.97	0,08
743	PEP	713448BB3	96,07	7,32	6,25	01.09.99	4,43
744	PEP	713448BB3	98,89	6,62	6,25	01.09.99	3,43
745	PEP	713448BB3	98,58	6,90	6,25	01.09.99	2,41
746	PEP	713448BC1	97,55	7,12	6,13	15.01.98	2,78
747	PEP	713448BC1	99,73	6,29	6,13	15.01.98	1,78
748	PEP	713448BC1	100,02	6,09	6,13	15.01.98	0,76
749	PEP	71345LBP2	99,78	5,66	4,60	30.06.96	0,21
750	PD	717265AF9	101,20	7,52	7,75	01.01.02	6,80
751	PD	717265AF9	104,00	6,89	7,75	01.01.02	5,79
752	PD	717265AF9	102,14	7,20	7,75	01.01.02	4,78
753	PD	717265AH5	102,11	5,98	6,38	01.11.04	6,64
754	PD	717265AH5	102,23	5,90	6,38	01.11.04	5,63
755	MO	718154AY3	102,27	6,83	8,88	01.07.96	1,22
756	MO	718154AY3	100,63	5,53	8,88	01.07.96	0,21
757	MO	718154BA4	102,60	7,00	8,75	01.12.96	1,64
758	MO	718154BA4	101,80	5,71	8,75	01.12.96	0,64
759	MO	718154BD8	104,87	7,12	9,75	01.05.97	2,06
760	MO	718154BD8	103,78	5,92	9,75	01.05.97	1,06
761	MO	718154BD8	100,14	5,73	9,75	01.05.97	0,04
762	MO	718154BH9	104,74	7,21	9,25	01.12.97	2,66
763	MO	718154BH9	104,58	6,22	9,25	01.12.97	1,65
764	MO	718154BH9	101,92	6,02	9,25	01.12.97	0,64
765	MO	718154BL0	104,12	7,37	8,63	01.03.99	3,92
766	MO	718154BL0	105,35	6,54	8,63	01.03.99	2,91
767	MO	718154BL0	103,24	6,74	8,63	01.03.99	1,90
768	MO	718154BN6	103,13	7,14	8,75	15.06.97	2,19
769	MO	718154BN6	103,03	5,98	8,75	15.06.97	1,18
770	MO	718154BN6	100,44	5,77	8,75	15.06.97	0,17
771	MO	718154BR7	100,01	7,37	7,38	15.02.99	3,88
772	MO	718154BR7	102,11	6,54	7,38	15.02.99	2,88
773	MO	718154BR7	101,08	6,73	7,38	15.02.99	1,86
774	MO	718154BS5	100,71	7,09	7,50	15.03.97	1,93
775	MO	718154BS5	101,43	5,85	7,50	15.03.97	0,93
776	MO	718154BT3	101,21	7,40	7,75	01.05.99	4,09
777	MO	718154BT3	103,21	6,56	7,75	01.05.99	3,08
778	MO	718154BT3	101,77	6,80	7,75	01.05.99	2,07
779	MO	718154BT3	103,21	6,56	7,75	01.05.99	3,08
780	MO	718156LL4	99,72	6,32	6,15	11.02.98	1,85
781	MO	718156LL4	100,01	6,14	6,15	11.02.98	0,84
782	MO	718156LM2	99,70	6,33	6,15	18.02.98	1,87
783	MO	718156LM2	100,00	6,15	6,15	18.02.98	0,86
784	PCH	737628AC1	104,70	8,55	9,13	01.12.09	14,83
785	PCH	737628AC1	114,00	7,47	9,13	01.12.09	13,83
786	PCH	737628AC1	110,23	7,83	9,13	01.12.09	12,81
787	PCH	737628AF4	91,78	7,77	6,95	15.12.15	19,95

Lfd. Nr.	Ticker	CUSIP	Ask Kurs in Dollar	ISMA Rendite in %	Kupon in %	Fälligkeit	Restlaufzeit [Jahren]
788	PCH	737628AF4	89,22	8,08	6,95	15.12.15	18,94
789	PCH	73763HAF3	110,45	5,57	9,46	02.04.02	3,01
790	PCH	73763HAG1	111,94	5,99	9,42	04.04.03	4,03
791	PCH	73763HAH9	115,48	6,55	9,35	12.04.06	7,10
792	PCH	73763HAM8	119,44	6,97	8,88	01.06.17	18,40
793	PCH	73763HAN6	115,03	6,77	8,65	17.01.11	11,93
794	PCH	73763HAP1	118,34	7,11	8,75	14.01.22	23,09
795	PCH	73763HAQ9	116,41	6,80	8,75	23.01.12	12,96
796	PCH	73763HAR7	116,43	6,81	8,75	01.02.12	12,99
797	PCH	73763HAS5	118,39	6,93	8,80	01.02.16	17,05
798	PCH	73763HAV8	119,71	6,99	8,89	30.01.18	19,07
799	PCH	73763HAY2	112,79	7,13	8,27	01.08.22	23,64
800	PX	74005PAB0	98,71	7,04	6,85	15.06.05	9,30
801	PX	74005PAB0	95,84	7,54	6,85	15.06.05	8,29
802	PX	74005PAC8	93,53	7,87	6,75	01.03.03	7,98
803	PX	74005PAC8	99,40	6,86	6,75	01.03.03	6,97
804	PX	74005PAC8	97,12	7,36	6,75	01.03.03	5,96
805	PX	74005PAC8	99,40	6,86	6,75	01.03.03	6,97
806	PX	74005PAD6	99,99	6,70	6,70	15.04.01	5,07
807	PX	74005PAD6	98,27	7,21	6,70	15.04.01	4,06
808	PX	74005PAE4	95,06	7,64	6,90	01.11.06	9,69
809	PX	74005PAG9	100,27	6,09	6,15	15.04.03	5,07
810	PX	74005PAG9	100,41	6,03	6,15	15.04.03	4,06
811	PG	742718AU3	106,71	7,71	8,50	10.08.09	14,52
812	PG	742718AU3	111,23	7,17	8,50	10.08.09	13,51
813	PG	742718AU3	108,26	7,46	8,50	10.08.09	12,50
814	PG	742718AY5	106,94	7,30	8,70	01.08.01	6,38
815	PG	742718AY5	108,66	6,72	8,70	01.08.01	5,37
816	PG	742718AY5	106,02	7,04	8,70	01.08.01	4,36
817	PG	742718BA6	103,56	7,43	8,00	15.11.03	8,70
818	PG	742718BA6	106,87	6,82	8,00	15.11.03	7,69
819	PG	742718BA6	104,00	7,22	8,00	15.11.03	6,68
820	PG	742718BA6	106,87	6,82	8,00	15.11.03	7,69
821	PG	742718BC2	99,89	6,90	6,85	01.06.97	2,15
822	PG	742718BC2	100,95	5,95	6,85	01.06.97	1,14
823	PG	742718BC2	100,12	5,68	6,85	01.06.97	0,13
824	PG	742718BK4	98,83	5,55	5,25	15.09.03	4,49
825	PHM	745867AD3	108,30	6,85	7,63	15.10.17	19,79
826	PHM	745867AD3	104,85	7,15	7,63	15.10.17	18,78
827	OAT	747402AD7	94,85	7,93	7,47	14.03.24	27,31
828	OAT	747402AJ4	102,93	7,24	7,49	02.06.25	26,52
829	OAT	74740FAE6	111,30	5,20	9,00	29.07.02	3,34
830	OAT	74740FAF3	100,93	5,41	8,95	27.07.99	0,29
831	OAT	74740FAH9	110,43	5,00	9,13	15.01.02	2,80
832	OAT	74740FAJ5	101,10	4,88	9,00	28.07.99	0,29
833	OAT	74740FAK2	101,12	4,89	9,00	30.07.99	0,30
834	OAT	74740FAL0	101,14	4,90	9,00	02.08.99	0,31
835	OAT	74740FAM8	100,89	4,79	8,65	15.07.99	0,26
836	OAT	74740FAR7	111,53	5,22	9,05	14.08.02	3,38
837	OAT	74740FAV8	102,91	5,27	9,13	31.01.00	0,81
838	OAT	74740FAZ9	101,46	5,01	9,10	31.08.99	0,39
839	OAT	74740FBC9	101,46	5,01	9,10	01.09.99	0,39
840	OAT	74740FBJ4	115,34	5,85	9,20	15.09.04	5,50
841	OAT	74740FBN5	101,77	5,09	9,13	01.10.99	0,47
842	OAT	74740FBR6	101,81	5,09	9,20	01.10.99	0,47
843	OAT	74740FBT2	110,09	4,90	9,25	15.10.01	2,54
844	OAT	74740FBV7	101,95	5,11	9,20	15.10.99	0,51
845	OAT	74740FBW5	101,87	5,12	9,05	15.10.99	0,51

Lfd. Nr.	Ticker	CUSIP	Ask Kurs in Dollar	ISMA Rendite in %	Kupon in %	Fälligkeit	Restlaufzeit [Jahren]
846	OAT	74740FBX3	115,74	5,86	9,25	15.10.04	5,59
847	OAT	74740FCA2	104,63	5,10	9,00	17.07.00	1,28
848	OAT	74740FCB0	109,73	4,91	9,05	30.10.01	2,58
849	OAT	74740FCC8	115,33	5,86	9,15	28.10.04	5,62
850	OAT	74740FCE4	115,59	5,86	9,20	01.11.04	5,63
851	OAT	74740FCF1	112,33	5,31	9,15	15.11.02	3,64
852	OAT	74740FCG9	113,31	5,58	9,15	15.07.03	4,31
853	OAT	74740FCJ3	115,80	5,86	9,23	15.11.04	5,67
854	OAT	74740FCN4	111,51	5,19	9,10	15.07.02	3,30
855	OAT	74740FCP9	123,25	6,17	9,20	16.11.09	10,75
856	OAT	74740FCQ7	109,95	4,93	9,10	15.11.01	2,63
857	OAT	74740FCR5	106,10	4,92	9,00	15.11.00	1,61
858	OAT	74740FCS3	115,66	5,86	9,20	15.11.04	5,67
859	OAT	74740FCT1	115,26	5,87	9,10	01.12.04	5,72
860	OAT	74740FCU8	102,07	5,19	8,80	22.11.99	0,62
861	OAT	74740FCV6	120,97	6,08	9,25	27.11.07	8,75
862	OAT	74740FCY0	115,38	5,87	9,13	01.12.04	5,72
863	OAT	74740FCZ7	123,67	6,17	9,25	25.11.09	10,77
864	OAT	74740FDB9	123,27	6,17	9,20	23.11.09	10,77
865	OAT	74740FDC7	111,89	5,33	9,00	25.11.02	3,67
866	OAT	74740FDF0	109,80	4,95	9,00	28.11.01	2,66
867	OAT	74740FDG8	113,83	5,77	9,15	15.01.04	4,83
868	OAT	74740FDH6	109,71	4,95	8,95	03.12.01	2,68
869	OAT	74740FDJ2	109,72	4,96	8,95	05.12.01	2,68
870	OAT	74740FDK9	109,85	4,96	9,00	05.12.01	2,68
871	OAT	74740FDL7	109,86	4,96	9,00	07.12.01	2,69
872	OAT	74740FDM5	128,85	6,32	9,25	15.12.14	15,90
873	OAT	74740FDN3	113,36	5,74	9,05	15.12.03	4,74
874	OAT	74740FDQ6	123,84	6,18	9,25	15.01.10	10,91
875	OAT	74740FDR4	109,88	4,96	9,00	10.12.01	2,70
876	OAT	74740FDS2	123,95	6,17	9,28	08.12.09	10,81
877	OAT	74740FDU7	114,66	5,83	9,13	15.07.04	5,33
878	OAT	74740FDW3	132,62	6,46	9,34	12.12.19	20,96
879	OAT	74740FDX1	109,89	4,96	9,00	12.12.01	2,70
880	OAT	74740FDZ6	129,35	6,32	9,30	15.12.14	15,90
881	OAT	74740FEA0	123,74	6,17	9,25	15.12.09	10,83
882	OAT	74740FED4	109,93	4,97	9,00	17.12.01	2,72
883	OAT	74740FEE2	113,56	5,74	9,10	15.12.03	4,74
884	OAT	74740FEL6	104,40	5,11	8,84	14.07.00	1,27
885	OAT	74740FEM4	131,59	6,46	9,25	16.12.19	20,98
886	OAT	74740FEN2	122,78	6,18	9,13	21.12.09	10,84
887	OAT	74740FEP7	131,59	6,46	9,25	20.12.19	20,99
888	OAT	74740FEQ5	109,95	4,97	9,00	20.12.01	2,73
889	OAT	74740FES1	122,79	6,18	9,13	22.12.09	10,85
890	OAT	74740FEU6	104,27	5,11	8,70	17.07.00	1,28
891	OAT	74740FEV4	87,38	7,94	6,79	01.09.23	26,76
892	OAT	74740FEW2	87,49	7,94	6,80	01.09.23	26,76
893	OAT	74740FEX0	87,60	7,94	6,81	01.09.23	26,76
894	OAT	74740FEZ5	89,39	7,79	6,63	09.09.13	16,64
895	OAT	74740FFA9	90,65	7,70	6,57	09.09.10	13,60
896	OAT	74740FFB7	90,17	7,69	6,50	15.07.10	13,44
897	OAT	74740FFD3	89,18	7,94	6,96	18.01.24	27,15
898	OAT	74740FFF8	88,39	7,94	6,89	08.02.24	27,21
899	OAT	74740FFJ0	100,46	7,42	7,50	02.05.05	8,16
900	OAT	74740FFJ8	88,39	7,94	6,89	08.02.24	27,21
901	OAT	74740FFK7	105,05	6,48	7,51	02.05.05	6,14
902	OAT	74740FFL5	100,76	6,32	7,07	11.05.98	1,09
903	OAT	74740FFM3	100,77	6,32	7,08	11.05.98	1,09

Lfd. Nr.	Ticker	CUSIP	Ask Kurs in Dollar	ISMA Rendite in %	Kupon in %	Fälligkeit	Restlaufzeit [Jahren]
904	OAT	74740FFN1	100,11	7,74	7,75	15.07.21	25,61
905	OAT	74740FFN1	98,35	7,90	7,75	15.07.21	24,60
906	OAT	74740FFP6	98,16	7,93	7,77	12.05.25	28,48
907	OAT	74740FFQ4	97,94	7,33	6,91	19.05.03	6,18
908	OAT	74740FFR2	99,49	7,03	6,94	19.05.03	7,19
909	OAT	74740FFR2	98,09	7,33	6,94	19.05.03	6,18
910	OAT	74740FFS0	95,66	7,34	6,45	09.06.03	6,24
911	OAT	74740FFT8	100,66	6,51	6,64	13.06.05	6,26
912	OAT	74740FFU5	96,60	7,43	6,87	14.06.05	8,28
913	OAT	74740FFV3	101,73	6,51	6,85	16.06.05	6,26
914	OAT	74740FFW1	101,57	6,51	6,82	16.06.05	6,26
915	OAT	74740FFX9	98,42	7,04	6,47	21.06.00	3,23
916	OAT	74740FFY7	98,44	7,04	6,48	21.06.00	3,23
917	OAT	74740FFY7	98,44	7,04	6,48	21.06.00	3,23
918	OAT	74740FGA8	95,56	7,44	6,71	13.07.05	8,36
919	OAT	74740FGB6	99,30	7,29	7,13	14.08.02	5,41
920	OAT	74740FGB6	99,30	7,29	7,13	14.08.02	5,41
921	OAT	74740FGC4	100,57	7,71	7,78	15.06.11	14,37
922	OAT	74740FGD2	99,11	7,44	7,30	29.08.05	8,49
923	OAT	74740FGD7	98,44	7,04	6,48	21.06.00	3,23
924	OAT	74740FGE0	98,99	7,44	7,28	29.08.05	8,49
925	OAT	74740FGF7	96,75	7,75	7,38	15.06.12	15,39
926	OAT	74740FGG5	94,73	7,82	7,28	16.10.15	18,77
927	OAT	74740FGH3	94,86	7,46	6,63	18.10.05	8,63
928	OAT	74740FGJ9	93,57	7,49	6,48	28.02.06	9,00
929	OAT	74740FGK6	93,95	7,48	6,54	28.02.06	9,00
930	OAT	74740FGL4	94,28	7,95	7,44	02.03.26	29,30
931	OAT	74740FGM2	94,39	7,95	7,45	02.03.26	29,30
932	OAT	74740FGN0	97,27	7,83	7,55	22.03.16	19,21
933	RAL	751277AJ3	102,38	6,78	9,00	15.06.96	1,18
934	RAL	751277AJ3	100,52	5,46	9,00	15.06.96	0,17
935	RAL	751277AM6	107,27	8,37	9,25	15.10.09	14,70
936	RAL	751277AM6	115,50	7,41	9,25	15.10.09	13,69
937	RAL	751277AM6	111,38	7,81	9,25	15.10.09	12,68
938	RAL	751277AM6	118,25	6,79	9,25	15.10.09	10,66
939	RAL	751277AN4	111,35	8,21	9,30	01.05.21	24,39
940	RAL	751277AQ7	98,35	8,78	8,63	15.02.22	27,22
941	RAL	751277AQ7	108,29	7,87	8,63	15.02.22	26,21
942	RAL	751277AQ7	105,75	8,08	8,63	15.02.22	25,20
943	RAL	751277AQ7	115,50	7,23	8,63	15.02.22	23,18
944	RAL	751277AR5	92,85	8,82	8,13	01.02.23	28,19
945	RAL	751277AR5	102,61	7,89	8,13	01.02.23	27,19
946	RAL	751277AR5	98,82	8,23	8,13	01.02.23	26,18
947	RAL	751277AS3	99,68	7,90	7,88	15.06.25	29,59
948	RAL	751277AS3	95,81	8,26	7,88	15.06.25	28,58
949	RAL	751277AU8	101,00	7,65	7,75	01.10.15	19,74
950	RAL	751277AU8	96,36	8,13	7,75	01.10.15	18,73
951	RAL	75127MAA9	104,49	5,73	10,18	08.05.00	1,08
952	RAL	75127MAE1	123,23	6,74	9,74	11.06.10	11,32
953	RAL	75127MAF8	122,26	6,71	9,76	30.06.09	10,36
954	RAL	75127MAH4	100,69	5,27	8,77	01.07.99	0,22
955	RAL	75127MAL5	100,67	5,27	8,66	01.07.99	0,22
956	RYN	75507QAK8	101,18	5,32	6,00	23.02.01	1,89
957	RYN	75507QAL6	98,95	6,41	6,15	02.02.04	4,88
958	RLM	761763AD3	107,00	7,38	9,38	15.06.99	4,22
959	RLM	761763AD3	107,71	6,62	9,38	15.06.99	3,21
960	RLM	761763AD3	104,77	6,95	9,38	15.06.99	2,20
961	RLM	761763AF8	106,62	7,89	9,00	15.08.03	8,44

Lfd. Nr.	Ticker	CUSIP	Ask Kurs in Dollar	ISMA Rendite in %	Kupon in %	Fälligkeit	Restlaufzeit [Jahren]
962	RLM	761763AF8	110,91	7,06	9,00	15.08.03	7,44
963	RLM	761763AF8	107,45	7,50	9,00	15.08.03	6,43
964	RLM	76176LAA9	108,02	5,34	9,30	21.06.01	2,22
965	RLM	76176LAB7	108,04	5,34	9,31	21.06.01	2,22
966	RLM	76176LAD3	100,93	5,42	9,15	20.07.99	0,27
967	RLM	76176LAE1	104,18	5,66	9,15	21.07.00	1,29
968	RLM	76176LAF8	112,24	6,42	9,20	21.07.04	5,35
969	RLM	76176LAG6	112,07	6,42	9,15	03.08.04	5,38
970	RLM	76176LAH4	104,21	5,63	9,03	07.08.00	1,34
971	RLM	76176LAH4	104,21	5,63	9,03	07.08.00	1,34
972	RLM	76176LAJ0	102,50	5,85	8,99	15.02.00	0,85
973	RLM	76176LAL5	105,46	5,47	9,15	15.11.00	1,61
974	RLM	76176LAM3	105,71	5,44	9,15	05.12.00	1,67
975	RLM	76176LAN1	107,65	5,30	9,25	15.05.01	2,12
976	RLM	76176LAP6	109,27	5,52	9,31	18.12.01	2,72
977	RLM	76176LAQ4	109,36	5,54	9,31	03.01.02	2,76
978	RLM	76176LAR2	110,16	5,58	9,50	21.02.02	2,90
979	RLM	76176LAS0	110,09	5,67	9,30	15.05.02	3,13
980	RLM	76176LAU5	106,92	5,37	9,62	10.01.01	1,77
981	RLM	76176LAV3	113,05	6,17	9,67	06.08.03	4,38
982	RLM	76176LAW1	109,00	5,39	9,60	06.08.01	2,35
983	RLM	76176LAX9	113,05	6,21	9,64	15.09.03	4,49
984	RLM	76176LAY7	111,42	5,77	9,60	15.08.02	3,39
985	RLM	76176LAZ4	111,32	5,77	9,58	07.08.02	3,36
986	RLM	76176LBA8	112,90	6,17	9,63	07.08.03	4,38
987	RLM	76176LBB6	112,81	6,18	9,60	15.08.03	4,40
988	RLM	76176LBB6	112,81	6,18	9,60	15.08.03	4,40
989	RLM	76176LBC4	115,83	6,51	9,61	08.08.05	6,41
990	RLM	76176LBD2	115,75	6,51	9,59	15.08.05	6,43
991	RLM	76176LBE0	113,59	6,42	9,48	11.08.04	5,41
992	RLM	76176LBX8	106,74	5,42	9,75	12.12.00	1,69
993	RLM	76176LBY6	107,16	5,37	9,75	12.01.01	1,78
994	RLM	76176LBZ3	106,47	5,41	9,55	15.12.00	1,70
995	RLM	76176LCA7	106,45	5,41	9,50	20.12.00	1,71
996	RLM	76176LCB5	112,00	5,92	9,60	20.12.02	3,74
997	RLM	76176LCC3	112,62	5,96	9,73	03.02.03	3,86
998	RLM	76176LCD1	113,31	6,32	9,65	26.12.03	4,77
999	RLM	76176LCE9	109,92	5,57	9,45	04.02.02	2,85
1000	RLM	76176LCF6	109,89	5,57	9,43	08.02.02	2,86
1001	RLM	76176LCG4	109,84	5,57	9,41	08.02.02	2,86
1002	RLM	76176LCH2	110,00	5,60	9,40	08.03.02	2,94
1003	RLM	76176LCJ8	111,53	5,97	9,40	11.02.03	3,89
1004	RLM	76176LCK5	114,46	6,47	9,49	11.02.05	5,92
1005	RLM	76176LCL3	112,49	6,38	9,43	12.02.04	4,90
1006	RLM	76176LCM1	112,45	6,38	9,42	12.02.04	4,90
1007	RLM	76176LCN9	112,32	6,38	9,39	12.02.04	4,90
1008	RLM	76176LCP4	114,43	6,47	9,48	14.02.05	5,93
1009	RLM	76176LCQ2	114,04	6,47	9,40	15.02.05	5,93
1010	RLM	76176LCR0	113,99	6,47	9,39	15.02.05	5,93
1011	RLM	76176LCS8	116,10	6,56	9,50	15.03.06	7,02
1012	RLM	76176LCV1	111,69	6,01	9,41	17.03.03	3,98
1013	RLM	76176LCW9	114,12	6,48	9,39	15.03.05	6,01
1014	RLM	76176LCY5	113,76	6,48	9,31	23.03.05	6,03
1015	RLM	76176LCZ2	113,78	6,48	9,30	11.04.05	6,08
1016	RLM	76176LDA6	114,99	6,57	9,28	20.04.06	7,12
1017	RLM	76176LDB4	113,33	6,49	9,20	25.04.05	6,12
1018	RLM	76176LDB4	113,33	6,49	9,20	25.04.05	6,12
1019	RLM	76176LDC2	114,55	6,58	9,20	24.04.06	7,13

Lfd. Nr.	Ticker	CUSIP	Ask Kurs in Dollar	ISMA Rendite in %	Kupon in %	Fälligkeit	Restlaufzeit [Jahren]
1020	RLM	76176LDD0	111,16	6,11	9,20	10.06.03	4,22
1021	RLM	76176LDE8	111,10	6,18	9,15	11.08.03	4,39
1022	RLM	76176LDF5	111,06	6,18	9,14	11.08.03	4,39
1023	RLM	76176LDG3	107,77	5,40	9,00	15.08.01	2,37
1024	RLM	76176LDH1	114,63	6,60	9,15	15.08.06	7,44
1025	RLM	76176LDJ7	107,74	5,40	8,99	14.08.01	2,37
1026	RLM	76176LDK4	107,72	5,41	8,92	04.09.01	2,43
1027	RLM	76176LDL2	114,12	6,60	9,05	06.09.06	7,51
1028	RLM	76176LDM0	114,43	6,60	9,10	15.09.06	7,53
1029	RLM	76176LDN8	113,28	6,61	8,90	20.09.06	7,54
1030	RLM	76176LDP3	113,39	6,61	8,92	20.09.06	7,54
1031	RLM	76176LDQ1	113,01	6,61	8,85	02.10.06	7,58
1032	RLM	76176LDR9	112,52	6,61	8,76	16.10.06	7,62
1033	RLM	76176LDU2	109,64	6,64	8,25	16.01.07	7,87
1034	RLM	76176LDV0	109,58	6,64	8,24	16.01.07	7,87
1035	RLM	76176LDW8	106,93	6,42	8,04	17.05.04	5,17
1036	RLM	76176LDX6	107,35	6,44	8,09	16.08.04	5,42
1037	RLM	76176LDY4	109,22	6,64	8,18	18.01.07	7,88
1038	RLM	76176LDZ1	108,07	6,44	8,25	16.08.04	5,42
1039	RLM	76176LEB3	109,19	6,40	8,59	05.04.04	5,05
1040	RLM	76176LEC1	109,07	6,40	8,56	08.04.04	5,06
1041	RLM	76176LED9	108,67	6,40	8,46	16.04.04	5,08
1042	RLM	76176LEE7	111,07	6,65	8,46	16.04.07	8,12
1043	RLM	76176LEF4	108,97	6,41	8,52	03.05.04	5,13
1044	RLM	76176LEG2	112,10	6,66	8,62	14.05.07	8,20
1045	RLM	76176LEH0	111,61	6,66	8,54	15.05.07	8,20
1046	RLM	76176LEJ6	111,23	6,66	8,48	15.05.07	8,20
1047	RLM	76176LEK3	110,37	6,66	8,34	22.05.07	8,22
1048	RLM	76176LEL1	109,63	6,66	8,22	30.05.07	8,24
1049	RLM	76176LEM9	105,06	6,38	7,63	26.01.04	4,86
1050	RLM	76176LEN7	105,68	6,49	7,68	28.01.05	5,88
1051	RLM	76176LEP2	106,12	6,72	7,65	04.02.08	8,94
1052	RLM	76176LER8	101,91	6,42	6,88	17.03.04	5,00
1053	RLM	76176LES6	102,05	6,51	6,93	18.03.05	6,01
1054	RLM	76176LET4	101,75	6,74	7,00	25.03.08	9,08
1055	RLM	76176LEU1	102,47	6,52	7,02	05.05.05	6,15
1056	RLM	76176LEW7	100,06	5,94	6,07	19.09.97	0,44
1057	RLM	76176LEZ0	100,02	5,99	6,03	14.10.97	0,51
1058	ROK	774347AK4	106,29	7,18	8,88	15.09.99	4,47
1059	ROK	774347AK4	107,09	6,52	8,88	15.09.99	3,46
1060	ROK	774347AK4	104,37	6,87	8,88	15.09.99	2,45
1061	ROK	774347AL2	104,95	7,31	8,38	15.02.01	5,91
1062	ROK	774347AL2	106,88	6,68	8,38	15.02.01	4,91
1063	ROK	774347AL2	104,30	7,07	8,38	15.02.01	3,89
1064	ROK	774347AM0	96,30	7,41	6,75	15.09.02	7,52
1065	ROK	774347AM0	99,76	6,80	6,75	15.09.02	6,51
1066	ROK	774347AM0	97,77	7,25	6,75	15.09.02	5,50
1067	ROK	774347AN8	101,49	7,03	7,63	17.02.98	2,88
1068	ROK	774347AN8	102,29	6,27	7,63	17.02.98	1,87
1069	ROK	774347AN8	101,19	6,12	7,63	17.02.98	0,86
1070	ROK	774347AP3	97,78	6,96	6,63	01.06.05	9,26
1071	ROK	774347AP3	95,33	7,40	6,63	01.06.05	8,25
1072	ROK	774347AQ1	102,20	7,55	7,88	15.02.05	9,97
1073	ROK	774347AQ1	106,16	6,93	7,88	15.02.05	8,96
1074	ROK	774347AQ1	102,92	7,37	7,88	15.02.05	7,95
1075	ROH	775371AH0	108,35	7,04	9,88	01.09.00	3,43
1076	SLE	80311TAF9	100,84	5,04	5,75	14.07.00	1,27
1077	SLE	80311TAG7	96,26	7,01	5,70	14.07.00	3,29

Lfd. Nr.	Ticker	CUSIP	Ask Kurs in Dollar	ISMA Rendite in %	Kupon in %	Fälligkeit	Restlaufzeit [Jahren]
1078	SLE	80311TAH5	88,72	7,60	5,75	03.09.03	8,50
1079	SLE	80311TAH5	93,12	6,96	5,75	03.09.03	7,49
1080	SLE	80311TAH5	92,09	7,32	5,75	03.09.03	6,48
1081	SLE	80311TAJ1	84,77	7,75	5,60	12.10.05	10,64
1082	SLE	80311TAJ1	89,68	7,12	5,60	12.10.05	9,63
1083	SLE	80311TAJ1	88,63	7,43	5,60	12.10.05	8,62
1084	SLE	80311TAK8	94,34	6,73	5,25	20.10.00	4,58
1085	SLE	80311TAK8	94,51	7,04	5,25	20.10.00	3,57
1086	SLE	80311TAL6	97,44	6,56	4,75	22.10.98	1,54
1087	SLE	80311TAN2	97,33	6,49	5,38	16.12.98	2,71
1088	SLE	80311TAN2	98,07	6,63	5,38	16.12.98	1,69
1089	SLE	80311TAP7	97,71	6,63	5,15	16.12.98	1,69
1090	SLE	80311TAS1	96,43	6,89	4,65	14.01.97	1,77
1091	SLE	80311TAS1	99,23	5,74	4,65	14.01.97	0,76
1092	SLE	80311TAT9	95,15	7,04	4,90	30.10.97	2,57
1093	SLE	80311TAT9	98,20	6,15	4,90	30.10.97	1,56
1094	SLE	80311TAT9	99,49	5,89	4,90	30.10.97	0,55
1095	SLE	80311TAV4	91,41	7,63	6,28	23.02.04	8,98
1096	SLE	80311TAV4	95,75	6,99	6,28	23.02.04	7,97
1097	SLE	80311TAV4	94,34	7,34	6,28	23.02.04	6,96
1098	SLE	80311TAV4	95,75	6,99	6,28	23.02.04	7,97
1099	SLE	80311TAX0	98,37	6,98	6,15	16.06.97	2,19
1100	SLE	80311TAX0	100,23	5,95	6,15	16.06.97	1,18
1101	SLE	80311TAX0	100,13	5,32	6,15	16.06.97	0,17
1102	SLE	80311TAY8	102,41	6,91	7,95	09.11.99	2,61
1103	SLE	80311TBB7	101,78	7,30	7,75	03.02.00	4,86
1104	SLE	80311TBB7	103,76	6,61	7,75	03.02.00	3,86
1105	SLE	80311TBB7	102,01	6,95	7,75	03.02.00	2,84
1106	SLE	80311TBB7	101,78	7,30	7,75	03.02.00	4,86
1107	SLE	80311TBG6	93,95	7,40	6,40	09.06.05	8,27
1108	SLE	80311TBH4	95,40	7,40	6,64	16.06.05	8,29
1109	SLE	80311TBR2	93,79	7,29	6,30	07.11.05	8,69
1110	SLE	80311TBS0	91,81	7,29	6,00	05.12.05	8,77
1111	SLE	80311TBU5	91,39	7,30	5,95	09.01.06	8,86
1112	SLE	80311TBV3	89,10	7,31	5,60	23.01.06	8,90
1113	SLE	80311TCD2	100,53	5,84	5,95	20.01.05	5,86
1114	SLE	80311TCE0	99,73	6,09	6,05	14.04.08	9,13
1115	SLE	80311TCF7	100,36	6,10	6,15	19.06.08	9,32
1116	S	81238XBW0	101,49	5,14	8,27	15.10.99	0,51
1117	S	81238XDP3	101,06	5,00	8,15	23.08.99	0,36
1118	S	81238XJF9	100,07	0,05	7,99	22.04.99	0,02
1119	S	81238XJN2	100,12	2,99	8,24	27.04.99	0,04
1120	S	81238XJP7	100,12	3,22	8,22	28.04.99	0,04
1121	S	81238XJS1	100,13	3,40	8,22	29.04.99	0,04
1122	S	81238XJT9	100,13	3,39	8,23	29.04.99	0,04
1123	S	81238XJV4	100,14	3,54	8,23	30.04.99	0,04
1124	S	81238XQK0	96,20	7,25	5,90	08.07.98	3,27
1125	S	81238XQK0	98,56	6,61	5,90	08.07.98	2,26
1126	S	81238XQK0	99,39	6,43	5,90	08.07.98	1,25
1127	S	81238XQL8	96,05	7,25	5,85	10.07.98	3,27
1128	S	81238XQL8	98,45	6,61	5,85	10.07.98	2,26
1129	S	81238XQL8	99,32	6,44	5,85	10.07.98	1,25
1130	S	81238XQR5	95,70	7,26	5,74	21.07.98	3,30
1131	S	81238XQR5	98,18	6,62	5,74	21.07.98	2,29
1132	S	81238XQR5	99,15	6,46	5,74	21.07.98	1,28
1133	S	81238XRQ6	95,63	7,27	5,77	25.08.98	3,40
1134	S	81238XRQ6	98,13	6,64	5,77	25.08.98	2,39
1135	S	81238XRQ6	99,06	6,51	5,77	25.08.98	1,38

Lfd. Nr.	Ticker	CUSIP	Ask Kurs in Dollar	ISMA Rendite in %	Kupon in %	Fälligkeit	Restlaufzeit [Jahren]
1136	S	81238XTG6	100,53	7,12	7,37	20.08.97	2,37
1137	S	81238XTG6	101,42	6,25	7,37	20.08.97	1,36
1138	S	81238XTG6	100,52	5,79	7,37	20.08.97	0,35
1139	S	81238XTK7	100,51	7,12	7,36	15.08.97	2,36
1140	S	81238XTK7	101,40	6,24	7,36	15.08.97	1,35
1141	S	81238XTK7	100,50	5,78	7,36	15.08.97	0,34
1142	S	81238XTP6	101,21	7,44	7,76	25.10.99	4,58
1143	S	81238XTP6	102,96	6,80	7,76	25.10.99	3,58
1144	S	81238XTP6	101,86	6,94	7,76	25.10.99	2,56
1145	S	81238XTQ4	101,17	7,44	7,75	25.10.99	4,58
1146	S	81238XTQ4	102,93	6,80	7,75	25.10.99	3,58
1147	S	81238XTQ4	101,83	6,94	7,75	25.10.99	2,56
1148	S	81238XTT8	100,91	7,12	7,55	15.08.97	2,36
1149	S	81238XTT8	101,64	6,24	7,55	15.08.97	1,35
1150	S	81238XTT8	100,56	5,78	7,55	15.08.97	0,34
1151	S	81238XTU5	101,06	7,15	7,62	03.11.97	2,58
1152	S	81238XTU5	101,83	6,35	7,62	03.11.97	1,57
1153	S	81238XTU5	100,89	5,94	7,62	03.11.97	0,56
1154	S	81238XUC3	101,42	6,11	7,94	06.02.98	0,83
1155	S	81238XUE9	101,94	7,19	7,97	06.02.98	2,84
1156	S	81238XUE9	102,52	6,47	7,97	06.02.98	1,84
1157	S	81238XUE9	101,42	6,14	7,97	06.02.98	0,83
1158	S	81238XUM1	100,45	7,20	7,38	06.03.98	2,92
1159	S	81238XUM1	101,51	6,51	7,38	06.03.98	1,91
1160	S	81238XUM1	101,04	6,15	7,38	06.03.98	0,90
1161	S	81238XUN9	100,49	7,21	7,40	16.03.98	2,95
1162	S	81238XUN9	101,57	6,51	7,40	16.03.98	1,94
1163	S	81238XUN9	101,03	6,22	7,40	16.03.98	0,93
1164	S	81238XUQ2	100,46	7,21	7,39	17.03.98	2,95
1165	S	81238XUQ2	101,55	6,51	7,39	17.03.98	1,94
1166	S	81238XUQ2	101,02	6,23	7,39	17.03.98	0,93
1167	S	81238XUS8	100,28	7,21	7,32	20.03.98	2,96
1168	S	81238XUS8	101,42	6,52	7,32	20.03.98	1,95
1169	S	81238XUS8	100,96	6,23	7,32	20.03.98	0,94
1170	SHW	824348AH9	98,18	6,98	6,25	01.02.00	2,84
1171	SHW	824348AJ5	97,13	7,22	6,50	01.02.02	4,87
1172	SOI	834376AA3	101,46	6,12	6,50	15.10.02	4,57
1173	SOI	834376AA3	102,00	5,86	6,50	15.10.02	3,56
1174	LUV	844741AC2	105,13	7,19	9,25	15.02.98	2,87
1175	LUV	844741AC2	104,91	6,35	9,25	15.02.98	1,86
1176	LUV	844741AC2	102,41	6,18	9,25	15.02.98	0,85
1177	LUV	844741AD0	108,42	7,66	9,40	01.07.01	6,29
1178	LUV	844741AD0	110,74	6,90	9,40	01.07.01	5,28
1179	LUV	844741AD0	108,05	7,14	9,40	01.07.01	4,27
1180	LUV	844741AE8	105,08	7,92	8,75	15.10.03	8,61
1181	LUV	844741AE8	109,59	7,08	8,75	15.10.03	7,61
1182	LUV	844741AE8	107,15	7,35	8,75	15.10.03	6,59
1183	LUV	844741AF5	97,00	8,27	7,88	01.09.07	12,55
1184	LUV	844741AF5	103,69	7,39	7,88	01.09.07	11,54
1185	LUV	844741AF5	102,23	7,56	7,88	01.09.07	10,53
1186	LUV	844741AH1	99,54	8,07	8,00	01.03.05	10,01
1187	LUV	844741AH1	105,18	7,20	8,00	01.03.05	9,00
1188	LUV	844741AH1	103,45	7,41	8,00	01.03.05	7,99
1189	TRW	87265CAA8	102,16	5,80	9,00	30.12.99	0,72
1190	TRW	87265CAC4	122,97	7,11	9,25	12.01.20	21,05
1191	TRW	87265CAD2	119,97	6,87	9,25	30.12.11	12,90
1192	TRW	87265CAP5	106,24	5,32	9,00	09.02.01	1,85
1193	TRW	87265CAS9	106,39	5,30	9,00	22.02.01	1,89

Lfd. Nr.	Ticker	CUSIP	Ask Kurs in Dollar	ISMA Rendite in %	Kupon in %	Fälligkeit	Restlaufzeit [Jahren]
1194	TRW	87265CAT7	106,44	5,30	9,00	26.02.01	1,90
1195	TRW	87265CAV	98,21	6,68	6,16	27.03.00	4,00
1196	TRW	87265CAV2	92,83	7,73	6,50	17.03.03	8,03
1197	TRW	87265CAV2	97,47	6,97	6,50	17.03.03	7,02
1198	TRW	87265CAV2	96,11	7,32	6,50	17.03.03	6,01
1199	TRW	87265CAW0	93,29	7,72	6,57	17.03.03	8,03
1200	TRW	87265CAW0	97,86	6,97	6,57	17.03.03	7,02
1201	TRW	87265CAW0	96,44	7,32	6,57	17.03.03	6,01
1202	TRW	87265CAX8	93,46	7,72	6,60	18.03.03	8,03
1203	TRW	87265CAX8	98,01	6,97	6,60	18.03.03	7,02
1204	TRW	87265CAX8	96,56	7,33	6,60	18.03.03	6,01
1205	TRW	87265CAY6	94,61	7,49	6,16	27.03.00	5,01
1206	TRW	87265CAY6	98,21	6,68	6,16	27.03.00	4,00
1207	TRW	87265CAZ3	101,90	6,05	6,60	31.03.03	4,02
1208	TRW	87265CBA7	92,89	7,73	6,53	13.05.03	8,18
1209	TRW	87265CBA7	97,54	6,98	6,53	13.05.03	7,18
1210	TRW	87265CBA7	96,11	7,34	6,53	13.05.03	6,16
1211	TRW	87265CBA7	92,89	7,73	6,53	13.05.03	8,18
1212	TRW	87265CBB5	94,01	7,50	6,06	15.05.00	5,15
1213	TRW	87265CBB5	97,74	6,71	6,06	15.05.00	4,14
1214	TRW	87265CBB5	97,37	7,03	6,06	15.05.00	3,13
1215	TRW	87265CBC3	92,94	7,73	6,54	19.05.03	8,20
1216	TRW	87265CBC3	97,58	6,98	6,54	19.05.03	7,19
1217	TRW	87265CBC3	96,15	7,34	6,54	19.05.03	6,18
1218	TRW	87265CBD1	100,09	5,86	5,98	31.12.99	0,73
1219	TRW	87265CBD1	100,09	5,86	5,98	31.12.99	0,73
1220	TRW	87265CBE9	93,08	7,74	6,58	23.06.03	8,30
1221	TRW	87265CBE9	97,74	6,99	6,58	23.06.03	7,29
1222	TRW	87265CBE9	96,25	7,35	6,58	23.06.03	6,28
1223	TRW	87265CBF6	92,90	7,74	6,55	23.06.03	8,30
1224	TRW	87265CBF6	97,57	6,99	6,55	23.06.03	7,29
1225	TRW	87265CBF6	96,11	7,35	6,55	23.06.03	6,28
1226	TRW	87265CBG4	91,90	7,74	6,39	07.07.03	8,34
1227	TRW	87265CBG4	96,65	6,99	6,39	07.07.03	7,33
1228	TRW	87265CBG4	95,28	7,35	6,39	07.07.03	6,32
1229	TRW	87265CBH2	100,78	6,17	6,38	07.07.03	4,29
1230	TRW	87265CBM1	94,57	7,79	6,94	30.03.04	9,08
1231	TRW	87265CBM1	99,45	7,03	6,94	30.03.04	8,07
1232	TRW	87265CBM1	97,69	7,37	6,94	30.03.04	7,06
1233	TRW	87265CBP4	104,31	6,67	7,37	18.04.07	8,13
1234	TRW	87265CBR0	97,49	6,75	6,38	19.05.08	9,23
1235	TRW	87265CBS8	97,07	6,76	6,32	27.05.08	9,25
1236	TRW	87265CBT6	97,00	6,76	6,31	27.05.08	9,25
1237	TRW	87265CBU3	96,94	6,76	6,30	15.05.08	9,22
1238	TIN	879868AB3	106,21	7,69	9,00	01.05.01	6,12
1239	TIN	879868AB3	109,06	6,84	9,00	01.05.01	5,11
1240	TIN	879868AB3	106,34	7,16	9,00	01.05.01	4,10
1241	TIN	879868AD9	98,67	7,45	7,25	15.09.04	9,55
1242	TIN	879868AD9	101,36	7,03	7,25	15.09.04	8,54
1243	TIN	879868AD9	98,92	7,44	7,25	15.09.04	7,53
1244	TIN	87987HBE5	109,54	6,63	8,24	20.12.06	7,80
1245	TIN	87987HBF2	99,61	6,80	6,75	01.03.09	10,03
1246	TXN	882508AE4	106,67	7,57	9,00	15.03.01	5,99
1247	TXN	882508AE4	108,76	6,86	9,00	15.03.01	4,98
1248	TXN	882508AE4	106,34	7,11	9,00	15.03.01	3,97
1249	TXN	882508AF1	109,11	7,72	9,25	15.06.03	8,28
1250	TXN	882508AF1	112,35	7,02	9,25	15.06.03	7,27
1251	TXN	882508AF1	109,40	7,32	9,25	15.06.03	6,26

Lfd. Nr.	Ticker	CUSIP	Ask Kurs in Dollar	ISMA Rendite in %	Kupon in %	Fälligkeit	Restlaufzeit [Jahren]
1252	TXN	882508AG9	106,06	7,95	8,75	01.04.07	12,13
1253	TXN	882508AG9	111,00	7,28	8,75	01.04.07	11,12
1254	TXN	882508AG9	108,43	7,53	8,75	01.04.07	10,11
1255	TXN	882508AH7	92,33	7,23	6,13	01.02.06	9,94
1256	TXN	882508AH7	91,38	7,48	6,13	01.02.06	8,93
1257	TXN	882508AH7	91,38	7,48	6,13	01.02.06	8,93
1258	TXN	882508AJ3	99,74	6,87	6,75	15.07.99	2,28
1259	TXN	882508AK0	99,51	7,04	6,88	15.07.00	3,30
1260	TNB	884315AA0	99,87	8,27	8,25	15.01.04	8,87
1261	TNB	884315AA0	105,96	7,23	8,25	15.01.04	7,86
1262	TNB	884315AA0	103,58	7,56	8,25	15.01.04	6,85
1263	TNB	88431QAA4	100,95	6,00	6,29	13.02.03	3,89
1264	TNB	88431QAB2	99,17	6,75	6,63	07.05.08	9,20
1265	TNB	88431QAC0	97,06	6,81	6,39	10.02.09	9,97
1266	TWX	887315AJ8	99,75	7,54	7,45	01.02.98	2,83
1267	TWX	887315AJ8	101,13	6,76	7,45	01.02.98	1,82
1268	TWX	887315AJ8	100,63	6,60	7,45	01.02.98	0,81
1269	TWX	887315AK5	97,63	9,40	9,13	15.01.13	18,00
1270	TWX	887315AK5	106,75	8,37	9,13	15.01.13	16,99
1271	TWX	887315AK5	105,38	8,50	9,13	15.01.13	15,98
1272	TWX	887315AK5	118,63	7,07	9,13	15.01.13	14,97
1273	TWX	887315AK5	122,63	6,59	9,13	15.01.13	13,96
1274	TWX	887315AL3	100,00	7,95	7,95	01.02.00	4,86
1275	TWX	887315AL3	103,00	7,03	7,95	01.02.00	3,85
1276	TWX	887315AL3	101,38	7,39	7,95	01.02.00	2,84
1277	TWX	887315AL3	101,44	6,02	7,95	01.02.00	0,81
1278	TWX	887315AM1	96,00	9,56	9,15	01.02.23	28,19
1279	TWX	887315AM1	106,50	8,53	9,15	01.02.23	27,19
1280	TWX	887315AM1	104,63	8,70	9,15	01.02.23	26,18
1281	TWX	887315AM1	123,00	7,15	9,15	01.02.23	25,16
1282	TWX	887315AM1	125,50	6,94	9,15	01.02.23	24,15
1283	TWX	887315AN9	99,75	7,79	7,75	15.06.05	9,30
1284	TWX	887315AN9	98,38	8,02	7,75	15.06.05	8,29
1285	TWX	887315AN9	106,50	6,59	7,75	15.06.05	7,27
1286	TWX	887315AN9	108,00	6,17	7,75	15.06.05	6,26
1287	TWX	887315AT6	95,63	8,09	7,48	15.01.08	10,91
1288	TWX	887315AT6	105,50	6,70	7,48	15.01.08	9,89
1289	TWX	887315AT6	106,00	6,56	7,48	15.01.08	8,88
1290	TWX	887315AV1	100,13	7,95	7,98	15.08.04	7,44
1291	TWX	887315AV1	107,00	6,60	7,98	15.08.04	6,43
1292	TWX	887315AV1	108,25	6,13	7,98	15.08.04	5,42
1293	TWX	887315AW9	100,50	8,03	8,11	15.08.06	9,47
1294	TWX	887315AW9	109,25	6,64	8,11	15.08.06	8,46
1295	TWX	887315AW9	108,75	6,58	8,11	15.08.06	7,44
1296	TWX	887315AX7	100,88	8,05	8,18	15.08.07	10,48
1297	TWX	887315AX7	110,00	6,72	8,18	15.08.07	9,47
1298	TWX	887315AX7	111,13	6,43	8,18	15.08.07	8,46
1299	TWX	887315AY5	96,82	7,18	6,88	15.06.18	19,45
1300	TWX	887315BA6	113,00	6,74	8,05	15.01.16	17,00
1301	TMC	887360AQ8	107,64	6,99	8,88	01.03.01	4,94
1302	TMC	887360AQ8	105,33	7,27	8,88	01.03.01	3,93
1303	TMC	887364AA5	92,21	8,08	7,25	01.03.13	18,13
1304	TMC	887364AA5	98,24	7,43	7,25	01.03.13	17,12
1305	TMC	887364AA5	95,64	7,73	7,25	01.03.13	16,11
1306	TMC	887364AB3	92,46	8,19	7,50	01.07.23	28,61
1307	TMC	887364AB3	97,85	7,69	7,50	01.07.23	27,60
1308	TMC	887364AB3	95,68	7,89	7,50	01.07.23	26,59
1309	TMC	88736HAF5	102,51	5,88	8,62	03.04.00	0,99

Lfd. Nr.	Ticker	CUSIP	Ask Kurs in Dollar	ISMA Rendite in %	Kupon in %	Fälligkeit	Restlaufzeit [Jahren]
1310	TKR	887389AA2	105,93	5,24	7,20	20.08.02	3,40
1311	TKR	887389AB0	106,08	5,24	7,25	20.08.02	3,40
1312	TKR	887389B*4	106,29	5,25	7,31	04.09.02	3,44
1313	TKR	887389D#8	106,22	5,23	7,30	13.08.02	3,38
1314	TKR	887389D*2	101,38	5,26	7,38	21.12.99	0,70
1315	TKR	887389D@0	106,30	5,26	7,31	10.09.02	3,46
1316	TKR	88738TAA8	101,78	6,73	6,88	08.05.28	29,49
1317	TKR	88739LAN6	98,82	7,80	7,68	05.07.16	19,50
1318	TKR	88739LAP1	97,29	8,00	7,76	06.07.26	29,65
1319	TKR	88739LAQ9	96,92	7,80	7,49	08.08.16	19,60
1320	TKR	88739LAU0	104,34	6,06	6,78	13.12.06	7,78
1321	TKR	88739LAV8	105,65	6,71	7,16	03.11.27	28,97
1322	TKR	88739LAW6	106,25	6,43	7,01	06.11.17	18,84
1323	TKR	88739LAX4	102,35	5,90	6,40	12.11.04	5,66
1324	TKR	88739LAY2	104,86	6,71	7,10	17.11.27	29,01
1325	TKR	88739LBB1	100,49	6,13	6,20	15.01.08	8,88
1326	TRB	896047AD9	95,65	7,52	6,88	01.11.06	9,69
1327	TRB	89604KAA6	101,71	6,10	6,35	01.02.08	8,93
1328	TRB	89604KAB4	96,41	5,96	5,25	11.10.05	6,59
1329	TRB	89604KAC2	98,35	5,67	5,25	20.10.03	4,58
1330	TRB	89604KAG3	95,44	6,14	5,50	06.10.08	9,62
1331	TRB	89604KAN8	96,55	6,15	5,67	08.12.08	9,79
1332	TRB	89605HBA1	107,88	4,84	8,30	27.09.01	2,49
1333	TRB	89605HBC7	88,68	7,60	5,75	15.09.03	8,53
1334	TRB	89605HBC7	93,09	6,96	5,75	15.09.03	7,52
1335	TRB	89605HBC7	91,92	7,35	5,75	15.09.03	6,51
1336	TRB	89605HBD5	91,81	7,35	5,73	15.09.03	6,51
1337	TRB	89605HBE3	95,44	7,01	5,30	17.04.00	3,05
1338	TRB	89605HBF0	88,68	7,60	5,75	16.09.03	8,53
1339	TRB	89605HBF0	93,09	6,96	5,75	16.09.03	7,53
1340	TRB	89605HBF0	91,92	7,35	5,75	16.09.03	6,51
1341	TRB	89605HBG8	97,42	7,26	6,65	03.06.02	5,21
1342	TRB	89605HBH6	95,88	7,43	6,75	06.06.05	8,26
1343	TRB	89605HBH8	97,42	7,26	6,65	03.06.02	5,21
1344	TRB	89605HBJ2	95,57	7,43	6,70	08.06.05	8,27
1345	TRB	89605HBK9	95,45	7,43	6,68	08.06.05	8,27
1346	TRB	89605HBL7	95,15	7,43	6,63	08.06.05	8,27
1347	TRB	89605HBM5	97,13	7,03	6,00	09.06.00	3,20
1348	TRB	89605HBN3	93,40	7,46	6,40	25.10.05	8,65
1349	TRB	89605HBP8	93,05	7,46	6,35	07.11.05	8,69
1350	TRB	89605HBQ6	93,79	7,31	5,95	10.12.02	5,74
1351	TRB	89605HBR4	90,34	7,48	5,95	09.01.06	8,86
1352	TRB	89605HBS2	90,31	7,48	5,95	17.01.06	8,89
1353	TRB	89605HBT0	90,02	7,48	5,90	09.01.06	8,86
1354	TRB	89605HBU7	89,97	7,48	5,90	24.01.06	8,91
1355	TRB	89605HBV5	92,45	7,38	5,95	17.02.04	6,94
1356	TRB	89605HBW3	98,77	7,05	6,63	15.08.00	3,38
1357	TRB	89605HBX1	99,17	6,90	6,50	13.08.99	2,36
1358	USG	903293AA6	98,50	8,99	8,00	15.12.96	1,68
1359	USG	903293AA6	100,63	6,98	8,00	15.12.96	0,68
1360	USG	903293AD0	98,13	9,09	8,00	15.03.97	1,93
1361	USG	903293AD0	100,50	7,41	8,00	15.03.97	0,93
1362	USG	903293AN8	105,00	8,09	9,25	15.09.01	5,49
1363	USG	903293AN8	105,50	7,75	9,25	15.09.01	4,48
1364	USG	903293AP3	102,00	8,19	8,50	01.08.05	9,43
1365	USG	903293AP3	100,75	8,37	8,50	01.08.05	8,42
1366	USG	903293AP3	106,00	7,42	8,50	01.08.05	7,40
1367	UNP	907818AL2	113,81	6,99	9,63	15.12.02	6,76

Lfd. Nr.	Ticker	CUSIP	Ask Kurs in Dollar	ISMA Rendite in %	Kupon in %	Fälligkeit	Restlaufzeit [Jahren]
1368	UNP	907818AL2	109,76	7,47	9,63	15.12.02	5,75
1369	UNP	907818AM0	104,33	6,95	7,88	15.02.02	5,92
1370	UNP	907818AM0	101,90	7,40	7,88	15.02.02	4,91
1371	UNP	907818AR9	78,10	6,74	0,00	11.01.00	3,79
1372	UNP	907818AR9	82,54	7,15	0,00	11.01.00	2,78
1373	UNP	907818AU2	97,85	7,51	7,00	15.06.00	5,23
1374	UNP	907818AU2	100,81	6,77	7,00	15.06.00	4,23
1375	UNP	907818AU2	99,47	7,19	7,00	15.06.00	3,21
1376	UNP	907818AV0	102,86	7,16	7,60	01.05.05	9,17
1377	UNP	907818AV0	99,74	7,64	7,60	01.05.05	8,16
1378	UNP	907818AX6	102,03	6,89	7,38	15.05.01	5,15
1379	UNP	907818AX6	100,25	7,30	7,38	15.05.01	4,14
1380	UNP	907818AY4	94,25	7,23	6,40	01.02.06	9,94
1381	UNP	907818AY4	91,74	7,71	6,40	01.02.06	8,93
1382	UNP	907818AZ1	93,75	7,62	7,00	01.02.16	20,08
1383	UNP	907818BA5	95,19	7,89	7,25	01.11.08	11,72
1384	UNP	907818BX5	99,95	6,63	6,63	01.02.08	9,94
1385	UNP	907818BX5	98,90	6,79	6,63	01.02.08	8,93
1386	UNP	907818BY3	100,58	7,08	7,13	01.02.28	30,23
1387	UNP	907818BY3	95,75	7,49	7,13	01.02.28	29,22
1388	UNP	907818CE6	100,61	5,51	5,78	15.10.01	2,54
1389	UNP	907821L67	102,02	5,84	7,06	01.02.00	1,83
1390	UNP	907821L67	101,40	5,20	7,06	01.02.00	0,81
1391	UNP	907821L75	103,29	5,89	7,20	01.02.01	2,84
1392	UNP	907821L75	104,23	4,69	7,20	01.02.01	1,83
1393	UNP	907821L83	104,79	5,88	7,32	01.02.02	3,86
1394	UNP	907821L83	106,15	4,92	7,32	01.02.02	2,84
1395	UNP	907821L91	105,91	5,88	7,32	01.02.03	4,87
1396	UNP	907821L91	106,78	5,31	7,32	01.02.03	3,86
1397	UNP	907821M25	106,90	5,92	7,35	01.02.04	5,88
1398	UNP	907821M25	106,78	5,71	7,35	01.02.04	4,87
1399	UNP	907821M33	107,71	5,97	7,37	01.02.05	6,90
1400	UNP	907821M33	107,48	5,83	7,37	01.02.05	5,89
1401	UNP	907821M41	108,47	6,01	7,39	01.02.06	7,91
1402	UNP	907821M41	107,96	5,94	7,39	01.02.06	6,90
1403	UNP	907821M58	109,10	6,05	7,40	01.02.07	8,93
1404	UNP	907821M58	108,53	6,01	7,40	01.02.07	7,92
1405	UNP	907821M66	110,51	6,09	7,53	01.02.08	9,94
1406	UNP	907821M66	109,89	6,06	7,53	01.02.08	8,93
1407	UNP	907821M74	112,55	6,11	7,72	01.02.09	10,96
1408	UNP	907821M74	111,72	6,11	7,72	01.02.09	9,95
1409	UNP	907821M82	114,20	6,14	7,85	01.02.10	11,97
1410	UNP	907821M82	113,33	6,14	7,85	01.02.10	10,96
1411	UNP	907821M90	115,81	6,16	7,97	01.02.11	12,99
1412	UNP	907821M90	114,94	6,17	7,97	01.02.11	11,98
1413	UNP	907821N24	117,18	6,19	8,06	01.02.12	14,00
1414	UNP	907821N24	116,32	6,19	8,06	01.02.12	12,99
1415	UNP	90782EAF1	110,51	5,87	9,29	26.09.02	3,50
1416	UNP	90782EAU8	112,80	6,50	9,20	01.02.05	5,89
1417	UNP	90782EBH6	120,25	7,03	9,20	03.11.14	15,78
1418	UNP	90782EBP8	104,09	5,69	9,05	01.08.00	1,32
1419	UNP	90782EBS2	101,93	5,81	9,08	29.11.99	0,64
1420	UNP	90782EBV5	101,97	5,82	9,05	06.12.99	0,66
1421	UNP	90782EBX1	105,56	5,47	9,06	11.12.00	1,69
1422	UNP	90782EBY9	101,99	5,82	9,05	08.12.99	0,66
1423	UNP	90782EBZ6	101,99	5,83	9,00	13.12.99	0,68
1424	UNP	90782ECK8	102,46	5,86	9,30	17.01.00	0,77
1425	UNP	90782ECM4	102,45	5,88	9,15	31.01.00	0,81

Lfd. Nr.	Ticker	CUSIP	Ask Kurs in Dollar	ISMA Rendite in %	Kupon in %	Fälligkeit	Restlaufzeit [Jahren]
1426	UNP	90782ECN2	102,49	5,88	9,20	01.02.00	0,81
1427	UNP	90782ECP7	110,19	5,62	9,60	11.02.02	2,87
1428	UNP	90782ECQ5	110,22	5,63	9,60	15.02.02	2,88
1429	UNP	90782ECT9	103,56	5,90	9,72	10.04.00	1,01
1430	UNP	90782ECU6	130,18	7,19	10,00	10.04.20	21,30
1431	UNP	90782ECU6	130,18	7,19	10,00	10.04.20	21,30
1432	UNP	90782ECY8	103,55	5,90	9,68	12.04.00	1,01
1433	UNP	90782EDA9	124,05	7,10	9,50	15.03.17	18,18
1434	UNP	90782EDC5	103,58	5,89	9,65	17.04.00	1,03
1435	UNP	90782EDD3	116,00	6,52	9,78	20.04.05	6,11
1436	UNP	90782EDE1	129,51	7,19	9,94	01.04.20	21,27
1437	UNP	90782EDX9	128,57	7,13	9,90	15.05.18	19,36
1438	UNP	90782EDZ4	123,15	6,89	9,90	01.06.10	11,29
1439	UNP	90782EDZ4	123,15	6,89	9,90	01.06.10	11,29
1440	UNP	90782EED2	104,12	5,79	9,65	01.06.00	1,15
1441	UNP	90782EEE0	104,17	5,78	9,65	05.06.00	1,16
1442	UNP	90782EEF7	104,10	5,78	9,55	08.06.00	1,17
1443	UNP	90782EEQ3	106,39	5,55	9,95	01.11.00	1,58
1444	UNP	90782EES9	118,06	6,56	10,00	02.11.05	6,65
1445	UNP	90782EEY6	106,45	5,52	9,87	14.11.00	1,61
1446	UNP	90782EEZ3	106,44	5,52	9,85	15.11.00	1,61
1447	UNP	90782EEZ6	106,45	5,52	9,87	14.11.00	1,61
1448	UNP	90782EFA7	106,45	5,51	9,81	20.11.00	1,63
1449	UNP	90782EFD1	106,06	5,55	9,73	01.11.00	1,58
1450	UNP	90782EFJ8	106,43	5,49	9,70	01.12.00	1,66
1451	UNP	90782EFL3	106,37	5,49	9,67	30.11.00	1,66
1452	UNP	90782EFM1	106,51	5,49	9,75	01.12.00	1,66
1453	UNP	90782EFP4	106,43	5,47	9,60	12.12.00	1,69
1454	UNP	90782EFQ2	109,92	5,63	9,48	15.02.02	2,88
1455	UNP	90782EFR0	111,50	5,99	9,47	15.01.03	3,81
1456	UNP	90782EFS8	106,53	5,42	9,42	12.01.01	1,78
1457	UNP	90782EFT6	106,74	5,41	9,51	17.01.01	1,79
1458	UNP	90782EFU3	106,73	5,40	9,44	25.01.01	1,81
1459	UNP	90782EFU6	106,74	5,41	9,51	17.01.01	1,79
1460	UNP	90782EFV1	106,79	5,39	9,44	30.01.01	1,83
1461	UNP	90782EFW9	106,81	5,39	9,44	01.02.01	1,83
1462	UNP	90782EFY5	106,77	5,39	9,42	01.02.01	1,83
1463	UNP	90782EFZ2	106,71	5,39	9,38	01.02.01	1,83
1464	UNP	90782EGB4	106,79	5,39	9,42	02.02.01	1,83
1465	UNP	90782EGC2	106,74	5,39	9,40	01.02.01	1,83
1466	UNP	90782EGD0	106,83	5,36	9,35	15.02.01	1,87
1467	UNP	90782EGD0	106,83	5,36	9,35	15.02.01	1,87
1468	UNP	90782EGE8	106,76	5,38	9,37	07.02.01	1,85
1469	UNP	90782EGF5	106,52	5,38	9,22	08.02.01	1,85
1470	UNP	90782EGG3	106,57	5,38	9,25	08.02.01	1,85
1471	UNP	90782EGH1	106,31	5,37	9,05	15.02.01	1,87
1472	UNP	90782EGJ7	110,35	6,03	9,10	14.02.03	3,89
1473	UNP	90782EGK4	106,20	5,37	8,99	14.02.01	1,87
1474	UNP	90782EGL2	106,20	5,36	8,96	19.02.01	1,88
1475	UNP	90782EGM0	110,02	6,03	9,00	20.02.03	3,91
1476	UNP	90782EGM0	110,02	6,03	9,00	20.02.03	3,91
1477	UNP	90782EGN8	106,34	5,35	8,99	26.02.01	1,90
1478	UNP	90782EGP3	114,04	6,60	9,17	07.03.06	7,00
1479	UNP	90782EGQ1	119,73	6,92	9,38	07.03.11	12,07
1480	UNP	90782EGR9	106,79	5,33	9,18	06.03.01	1,92
1481	UNP	90782EGS7	106,65	5,34	9,11	05.03.01	1,92
1482	UNP	90782EGU2	99,41	6,52	6,39	01.11.04	5,63
1483	UNP	90782EGV0	100,13	6,77	6,79	09.11.07	8,70

Lfd. Nr.	Ticker	CUSIP	Ask Kurs in Dollar	ISMA Rendite in %	Kupon in %	Fälligkeit	Restlaufzeit [Jahren]
1484	UNP	90782EGW8	99,87	6,37	6,34	25.11.03	4,68
1485	UNP	90782EGW8	99,87	6,37	6,34	25.11.03	4,68
1486	UIS	909214AY4	102,13	8,09	9,75	15.09.96	1,43
1487	UIS	909214AY4	100,63	8,08	9,75	15.09.96	0,42
1488	U	911546VV8	77,50	15,68	9,63	01.02.01	5,88
1489	U	911546VV8	90,88	12,19	9,63	01.02.01	4,87
1490	U	911546VV8	99,50	9,78	9,63	01.02.01	3,86
1491	UH	911920AD8	97,50	8,72	7,95	01.03.01	3,93
1492	UTX	913017AR0	111,12	7,84	8,88	15.11.19	22,91
1493	UTX	913017AS8	113,70	7,52	8,75	01.03.21	25,24
1494	UTX	913017AS8	109,83	7,83	8,75	01.03.21	24,23
1495	UTX	91302LAH0	126,21	6,17	9,34	01.02.11	11,98
1496	UVV	913456AB5	94,50	7,29	6,50	15.02.06	9,98
1497	UVV	913456AB5	92,53	7,68	6,50	15.02.06	8,97
1498	UFC	913538FA7	97,76	6,81	6,50	01.04.09	10,11
1499	VFC	918204AE8	111,00	6,88	9,50	01.05.01	5,11
1500	VFC	918204AE8	108,21	7,12	9,50	01.05.01	4,10
1501	VFC	918204AJ7	97,17	7,18	6,75	01.06.05	9,26
1502	VFC	918204AJ7	95,88	7,43	6,75	01.06.05	8,25
1503	VIA	925524AD2	98,00	8,06	7,75	01.06.05	9,26
1504	VIA	925524AD2	95,50	8,53	7,75	01.06.05	8,25
1505	VIA	925524AD2	102,50	7,29	7,75	01.06.05	7,23
1506	VIA	925524AE0	93,38	8,22	6,75	15.01.03	5,84
1507	VIA	925524AE0	100,25	6,67	6,75	15.01.03	3,81
1508	VIA	925524AF7	92,00	8,46	7,63	15.01.16	20,04
1509	VIA	925524AF7	102,00	7,42	7,63	15.01.16	18,01
1510	VMC	929160AB5	98,97	6,14	6,00	01.04.09	10,11
1511	VMC	929160AC3	100,01	5,75	5,75	01.04.04	5,04
1512	VMC	929160AC3	100,01	5,75	5,75	01.04.04	5,04
1513	VMC	92916HAE2	108,22	4,67	8,80	29.05.01	2,16
1514	VMC	92916HAF9	103,90	5,09	8,74	30.05.00	1,14
1515	VMC	92916HAH5	101,25	4,96	8,28	07.09.99	0,41
1516	VMC	92916HAJ1	110,35	5,15	8,51	11.09.02	3,46
1517	VMC	92916HAJ4	115,22	5,97	8,55	11.09.06	7,52
1518	VMC	92916HAK8	111,52	5,54	8,53	11.09.03	4,48
1519	VMC	92916HAL6	112,78	5,76	8,55	15.09.04	5,50
1520	VMC	92916HAM4	115,22	5,97	8,55	11.09.06	7,52
1521	VMC	92916HAN2	115,35	5,97	8,57	12.09.06	7,52
1522	VMC	92916HAP7	128,52	6,43	8,85	01.10.21	22,79
1523	VMC	92916HAP7	128,52	6,43	8,85	01.10.21	22,79
1524	VMC	92916HAQ5	112,16	5,90	8,18	17.10.05	6,61
1525	VMC	92916HAR3	111,64	5,91	8,07	25.11.05	6,71
1526	VMC	92916HAS1	122,72	6,18	8,80	28.11.11	12,81
1527	VMC	92916HAT9	122,79	6,21	8,70	15.01.13	13,96
1528	WMT	931142AL7	100,08	5,40	8,00	01.05.96	0,04
1529	WMT	931142AM5	99,20	6,10	5,50	15.09.97	1,44
1530	WMT	931142AM5	99,87	5,80	5,50	15.09.97	0,43
1531	WMT	931142AN3	96,77	6,92	6,13	01.10.99	4,52
1532	WMT	931142AN3	98,99	6,38	6,13	01.10.99	3,51
1533	WMT	931142AN3	98,05	6,88	6,13	01.10.99	2,50
1534	WMT	931142AP8	98,69	6,25	5,50	01.03.98	1,90
1535	WMT	931142AP8	99,48	6,12	5,50	01.03.98	0,89
1536	WLA	934488AG2	103,43	6,41	8,00	01.09.98	2,41
1537	WLA	934488AG2	101,95	6,48	8,00	01.09.98	1,40
1538	WLA	934488AH0	99,12	6,80	6,63	15.09.02	6,51
1539	WLA	934488AH0	97,22	7,25	6,63	15.09.02	5,50
1540	WLA	934488AK3	99,44	5,89	5,75	15.01.03	4,82
1541	WLA	934488AK3	101,47	5,31	5,75	15.01.03	3,81

Lfd. Nr.	Ticker	CUSIP	Ask Kurs in Dollar	ISMA Rendite in %	Kupon in %	Fälligkeit	Restlaufzeit [Jahren]
1542	WLA	934488AL1	99,31	6,09	6,00	15.01.08	9,89
1543	WLA	934488AL1	99,47	6,08	6,00	15.01.08	8,88
1544	WS	948774AA2	98,88	11,20	10,88	15.10.99	4,56
1545	WS	948774AA2	101,50	10,35	10,88	15.10.99	3,55
1546	WS	948774AA2	102,00	9,95	10,88	15.10.99	2,54
1547	WS	948774AA2	103,25	8,50	10,88	15.10.99	1,52
1548	WS	948774AA2	100,22	10,39	10,88	15.10.99	0,51
1549	WS	948774AB0	101,25	10,96	11,50	01.03.98	2,91
1550	WS	948774AB0	103,25	9,54	11,50	01.03.98	1,90
1551	WS	948774AB0	101,75	9,33	11,50	01.03.98	0,89
1552	WEN	950590AD1	93,61	7,28	6,35	15.12.05	9,81
1553	WEN	950590AD1	91,76	7,67	6,35	15.12.05	8,79
1554	WEN	950590AG4	89,55	7,92	7,00	15.12.25	30,10
1555	WEN	950590AG4	86,07	8,28	7,00	15.12.25	29,09
1556	W	961548AK0	113,00	6,91	9,65	01.03.02	5,96
1557	W	961548AK0	109,68	7,25	9,65	01.03.02	4,95
1558	W	961548AL8	124,14	7,56	9,75	15.06.20	24,52
1559	W	961548AL8	119,90	7,87	9,75	15.06.20	23,51
1560	WY	962166AK0	108,90	7,18	8,38	15.02.07	10,99
1561	WY	962166AK0	106,22	7,47	8,38	15.02.07	9,98
1562	WY	962166AP9	111,08	6,97	9,05	01.02.03	6,89
1563	WY	962166AP9	107,94	7,34	9,05	01.02.03	5,88
1564	WY	962166AQ7	96,22	7,90	7,50	01.03.13	18,13
1565	WY	962166AQ7	100,73	7,42	7,50	01.03.13	17,12
1566	WY	962166AQ7	97,90	7,73	7,50	01.03.13	16,11
1567	WY	962166AR5	93,63	7,91	7,25	01.07.13	18,47
1568	WY	962166AR5	98,21	7,43	7,25	01.07.13	17,46
1569	WY	962166AR5	95,48	7,74	7,25	01.07.13	16,45
1570	WY	962166AS3	87,39	8,29	7,13	15.07.23	28,65
1571	WY	962166AS3	93,84	7,67	7,13	15.07.23	27,64
1572	WY	962166AS3	91,01	7,94	7,13	15.07.23	26,63
1573	WY	962166AT1	106,18	7,94	8,50	15.01.25	28,16
1574	WY	962166AU8	99,99	7,95	7,95	15.03.25	28,32
1575	WY	962166AW4	104,06	6,63	6,95	01.10.27	29,89
1576	WY	962166AW4	103,61	6,66	6,95	01.10.27	28,88
1577	WY	96216HAC4	107,66	4,68	8,98	07.03.01	1,93
1578	WY	96216HAF7	103,42	5,25	8,90	10.04.00	1,01
1579	WY	96216HAG5	107,98	4,66	8,94	09.04.01	2,02
1580	WY	96216HAH3	103,39	5,25	8,85	12.04.00	1,01
1581	WY	96216HAK6	107,90	4,66	8,88	12.04.01	2,03
1582	WY	96216HAL4	103,46	5,24	8,86	17.04.00	1,03
1583	WY	96216HAM2	107,97	4,66	8,90	16.04.01	2,04
1584	WY	96216HAN0	108,03	4,67	8,92	19.04.01	2,04
1585	WY	96216HAQ3	103,53	5,23	8,90	19.04.00	1,03
1586	WY	96216HAR1	107,99	4,67	8,90	19.04.01	2,04
1587	WY	96216HAS9	103,49	5,22	8,80	24.04.00	1,04
1588	WY	96216HAU4	103,54	5,22	8,85	24.04.00	1,04
1589	WY	96216HAU4	103,54	5,22	8,85	24.04.00	1,04
1590	WY	96216HAZ3	108,11	4,69	8,88	08.05.01	2,10
1591	WY	96216HBA7	103,89	5,17	8,92	17.05.00	1,11
1592	WY	96216HBD1	108,36	4,72	8,90	04.06.01	2,17
1593	WY	96216HBF6	108,40	4,73	8,88	15.06.01	2,20
1594	WY	96216HBG1	108,36	4,72	8,90	04.06.01	2,17
1595	WY	96216HBG4	100,61	4,57	8,85	11.06.99	0,16
1596	WY	96216HBG4	100,61	4,57	8,85	11.06.99	0,16
1597	WY	96216HBH2	101,12	4,83	8,85	02.08.99	0,31
1598	WY	96216HBK5	104,79	5,02	8,85	10.08.00	1,34
1599	WY	96216HBL3	110,78	5,17	8,75	13.08.02	3,38

Lfd. Nr.	Ticker	CUSIP	Ask Kurs in Dollar	ISMA Rendite in %	Kupon in %	Fälligkeit	Restlaufzeit [Jahren]
1600	WY	96216HBM1	102,61	5,92	6,43	12.07.05	6,34
1601	WH	96647KAA0	97,97	7,85	7,50	01.02.03	7,90
1602	WH	96647KAA0	101,76	7,16	7,50	01.02.03	6,89
1603	WH	96647KAA0	99,98	7,50	7,50	01.02.03	5,88
1604	WH	96647KAB8	88,15	8,17	6,50	01.02.06	10,95
1605	WH	96647KAB8	93,69	7,42	6,50	01.02.06	9,94
1606	WH	96647KAB8	92,37	7,71	6,50	01.02.06	8,93
1607	WH	96647KAC6	99,05	7,69	7,50	15.08.01	6,42
1608	WH	96647KAC6	101,93	7,05	7,50	15.08.01	5,41
1609	WH	96647KAC6	100,60	7,33	7,50	15.08.01	4,40
1610	WH	96647KAD4	100,20	8,22	8,25	15.02.07	12,00
1611	WH	96647KAD4	105,68	7,47	8,25	15.02.07	10,99
1612	WH	96647KAD4	103,22	7,77	8,25	15.02.07	9,98
1613	WH	96647KAE2	97,63	7,87	7,63	15.06.15	19,44
1614	WH	96647KAE2	94,98	8,16	7,63	15.06.15	18,43
1615	WH	96647TAD5	91,18	8,10	6,80	02.05.05	10,18
1616	WH	96647TAD5	96,39	7,35	6,80	02.05.05	9,18
1617	WH	96647TAD5	94,96	7,65	6,80	02.05.05	8,16
1618	WH	96647TAH6	101,81	7,00	8,12	27.01.97	1,80
1619	WH	96647TAH6	101,62	5,93	8,12	27.01.97	0,79
1620	WH	96647TAH6	101,81	7,00	8,12	27.01.97	1,80
1621	XRX	984121AQ6	110,06	6,77	9,75	15.03.00	3,97
1622	XRX	984121AQ6	106,83	7,11	9,75	15.03.00	2,96
1623	XRX	984121AR4	104,51	6,13	9,63	01.09.97	1,40
1624	XRX	984121AR4	101,31	5,94	9,63	01.09.97	0,39
1625	XRX	984121AT0	106,48	6,79	8,13	15.04.02	6,08
1626	XRX	984121AT0	104,18	7,12	8,13	15.04.02	5,07
1627	XRX	984121AU7	101,31	6,94	7,15	01.08.04	8,41
1628	XRX	984121AU7	99,31	7,27	7,15	01.08.04	7,40
1629	XRX	984121AU7	101,31	6,94	7,15	01.08.04	8,41
1630	XRX	984121AW3	99,21	5,70	5,50	15.11.03	4,66
1631	XRX	98412JAD6	99,10	7,41	7,14	31.03.99	4,01
1632	XRX	98412JAD6	101,31	6,64	7,14	31.03.99	3,00
1633	XRX	98412JAD6	100,44	6,90	7,14	31.03.99	1,99
1634	XRX	98412JAD6	99,10	7,41	7,14	31.03.99	4,01
1635	XRX	98412JAE4	100,39	6,92	7,13	30.04.99	2,07
1636	XRX	98412JAF1	100,56	7,30	7,41	15.05.01	6,16
1637	XRX	98412JAF1	102,94	6,72	7,41	15.05.01	5,15
1638	XRX	98412JAF1	101,41	7,01	7,41	15.05.01	4,14
1639	XRX	98412JAG9	102,41	6,73	7,29	31.05.01	5,20
1640	XRX	98412JAG9	100,96	7,02	7,29	31.05.01	4,19
1641	XRX	98412JAH7	98,70	7,42	7,04	30.04.99	4,09
1642	XRX	98412JAH7	101,05	6,65	7,04	30.04.99	3,08
1643	XRX	98412JAH7	100,23	6,92	7,04	30.04.99	2,07
1644	XRX	98412JAJ3	98,60	7,42	7,01	30.04.99	4,09
1645	XRX	98412JAJ3	100,97	6,65	7,01	30.04.99	3,08
1646	XRX	98412JAJ3	100,17	6,92	7,01	30.04.99	2,07
1647	XRX	98412JAK0	100,26	7,30	7,35	15.05.01	6,16
1648	XRX	98412JAK0	102,68	6,72	7,35	15.05.01	5,15
1649	XRX	98412JAK0	101,20	7,01	7,35	15.05.01	4,14
1650	XRX	98412JAL8	98,87	7,42	7,09	30.04.99	4,09
1651	XRX	98412JAL8	101,19	6,65	7,09	30.04.99	3,08
1652	XRX	98412JAL8	100,32	6,92	7,09	30.04.99	2,07
1653	XRX	98412JAM6	100,31	7,30	7,36	15.05.01	6,16
1654	XRX	98412JAM6	102,73	6,72	7,36	15.05.01	5,15
1655	XRX	98412JAM6	101,23	7,01	7,36	15.05.01	4,14
1656	XRX	98412JAM6	102,73	6,72	7,36	15.05.01	5,15
1657	XRX	98412JAN4	101,10	6,66	7,06	05.05.99	3,09

Lfd. Nr.	Ticker	CUSIP	Ask Kurs in Dollar	ISMA Rendite in %	Kupon in %	Fälligkeit	Restlaufzeit [Jahren]
1658	XRX	98412JAN4	100,25	6,93	7,06	05.05.99	2,08
1659	XRX	98412JAN4	101,10	6,66	7,06	05.05.99	3,09
1660	XRX	98412JAP9	101,34	6,66	7,15	05.05.99	3,09
1661	XRX	98412JAP9	100,42	6,93	7,15	05.05.99	2,08
1662	XRX	98412JAS3	103,14	6,72	7,46	07.05.01	5,13
1663	XRX	98412JAS3	101,57	7,01	7,46	07.05.01	4,12
1664	XRX	98412JBA1	94,47	7,76	7,20	01.04.16	19,24
1665	XRX	98412JBB9	103,67	4,67	6,63	16.04.01	2,04
1666	XRX	98412JBW3	98,03	5,74	5,25	15.12.03	4,74

Tabelle 49: Untersuchte Menge an Unternehmensanleihen

Ldf. Nummer	CUSIP	Ask-Kurs in Dollar	Fälligkeit	Kupon in %
1	912810EQ7	86,11	15.02.10	11,75
2	912827L83	91,98	30.04.99	6,38
3	912827N81	92,34	06.05.99	0,00
4	912810BG2	92,91	18.12.97	0,00
5	912827M66	94,01	17.09.98	0,00
6	912827M41	94,22	10.09.98	0,00
7	912827N65	94,40	22.10.98	0,00
8	912827M25	94,50	03.09.98	0,00
9	912827K43	94,75	31.12.98	5,13
10	912827N40	94,95	08.10.98	0,00
11	912827N24	95,06	01.10.98	0,00
12	912827J78	95,55	15.08.05	10,75
13	912827L42	95,88	27.08.98	0,00
14	912827L67	95,93	31.08.98	4,75
15	912827K68	95,96	15.08.98	9,25
16	912827P22	96,02	31.10.98	5,88
17	912827K35	96,12	06.08.98	0,00
18	912827J94	96,22	31.07.98	6,25
19	912810EP9	96,28	15.11.09	10,38
20	912827L26	96,52	20.08.98	0,00
21	912827G55	96,67	15.05.05	8,25
22	912827N73	97,09	31.05.98	6,00
23	912827P48	97,15	05.11.98	0,00
24	912827H21	97,33	27.11.98	0,00
25	912827J45	97,57	31.07.98	5,25
26	912810EM6	97,67	15.11.08	4,75
27	912827G97	97,70	25.06.98	0,00
28	912810DW5	97,77	15.02.08	5,50
29	912827G30	97,94	11.06.98	0,00
30	912827G71	98,03	18.06.98	0,00
31	912827H47	98,14	30.06.98	6,25
32	912827J37	98,34	15.07.02	3,63
33	912827J29	98,63	23.07.98	0,00
34	912827H88	98,63	15.07.98	8,25
35	912827F98	98,78	31.12.01	6,13
36	912827D74	99,16	15.08.01	7,88
37	912827P63	99,20	30.09.01	6,38
38	912827D90	99,71	31.10.00	4,00
39	912827F80	99,84	31.01.01	5,25
40	912827Q70	99,95	15.02.01	11,75
41	912827Q47	99,99	30.11.01	5,88
42	912827Q21	100,00	15.11.01	15,75
43	912827P71	100,00	07.12.00	0,00
44	912827T36	100,29	15.11.00	5,75
45	912827T44	100,34	30.09.02	5,88
46	912810DX3	100,36	15.05.08	5,63
47	912827R20	100,41	28.02.02	6,25
48	912827Q62	100,41	31.01.02	6,25
49	912827F64	100,48	31.12.00	4,63

Ldf. Nummer	CUSIP	Ask-Kurs in Dollar	Fälligkeit	Kupon in %
50	912827E57	100,55	31.10.00	5,75
51	912810BV9	100,66	21.08.97	0,00
52	912827S94	100,72	09.11.00	0,00
53	912827F23	100,76	30.11.00	4,63
54	912827E73	100,77	15.11.00	8,50
55	912827E81	101,02	15.08.01	13,38
56	912810ES3	101,13	15.05.10	10,00
57	912827Q88	101,27	15.11.05	5,88
58	912827P89	101,28	15.08.05	6,50
59	912827T28	101,30	31.08.02	6,25
60	912827R46	101,34	31.03.02	6,63
61	912810BX5	101,63	15.05.07	6,63
62	912827C67	101,69	31.07.01	6,63
63	912810BW7	101,71	15.08.03	5,25
64	912827S78	101,72	28.02.01	5,63
65	912827S52	101,74	12.10.00	0,00
66	912827R79	101,85	15.02.01	5,38
67	912810EN4	102,19	15.05.09	9,13
68	912827R61	102,78	30.04.02	6,63
69	912827D25	103,08	15.02.04	5,88
70	912810ET1	103,13	15.11.10	12,75
71	912827ZT2	103,21	15.02.01	7,75
72	912827S86	103,25	15.02.06	5,63
73	912827F49	103,27	15.11.04	7,88
74	912827A44	103,42	30.04.01	6,25
75	912827S29	103,76	31.05.02	6,50
76	912827S45	103,79	30.06.02	6,25
77	912827S60	103,80	31.07.02	6,00
78	912810BZ0	103,83	15.01.08	3,63
79	912827VW9	103,93	31.07.97	0,00
80	912827YE6	104,26	15.05.02	7,50
81	912827ZX3	104,29	15.02.03	6,25
82	912810EH7	104,30	15.08.08	8,38
83	912827XW7	104,64	15.02.02	14,25
84	912827B50	104,65	31.07.97	5,88
85	912810BU1	104,65	15.09.97	0,00
86	912827B92	104,98	15.08.03	11,13
87	912827VN9	105,38	24.07.97	0,00
88	912827R87	105,63	15.02.06	9,38
89	912827A85	105,67	30.04.03	5,75
90	912810EL8	106,02	15.11.08	8,75
91	912827WE8	106,55	31.07.97	0,00
92	912827WW8	106,86	07.08.97	0,00
93	912810ED6	106,94	06.11.97	0,00
94	912827YN6	106,96	15.08.97	8,63
95	912810CC0	107,13	25.09.97	0,00
96	912827XE7	107,21	07.08.97	0,00
97	912810EJ3	107,28	15.11.97	7,38
98	912810EK0	107,30	20.11.97	0,00
99	912827WN8	107,66	31.07.97	5,50
100	912827ZN5	107,91	28.08.97	0,00
101	912827XN7	108,44	14.08.97	0,00
102	912827ZE5	108,55	21.08.97	0,00
103	912827YW6	108,95	15.08.97	6,50
104	912810CE6	109,63	25.09.97	0,00
105	912810EE4	111,19	13.11.97	0,00
106	912810CG1	112,38	30.09.97	5,50
107	912810DY1	113,47	30.10.97	0,00
108	912810EF1	114,06	13.11.97	0,00
109	912810EG9	114,11	15.11.97	8,88
110	912810DZ8	114,86	30.10.97	0,00
111	912810EC8	115,17	06.11.97	0,00
112	912810EB0	116,52	31.10.97	5,63

Ldf. Nummer	CUSIP	Ask-Kurs in Dollar	Fälligkeit	Kupon in %
113	912810DU9	116,81	18.09.97	0,00
114	912810EA2	117,80	31.10.97	5,75
115	912810DV7	118,58	23.10.97	0,00
116	912810CP1	119,39	02.10.97	0,00
117	912810CK2	121,44	30.09.97	5,75
118	912810DC9	122,02	31.08.97	5,63
119	912810DD7	122,47	04.09.97	0,00
120	912810CT3	123,59	28.08.97	0,00
121	912810DB1	124,80	09.10.97	0,00
122	912810DT2	125,17	23.10.97	0,00
123	912810DE5	125,23	04.09.97	0,00
124	912810DR6	125,97	18.09.97	0,00
125	912810DA3	126,73	31.08.97	6,00
126	912810DG0	130,42	11.09.97	0,00
127	912810CU0	130,54	15.02.25	7,63
128	912810DM7	131,04	11.09.97	0,00
129	912810CM8	131,83	02.10.97	0,00
130	912810CW6	132,69	15.08.25	6,88
131	912810DS4	132,91	16.10.97	0,00
132	912810DQ8	134,53	15.09.97	0,00
133	912810DH8	134,80	15.11.26	6,50
134	912810DN5	138,80	15.10.97	8,75
135	912810DP0	139,09	16.10.97	0,00
136	912810DF2	139,22	09.10.97	0,00
137	912810CZ9	139,44	15.08.26	6,75
138	912810CS5	140,28	15.08.27	6,38
139	912810DK1	144,80	15.02.27	6,63
140	912810DL9	144,98	15.11.28	5,25
141	912810CX4	146,06	15.02.26	6,00
142	912810CV8	149,91	15.11.27	6,13
143	912810DJ4	151,30	15.08.28	5,50
144	912810CY2	152,31	15.04.28	3,63
145	912810EW4	90,05	27.05.99	0,00
146	912810EQ7	91,37	15.02.10	11,75
147	912827W81	93,95	15.05.99	9,13
148	912827V82	95,77	13.05.99	0,00
149	912827L83	95,81	30.04.99	6,38
150	912827W65	96,13	28.02.99	5,88
151	912827N81	96,56	06.05.99	0,00
152	912827W40	96,92	18.02.99	0,00
153	912827M66	97,05	17.09.98	0,00
154	912827M41	97,20	10.09.98	0,00
155	912827M25	97,29	03.09.98	0,00
156	912827W73	97,31	29.10.98	0,00
157	912827N65	97,31	22.10.98	0,00
158	912827X23	97,39	04.03.99	0,00
159	912827W24	97,45	15.02.99	8,88
160	912827K43	97,67	31.12.98	5,13
161	912827N40	97,76	08.10.98	0,00
162	912827N24	97,81	01.10.98	0,00
163	912827V66	98,00	04.02.99	0,00
164	912827L42	98,30	27.08.98	0,00
165	912827L67	98,45	31.08.98	4,75
166	912827P22	98,50	31.10.98	5,88
167	912827K68	98,50	15.08.98	9,25
168	912827W57	98,50	30.07.98	0,00
169	912827K35	98,57	06.08.98	0,00
170	912827J94	98,66	31.07.98	6,25
171	912827U42	98,67	15.01.99	6,38
172	912827V74	98,72	30.09.98	4,75
173	912827L26	98,86	20.08.98	0,00
174	912827J78	98,97	15.08.05	10,75
175	912827W32	99,03	16.07.98	0,00

Ldf. Nummer	CUSIP	Ask-Kurs in Dollar	Fälligkeit	Kupon in %
176	912827V90	99,26	09.07.98	0,00
177	912827N73	99,38	31.05.98	6,00
178	912810BG2	99,41	18.12.97	0,00
179	912827P48	99,47	05.11.98	0,00
180	912827V41	99,48	15.02.03	10,75
181	912827J45	99,52	31.07.98	5,25
182	912827U67	99,53	31.12.02	5,63
183	912827H21	99,60	27.11.98	0,00
184	912827T85	99,63	15.05.06	6,88
185	912827U83	99,63	15.07.06	7,00
186	912827G97	99,64	25.06.98	0,00
187	912827G30	99,75	11.06.98	0,00
188	912827U75	99,77	31.08.98	6,13
189	912827G71	99,81	18.06.98	0,00
190	912827V58	99,91	02.07.98	0,00
191	912827G55	99,92	15.05.05	8,25
192	912827H47	99,94	30.06.98	6,25
193	912827U34	99,94	31.05.98	5,38
194	912827V33	99,95	30.06.98	5,13
195	912827V25	99,97	31.01.03	5,50
196	912827U26	100,05	30.11.02	5,75
197	912827U59	100,16	04.06.98	0,00
198	912827J29	100,22	23.07.98	0,00
199	912827H88	100,25	15.07.98	8,25
200	912827U91	100,27	15.06.98	0,00
201	912810EV6	100,34	15.05.11	13,88
202	912827T77	100,34	15.05.01	8,00
203	912827X31	100,41	31.03.01	6,38
204	912827X49	100,44	28.02.03	5,50
205	912827T93	100,50	31.12.00	5,50
206	912827D90	100,61	31.10.00	4,00
207	912827J37	100,63	15.07.02	3,63
208	912827F98	100,71	31.12.01	6,13
209	912827F80	100,78	31.01.01	5,25
210	912827D74	100,78	15.08.01	7,88
211	912827P71	100,89	07.12.00	0,00
212	912827T51	100,89	30.11.00	5,63
213	912810BW7	100,91	15.08.03	5,25
214	912827Q70	100,95	15.02.01	11,75
215	912827T36	100,97	15.11.00	5,75
216	912827E57	101,02	31.10.00	5,75
217	912827S94	101,13	09.11.00	0,00
218	912827F64	101,14	31.12.00	4,63
219	912827P63	101,16	30.09.01	6,38
220	912827E73	101,20	15.11.00	8,50
221	912827F23	101,28	30.11.00	4,63
222	912827S52	101,53	12.10.00	0,00
223	912827Q21	101,75	15.11.01	15,75
224	912827Q47	101,80	30.11.01	5,88
225	912827T69	101,81	31.10.02	5,75
226	912810EP9	101,91	15.11.09	10,38
227	912827Q62	102,16	31.01.02	6,25
228	912827R20	102,16	28.02.02	6,25
229	912827S78	102,26	28.02.01	5,63
230	912827T44	102,27	30.09.02	5,88
231	912827R79	102,27	15.02.01	5,38
232	912827E81	102,44	15.08.01	13,38
233	912827C67	102,55	31.07.01	6,63
234	912827R46	102,95	31.03.02	6,63
235	912827T28	103,09	31.08.02	6,25
236	912810DW5	103,19	15.02.08	5,50
237	912810EM6	103,24	15.11.08	4,75
238	912827ZT2	103,28	15.02.01	7,75

Ldf. Nummer	CUSIP	Ask-Kurs in Dollar	Fälligkeit	Kupon in %
239	912827A44	103,63	30.04.01	6,25
240	912827VW9	103,78	31.07.97	0,00
241	912827R61	104,11	30.04.02	6,63
242	912827P89	104,47	15.08.05	6,50
243	912827Q88	104,50	15.11.05	5,88
244	912827VN9	104,53	24.07.97	0,00
245	912827B50	104,68	31.07.97	5,88
246	912827S29	105,00	31.05.02	6,50
247	912827S45	105,09	30.06.02	6,25
248	912827S60	105,13	31.07.02	6,00
249	912810BX5	105,24	15.05.07	6,63
250	912827YE6	105,33	15.05.02	7,50
251	912827D25	105,36	15.02.04	5,88
252	912827XW7	105,48	15.02.02	14,25
253	912827F49	105,69	15.11.04	7,88
254	912827WE8	105,87	31.07.97	0,00
255	912810DX3	105,91	15.05.08	5,63
256	912827ZX3	106,06	15.02.03	6,25
257	912827S86	106,25	15.02.06	5,63
258	912827WW8	106,70	07.08.97	0,00
259	912810BU1	106,71	15.09.97	0,00
260	912810ES3	106,92	15.05.10	10,00
261	912827B92	106,92	15.08.03	11,13
262	912827WN8	106,95	31.07.97	5,50
263	912827XE7	107,16	07.08.97	0,00
264	912827A85	107,30	30.04.03	5,75
265	912810BZ0	107,44	15.01.08	3,63
266	912827YN6	107,73	15.08.97	8,63
267	912810EN4	107,84	15.05.09	9,13
268	912827XN7	108,31	14.08.97	0,00
269	912827R87	108,59	15.02.06	9,38
270	912810ET1	108,66	15.11.10	12,75
271	912827ZN5	108,80	28.08.97	0,00
272	912827ZE5	109,38	21.08.97	0,00
273	912827YW6	109,47	15.08.97	6,50
274	912810EH7	110,42	15.08.08	8,38
275	912810CC0	110,52	25.09.97	0,00
276	912810EL8	112,08	15.11.08	8,75
277	912810CE6	112,69	25.09.97	0,00
278	912810ED6	113,01	06.11.97	0,00
279	912810EK0	113,41	20.11.97	0,00
280	912810EJ3	113,41	15.11.97	7,38
281	912810CG1	115,31	30.09.97	5,50
282	912810EE4	117,46	13.11.97	0,00
283	912810DY1	119,53	30.10.97	0,00
284	912810EF1	120,45	13.11.97	0,00
285	912810EG9	120,52	15.11.97	8,88
286	912810DU9	120,68	18.09.97	0,00
287	912810DZ8	120,98	30.10.97	0,00
288	912810EC8	121,46	06.11.97	0,00
289	912810CP1	122,36	02.10.97	0,00
290	912810CT3	122,63	28.08.97	0,00
291	912810EB0	122,81	31.10.97	5,63
292	912810DC9	123,44	31.08.97	5,63
293	912810DD7	124,02	04.09.97	0,00
294	912810CK2	124,04	30.09.97	5,75
295	912810EA2	124,08	31.10.97	5,75
296	912810DV7	124,66	23.10.97	0,00
297	912810DE5	126,70	04.09.97	0,00
298	912810DA3	127,66	31.08.97	6,00
299	912810DB1	128,52	09.10.97	0,00
300	912810DR6	128,96	18.09.97	0,00
301	912810CU0	129,34	15.02.25	7,63

Ldf. Nummer	CUSIP	Ask-Kurs in Dollar	Fälligkeit	Kupon in %
302	912810DT2	131,28	23.10.97	0,00
303	912810DG0	131,70	11.09.97	0,00
304	912810CW6	131,75	15.08.25	6,88
305	912810DM7	133,35	11.09.97	0,00
306	912810CM8	133,47	02.10.97	0,00
307	912810DH8	136,68	15.11.26	6,50
308	912810DQ8	137,08	15.09.97	0,00
309	912810CZ9	138,55	15.08.26	6,75
310	912810DS4	139,17	16.10.97	0,00
311	912810CS5	142,64	15.08.27	6,38
312	912810DF2	142,94	09.10.97	0,00
313	912810DN5	143,37	15.10.97	8,75
314	912810CX4	144,41	15.02.26	6,00
315	912810DP0	145,43	16.10.97	0,00
316	912810DK1	145,72	15.02.27	6,63
317	912810DL9	149,25	15.11.28	5,25
318	912810CV8	152,20	15.11.27	6,13
319	912810CY2	154,92	15.04.28	3,63
320	912810DJ4	155,16	15.08.28	5,50
321	912827X56	100,03	13.08.98	0,00
322	912827K68	100,00	15.08.98	9,25
323	912827X98	100,07	15.08.98	5,88
324	912827L26	100,06	20.08.98	0,00
325	912827L42	100,03	27.08.98	0,00
326	912827L67	99,99	31.08.98	4,75
327	912827U75	100,16	31.08.98	6,13
328	912827M25	99,77	03.09.98	0,00
329	912827M41	99,75	10.09.98	0,00
330	912827Z47	100,28	15.09.98	0,00
331	912827M66	99,61	17.09.98	0,00
332	912827Z70	100,20	24.09.98	0,00
333	912827V74	100,01	30.09.98	4,75
334	9128272B7	100,12	30.09.98	6,00
335	912827N24	99,80	01.10.98	0,00
336	912827N40	99,77	08.10.98	0,00
337	9128272D3	100,23	15.10.98	0,00
338	9128272F8	100,28	15.10.98	7,13
339	912827N65	99,61	22.10.98	0,00
340	912827W73	99,59	29.10.98	0,00
341	912827P22	100,01	31.10.98	5,88
342	9128272K7	100,33	31.10.98	4,75
343	912827P48	100,38	05.11.98	0,00
344	9128272X9	100,55	12.11.98	0,00
345	9128273B6	100,38	15.11.98	8,88
346	9128273F7	100,42	15.11.98	5,50
347	912827Y89	100,56	15.11.98	3,50
348	9128273H3	100,27	19.11.98	0,00
349	912827H21	100,63	27.11.98	0,00
350	9128273K6	100,07	30.11.98	5,63
351	912827Z96	100,46	30.11.98	5,13
352	9128273P5	100,09	03.12.98	0,00
353	9128273R1	100,13	10.12.98	0,00
354	9128273U4	99,70	15.12.98	0,00
355	9128272H4	100,56	17.12.98	0,00
356	9128273Y6	99,91	24.12.98	0,00
357	912827K43	99,92	31.12.98	5,13
358	9128274A7	99,94	31.12.98	0,00
359	912827U42	100,66	15.01.99	6,38
360	9128273D2	100,97	28.01.99	0,00
361	912827V66	100,47	04.02.99	0,00
362	9128273M2	100,45	11.02.99	0,00
363	912827W24	100,16	15.02.99	8,88
364	912827W40	99,85	18.02.99	0,00

Ldf. Nummer	CUSIP	Ask-Kurs in Dollar	Fälligkeit	Kupon in %
365	912827W65	99,22	28.02.99	5,88
366	9128273W0	99,56	28.02.99	5,50
367	912827X23	100,13	04.03.99	0,00
368	9128272C5	100,90	15.03.99	0,00
369	9128273C4	101,63	18.03.99	0,00
370	9128273J9	101,07	25.03.99	0,00
371	9128273Q3	100,59	31.03.99	6,25
372	9128273L4	100,59	31.03.99	5,88
373	9128273S9	100,13	01.04.99	0,00
374	9128273V2	99,61	08.04.99	0,00
375	9128273Z3	99,69	15.04.99	0,00
376	9128274B5	99,69	15.04.99	7,00
377	912827L83	100,69	30.04.99	6,38
378	912827N81	101,53	06.05.99	0,00
379	912827V82	101,30	13.05.99	0,00
380	9128273X8	99,28	15.05.99	8,50
381	912827W81	99,73	15.05.99	9,13
382	912810EW4	100,73	27.05.99	0,00
383	912827T77	100,06	15.05.01	8,00
384	912827Y30	100,22	15.05.01	13,13
385	912827Y63	100,28	31.05.01	6,50
386	912827Z21	100,27	30.06.01	6,63
387	912827C67	100,88	31.07.01	6,63
388	912827D74	100,66	15.08.01	7,88
389	9128272N1	100,73	15.08.01	8,00
390	912827E81	101,47	15.08.01	13,38
391	9128272R2	100,86	31.08.01	6,50
392	912827P63	101,00	30.09.01	6,38
393	912827X72	100,84	31.10.01	6,25
394	9128272V3	100,76	15.11.01	7,50
395	912827Q21	101,30	15.11.01	15,75
396	912827Q47	101,41	30.11.01	5,88
397	912827F98	100,99	31.12.01	6,13
398	912827Q62	101,63	31.01.02	6,25
399	912827XW7	103,13	15.02.02	14,25
400	912827R20	101,73	28.02.02	6,25
401	912827R46	102,17	31.03.02	6,63
402	912827R61	102,80	30.04.02	6,63
403	912827YE6	103,45	15.05.02	7,50
404	912827S29	103,33	31.05.02	6,50
405	912827S45	103,52	30.06.02	6,25
406	912827J37	101,34	15.07.02	3,63
407	912827S60	103,67	31.07.02	6,00
408	912827T28	102,75	31.08.02	6,25
409	912827T44	102,41	30.09.02	5,88
410	912827T69	102,29	31.10.02	5,75
411	9128272T8	101,61	15.11.02	11,63
412	912827U26	101,36	30.11.02	5,75
413	912827U67	101,22	31.12.02	5,63
414	912827V25	101,52	31.01.03	5,50
415	912827V41	101,30	15.02.03	10,75
416	912827ZX3	105,64	15.02.03	6,25
417	912827X49	102,16	28.02.03	5,50
418	912827X64	101,86	31.03.03	5,50
419	912827A85	106,88	30.04.03	5,75
420	912827Y22	102,61	15.05.03	10,75
421	912827Y48	103,00	31.05.03	5,50
422	912827Y71	103,09	30.06.03	5,38
423	912827Z39	102,76	15.08.03	5,75
424	912827B92	106,94	15.08.03	11,13
425	912827Z88	102,19	15.11.03	4,25
426	912827Z54	102,41	15.11.03	11,88
427	912827D25	106,09	15.02.04	5,88

Ldf. Nummer	CUSIP	Ask-Kurs in Dollar	Fälligkeit	Kupon in %
428	9128272E1	101,74	15.05.04	7,25
429	9128272G6	102,19	15.05.04	12,38
430	9128272L5	102,23	15.08.04	7,25
431	9128272P6	103,59	15.08.04	13,75
432	9128272S0	103,65	15.11.04	11,63
433	912827F49	107,00	15.11.04	7,88
434	9128272W1	103,26	15.02.05	7,50
435	9128273G5	102,44	15.05.05	6,50
436	9128272Y7	102,44	15.05.05	12,00
437	912827G55	103,00	15.05.05	8,25
438	912827J78	102,84	15.08.05	10,75
439	912827P89	108,30	15.08.05	6,50
440	912827Q88	108,55	15.11.05	5,88
441	912827S86	110,36	15.02.06	5,63
442	912827R87	112,09	15.02.06	9,38
443	912827T85	104,89	15.05.06	6,88
444	912827U83	104,98	15.07.06	7,00
445	912827X80	107,75	15.10.06	6,50
446	912827Y55	108,58	15.01.07	3,38
447	9128272J0	104,00	15.02.07	7,63
448	912827Z62	105,42	15.02.07	6,25
449	912810BX5	106,35	15.05.07	6,63
450	9128272U5	106,66	15.08.07	6,13
451	9128273E0	103,33	15.11.07	7,88
452	912810BZ0	109,09	15.01.08	3,63
453	912810DW5	114,52	15.02.08	5,50
454	912810DX3	117,44	15.05.08	5,63
455	912810EH7	123,66	15.08.08	8,38
456	912810EM6	116,34	15.11.08	4,75
457	912810EL8	125,54	15.11.08	8,75
458	912810EN4	121,22	15.05.09	9,13
459	912810EP9	114,94	15.11.09	10,38
460	912810EQ7	103,87	15.02.10	11,75
461	912810ES3	120,47	15.05.10	10,00
462	912810ET1	122,23	15.11.10	12,75
463	912810EV6	112,38	15.05.11	13,88
464	912810EX2	110,95	15.11.11	14,00
465	912810EY0	107,57	15.11.12	10,38
466	912810EZ7	109,42	15.08.13	12,00
467	912810FA1	106,51	15.05.14	13,25
468	912810FB9	103,42	15.08.14	12,50
469	912810CU0	121,41	15.02.25	7,63
470	912810CW6	123,53	15.08.25	6,88
471	912810CX4	132,81	15.02.26	6,00
472	912810CZ9	129,69	15.08.26	6,75
473	912810DH8	134,34	15.11.26	6,50
474	912810DK1	142,75	15.02.27	6,63
475	912810CS5	142,47	15.08.27	6,38
476	912810CV8	151,78	15.11.27	6,13
477	912810CY2	155,08	15.04.28	3,63
478	912810DJ4	159,89	15.08.28	5,50
479	912810DL9	154,59	15.11.28	5,25
480	9128273Z3	101,43	15.04.99	0,00
481	9128274B5	101,47	15.04.99	7,00
482	9128274D1	102,47	19.04.99	0,00
483	9128274H2	101,48	22.04.99	0,00
484	9128274K5	101,32	23.04.99	0,00
485	9128274N9	100,61	29.04.99	0,00
486	9128274U3	96,66	30.04.99	6,50
487	912827L83	102,51	30.04.99	6,38
488	912827N81	103,44	06.05.99	0,00
489	912827V82	103,72	13.05.99	0,00
490	9128273X8	102,16	15.05.99	8,50

Ldf. Nummer	CUSIP	Ask-Kurs in Dollar	Fälligkeit	Kupon in %
491	912827W81	102,36	15.05.99	9,13
492	9128274F6	103,24	15.05.99	6,38
493	9128274V1	97,16	20.05.99	0,00
494	912810EW4	103,63	27.05.99	0,00
495	912810FF0	94,91	31.05.99	6,75
496	912810FE3	97,52	31.05.99	6,25
497	9128272R2	100,07	31.08.01	6,50
498	912827P63	100,08	30.09.01	6,38
499	912827X72	100,13	31.10.01	6,25
500	9128272V3	100,20	15.11.01	7,50
501	912827Q21	100,26	15.11.01	15,75
502	912827Q47	100,47	30.11.01	5,88
503	912827F98	100,48	31.12.01	6,13
504	912827Q62	100,68	31.01.02	6,25
505	912827XW7	101,14	15.02.02	14,25
506	912827R20	100,84	28.02.02	6,25
507	912827R46	101,14	31.03.02	6,63
508	912827R61	101,48	30.04.02	6,63
509	912827YE6	101,91	15.05.02	7,50
510	912827S29	101,90	31.05.02	6,50
511	912827S45	102,12	30.06.02	6,25
512	912827J37	101,15	15.07.02	3,63
513	912827S60	102,28	31.07.02	6,00
514	912827T28	101,96	31.08.02	6,25
515	912827T44	101,91	30.09.02	5,88
516	912827T69	102,00	31.10.02	5,75
517	9128272T8	101,57	15.11.02	11,63
518	912827U26	101,48	30.11.02	5,75
519	912827U67	101,58	31.12.02	5,63
520	912827V25	101,74	31.01.03	5,50
521	912827V41	101,63	15.02.03	10,75
522	912827ZX3	104,84	15.02.03	6,25
523	912827X49	102,63	28.02.03	5,50
524	912827X64	102,49	31.03.03	5,50
525	912827A85	105,92	30.04.03	5,75
526	912827Y22	103,05	15.05.03	10,75
527	912827Y48	103,39	31.05.03	5,50
528	912827Y71	103,55	30.06.03	5,38
529	912827Z39	103,36	15.08.03	5,75
530	912827B92	106,26	15.08.03	11,13
531	912827Z88	102,98	15.11.03	4,25
532	912827Z54	103,17	15.11.03	11,88
533	912827D25	105,96	15.02.04	5,88
534	9128272E1	102,80	15.05.04	7,25
535	9128272G6	103,20	15.05.04	12,38
536	9128272L5	103,26	15.08.04	7,25
537	9128272P6	104,34	15.08.04	13,75
538	9128272S0	104,41	15.11.04	11,63
539	912827F49	106,95	15.11.04	7,88
540	9128272W1	104,16	15.02.05	7,50
541	9128272Y7	103,56	15.05.05	12,00
542	9128273G5	103,75	15.05.05	6,50
543	912827G55	104,09	15.05.05	8,25
544	912827J78	104,02	15.08.05	10,75
545	912827P89	109,51	15.08.05	6,50
546	912827Q88	109,78	15.11.05	5,88
547	912827S86	111,62	15.02.06	5,63
548	912827R87	113,05	15.02.06	9,38
549	912827T85	106,97	15.05.06	6,88
550	912827U83	107,09	15.07.06	7,00
551	912827X80	109,66	15.10.06	6,50
552	912827Y55	110,41	15.01.07	3,38
553	9128272J0	106,38	15.02.07	7,63

Ldf. Nummer	CUSIP	Ask-Kurs in Dollar	Fälligkeit	Kupon in %
554	912827Z62	107,60	15.02.07	6,25
555	912810BX5	106,20	15.05.07	6,63
556	9128272U5	108,94	15.08.07	6,13
557	9128273E0	105,81	15.11.07	7,88
558	912810BZ0	108,47	15.01.08	3,63
559	912810DW5	116,44	15.02.08	5,50
560	912810DX3	119,26	15.05.08	5,63
561	912810EH7	125,80	15.08.08	8,38
562	912810EM6	118,81	15.11.08	4,75
563	912810EL8	127,97	15.11.08	8,75
564	912810EN4	123,63	15.05.09	9,13
565	912810EP9	117,44	15.11.09	10,38
566	912810EQ7	106,33	15.02.10	11,75
567	912810ES3	123,16	15.05.10	10,00
568	912810ET1	125,05	15.11.10	12,75
569	912810EV6	115,16	15.05.11	13,88
570	912810EX2	113,80	15.11.11	14,00
571	912810EY0	110,50	15.11.12	10,38
572	912810EZ7	112,34	15.08.13	12,00
573	912810FA1	109,06	15.05.14	13,25
574	912810FB9	105,75	15.08.14	12,50
575	912810CU0	115,89	15.02.25	7,63
576	912810CW6	118,22	15.08.25	6,88
577	912810CX4	125,66	15.02.26	6,00
578	912810CZ9	124,09	15.08.26	6,75
579	912810DH8	131,63	15.11.26	6,50
580	912810DK1	139,24	15.02.27	6,63
581	912810CS5	140,48	15.08.27	6,38
582	912810CV8	149,44	15.11.27	6,13
583	912810CY2	152,91	15.04.28	3,63
584	912810DJ4	159,44	15.08.28	5,50
585	912810DL9	154,59	15.11.28	5,25
586	912810DL9	143,81	15.11.28	5,25
587	912810DJ4	149,36	15.08.28	5,50
588	912810CY2	148,50	15.04.28	3,63
589	912810CV8	145,84	15.11.27	6,13
590	912810CS5	136,91	15.08.27	6,38
591	912810DK1	139,22	15.02.27	6,63
592	912810DH8	130,48	15.11.26	6,50
593	912810CZ9	130,63	15.08.26	6,75
594	912810CX4	135,13	15.02.26	6,00
595	912810CW6	124,78	15.08.25	6,88
596	912810CU0	122,72	15.02.25	7,63
597	912810EZ7	94,27	15.08.13	12,00
598	912810EY0	92,30	15.11.12	10,38
599	912810EX2	95,11	15.11.11	14,00
600	912810EV6	96,48	15.05.11	13,88
601	912810ET1	105,39	15.11.10	12,75
602	912810ES3	103,83	15.05.10	10,00
603	912810EQ7	89,05	15.02.10	11,75
604	912810EP9	99,22	15.11.09	10,38
605	912810EN4	104,91	15.05.09	9,13
606	912810EM6	100,52	15.11.08	4,75
607	912810EL8	109,03	15.11.08	8,75
608	912810EH7	107,50	15.08.08	8,38
609	912810DX3	103,19	15.05.08	5,63
610	912810DW5	100,72	15.02.08	5,50
611	912810BZ0	105,09	15.01.08	3,63
612	912810BX5	102,72	15.05.07	6,63
613	9128272J0	95,63	15.02.07	7,63
614	912827Z62	97,25	15.02.07	6,25
615	912827Y55	100,61	15.01.07	3,38
616	912827X80	99,75	15.10.06	6,50

Ldf. Nummer	CUSIP	Ask-Kurs in Dollar	Fälligkeit	Kupon in %
617	912827U83	97,52	15.07.06	7,00
618	912827T85	97,77	15.05.06	6,88
619	912827S86	103,72	15.02.06	5,63
620	912827R87	105,84	15.02.06	9,38
621	912827Q88	102,25	15.11.05	5,88
622	912827P89	102,20	15.08.05	6,50
623	912827J78	97,53	15.08.05	10,75
624	912827G55	98,37	15.05.05	8,25
625	912827F49	103,18	15.11.04	7,88
626	9128272P6	99,45	15.08.04	13,75
627	9128272L5	97,94	15.08.04	7,25
628	9128272G6	97,97	15.05.04	12,38
629	9128272E1	97,56	15.05.04	7,25
630	912827D25	102,88	15.02.04	5,88
631	912827Z88	98,06	15.11.03	4,25
632	912827Z54	98,59	15.11.03	11,88
633	912827Z39	99,13	15.08.03	5,75
634	912827B92	104,25	15.08.03	11,13
635	912827Y71	99,56	30.06.03	5,38
636	912827Y48	99,55	31.05.03	5,50
637	912827Y22	99,16	15.05.03	10,75
638	912827A85	104,92	30.04.03	5,75
639	912827X64	98,36	31.03.03	5,50
640	912827X49	98,80	28.02.03	5,50
641	912827ZX3	103,56	15.02.03	6,25
642	912827V41	98,44	15.02.03	10,75
643	912827V25	98,78	31.01.03	5,50
644	912827U67	98,47	31.12.02	5,63
645	912827U26	98,93	30.11.02	5,75
646	912827T69	100,31	31.10.02	5,75
647	912827T44	100,67	30.09.02	5,88
648	912827T28	101,30	31.08.02	6,25
649	912827S60	102,88	31.07.02	6,00
650	912827J37	99,59	15.07.02	3,63
651	912827S45	102,91	30.06.02	6,25
652	912827S29	102,73	31.05.02	6,50
653	912827YE6	103,04	15.05.02	7,50
654	912827R61	102,22	30.04.02	6,63
655	912827R46	101,31	31.03.02	6,63
656	912827R20	100,70	28.02.02	6,25
657	912827XW7	103,13	15.02.02	14,25
658	912827Q62	100,75	31.01.02	6,25
659	912827F98	99,77	31.12.01	6,13
660	912827Q47	100,50	30.11.01	5,88
661	912827Q21	100,50	15.11.01	15,75
662	912827X72	99,75	31.10.01	6,25
663	912827P63	100,08	30.09.01	6,38
664	912827E81	101,00	15.08.01	13,38
665	9128272N1	99,66	15.08.01	8,00
666	912827D74	100,00	15.08.01	7,88
667	912827C67	101,19	31.07.01	6,63
668	912827Z21	99,83	30.06.01	6,63
669	912827Y63	100,04	31.05.01	6,50
670	912827Y30	100,11	15.05.01	13,13
671	912827T77	100,00	15.05.01	8,00
672	912827A44	101,72	30.04.01	6,25
673	912827X31	100,09	31.03.01	6,38
674	912827S78	100,97	28.02.01	5,63
675	912827ZT2	101,38	15.02.01	7,75
676	912827R79	100,82	15.02.01	5,38
677	912827Q70	100,31	15.02.01	11,75
678	912827F80	100,22	31.01.01	5,25
679	912827F64	100,16	31.12.00	4,63

Ldf. Nummer	CUSIP	Ask-Kurs in Dollar	Fälligkeit	Kupon in %
680	912827T93	100,07	31.12.00	5,50
681	912827P71	100,09	07.12.00	0,00
682	912827F23	100,07	30.11.00	4,63
683	912827T51	100,04	30.11.00	5,63
684	912810EW4	85,97	27.05.99	0,00
685	912827W81	91,66	15.05.99	9,13
686	912827V82	93,42	13.05.99	0,00
687	912827N81	94,81	06.05.99	0,00
688	912827L83	94,60	30.04.99	6,38
689	9128272C5	96,63	15.03.99	0,00
690	912827X23	96,37	04.03.99	0,00
691	912827W65	95,34	28.02.99	5,88
692	912827W40	96,09	18.02.99	0,00
693	912827W24	96,63	15.02.99	8,88
694	912827V66	97,22	04.02.99	0,00
695	912827U42	97,85	15.01.99	6,38
696	912827K43	97,02	31.12.98	5,13
697	9128272H4	98,17	17.12.98	0,00
698	912827Z96	98,38	30.11.98	5,13
699	912827H21	98,83	27.11.98	0,00
700	912827Y89	98,88	15.11.98	3,50
701	912827P48	98,98	05.11.98	0,00
702	912827P22	98,37	31.10.98	5,88
703	9128272K7	99,03	31.10.98	4,75
704	912827W73	97,56	29.10.98	0,00
705	912827N65	97,63	22.10.98	0,00
706	9128272F8	99,09	15.10.98	7,13
707	9128272D3	99,09	15.10.98	0,00
708	912827N40	98,03	08.10.98	0,00
709	912827N24	98,16	01.10.98	0,00
710	9128272B7	99,00	30.09.98	6,00
711	912827V74	98,73	30.09.98	4,75
712	912827Z70	99,31	24.09.98	0,00
713	912827M66	97,73	17.09.98	0,00
714	912827Z47	99,61	15.09.98	0,00
715	912827M41	97,91	10.09.98	0,00
716	912827M25	98,04	03.09.98	0,00
717	912827U75	99,51	31.08.98	6,13
718	912827L67	98,81	31.08.98	4,75
719	912827L42	98,83	27.08.98	0,00
720	912827L26	99,19	20.08.98	0,00
721	912827X98	99,80	15.08.98	5,88
722	912827K68	99,02	15.08.98	9,25
723	912827X56	99,78	13.08.98	0,00
724	912827K35	99,19	06.08.98	0,00
725	912827J94	99,20	31.07.98	6,25
726	912827J45	99,69	31.07.98	5,25
727	912827W57	99,22	30.07.98	0,00
728	912827J29	100,08	23.07.98	0,00
729	912827W32	99,57	16.07.98	0,00
730	912827H88	100,06	15.07.98	8,25
731	912827V90	99,69	09.07.98	0,00
732	912827V58	99,91	02.07.98	0,00
733	912827H47	99,98	30.06.98	6,25
734	912827V33	100,02	30.06.98	5,13
735	912827G97	99,91	25.06.98	0,00
736	912827G71	99,94	18.06.98	0,00
737	912827U91	100,07	15.06.98	0,00
738	912827G30	100,01	11.06.98	0,00
739	912827U59	100,11	04.06.98	0,00
740	912827U34	100,05	31.05.98	5,38
741	9128272M3	97,84	26.12.97	0,00
742	912810BG2	97,20	18.12.97	0,00

Ldf. Nummer	CUSIP	Ask-Kurs in Dollar	Fälligkeit	Kupon in %
743	912810EK0	110,39	20.11.97	0,00
744	912810EJ3	110,38	15.11.97	7,38
745	912810EG9	117,28	15.11.97	8,88
746	912810EF1	117,22	13.11.97	0,00
747	912810EE4	114,34	13.11.97	0,00
748	912810ED6	110,08	06.11.97	0,00
749	912810EC8	118,22	06.11.97	0,00
750	912810EB0	119,53	31.10.97	5,63
751	912810EA2	120,72	31.10.97	5,75
752	912810DZ8	117,75	30.10.97	0,00
753	912810DY1	116,38	30.10.97	0,00
754	912810DV7	121,47	23.10.97	0,00
755	912810DT2	127,78	23.10.97	0,00
756	912810DS4	135,28	16.10.97	0,00
757	912810DP0	141,23	16.10.97	0,00
758	912810DN5	138,41	15.10.97	8,75
759	912810DF2	137,83	09.10.97	0,00
760	912810DB1	124,53	09.10.97	0,00
761	912810CP1	118,29	02.10.97	0,00
762	912810CM8	128,63	02.10.97	0,00
763	912810CK2	119,61	30.09.97	5,75
764	912810CG1	111,81	30.09.97	5,50
765	912810CE6	109,28	25.09.97	0,00
766	912810CC0	107,72	25.09.97	0,00
767	912810DU9	116,28	18.09.97	0,00
768	912810DR6	124,03	18.09.97	0,00
769	912810BU1	104,16	15.09.97	0,00
770	912810DQ8	131,17	15.09.97	0,00
771	912810DM7	127,75	11.09.97	0,00
772	912810DG0	126,38	11.09.97	0,00
773	912810DE5	121,89	04.09.97	0,00
774	912810DD7	119,36	04.09.97	0,00
775	912810DC9	118,82	31.08.97	5,63
776	912810DA3	122,38	31.08.97	6,00
777	912810CT3	116,86	28.08.97	0,00
778	912827ZN5	105,71	28.08.97	0,00
779	912827ZE5	106,16	21.08.97	0,00
780	912827YW6	106,29	15.08.97	6,50
781	912827YN6	104,80	15.08.97	8,63
782	912827XN7	105,05	14.08.97	0,00
783	912827XE7	104,25	07.08.97	0,00
784	912827WW8	103,73	07.08.97	0,00
785	912827WN8	103,75	31.07.97	5,50
786	912827B50	102,42	31.07.97	5,88
787	912827WE8	102,96	31.07.97	0,00
788	912827VW9	101,66	31.07.97	0,00
789	912827VN9	101,66	24.07.97	0,00

Tabelle 50: US-Staatanleihen zur Herleitung der Indexkurve des Sicheren Zins

9. Literaturverzeichnis

Adam (1996):
Adam, D.; *Planung und Entscheidung, 4.A.*; Wiesbaden 1996.

Adam, Best, Dehnen, Steffens (2000):
Adam, D.; Best, F.; Dehnen, K.; Steffens, Ch.; *Prognosequalität neuronaler Netze*; Münster 2000. Veröffentlichungen des Instituts für Industrie- und Krankenhausbetriebslehre, Universität Münster, Nr. 42.

Altman (1968):
Altman, E.I.; *Financial Ratios, Discriminant Analysis and the Prediction of Corporate Bankruptcy*; in: Journal of Finance, Jg. 1968, S. 589-609.

Altman (1993):
Altman, E.I.; *Corporate Financial Distress and Bankruptcy - A Complete Guide to Predicting & Avoiding Distress and Profiting from Bankruptcy, 2nd ed*; New York 1993.

Altman (1996):
Altman, E.I.; *Corporate Bond and Commercial Loan Portfolio Analysis*; Wharton Financial Institution Center 1996.

Altman, Kishore (1996):
Altman, E.I.; Kishore, V.M.; *Almost Everything You Wanted to Know about Recoveries on Defaulted Bonds*; in: Financial Analyst's Journal, Vol. 52, Jg. 1996, H. 6, S. 57-64.

Altman, Saunders (1997):
Altman, E.I.; Saunders, A.; *Credit Risk Measurement: Developments over the Last 20 Years*; in: The Journal of Banking and Finance, Jg. 1997, H. 21, S. 1721-1742.

American Chamber of Commerce in Germany (2001):
American Chamber of Commerce in Germany e.V.; *Steuern in den USA*; Frankfurt a.M. 2001.

Arditti, Curran (1998):
Arditti, F.; Curran, J.; *Futures Contract on the Cards*; in: Credit Risk, A Risk Special Report, November 1998, S. 30-32.

Armeloh (1998):
Armeloh, K.-H.; *Die Berichterstattung im Anhang*; zugl. Diss. Universität Münster 1996, Düsseldorf 1998.

Arnoldi (1993):
Arnoldi, H.; *Fristigkeitsstruktur des Fremdkapitals: Instrumente und Strategien der Finanzierung*; Wiesbaden 1993.

Arrow (1985):
Arrow, K.J.; *The Economics of Agency*; in: Zeckenhauser, R.J. (Hrsg.): Principals and Agents: The Structure of Business; Boston 1985, S. 37-51.

Backhaus (1999):
Backhaus, K.; *Industriegütermarketing, 6.A*; München 1999.

Baden (1992):
Baden, K.; *Vergleichende Unternehmensbeurteilung und Aktienkurse*; Kiel 1992.

Baden, Wilhelm (1995):
Baden, K.; Wilhelm, W.; *Alle Aktien im Test*; in: manager magazin, Jg. 1995, H. 11, S. 133-195.

Baestaens, van den Bergh (1995):
Baestaens, D.E.; van den Bergh, W.M.; *Tracking Amsterdam Stock Index Using Neural Networks*; in: Refenes, A.N. (Hrsg.): Neural Networks in the Capital Market; Chichester, England 1995, S. 149-162.

Baetge (1989):
Baetge, J.; *Die Ergebnisse der empirischen Bilanzforschung als Grundlage für die Entwicklung eines kennzahlenorientierten Controlling-Konzeptes*; in: Delfmann, W. u.a. (Hrsg.): Der Integrationsgedanke in der Betriebswirtschaftslehre, Festschrift zum 70. Geburtstag von Helmut Koch; Wiesbaden 1989, S. 51-71.

Baetge, (1995):
Baetge, J.; *Früherkennung von Kreditrisiken*; in: Rolfes, B.; Schierenbeck, H.; Schüller, S. (Hrsg.): Risikomanagement in Kreditinstituten; Frankfurt a.M. 1995, S. 191-221.

Baetge (1997):
Baetge, J.; *Bilanzbonitätsbeurteilung mit modernen Verfahren der Jahresabschlussanalyse unter besonderer Berücksichtigung von Bilanzpolitik*; in: Fachbereich Betriebswirtschaftslehre der European Business School Oestrich-Winkel (Hrsg.): Sonderdruck zur Akademischen Feier am 5. Februar 1997 aus Anlass der Verleihung der Ehrendoktorwürde an Prof. Dr. Jörg Baetge und Helmut Maucher; Oestrich-Winkel 1997, S. 27-52.

Baetge (1998):
Baetge, J.; *Bilanzanalyse*; Düsseldorf 1998.

Baetge (1998b):
Baetge, J.; *Stabilität eines Bilanzbonitätsindikators und seine Einsatzmöglichkeiten im Kreditgeschäft, 1. Teil: Künstliches Neuronales Netz als Grundlage eines solchen Indikators*; in: Der Schweizer Treuhänder, Jg. 1998, H. 7, S. 605- 612.

Baetge (2001):
Baetge, J.; *Bilanzen, 5.A.*; Düsseldorf 2001.

Baetge, Armeloh, Schulze (1997):
Baetge, J.; Armeloh, K.-H.; Schulze, D.; *Anforderungen an die Geschäftsberichtserstattung aus betriebswirtschaftlicher und handelsrechtlicher Sicht*; in: Deutsches Steuerrecht, Jg. 1997, S. 176-180.

Baetge, Armeloh, Schulze (1997b):
Baetge, J.; Armeloh, K.-H.; Schulze, D.; *Empirische Befunde über die Qualität der Geschäftsberichtserstattung börsennotierter Kapitalgesellschaften*; in: Deutsches Steuerrecht, Jg. 1997, S. 212-219.

Baetge, Ballwieser (1978):
Baetge, J.; Ballwieser, W.; *Probleme einer rationalen Bilanzpolitik*; in: Betriebswirtschaftliche Forschung und Praxis, Jg. 1978, S. 511-530.

Baetge, Beuter, Feidicker (1992):
Baetge, J.; Beuter, H.B.; Feidicker, M.; *Kreditwürdigkeitsprüfung mit Diskriminanzanalysen*; in: Die Wirtschaftsprüfung, Jg. 1992, S. 749-761.

Baetge, Hüls, Uthoff (1995):
Baetge, J.; Hüls, D.; Uthoff, C.; *Früherkennung der Unternehmenskrise*; in: Forschungsjournal der Westfälischen Wilhelms-Universität Münster, Jg. 1995, H. 2, S. 21-29.

Baetge, Jerschensky (1996):
Baetge, J.; Jerschensky, A.; *Beurteilung der wirtschaftlichen Lage von Unternehmen mit Hilfe von modernen Verfahren der Jahresabschlussanalyse*; in: Der Betrieb, 49. Jg. 1996, H. 32, S. 1581-1591.

Baetge, Jerschensky (1999):
Baetge, J.; Jerschensky, A.; *Frühwarnsysteme als Instrumente eines effizienten Risikomanagements und –Controlling*; in: Controlling, 11. Jg. 1999, H. 4/5, S. 171-176.

Baetge, Krause (1994):
Baetge, J.; Krause, C.; *Die Berücksichtigung des Risikos bei der Unternehmensbewertung*; in: Betriebswirtschaftliche Forschung und Praxis, 33. Jg. 1994, S. 433-456.

Baetge, Schlösser (1993):
Baetge, J.; Schlösser, J.; *Zwischenberichterstattung in Theorie und Praxis*; in: v. Fritsch, U.; Liener, G.; Schmidt, R. (Hrsg.): Die deutsche Aktie, Unternehmensfinanzierung und Vermögenspolitik vor neuen Herausforderungen; Festschrift zum vierzigjährigen Bestehen des Deutschen Aktieninstituts e.V.; Stuttgart 1993, S. 225-249.

Baetge, Sieringhaus (1996):
Baetge, J.; Sieringhaus, I.; *Bilanzbonitäts-Rating von Unternehmen*; in: Büschgen, H. E.; Everling, O. (Hrsg.): Rating-Handbuch; Wiesbaden 1996, S. 221-246.

Ballwieser (1982):
Ballwieser, W.; *Zur Begründbarkeit informationsorientierter Jahresabschlussverbesserung*; in: Zeitschrift für betriebswirtschaftliche Forschung, Jg. 1982, S. 772-793.

Ballwieser (1985):
Ballwieser, W.; *Informationsökonomie, Rechnungslegungstheorie und Bilanzrichtlinien-Gesetz*; in: Zeitschrift für betriebswirtschaftliche Forschung, Jg. 1985, S. 47-66.

Ballwieser (1993):
Ballwieser, W.; *Methoden der Unternehmensbewertung*; in: Gebhardt, G.; Gerke, W.; Steiner, M.(Hrsg.): Handbuch des Finanzmanagements; München 1993, S. 151-176.

Ballwieser (1993b):
Ballwieser, W.; *Bilanzanalyse*; in: Chmielewicz, K.; Schweitzer, M. (Hrsg.): Handwörterbuch des Rechnungswesen, 3.A.; Stuttgart 1993, Sp. 211-229.

Ballwieser (1994):
Ballwieser, W.; *Adolf Moxter und der Shareholder Value-Ansatz*; in: Ballwieser, W. (Hrsg.): Bilanzrecht und Kapitalmarkt; Festschrift für A. Moxter, Düsseldorf 1994, S. 1377-1405.

Balzer (1997):
Balzer, A; u.a.; *Gewinnen mit Aktien*; in: manager magazin, Jg. 1997, H. 11, S. 151-224.

Bamberg, Baur (2000):
Bamberg, G.; Baur, F.; *Statistik, 10.A.*; München u.a. 2000.

Bamberg, Coenenberg (2000):
Bamberg, G.; Coenenberg, A.; *Betriebswirtschaftliche Entscheidungslehre, 10.A.*; München 1994.

Banken (1987):
Banken, R.; *Die Marktzinsmethode als Instrument der pretialen Lenkung in Kreditinstituten*; Frankfurt a.M. 1987.

Bankenfachausschuss des IdW (1978):
Bankenfachausschuss des IdW - Stellungnahme 1/1978: *Zur Abschlussprüfung bei Kreditinstituten. Einzelfragen zur Prüfung des Kreditgeschäftes und Darstellung der Prüfungsergebnisse im Prüfungsbericht*; in: Die Wirtschaftsprüfung, 31. Jg. 1978, S. 486-491.

Barrett, Heuson, Kolb (1986):
Barrett, W.B.; Heuson, A.J.; Kolb, R.W.; *The Effect of Three Mile Island on Utility Bond Risk, Premium: A Note*; in: The Journal of Finance, 41. Jg. 1986, H. 1, S. 255-261.

Barrett, Heuson, Kolb (1986b):
Barrett, W.B.; Heuson, A.J.; Kolb, R.W.; *The Differential Effect of Sinking Funds on Bond Risk, Premium: A Note*; in: The Journal of Finance Research, Vol. 9, Jg. 1986, H. 4, S. 303-312.

Bartram (1991):
Bartram, W.; *Dynamische Liquiditätsanalysen mit Hilfe von Kapitalflußrechnungen*; in: Buchführung, Bilanzen, Kostenrechnung, Jg. 1991, H. 29, S. 609-624.

Basle Committee on Banking Supervision (1996):
Basle Committee on Banking Supervision; *Amendment to the Capital Accord Incorporate Market Risks*; in: Basle 1/1996.

Basler Ausschuß für Bankenaufsicht (1999):
Basler Ausschuß für Bankenaufsicht (Hrsg.): *A New Capital Framework*; Basel Juni 1999.

Baun (1994):
Baun, S.; *Neuronale Netze in der Aktienkursprognose*; in: Rehkugler, H.; Zimmermann, H.G. (Hrsg.): Neuronale Netze in der Ökonomie; München 1994, S. 131-207.

Beaver (1981):
Beaver, W. H.; *Financial Reporting. An Accounting Revolution*; New Jersey 1981.

Behrenwaldt (1996):
Behrenwaldt, U.; *Funktion des Rating für Anleger*; in: Büschgen, H.E.; Everling, O. (Hrsg.): Rating-Handbuch; Wiesbaden 1996, S. 291-303.

Benenati (1998):
Benenati, I.; *Neuronale Netze im Portfoliomanagement*; Wiesbaden 1998.

Bentz, Refenes (1994):
Bentz, Y.; Refenes, A.N.; *Backpropagation with weighted signs and its application to financial time series*; in: Proceedings of the Neural Networks in the Capital Markets, Pasadena, California, 16.-18.11.1994.

Berblinger (1996):
Berblinger, J.; *Marktakzeptanz des Rating durch Qualität*; in: Büschgen, H.E.; Everling, O. (Hrsg.): Rating-Handbuch; Wiesbaden 1996, S. 21-88.

Berens (1992):
Berens, W.; *Beurteilung von Heuristiken*; Wiesbaden 1992.

Berens, Delfmann (1995):
Berens, W.; Delfmann, W.; *Quantitative Planung, 2.A.*; Stuttgart 1995.

Berens, Strauch (1999):
Berens, W.; Strauch, J.; *Herkunft und Inhalt des Begriffs Due Diligence*; in: Berens, W.; Brauner, H.U. (Hrsg.): Due Diligence bei Unternehmensakquisitionen, 2.A.; Stuttgart 1999, S. 3-19.

Berens, Thonemann, Siemes, Kleinau (2001):
Berens, W.; Thonemann, U.W.; Siemes, A.; Kleinau, P.; *Prognose von Optionspreisen mittels Techniken der künstlichen Intelligenz - Ein Vergleich der Bewertungsgenauigkeit von Optionen mittels Künstlichen Neuronalen Netzen, Genetischer Programmierung und dem Black & Scholes Model*; Unpublished Working Paper, Lehrstuhl für Betriebswirtschaftslehre, insb. Controlling der WWU Münster und das Institut für Supply Chain Management der WWU Münster, Münster 2001.

Berger (1987):
Berger, K.-H.; *Möglichkeiten der Erfassung von Risiken im Bankbetrieb*; in: Krumnow, J.; Metz, M., (Hrsg.): Rechnungswesen im Dienste der Bankpolitik; Stuttgart 1987, S. 251-265.

Berthel (1970):
Berthel, J.; *Art. Modelle allgemein*, in: Kosiol , E. (Hrsg.): Handwörterbuch des Rechnungswesens, Stuttgart 1970, S. 1122-1130.

Betsch, Brümmer, Hartmann, Wittberg (1997):
Betsch, O.; Brümmer, E.; Hartmann, E.; Wittberg, V.; *Kreditwürdigkeitsanalyse im Firmenkundengeschäft*; in: Die Bank, 3/1997, S. 150-155.

Bierman, Hass (1975):
Bierman, H.; Hass, J.; *An Analytic Model of Bond Risk Differentials*; in: Journal of Financial and Quantitative Analysis, Jg. 1975, H. 10, S. 757-773.

Billingsley, Lamy, Marr (1985):
Billingsley, R.S.; Lamy, R.E.; Marr, M.W.; *Split Ratings and Bond Reoffering Yields*; in: Financial Management, Vol. 14, 1985, S. 59-65.

Bitz (1993):
Bitz, M.; *Grundlagen des finanzwirtschaftlich orientierten Risikomanagements*; in: Gebhardt, G.; Gerke, W.; Steiner, M. (Hrsg.): Handbuch des Finanzmanagements; München 1993, S. 641-668.

Black, Cox (1976):
Black, F.; Cox, J.C.; *Valuing Corporate Securities: Some Effects of Bond Indenture Provisions*; in: Journal of Finance, Jg. 1976, Vol. 41, No. 3, S. 529-543.

Black, Scholes (1973):
Black, F., Scholes, M.; *The Pricing of Options and Corporate Liabilities*; in: Journal of Political Economics, Jg. 1973, Vol. 81, S. 637-654.

Blien, Lindner (1993):
Blien, U.; Lindner, H.G.; *Neuronale Netze - Werkzeuge für empirische Analysen ökonomischer Fragestellungen*; in: Jahrbuch für Nationalökonomie und Statistik, Vol. 212, Jg. 1993, H. 5-6, S. 497-521.

Blume (1992):
Blume, L.; Easley, D.; *Evolution and Market Behaviour*; in: Journal of Economic Theory, Jg. 1992, H. 58, S. 9-40.

Boardman, McEnally (1981):
Boardman, C.M.; McEnally, R.W.; *Factors Affecting Seasoned Corporate Bond Prices*; in: Journal of Financial and Quantitative Analysis, Vol. 16, Jg. 1981, H. 2, S. 207-226.

Bohl, Alexander (2000):
Bohl, M.T.; Alexander, V.; *Das Finanzsystem in Deutschland;* in: Stein, von J.H.; Hagen, von J. (Hrsg.): Obst/Hintner - Geld-, Bank- und Börsenwesen, *40.A;* Stuttgart 2000, S. 447-469.

Bondt de, Thaler (1985):
Bondt de, W.F.M.; Thaler, R.; *Does the Stock Market Overreact?*; in: The Journal of Finance, Vol. 40, Jg. 1985, H. 3, S. 793-808.

Bondt de, Thaler (1987):
Bondt de, W.F.M.; Thaler, R.; *Further Evidence On Investor Overreaction and Stock Market* Seasonality; in: The Journal of Finance, Vol. 42, Jg. 1987, H. 3, S. 557-581.

Bondt de, Thaler (1989):
Bondt de, W.F.M.; Thaler, R.; *Anomalies, A Mean-Reverting Walk Down Wall Street*; in: Journal of Economic Perspectives, Vol. 3, Jg. 1989, H. 1, S. 189-204.

Borchert (1998):
Borchert, M.; *Geld und Kredit, 5.A.*; München u.a. 1997.

Born (2001):
Born, K.; *Bilanzanalyse international. Deutsche und ausländische Jahresabschlüsse lesen und beurteilen, 2.A.*; Stuttgart 2001.

Börsig (1991):
Börsig, C.; *Unternehmenswert und Unternehmensbewertung*; in: Zeitschrift für betriebswirtschaftliche Forschung, 45. Jg. 1993, S. 79-81.

Bös (1991):
Bös, M.; *Optionsbewertung und Kapitalmarkt*; zugl. Diss. Universität Köln 1990, Bergisch Gladbach u.a.1991.

Brakensiek (1991):
Brakensiek, Th.; *Die Kalkulation und Steuerung von Ausfallrisiken im Kreditgeschäft der Banken*; zugl. Diss. Universität Münster 1991, Frankfurt a.M. 1991.

Brause (1991):
Brause, R.; *Neuronale Netze. Eine Einführung in die Neuroinformatik*; Stuttgart 1991.

Bremer, Sweeney (1991):
Bremer, M.; Sweeney, R.J.; *The Reversal of Large Stock-Price Decreases*; in: The Journal of Finance, Vol. 46, Jg. 1991, S. 747-754.

Bridts (1990):
Bridts, Ch.; *Zwischenberichtspublizität*; zugl. Diss. Universität Augsburg 1990, Düsseldorf 1990.

Brister, Kennedy, Liu (1994):
Brister, B.M.; Kennedy, R.E.; Liu, P.; *The Regulation Effect of Credit Ratings on Bond Interest Yield: The Case of Junk Bonds*; in: Journal of Business Finance and Accounting, Vol. 21, Jg. 1994, S. 511-531.

Bröker (2000):
Bröker, F.; *Quantifizierung von Kreditportfoliorisiken*; Frankfurt a. M. 2000.

Brown (1993):
Brown, C.; *Neural Networks with Learning Disabilities*; in: Technical Analysis of Stocks & Commodities, Jg. 1993, H. Mai, S. 50-57.

Buchner (1981):
Buchner, R.; *Grundzüge der Finanzanalyse*; München 1981.

Bühler (1983):
Bühler, W.; *Anlagestrategien zur Begrenzung des Zinsänderungsrisikos von Portefeuilles aus festverzinslichen Titeln*; in: Zeitschrift für betriebswirtschaftliche Forschung, Jg. 1983, Sonderheft 16, S. 82-137.

Bühler, Uhrig-Homburg (2000):
Bühler, W.; Uhrig-Homburg, M.; *Rendite und Renditestrukturen am Rentenmarkt*, in: Stein, von J.H.; Hagen, von J. (Hrsg.): Obst/Hintner - Geld-, Bank- und Börsenwesen, *40.A;* Stuttgart 2000, S. 298-336.

Bühner (1990):
Bühner, R.; *Das Management-Wert-Konzept*; Stuttgart 1990.

Burger (1995):
Burger, A.; *Jahresabschlußanalyse*; München u.a. 1995.

Büschgen (1992):
Büschgen, H.E.; *Veränderungen im Wettbewerbszenario der Banken - neue Anforderungen an das bankbetriebliche Risikomanagement*; in: Büschgen, H.E. (Hrsg.): Mitteilungen und Berichte des Instituts für Bankwirtschaft und Bankrecht an der Universität zu Köln, Abteilung Bankwirtschaft; Köln 1992, S. 31-79.

Campell (1997):
Campell, N.A.; *Biologie*; Heidelberg u.a. 1997.

Cantor, Packer, Cole (1997):
Cantor, R.; Packer, F.; Cole, K.; *Split Ratings and the Pricing of Credit Risk, Research Paper*; Federal Reserve Bank of New York, No. 9711, Jg. 1997.

Carpenter (1989):
Carpenter, G.A.; *Neural Network Models for Pattern Recognition and Associative Memory*; in: o. Hrsg.; Neural Networks; Vol. 2, o.O. 1989, S. 243-257.

Cassel (1992):
Cassel, D.; *Inflation*; in: Bender, D.; Berg, H; Cassel, D.; Gabisch, G.; Hartwig, K.-H.; Hübl, L.; Kath, D.; Grossekettler, H.; Siebke, J.; Thieme, H.J.; Willms, M. (Hrsg.): Vahlens Kompendium der Wirtschaftstheorie und Wirtschafspolitik, 6.A.; Bd. 1, München 1992, S. 265-323.

Cassetti (1993):
Cassetti, M.D.; *A Neural Network System for Reliable Trading Signals*; in: Technical Analysis of Stocks & Commodities, Jg. 1993, H. Juni, S. 78-84.

Chaouli, Froitzheim (1992):
Chaouli, M; Froitzheim, U.J.; *Das bessere Gehirn*; in: WirtschaftsWoche, Jg. 1992, H. 42, S. 138-143.

Chenoweth, Obradovic (1994):
Chenoweth, T.; Obradovic, W.; *Feature Selection for the Predictive Models of the Stock Market*; in: Proceedings of Neural Networks in the Capital Market, Pasadena, California, 16.-18.11.1994.

Chiang, Kolb (1986):
Chiang, R.; Kolb, R.W.; *An Analytical Model for the Relationship between Maturity and Bond Risk Differentials*; in: Financial Review, Jg. 1986, Vol. 21, S. 191-209.

Coenenberg (1974):
Coenenberg, A.G.; *Jahresabschluß und Kapitalmarkt. Zur Diskussion empirischer Forschungsansätze und -ergebnisse zum Informationsgehalt von Jahresabschlüssen für Aktionäre*; in: Zeitschrift für betriebswirtschaftliche Forschung, Jg. 1974, S. 647-657.

Coenenberg (1990):
Coenenberg, A.G.; *Bilanzanalyse nach neuem Recht*; Landsberg/Lech 1990.

Coenenberg (2000):
Coenenberg, A.G.; *Jahresabschluß und Jahresabschlußanalyse, 17.A.*; Landsberg/Lech 1997.

Coenenberg (1995):
Coenenberg, A.G.; Henes, F.; *Der Informationsgehalt der Zwischenberichtspublizität nach § 44b Börsengesetz*; in: Zeitschrift für betriebswirtschaftliche Forschung, Jg. 1995, S. 969-995.

Copeland, Koller, Murrin (1993):
Copeland, T.E.; Koller, T.; Murrin, J.; *Unternehmenswert, Methoden und Strategien für eine wertorientierte Unternehmensführung*; Frankfurt a.M. u.a. 1993.

Copeland, Weston (1988):
Copeland, T.E.; Weston J.F.; *Financial Theory and Corporate Policy, 3.A.*; Reading, Mass u.a. 1988.

Corsten, May (1996):
Corsten, H.; May, C.; *Anwendungsfelder Neuronaler Netze und ihre Umsetzung*; in: Corsten, H.; May, C. (Hrsg.): Neuronale Netze in der Betriebswirtschaft - Anwendungen in Prognose, Klassifikation und Optimierung; Wiesbaden 1996, S. 1-75.

Cox, Ross, Rubinstein (1979):
Cox, J.C.; Ross, St.A.; Rubinstein, M.; *Option Pricing: A Simplified Approach*; in: Journal of Financial Economics, Jg. 1979, Vol. 4, S. 145-166.

Das (1996):
Das, S.R.; *Pricing Credit Derivatives - Total Return Swap & Credit Spread Products*; in: Financial Products, Jg. 1996, H. 30, S. 16-20.

Das, Tufano (1996):
Das, S.R.; Tufano, P.; P*ricing Credit-Sensitive Debt When Interest Ratings, Credit Ratings and Credit Spread Are Stochastic*; in: Journal of Financial Engineering, Jg. 1996, Vol. 5, No. 2, S. 161-198.

Deutsche Bank (1996):
Deutsche Bank; *Geschäftsbericht 1995*; Frankfurt a.M. 1996.

Deutsche Bank (1999):
Deutsche Bank; *Geschäftsbericht 1998*; Frankfurt a.M. 1999.

Deutsche Börse AG (1997):
Deutsche Börse AG; *Leitfaden zu den Rentenindizes der Deutschen Börse AG*; o.O., Februar 1997.

Deutsche Börse AG (2001):
Deutsche Börse AG; *Leitfaden zu den Rentenindizes der Deutschen Börse AG*; Version 3.2, September, o.O., 2001.

Dialynas (1988):
Dialynas, C.P.; *Bond Yield Spreads Revisited*; in: Journal of Portfolio Management, Winter 88, Jg. 1988, S. 57-62.

Dialynas, Edington (1992):
Dialynas, C.P.; Edington, D.H.; *Bond Yield Spreads: A Postmodern View*; in: Journal of Portfolio Management, Jg. 1992, H. Fall, S. 68-75.

Dörner (1992):
Dörner, W.; *Die Unternehmensbewertung*; in: Institut der Wirtschafsprüfer in Deutschland e.V. (Hrsg.): Handbuch für Rechnungslegung, Prüfung und Beratung, Band II; Düsseldorf 1992, S. 1-136.

Dorfner (1991):
Dorfner, G.; *Konnektionismus*; Stuttgart 1991.

Duffee (1996):
Duffee, G.R.; *Treasury Yields and Corporate Bond Yield Spreads: An Empirical Analysis Working Paper*; in: Federal Reserve Board (Washington, D.C.), 1996.

Duffee (1996b):
Duffee, G.R.; *Estimating the Price of Default Risk, Working Paper*; in: Federal Reserve Board (Washington, D.C.), 1996.

Duffie (1996):
Duffie, D.; *Dynamic Asset Pricing Theory*; New Jersey 1996.

Dutta, Shekar (1988):
Dutta, S.; Shekar, S.; *Bond-Rating: A Non-Conservative Application of Neural Networks*; in: Trippi, R.; Turban, E.: Neural Networks in Finance and Investing, Chicago 1993, S. 257-265.

Dutta, Shekar, Wong (1994):
Dutta, S.; Shekar, S; Wong, W.Y.; *Decision support in non-conservative domains: Generalization with neural networks*; in: Decision Support System, Jg. 1994, H. 11, S. 527-544.

E.I. DuPont Nemours and Company (1959):
E.I. DuPont Nemours and Company; *Executive Committee, Control Charts, A Description of the DuPont Chart System for Appraising Operating Performance, 3.A.*; Wilmington/Delaware 1959.

Ederington (1986):
Ederington, L.H.; *Why split Ratings occur*; in: Financial Management, Jg. 1986, H. Spring, S. 37-47.

Ederington, Yawitz, Roberts (1987):
Ederington, L.H.; Yawitz, J.B.; Roberts, B.E.; *The Informational Content of Bond Ratings*; in: Journal of Financial Research, Vol. 10, Jg. 1987, H. 3, S. 211-226.

Eller (1996):
Eller, R.; *Handbuch derivativer Finanzinstrumente*; Stuttgart 1996.

Endres (2001):
Endres, K.; *Jahresabschlussanalyse mit Künstlichen Neuronalen Netzen und mit dem Working Capital*; in: Finanz Betrieb, 6/2001, S. 371-380.

Everling (1991):
Everling, O.; *Credit Rating durch internationale Agenturen: Eine Untersuchung zu den Komponenten und instrumentalen Funktionen des Ratings*; Wiesbaden 1991.

Everling (1995):
Everling, O.; *Rating*; in: Gerke, W; Steiner, M. (Hrsg.): Handwörterbuch des Bank und Finanzwesens, 2.A.; Stuttgart 1995, Sp. 1601-1609.

Fabozzi (1995):
Fabozzi, F.J.; *Bond Pricing and Return Measurement*; in: Fabozzi, F.J.; Fabozzi, T.D. (Hrsg.): The Handbook of Fixed Income Securities, 4.A.; Burr Ridge, New York 1995. S. 49-82.

Fabozzi (1996):
Fabozzi, F.J.; *Bond Markets, Analysis and Strategies, 3.A.*; New Jersey 1996.

Fabozzi, Modigliani (1992):
Fabozzi, F.J., Modigliani, F.; *Capital Markets : Institutions and Instruments*; London u.a. 1992.

Fadlalla, Lin (2001):
Fadlalla, A., Lin, C.-H.; *An Analysis of the Applications of Neural Networks in Finance*; in: interfaces 31:4; July/August 2001, S. 112-122.

Falter (1994):
Falter, M.; *Die Praxis des Kreditgeschäfts, 14.A.*; Stuttgart 1994.

Fama (1970):
Fama, E.F.; *Efficient Capital Markets: A Review of Theory and Empirical Work*; in: The Journal of Finance, Jg. 1970, S. 383-423.

Fama (1976):
Fama, E.F.; *Foundation of Finance*; New York 1976.

Fama, French (1993):
Fama, E.F.; French, K.R.; *Common Risk Factors in the Returns on Stocks and Bonds*; in: Journal of Financial Economics, Jg. 1993, H. 33, S. 3-56.

Fama, Miller (1972):
Fama, E.F.; Miller, M.H.; *The Theory of Finance*; New York u.a. 1972.

Federal Reserve System Task Force on Internal Credit Risk Models (1998):
Federal Reserve System Task Force on Internal Credit Risk Models; *Credit Risk Models at the Major U.S. Banking Institutions: Current State of the Art and Implications for Assessments of Capital Adequacy*; in: FED-Report, 5/1998, Jg. 1998.

Feidicker (1992):
Feidicker, M.; *Kreditwürdigkeitsprüfung*; Düsseldorf 1992.

Felderer, Homburg (1994):
Felderer, B.; Homburg, St.; *Makroökonomie und neue Makroökonomie*; Berlin u.a. 1994.

Fisher (1911):
Fisher, I.; *The purchasing power of money*; New York 1911.

Fisher (1937):
Fisher, I.; *Income in theory and income taxation in practice*; in: Econometrica, Jg. 1937, H. 5, S. 1-55.

Fisher (1959):
Fisher, L.; *Determinants of the Risk Premiums on Corporate Bonds*; in: Journal of Political Economy, Vol. 67, Jg. 1959, H. 3, S. 217-237.

Flesch (1994):
Flesch, J.; *Die Ausfallquote ist zu hoch*; in: Frankfurter Allgemeine Zeitung, Nr. 284, vom 7. Dezember 1994, S. 23.

Flesch (1995):
Flesch, J.; *Die Grundgleichung geht nicht mehr auf*; in: Frankfurter Allgemeine Zeitung, Nr. 31, vom 6. Februar 1995, S. B 9.

Fons (1994):
Fons, J.S.; *Using Default Rates to Model the Term Structure of Credit Risk*; in: Financial Analyst's Journal, Vol. 50, Jg. 1994, H. 5 Sept./Oct., S. 25-35.

Forster (1986):
Forster, K.-H.; *Ausgewählte Fragen aus dem Bereich der neuen Bewertungsbestimmungen, Sonderdruck aus dem Bericht über die Fachtagung des Institutes der Wirtschaftsprüfer am 27. Juni 1986 in Düsseldorf*; Neuss 1986.

Franke, Hax (1994):
Franke, G.; Hax, H.; *Finanzwirtschaft des Unternehmens und Kapitalmarkt, 3.A.*; Berlin u.a. 1994.

Frantzmann (1989):
Frantzmann, H.-J.; *Saisonalitäten und Bewertung am deutschen Aktien- und Rentenmarkt*; zugl. Diss. Universität Karlsruhe 1989, Frankfurt a.M. 1989.

Friedman (1953):
Friedman, M.; *The Case for Flexible Exchange Rates*; in: Friedman, M. (Hrsg.): Essays in Positive Economics, Chicago u.a. 1953.

Friedman, Savage (1948):
Friedman, M., Savage L.J.; *The utility analysis of choice involving risk*; in: The Journal of Political Economy, 56, Jg. 1948, S. 279-304.

Frühwirth (1997):
Frühwirth, M.; *Handbuch der Renditeberechnung*; München u.a. 1997.

Fuller, Farrel (1987):
Fuller, R.J.; Farrell, J.L.; *Modern Investments and Security Analysis*; New York 1987.

Fung, Rudd (1986):
Fung, W.K.H.; Rudd A.; *Pricing New Corporate Bond Issues: An Analysis of Issue Cost and Seasoning Effects*; in: The Journal of Finance, Vol. 41, Jg. 1986, H. 3, S. 633-642.

Füser (1994):
Füser, K.; *Neuronale Netze im Bereich der Finanzwirtschaft*; Tagesunterlagen zum Forum Wertpapierberatung, Düsseldorf und Münster, 13. und 14.10.1994.

Füser (1995):
Füser, K.; *Neuronale Netze in der Finanzwirtschaft*; Wiesbaden 1995.

Gaida (1997):
Gaida, St.; *Kreditrisikokosten-Kalkulation mit Optionspreisansätzen*; zugl. Diss. Universität Münster 1997, Münster u.a. 1997.

Gebhardt (1993):
Gebhardt, G.; *Anleihen als Instrument der langfristigen Finanzierung*; in: Gebhardt, G.; Gerke, W.; Steiner, M. (Hrsg.): Handbuch des Finanzmanagements; München 1993, S. 445-475.

Gerdsmeier, Krob(1994):
Gerdsmeier, St.; Krob, B.; *Kundenindividuelle Bewertung des Ausfallrisikos mit dem Optionspreismodell*; in: Die Bank, Jg. 1994, S. 469-475.

Geske (1977):
Geske, R.; *The Valuation of Corporate Liabilities as Compound Options*; in: Journal of Financial and Quantitative Analysis, Jg. 1977, H. 12, S. 541-552.

Geske, Johnson (1984):
Geske, R.; Johnson, H.E.; *The Valuation of Corporate Liabilities as Compound Options: A Correction*; in: Journal of Financial and Quantitative Analysis, Jg. 1984, H. 19, S. 231-232.

Glormann (2001):
Glormann, F.; *Bilanzrating von US-GAAP Abschlüssen*; zugl. Diss. Universität Münster 2000, Düsseldorf 2001.

Goebel (1995):
Goebel, A.; *Die Konzernrechnungslegung nach HGB, IAS und US-GAAP - Eine Synopse wesentlicher Unterschiede und Gemeinsamkeiten*; in: Der Betrieb, 50. Jg. 1995, H. 33, S. 2489-2492.

Goergen (2001):
Goergen, A.; *Unsensibler Vorstoß*; in: WirtschaftsWoche, Jg. 2001, H. 11, S. 92-97.

Grabher, Klien, Stoss (1996):
Grabher, C.; Klien, W.; Stoss, K.; *Neue Wege im Kreditrisikomanagement*; in: Österreichisches Bankarchiv, 44. Jg. 1996, H. 1, S. 37-42.

Graf (1991):
Graf, J.; *Stock Market Prediction with Neural Networks*; in: Gritzmann, P. (Hrsg.): Operations Research 91, extended abstracts of the 16th Symposium on Operations Research in Trier; Trier 1991, S. 496-499.

Graf (1993):
Graf, H.P.; *Die Anbieter von Neuronalen Netzen sind auf der Suche nach Märkten*; in: Computerwoche, 16. Jg. 1993, S. 52-24.

Gräfer (1992):
Gräfer, H.; *Annual Report - Der US-amerikanische Jahresabschluß*; Stuttgart 1992.

Granziol (1981):
Granziol, M.; *Tägliche Wechselkurs-Schwankungen, Devisenmarkt-Interventionen der monetären Behörden und rationale Erwartungen*; zugl. Diss. Universität Zürich 1981, Frankfurt a.M. 1981.

Green, Locke, Paul-Choudhury (1998):
Green, J.; Locke, J.; Paul-Choudhury, S.; *Strength through adversity*; in: Credit Risk, A Risk Special Supplement, März 1998, S. 6-9.

Grill, Perczynski (1995):
Grill, H.; Perczynski, H.; *Wirtschaftslehre des Kreditwesens, 29.A.*; Bad Homburg vor der Höhe 1995.

Grochla (1969):
Grochla, E.; *Modelle als Instrument der Unternehmensführung*; in: Zeitschrift für betriebswirtschaftliche Forschung, Jg. 1969, S. 382-397.

Grünwald (1980):
Grünwald, L.; *Optionsmarkt und Kapitalmarkteffizienz: eine Analyse der Organisations- und Informationseffizienz des börsenmäßigen Optionshandels in der Bundesrepublik Deutschland und den USA*; München u.a. 1980.

Grütter-Settele (1999):
Grütter-Settele, A.; *Verhaltenswirkung von Informationen des externen Rechnungswesens : empirische Untersuchung zur Verhaltenswirkung quantitativer Jahresabschlußinformationen im Rahmen der Konkurrenzanalyse*; zugl. Diss. Universität Düsseldorf 1998, Augsburg-Haunstetten, 1999.

Heinke (1998):
Heinke, V.G.; *Bonitätsrisiko und Credit Rating festverzinslicher Wertpapiere*; zugl. Diss. Universität Münster 1998, Bad Soden Ts. 1998.

Hafner (1993):
Hafner, R.; *Unternehmensbewertung als Instrument zur Durchsetzung von Verhandlungspositionen*; in: Betriebswirtschaftliche Forschung und Praxis, Jg. 1993, S. 79-89.

Hagenmüller, Jacob (1988):
Hagenmüller, K.-F.; Jacob, A.-F. (Hrsg.): *Der Bankbetrieb, Band III, Rechnungswesen und Bankpolitik, 5.A.*; Wiesbaden 1988.

Haller (1989):
Haller, A.; *Behavioural Accounting*; in: Die Betriebswirtschaft, Jg. 1989, S. 383-385.

Hand, Holthausen, Leftwich (1992):
Hand, J.R.M.; Holthausen, R.W.; Leftwich, R.W.; *The Effect of Bond Rating Agency Announcements on Bond and Stock Pricing*; in: Journal of Finance, Vol. 47, Jg. 1992, S. 733-752.

Hahnenstein, Wilkens, Röder (2001):
Hahnenstein, L.; Wilkens, S.; Röder, K.; *Die Black-Scholes-Optionspreisformel – Eine Herleitung mit Hilfe des Prinzips der risikoneutralen Bewertung*; Arbeitspapier der Betrieblichen Finanzwirtschaft (Nr. 2000-07), Münster 2001.

Hartmann-Wendels, Pfingsten, Weber (2000):
Hartmann-Wendels, Th.; Pfingsten, A.; Weber, M.; *Bankbetriebslehre, 2.A.*; Berlin u.a. 2000.

Hartung, Elpelt (1989):
Hartung, J.; Elpelt, B.; *Multivariate Statistik, 3.A.*; München u.a. 1989.

Hattori (1996):
Hattori, P.K.; *The Chase Guide to Credit Derivatives in Europe*; London 1996.

Hauschildt (1971):
Hauschildt, J.; *Entwicklungslinien der Bilanzanalyse*; in: Zeitschrift für betriebswirtschaftliche Forschung, Jg. 1971, S. 335-351.

Helbling (1992):
Helbling, C.; *Bilanz- und Erfolgsanalyse, 8.A.*; Bern u.a. 1992.

Hecht-Nilsen (1990):
Hecht-Nilsen, R.; *Neurocomputing*; Reading u.a. 1990.

Heinke (1998):
Heinke, V.G.; *Bonitätsrisiko und Credit Rating festverzinslicher Wertpapiere*; zugl. Diss. Universität Münster 1998, Bad Soden Ts. 1998.

Heri (1982):
Heri, E.W.; *Bestimmungsgründe kurzfristiger Wechselkursfluktuationen: Eine empirische Analyse flexibler Wechselkurse unter besonderer Berücksichtigung der Theorie und Empirie effizienter Märkte*; Hamburg 1982.

Hering (1999):
Hering, Th.; *Finanzwirtschaftliche Unternehmensbewertung*; zugl. Habil.-Schrift Universität Greifswald 1998, Wiesbaden 1999.

Hickman (1958):
Hickman, W.B.; *Corporate Bond Quality and Investor Experience*; Princeton 1958.

Hicks (1939):
Hicks, J.R.; *Value and capital*; Oxford 1939.

Hiemstra (1994):
Hiemstra, Y.; *Linear Regression versus Backpropagation to Predict Quarterly Excess Returns*; in: Proceedings of Neural Networks in the Capital Markets, Pasadena, California, 16.-18.11.1994, o. S.

Hinton (1992):
Hinton, G.E.; *Wie Neuronale Netze lernen*; in: Spektrum der Wissenschaft, Jg. 1992, H. 11, S. 134-143.

Hinz (1994):
Hinz, M.; *Sachverhaltsgestaltung im Rahmen der Jahresabschlußpolitik*; zugl. Diss. Fernuniversität Hagen 1993/1994, Düsseldorf 1994.

Hirshleifer (1973):
Hirshleifer, J.; *Where are we in the Theory of Information*; in: American Economic Review, Jg. 1973, H. 63, S. 31-39.

Hodrick (1990):
Hodrick, R.J.; *Volatility in the Foreign Exchange and Stock Markets: Is it Excessive?*; in: American Economic Review, Vol. 80, Jg. 1990, H. 2, S. 186-191.

Hoffjan (1999):
Hoffjan, A.; *Internationales Controlling*; in: Berens, W.; Schmitting, W.; Hoffjan, A. (Hrsg.): Controlling in Fallstudien, Stuttgart 1999, S. 223-272.

Hoffjan, Siemes (1999):
Hoffjan, A.; Siemes, A.; *Erwartungsbildung und Aktienkursentwicklung*; in: Wirtschafswissenschaftliches Studium, 28. Jg. 1999, H. 4, S. 452-458.

Hölscher (1987):
Hölscher, R.; *Risikokosten-Management in Kreditinstituten - Ein integratives Modell zur Messung und ertragsorientierten Steuerung der bankbetrieblichen Erfolgsrisiken*; zugl. Diss. Universität Münster 1987, Frankfurt a.M. 1987.

Holzer (1990):
Holzer, Ch.S.; *Anlagestrategien in festverzinslichen Wertpapieren*; Wiesbaden 1990.

Hopfenbeck (1992):
Hopfenbeck, W.; *Allgemeine Betriebswirtschafts- und Managementlehre: das Unternehmen im Spannungsfeld zwischen ökonomischen, sozialen und ökologischen Interessen, 6.A.*; Landsberg/Lech 1992.

Hsueh, Kidwell (1988):
Hsueh, L.P.; Kidwell, D.S.; *Bond Ratings: Are Two Better Than One?*; in: Financial Management, Vol. 17, Nr. 1, 1988, S. 46-53.

Hull (1997):
Hull, J.C.; *Options, Futures and Other Derivatives, 3.A.*; New Jersey 1997.

Hüls (1995):
Hüls, D.; *Früherkennung insolvenzgefährdeter Unternehmen*; zugl. Diss. Universität Münster 1995, Düsseldorf 1995.

Hürlimann (1987):
Hürlimann, W.; *Künstliche Intelligenz, Expertensysteme und Problemlösungsmethoden: Wo stehen wir?*; in: ìo, Management Zeitschrift, Jg. 1987, H. 56, S. 396-400.

Irving (1996):
Irving, R.; *Credit Derivatives come good*; in: Risk - Managing Risk in the Worlds Financial Markets, Jg. 1996, H. July, S. 22-26.

Jacob (1988):
Jacob, A.-F.; *Gedanken zur Risikosteuerung im Bankbetrieb*; in: bank und markt, Jg. 1988, S. 6-11.

Jacob, Klein (1996):
Jacob, A.-F.; Klein, S.; *Investment Banking*; Wiesbaden 1996.

Jaffee (1975):
Jaffee, D.; *Cyclical Variations in the Risk Structure of Interest Rates*; in: Journal of Monetary Economics, Vol. 1, Jg. 1975, H. July, S. 309-325.

Jansen (2001)
Jansen, S.; *Ertrags- und volatilitätsgestützte Kreditwürdigkeitsprüfung im mittelständischen Firmenkundengeschäft der Banken*; (in Vorbereitung), o.O. 2001.

Jansen (2001b):
Jansen, S.; *Bankinterne Ratingansätze im Firmenkundengeschäft*; in: Rolfes, B.; Schierenbeck, H. (Hrsg.): Ausfallrisiken – Quantifizierung, Bepreisung und Steuerung, Frankfurt a.M. 2001, S. 95-125.

Jarrow, Turnbull (1995):
Jarrow, R.A.; Turnbull, St.M.; *Pricing Derivatives on Financial Securities Subject to Credit Risk*; in: Journal of Finance, Jg. 1995, Vol. 50, H. 1, S. 53-85.

Johnson (1967):
Johnson, R.E.; *The Term Structure of Corporate Bond Yields as a Function of Risk of Default*; in: Journal of Finance, Jg. 1967, Vol. 22, H. 2 May, S. 313-345.

Jonkhart (1979):
Jonkhart, M.; *On the Term Structure of Interest Rates and the Risk of Default*; in: Journal of Banking and Finance, Jg. 1979, Vol. 3, S. 253-261.

Jurgeit (1989):
Jurgeit, L.; *Bewertung von Optionen und bonitätsrisikobehafteten Finanztiteln - Anleihen, Kredite und Fremdfinanzierungsfazilitäten*; zugl. Diss. Universität Hamburg 1988, Wiesbaden 1989.

Käfer (1969):
Käfer, K; *Praxis der Kapitalflußrechnung*, Stuttgart, 1969.

Käfer (1984):
Käfer, K; *Kapitalflußrechnung*, 2.A., Stuttgart, 1984.

Kaplan, Norton (1992):
Kaplan, R.S.; Norton, D.P.; *The Balanced Scorecard – Measures That Drive Performance*; in: Harvard Business Review, 70. Jg. 1992, Jan./Feb., S. 71-79.

Karnin (1990):
Karnin, E.D., *A Simple Procedure for Pruning Back-Propagation Trained Neural Networks*, in. IEEE Transactions on Neural Networks, Vol. 1, No. 2, Juni 1990, S. 239-242.

Kath (1992):
Kath, D.; *Geld und Kredit*; in: Bender, D.; Berg, H; Cassel, D.; Gabisch, G.; Hartwig, K.-H.; Hübl, L.; Kath, D.; Grossekettler, H.; Siebke, J.; Thieme, H.J.; Willms, M. (Hrsg.): Vahlens Kompendium der Wirtschaftstheorie und Wirtschafspolitik, 6.A., Bd. 1, München 1992, S. 175-218.

Katz (1992):
Katz, J.O.; *Developing Neural Network Forecasters For Trading*; in: Technical Analysis of Stocks & Commodities, Jg. 1992, H. April, S. 58-70.

Kean (1992):
Kean, J.; *Using Neural Nets For Intermarket Analysis*; in: Technical Analysis of Stocks & Commodities, Jg. 1992, H. November, S. 58-63.

Kean (1993):
Kean, J.; *Treasury Bond Yields: A Neural Net Analysis Approach*; in: Technical Analysis of Stocks & Commodities, Jg. 1993, H. April, S. 78-84.

Keim, Stambaugh (1986):
Keim, D.B.; Stambaugh, R.F.; *Predicting returns in the Bond and Stock Markets*; in: Journal of Financial Economics, Jg. 1986, H. 17, S. 357-390.

Kidwell, Koch (1982):
Kidwell, D.S.; Koch, T.W.; *The Behaviour of the Interest Rate Differential between Tax-Exempt Revenue and General Obligation Bonds: A Test of Risk Preferences and Market Segmentation*; in: The Journal of Finance, Jg. 1982, H. March, S. 73-85.

Kilhey (1987):
Kilhey, U.; *Die Beurteilung des Erfolgs von Bankprodukten als Grundlage produktpolitischer Entscheidungen*; Frankfurt a.M. 1987.

Kirchner (1999):
Kirchner, T.; *Segmentierte Aktienmärkte*; zugl. Diss. Universität Karlsruhe 1999, Wiesbaden 1999.

Kjer (1981):
Kjer, von V.; *Optionsanleihen: Analysen und Gestaltung einer Finanzierungs- und Anlageform*; zugl. Diss. Technische Universität Berlin 1980, Berlin 1981.

Kim, Ramaswamy, Sundaresan (1993):
Kim, I. J.; Ramaswamy, K.; Sundaresan, S.; *Does Default Risk in Coupons Affect the Valuation of Corporate Bonds?, A Contingent Claims Model*; in: Financial Management, Vol. 22, Jg. 1993, H. 3, S. 117-131.

Kimoto, Asakawa, Yoda, Takeoka (1990):
Kimoto, T.; Asakawa, K.; Yoda, M.; Takeoka, M.; *Stock Market Prediction System with Modular Neural Networks*; in: Proceeding of the International Joint Conference on Neural Networks, Vol. I, San Diego, IEEE Network Council, 1990, S. 1-6.

Kirmße (1996):
Kirmße, St.; *Die Bepreisung und Steuerung von Ausfallrisiken im Firmenkundengeschäft der Kreditinstitute*; Frankfurt a.M. 1996.

Kirmße (2001):
Kirmße, St.; *Die Anwendung des optionspreistheoretischen Ansatzes zur Bepreisung von Ausfallrisiken. Grundüberlegungen*; in: Rolfes, B.; Schierenbeck, H. (Hrsg.): Ausfallrisiken – Quantifizierung, Bepreisung und Steuerung, Frankfurt a.M. 2001, S. 149-172.

Kirmße, Siemes (1999):
Kirmße, St.; Siemes, A.; *Der neue Grundsatz II - eine kritische Betrachtung der Erfassung unechter Pensionsgeschäfte*; in: Zeitschrift für das gesamte Kreditwesen, 52. Jg. 1999, H. 20, S. 1116-1118.

Klein, Jonas (1999):
Klein, K.-G.; Jonas, M.; *Due Diligence und Unternehmensbewertung*; in: Berens, W.; Brauner, H.U. (Hrsg.): Due Diligence bei Unternehmensakquisitionen, 2.A., Stuttgart 1999, S. 159-174.

Klug (1985):
Klug, M.; *Zur Ableitung von Kapitalkosten aus dem diskreten Optionspreismodell*; zugl. Diss. Universität Frankfurt a.M. 1984, Berlin 1985.

Knight (1921):
Knight, F.; *Risk, Uncertainty and Profit*; Boston u.a. 1921.

Köhle (1990):
Köhle, M.; *Neuronale Netze*; Wien 1990.

Kohonen (1991):
Kohonen, T. et. al.; *Artificial Neural Networks*; Proceedings of the 1991 International Conference on Artificial Neural Networks, ICANN-91, Espoo, Finnland, 24.-26.6.1991.

Kolb (1992):
Kolb, R.W.; *Investments, 3.A.*; Miami 1992.

Kosiol (1961):
Kosiol, E; *Modellanalysen als Grundlage unternehmerischer Entscheidungen*, in: Zeitschrift für betriebswirtschaftliche Forschung, 1961, S. 318-334.

Krause (1993):
Krause, C.; *Kreditwürdigkeitsprüfung mittels Neuronalen Netzen*; zugl. Diss. Universität Münster 1992, Düsseldorf 1993.

Krob (2001):
Krob, B.; *Der Optionspreisansatz – Weiterentwicklungen und Anwendungsmöglichkeiten in der Praxis*; in: Rolfes, B.; Schierenbeck, H. (Hrsg.): Ausfallrisiken – Quantifizierung, Bepreisung und Steuerung, Frankfurt a.M. 2001, S. 173-183.

Krüger (1983):
Krüger, R.; *Der Jahresabschluß aus Sicht des Aufsichtsrates*; in: Baetge, J. (Hrsg.): Der Jahresabschluß im Widerstreit der Interessen; Düsseldorf 1983, S. 269-296.

Krumbholz (1994):
Krumbholz, M.; *Die Qualität publizierter Lageberichte*; zugl. Diss. Universität Münster 1993, Düsseldorf 1994.

Krumnow (1985):
Krumnow, J.; *Bilanzanalyse auf Basis der neuen Rechnungslegungsvorschrift*; in: Zeitschrift für betriebswirtschaftliche Forschung, Jg. 1985, S. 783-809.

Kümmel (1994):
Kümmel, A.T.; *Bewertung von Kreditinstituten nach dem Shareholder Value Ansatz*; Berlin u.a. 1994.

Küting (1993):
Küting, K.; *Die Ertragsstarken bilanzieren eher* konservativ; in: Blick durch die Wirtschaft, Jg. 1993, H. 15.12.1993, S. 7.

Küting (1996):
Küting, K.; *200 Geschäftsberichte auf dem Prüfstand. Wie Capital Unternehmen bewertet*; in: Capital, Jg. 1996, H. 10, S. 61-70.

Küting, Weber (2000):
Küting, K.; Weber, C.-P.; *Die Bilanzanalyse, 5.A.*; Stuttgart 2000.

Lachenbruch, Sneeringer, Revo (1973):
Lachenbruch, P.A.; Sneeringer, Ch.; Revo, L.T.; *Robustness of the Linear and Quadratic Discriminant Function of Certain Types of Non-Normality*; in: Communications in Statistics, Jg. 1973, S. 39-56.

Lachnit (1976):
Lachnit, L.; *Technik und Aussage der Bilanzanalyse*; in: Wirtschafswissenschaftliches Studium, Jg. 1976, S. 13-16.

Lackes, Mack (2000):
Lackes, R.; Mack, D.; *Neuronale Netze in der Unternehmensplanung*; München 2000.

Lamy, Thompson (1988):
Lamy, R.; Thompson, G.R.; *Risk Premia and the Pricing of Primary Issue Bonds*; in: Journal of Banking and Finance, Vol. 12, Jg. 1988, H. 2, S. 585-601.

Leffson (1964):
Leffson, U.; *Die Grundsätze ordnungsmäßiger Buchführung*; Düsseldorf 1964.

Leffson (1984):
Leffson, U.; *Bilanzanalyse, 3.A.*; Stuttgart 1984.

Lerbinger, (1984):
Lerbinger, P.; *Die Leistungsfähigkeit deutscher Aktieninvestmentfonds*; in: Zeitschrift für betriebswirtschaftliche Forschung, 36. Jg., Nr. 1, S. 60-73.

LeRoy (1989):
LeRoy, St.; *Efficient Capital Markets and Martingales*; in: Journal of Economic Literature, Vol. 27, Jg. 1989, S. 1583-1621.

Lev, Ohlsen (1982):
Lev, B.; Ohlson, J.; *Market-Based Empirical Research in Accounting: A Review, Interpretation and Extension*; in: Journal of Accounting Research, Jg. 1982, H. Supplement, S. 249-322.

Lewis (1994):
Lewis, Th.G.; *Steigerung des Unternehmenswertes*; Landsberg/Lech 1994.

Lintner (1965):
Lintner, J.; *The Valuation of the Risk Assets and the Selection of Risky Investment in Stock Portfolios and Capital Budgets*; in: The Review of Economics and Statistics, Vol. 47, Jg. 1965, S. 13-37.

Lister (1997):
Lister, M.; *Risikoadjustierte Ergebnismessung und Risikokapitalallokation*; Frankfurt a.M. 1997.

Litterman, Iben (1991):
Litterman, R.; Iben, Th.; *Corporate Bond Valuation and the Term Structure of Credit Spreads*; in: Journal of Portfolio Management, Vol. 17, Jg. 1991, H. 3, S. 52-64.

Liu, Moore (1987):
Liu, P.; Moore, W.T.; *The Impact of Split Ratings on Premia*; in: Financial Review, Vol. 22, Jg. 1987, H. 1, S. 735-746.

Loistl (1990):
Loistl, O.; *Zur neuern Entwicklung der Finanzierungstheorie*; in: Die Betriebswirtschaft, 50. Jg., H. 1, S. 47-84.

Long de, Shleifer, Summers, Waldmann (1990):
Long, de J.B.; Shleifer, A.; Summers, L.H.; Waldmann, R.J.; *Noise Trader Risk in the Financial Markets*; in: Journal of Political Economy, Vol. 98, Jg. 1990, H. 4, S. 703-738.

Long de, Shleifer, Summers, Waldmann (1990a):
Long, de J.B.; Shleifer, A.; Summers, L.H.; Waldmann, R.J.; *Positive Feedback Investment Strategies and Destabilizing Rational Speculation*; in: The Journal of Finance, Vol. 45, Jg. 1990, No. 2, S. 379-395.

Longstaff, Schwartz (1995):
Longstaff, F.A.; Schwartz, E.S.; *A Simple Approach to Valuing Risky Fixed and Floating Rate Debt*; in: Journal of Finance, Vol. 50, Jg. 1995, H. 3, S. 789-819.

Lucas (1972):
Lucas, R.E.; *Expectations and the Neutrality of Money*; in: Journal of Economic Theory, Jg. 1972, S. 103-124.

Lucas (1975):
Lucas, R.E.; *An Equilibrium Model of the Business Cycle*; in: Journal of Political Economics, Vol. 83, Jg. 1975, H. 6, S. 1113-1144.

Lucas (1981):
Lucas, R.E.; *Studies in Business-Cycle Theory*; Oxford 1981.

Lynch, Cross (1995):
Lynch, R.L.; Cross, K.F.; *Measure up!: Yardsticks for continuous improvement, 2.A.*; Cornwall 1995.

Ma, Rao, Peterson (1990):
Ma, Ch.K.; Rao, R.P.; Peterson, R.L.; *Resiliency of the High-Yield Bond Market*; in: Altman, E.I. (Hrsg.): The High-Yield Debt Market: Investment Performance and Economics Impact; Homewood 1990, S. 58-78.

Macaulay (1938):
Macaulay, F.H.; *Some theoretical problems suggested by movements of interest rates, bond yield, and stock prices in the United States since 1856*; New York 1938.

Makoski (1999):
Makoski, R.; *Kennzahlen im Logistik-Controlling*; in: Berens, W.; Hoffjan, A.; Schmitting, W. (Hrsg.); Controlling in Fallstudien, Stuttgart 1999, S. 67-94.

Malkiel (1990):
Malkiel, B.G.; *A random walk down wall street, 5.A.*; New York u.a. 1990.

Malliaris (1994):
Malliaris, M.E.; *Modeling the Behavior of the S&P 500 Index: A Neural Network Approach*; in: Proceeding of the tenth Conference on Artificial Intelligence for Applications, San Antonio, Texas, 1.-4.3.1994.

Maltzan (2000):
Maltzan, von B.-A.; *Handelsobjekt und Handelsmodalitäten*, in: Stein, von J.H.; Hagen, von J. (Hrsg.): Obst/Hintner - Geld-, Bank- und Börsenwesen, *40.A;* Stuttgart 2000, S. 827-842.

Mann (1995):
Mann, T.; *Wiener-ITo-Prozesse und Zeithorizonteffekte*; in: Das Wirtschaftsstudium, Jg. 1995, H. 4, S. 299-304.

Matthes (1994):
Matthes, R.; *Zinsprognosen: Fehlerkorrekturmodell vs. Neuronale Netze*; in: Bol, G.; Nakhaeizadeh, G.; Vollmer, K.H. (Hrsg.): Finanzmarktanwendungen Neuronaler Netze und ökonometrischer Verfahren; Heidelberg 1994, S. 41-60.

McCulloch, Pitts (1943):
McCulloch, W.; Pitts, W.; *A logical calculus of the ideas immanent in nervous activity*; in: Bulletin of Mathematical Biophysics, Jg. 1943, H. 5, S. 115-133.

Meffert, Bruhn (1995):
Meffert, H.; Bruhn, M.; *Dienstleistungsmarketing*; Wiesbaden 1995.

Menkhoff, Röckmann (1994):
Menkhoff, L.; Röckmann, Ch.; *Noise Trading auf Aktienmärkten*; in: Zeitschrift für betriebswirtschaftliche Forschung, 64. Jg. 1994, S. 277-295.

Merton (1974):
Merton, R.C.; *On the Pricing of Corporate Debt: The Risk Structure of Interest Rates*; in: Journal of Finance, Vol. 29, Jg. 1974, S. 449-470.

Meyer (1994):
Meyer, C.; *Betriebswirtschaftliche Kennzahlen und Kennzahlen-Systeme*; Stuttgart 1994.

Miller (1994):
Miller, M.; *Das Optimieren von Neuronalen Netzen für den Einsatz zur Prognose in der Ökonomie*; in: Bol, G.; Nakhaeizadeh, G.; Vollmer, K.H. (Hrsg.): Finanzmarktanwendungen Neuronaler Netze und ökonometrischer Verfahren; Heidelberg 1994, S. 125-147.

Minsky, Papert (1969):
Minsky, M.; Papert, S.; *Perceptrons*; Cambridge, MA u.a. 1969.

Möller (1983):
Möller, H.P.; *Probleme und Ergebnisse kapitalmarktorientierter empirischer Bilanzforschung in Deutschland*; in: Betriebswirtschaftliche Forschung und Praxis, Jg. 1983, S. 285-302.

Möller (1985):
Möller, H.P.; *Die Informationseffizienz des deutschen Aktienmarktes - Eine Zusammenfassung*; in: Zeitschrift für betriebswirtschaftliche Forschung, 37. Jg. 1985, H. 6, S. 500-518.

Möller (1986):
Möller, H. P.; *Bilanzkennzahlen und Ertragsrisiken des Kapitalmarktes*; zugl. Habil.-Schrift Universität Augsburg 1985, Stuttgart 1986.

Moser, Quast (1994):
Moser, H.; Quast, W.; *Organisation des Risikomanagements in einem Bankkonzern*; in: Schierenbeck, H.; Moser, H. (Hrsg.): Handbuch Bankcontrolling, Wiesbaden 1994, S. 665-686.

Mossin (1966):
Mossin, J.; *Equilibrium in a Capital Asset Market*; in: Econometrica, Vol. 34, Jg. 1966, S. 768-783.

Moxter (1983):
Moxter, A.; *Grundsätze ordnungsmäßiger Unternehmensbewertung, 2.A.*; Wiesbaden 1983.

Mülhaupt (1980):
Mülhaupt, L.; *Einführung in die BWL der Banken - Struktur und Grundprobleme des Bankbetriebs, 3.A.*; Wiesbaden 1980.

Müller, Müller (1998):
Müller, A.; Müller, D.; *Bilanzierung und Kreditvergabe*; Herne u.a. 1998.

Muth (1961):
Muth, J.F.; *Rational Expectations and the Theory of Price Movements*; in: Economoetrica, Vol. 29, Jg. 1961, S. 315-335.

Neuber (1988):
Neuber, F.; *Steuerungsinstrumente zur Verhinderung einer Krise aus Sicht einer einzelnen Bank*; in: Sparkasse, 105. Jg. 1988, S. 298-303.

Neumann, Morgenstern (1973):
Neumann, J.v.; Morgenstern, O.; *Theory of games and economic behavior*, Princeton 1944, deutsche Übersetzung: Spieltheorie und wirtschaftliches Verhalten, 3.A.; Würzburg 1973.

Nöth (1995):
Nöth, M.; *Untersuchung der Renditestruktur im Markt der DM-Euroanleihen*; in: Kredit und Kapital, 28. Jg. 1995, S. 535-568.

Pellens (1989):
Pellens, B.; *Der Informationswert von Konzernabschlüssen*; zugl. Diss. Universität Bochum 1988, Wiesbaden 1989.

Pellens (1998):
Pellens, B.; *Internationale Rechnungslegung, 2.A.*; Stuttgart 1998.

Perridon, Steiner (1997):
Perridon, L.; Steiner, M.; *Finanzwirtschaft der Unternehmung, 9.A.*; München 1997.

Perry, Liu, Evans (1988):
Perry, L.G.; Liu, P.; Evans, D.A.; *Modified Bond Ratings: Further Evidence on the Effect of Split Ratings on Corporate Bond Yields*; in: Journal of Business Finance and Accounting, Vol. 15, Jg. 1988, S. 231-241.

Potthoff (1996):
Potthoff, E.; *Die Prüfung des Jahresabschlusses durch den Aufsichtsrat*; in: Baetge, J. u.a. (Hrsg.): Rechnungslegung, Prüfung und Beratung, Herausforderung für den Wirtschaftsprüfer, Festschrift zum 70. Geburtstag von Rainer Ludewig; Düsseldorf 1996, S. 831-853.

Potvin (1993):
Potvin, J.-Y.; *The Traveling Salesman Problem: An Neural Network Perspective*; in: ORSA Journal on Computing, Vol. 5, Jg. 1993, H. 4, S. 328-348.

Priewasser (1992):
Priewasser, E.; *Bankbetriebslehre, 3.A.*; München u.a. 1992.

Puckler (1988):
Puckler, G.; *Das Bank- und Börsenwesen in den USA, 2.A.*; Frankfurt a.M. 1988.

Pytlik (1995):
Pytlik, M.; *Diskriminanzanalyse und Künstliche Neuronale Netze zur Klassifizierung von Jahresabschlüssen*; Frankfurt a.M. 1995.

Rappaport (1995):
Rappaport, A.; *Shareholder Value*; Stuttgart 1995.

Refenes (1995):
Refenes, A.N.; *Neural Network Design Considerations*, in: Refenes, A.N. (Hrsg.): Neural Networks in the Capital Market, Chichester, England, S. 15-32.

Rehkugler, Poddig (1990):
Rehkugler, H.; Poddig, Th.; *Statistische Methoden versus Künstliche Neuronale Netzwerke zur Aktienkursprognose - Eine vergleichende Studie*; in: Bamberger Betriebswirtschaftliche Beiträge, Nr. 76, Bamberg 1990.

Rehkugler, Poddig (1992):
Rehkugler, H.; Poddig, Th.; *Anwendungsperspektiven und Anwendungsprobleme von Künstlichen Neuronalen Netzwerken*; in: Information Management, Jg. 1992, H. 2, S. 50-58.

Rehkugler, Poddig (1998):
Rehkugler, H.; Poddig, Th.; *Bilanzanalyse, 4.A.*; München u.a. 1998.

Rehkugler, Schindel (1994):
Rehkugler, H.; Schindel, V.; *Finanzierung, 6.A.;* München 1994.

Reichel (1995):
Reichel, R.; *Wie der Firmenkredit zur Verkaufsoption wird*; in: Handelsblatt, Jg. 1995, H. 185 vom 25.09.95, S. 23.

Reichmann (1988):
Reichmann, Th.; *Controlling-Praxis: erfolgsorientierte Unternehmenssteuerung*; München 1988.

Reichmann (1997):
Reichmann, Th.; *Controlling mit Kennzahlen und Managementberichten, 5.A.*; München 1997.

Reichmann, Lachnit (1976):
Reichmann, Th.; Lachnit, L.; *Planung, Steuerung und Kontrolle mit Hilfe von Kennzahlen*; in: Zeitschrift für betriebswirtschaftliche Forschung, Jg. 1976, S. 705-723.

Reinhardt, Soeder (1987):
Reinhardt, F.; Soeder, H.; *dtv-Atlas zur Mathematik, Bd. 1, 6.A.*; München 1987.

Reuters (1999):
Reuters AG; *Reuters 3000 Fixed Income (R3FI)*; o.O. 1999.

Rhee (1994):
Rhee, M.J.; *Forecasting Stock Market Indices with Neural Networks*; in: Proceedings of the Neural Networks in the Capital Markets, Pasadena, California, 16.-18.11.1994, o. S.

Riess (1992):
Riess, M.; *Ihr Netz denkt mit - Neuronale Netze im Einsatz bei Allianz Lebensversicherung*; in: Versicherungsbetrieb, Jg. 1992, H. 7/8, S. 6-9.

Ripper, Kempf (1998):
Ripper, K.; Kempf, Th.; *Bedeutung der Risikofaktoren am deutschen Aktienmarkt*; in: Die Bank, Jg. 1998, H. 12, S. 754-758.

Ritter, Martinetz, Schulten (1991):
Ritter, H.; Martinetz, T.; Schulten, K.; *Neuronale Netze - Eine Einführung in die Neuroinformatik selbstorganisierender Netzwerke*; Bonn u.a. 1991.

Rodriguez (1988):
Rodriguez, R.; *Default Risk, Yield Spreads and Time to Maturity*; in: Journal of Financial and Quantitative Analysis, Vol. 23, Jg. 1988, S. 111-117.

Rojas (1992):
Rojas, R.; *Theorie der neuronalen Netze*; Berlin u.a. 1992.

Rolfes (1985):
Rolfes, B.; *Die Steuerung von Zinsänderungsrisiken in Kreditinstituten*; zugl. Diss. Universität Münster 1985, Frankfurt a.M. 1985.

Rolfes (1992):
Rolfes, B.; *Moderne Investitionsrechnung*; München u.a. 1992.

Rolfes (1999):
Rolfes, B.; *Gesamtbanksteuerung*; Stuttgart 1999.

Rolfes (2001):
Rolfes, B.; *Steuerung des Kreditrisikos im Dualen Steuerungsmodell*; in: Rolfes, B.; Schierenbeck, H. (Hrsg.): Ausfallrisiken – Quantifizierung, Bepreisung und Steuerung, Frankfurt a.M. 2001, S. 1-28.

Rometsch, Kolb (1999):
Rometsch, S.; Kolb, Ch.; *Das Comeback der Industrieanleihe - verdrängen Corporate Bonds den syndizierten Kredit?*; in: Zeitschrift für das gesamte Kreditwesen, Jg. 1999, H. 6, S. 296-298.

Rosenblatt (1958):
Rosenblatt, F.; *The perceptron. A probabilistic model for information storage and organization in the brain.*; in: Psychological review, 65. Jg. 1958, S. 386-408.

Rudolph (1981):
Rudolph, B.; *Funktionen und Konditionen der Kreditinstitute im Emissionsgeschäft*; in: Wirtschafswissenschaftliches Studium, Jg. 1981, H. 2, S. 60-64.

Rudolph (1994):
Rudolph, B.; *Ansätze zur Kalkulation von Risikokosten für Kreditgeschäfte*; in: Schierenbeck, H.; Moser, H (Hrsg.): Handbuch Bankcontrolling; Wiesbaden 1994, S. 887-904.

Ruggiero (1994):
Ruggiero, M.A.; *How to build an artificial trader*; in: Futures, Jg. 1994, September, S. 56-58.

Rumelhardt, Hinton, Williams (1986):
Rumelhart, D.E.; Hinton, G.E.; Williams, R.J.; *Learning Internal Representations by Error Propagation*; in: Rumelhart, D.E.; McClelland, J.L.; PDP Research Group (Hrsg.): Parallel distributed Processing: Explorations in the Microstructure of Cognition, Bd. 1, Foundations Cambridge u.a. 1986, S. 318-362.

Santomero (1995):
Santomero, A.M.; *Financial Risk Management: The Whys and Hows, Financial Markets, Institutions & Instruments*; Vol. 4, S. 1-14.

Sawazki (1996):
Sawazki, W.; *Erwartungsbildung und Aktienkurse, Eine theoretische und empirische Betrachtung der deutschen Börse*; Düsseldorf 1996.

Schäfer (1994):
Schäfer, B.; *Informationsverarbeitung und Preisbildung am Aktien- und Optionsmarkt. Eine empirische Intraday-Untersuchung zur Preisanpassungsgeschwindigkeit an schweizerischen und deutschen Aktien- und Optionsmärkten*; Zürich 1994.

Schaudwet (2001):
Schaudwet, Ch., *Die wichtigsten Bilanzregeln: HGB, IAS und US-GAAP,* in: WirtschaftsWoche, Jg. 2001, vom 8.8., o.S.

Schedelbauer (1978):
Schedelbauer, H.; *Bilanzanalyse in der Praxis*; in: Der Betrieb, Jg. 1978, S. 2425-2430.

Schierenbeck (1995):
Schierenbeck, H.; *Konzeption eines integrierten Risikomanagements*; in: Rolfes, B., Schierenbeck, H., Schüller, St. (Hrsg.): Risikomanagement in Kreditinstituten; Frankfurt a.M. 1995, S. 1-51.

Schierenbeck (1999):
Schierenbeck, H.; *Ertragsorientiertes Bankmanagement, 1. Bd., 6.A.*; Wiesbaden 1999.

Schierenbeck (1999b):
Schierenbeck, H.; *Ertragsorientiertes Bankmanagement, 2. Bd., 6.A.*; Wiesbaden 1999.

Schierenbeck (2000):
Schierenbeck, H.; *Grundzüge der Betriebswirtschaftslehre, 15.A.*; München u.a. 2000.

Schierenbeck, Hölscher (1998):
Schierenbeck, H.; Hölscher, R.; *BankAssurance, 4.A.*; Stuttgart 1998.

Schierenbeck, Rolfes (1988):
Schierenbeck, H.; Rolfes, B.; *Entscheidungsorientierte Margenkalkulation*; Frankfurt a.M. 1988.

Schiffmann (1999):
Schiffmann, W.; *Entwurf und Optimierung mehrschichtiger feedforward Netze*; zugl. Habil.-Schrift Universität Koblenz/Landau 1999, Aachen 1999.

Schlieper (1995):
Schlieper, U.; *Nobelpreis für Wirtschaftswissenschaften - die Grenzen der Konjunkturpolitik*; in: Spektrum der Wissenschaft, Jg. 1995, H. 12, S. 32-35.

Schmidt (1981):
Schmidt, R.H.; *Grundformen der Finanzierung, Eine Anwendung des neoinstitutionalistischen Ansatzes der Finanzierungstheorie*; in: Kredit und Kapital, 14. Jg. 1981, S. 186-221.

Schmidt (1982):
Schmidt, R.H.; *Rechnungslegung als Informationsproduktion auf nahezu effizienten Kapitalmärkten*; in: Zeitschrift für betriebswirtschaftliche Forschung, Jg. 1982, S. 728-748.

Schmidt (1990):
Schmidt, R.; *Rating börsennotierter Unternehmen*; in: Gerke, W. (Hrsg.): Anleger an die Börse; Berlin u.a. 1990, S. 55-88.

Schmidt (1991):
Schmidt, R.; *Handbuch Manager Magazin 500 - Unternehmenstest Deutschland 1991*; Hamburg 1991.

Schmidt (1995):
Schmidt, J.G.; *Die Discounted Cash-flow-Methode - nur eine kleine Abwandlung der Ertragswertmethode?*; in: Zeitschrift für betriebswirtschaftliche Forschung, 47. Jg. 1995, S. 1088-1118.

Schmidt, Wilhelm (1987):
Schmidt, R.; Wilhelm, W.; *Was Firmen wirklich wert sind*; in: manager magazin, Jg. 1987, H. 11, S. 234-265.

Schmitting (2000):
Schmitting, W.; *Das Traveling-Salesman-Problem: Anwendungen und heuristische Nutzung von Voronoi-/Delaunay-Strukturen zur Lösung euklidischer, zweidimensionaler Traveling-Salesman-Probleme*, zugl. Diss. Universität Düsseldorf 1999, Münster 2000.

Schmitz (1995):
Schmitz, R.H.; *Emissionsgeschäft der Kreditinstitute*; in: Gehrke, W., Steiner, M. (Hrsg.): Handwörterbuch des Bank- und Finanzwesens, 2.A.; Stuttgart 1995, Sp. 511-521.

Schmoll (1985):
Schmoll, A.; *Interne Gefahrenquellen für das Kreditgeschäft*; in: Die Bank, Jg. 1985, S. 227-236.

Schneeweiß (1967):
Schneeweiß, H.; *Entscheidungskriterien bei Risiko*; zugl. Habil.-Schrift Universität Saarbrücken 1964, Berlin u.a. 1967.

Schneider (1992):
Schneider, D.; *Investitionen, Finanzierung und Besteuerung, 7.A.*; Wiesbaden 1992.

Schöneburg, Gantert, Reiner (1989):
Schöneburg, E.; Gantert, M.; Reiner, M.; *Aktienkursprognosen mit Neuronalen Netzwerken*; in: Computerwoche, Jg. 1989, H. 40, S. 121-124.

Schöneburg, Hansen, Gawelczyk (1990):
Schöneburg, E.; Hansen, N.; Gawelczyk, A.; *Neuronale Netzwerke*; München 1990.

Schüller (1995):
Schüller, St.; *Ertragsorientierte Risikopolitik - Changemanagement des Kreditprozesses*; in: Rolfes, B.; Schierenbeck, H.; Schüller, St. (Hrsg.): Risikomanagement in Kreditinstituten; Frankfurt a.M. 1995, S. 173-190.

Schulte (1996):
Schulte, R.; *Kursänderungsrisiken bei festverzinslicher Wertpapieren*; zugl. Diss. Fernuniversität Hagen 1995, Wiesbaden 1996.

Schulte (1996b):
Schulte, J.; *Rechnungslegung und Aktienkursentwicklung*; zugl. Diss. Universität Bochum 1995, Wiesbaden 1996.

Schulte-Mattler (1999):
Schulte-Mattler, H.; *Basler Vorschlag zur Erfassung und Begrenzung von Kreditrisiken*; in: Die Bank, Jg. 1999, H. 8, S. 530-534.

Schulte-Mattler (2001):
Schulte-Mattler, H.; *Neuere Entwicklungen in der bankenaufsichtsrechtlichen Behandlung von Kreditrisiken*; in: Rolfes, B.; Schierenbeck, H. (Hrsg.), Ausfallrisiken – Quantifizierung, Bepreisung und Steuerung; Frankfurt a.M. 2001, S. 53-71.

Schumann (1991):
Schumann, M.; *Neuronale Netze zur Entscheidungsunterstützung in der Betriebswirtschaft*; in: Biethan, J.; et. al. (Hrsg.): Wissensbasierte Systeme in der Finanzwirtschaft; Wiesbaden 1991, S. 21-50.

Schumann, Lohrbach (1993):
Schumann, M.; Lohrbach, T.; *Comparing Artificial Neural Networks with Statistical Methods within the Field of Stock Market Prediction*; in: International Joint Conference on System Science, Hawaii 1993, S. 597-606.

Schuster (1989):
Schuster, L.; *Neuere Entwicklungen im Risiko-Management der Banken*; in: Die Unternehmung, 43. Jg. 1989, S. 204-215.

Sharpe (1964):
Sharpe, W.F.; *Capital Asset Prices: A Theory of Market Equilibrium under Conditions of Risk*; in: Journal of Finance, Vol. 19, Jg. 1964, S. 425-442.

Sharpe (1992):
Sharpe, W.F.; *Asset Allocation: Management style and performance measurement*; in: Journal of Portfolio Management, Winter 1992, S. 7-19.

Shefrin (1997):
Shefrin, H.; *Behavioural Option Pricing*; Department of Finance, Leavey School of Business, Santa Clara University, Working Paper 8/97.

Shefrin, Statman (1985):
Shefrin, H.; Statman, M.; *The Disposition to Sell Winners too Early and Ride Losers too Long: Theory and Evidence*; in: The Journal of Finance, Vol. 40, Jg. 1985, H. 3, S. 777-792.

Shefrin, Statman (1994):
Shefrin, H.; Statman, M.; *Behavioural Capital Asset Pricing Theory*; in: Journal of Finance and Quantitative Analysis, Vol. 29, Jg. 1994, H. 3, S. 323-349.

Shih (1991):
Shih, Y.L.; *Neural Nets in Technical Analysis*; in Technical Analysis of Stocks & Commodities, Jg. 1991, H. Februar, S. 62-68.

Shiller (1981):
Shiller, R.J.; *Do Stock Prices Move too Much to be Justified by Subsequent Changes in Dividends?*; in: American Economic Review, Vol. 71, Jg. 1981, S. 421-438.

Shiller (1984):
Shiller, R.J.; *Stock Prices and Social Dynamics*; in: Brookings Papers on Economic Activity, 2. Jg. 1984, S. 457-510.

Shiller, Pound (1989):
Shiller, R.J.; Pound, J.; *Survey Evidence on Diffusion of Interest and Information Among Investors*; in: Journal of Economic Behaviour and Organization, Jg. 1989, H. 12, S. 47-66.

Shimko, Tejima, van Deventer (1993):
Shimko, D.C.; Tejima, N.; van Deventer, D.R.; *The Pricing of Risky Debt When Interest Rates are Stochastic*; in: Journal of Fixed Income, Vol. 3, Jg. 1993, S. 58-65.

Sieben (1963):
Sieben, G.; *Der Substanzwert der Unternehmung*; Wiesbaden 1963.

Sieben, Schildbach (1994):
Sieben, G.; Schildbach Th.; *Betriebswirtschaftliche Entscheidungstheorie, 4.A.*; Düsseldorf 1994.

Siegel (1991):
Siegel, Th.; *Grundlagen der Unternehmensbewertung*; in: Wirtschafswissenschaftliches Studium, Jg. 1991, S. 231-237.

Siegert (1995):
Siegert, Th.; *Shareholder-Value als Lenkungsinstrument*; in: Zeitschrift für betriebswirtschaftliche Forschung, 47. Jg. 1995, S. 580-607.

Sinkey (1992):
Sinkey, J.F.; *Commercial Bank Financial Management in the Financial Services Industry, 4th ed.*; New York 1992.

Skinner (1995):
Skinner, F.S.; *Bond Yield, Taxes, and the Dimensions of Default Risk*; In: Financial Review, Vol. 30, Jg. 1995, No. 4, S. 738-761.

Smithson (1995):
Smithson, C., et al.; *Credit Derivates*; in: Risk - Managing Risk in the Worlds Financial Markets, Jg. 1995, H. December, S. 38-39.

Sommerfeld (2001):
Sommerfeld, H.; Die Steuerung von Kreditrisiken durch Hedging - Eine empirische Analyse; (in Vorbereitung), o.O. 2001.

Spremann (1996):
Spremann, K.; *Investition und Finanzierung, 5.A.*; München u.a. 1996.

SPSS (1997):
SPSS Inc.; *Neural Connection 2.0 - User's Guide*; Chicago 1997.

Staehle (1975):
Staehle, W.H.; *Das Du-Pont-System und verwandte Konzepte der Unternehmenskontrolle*; in: v. Böcker, F.; Dichtl, E. (Hrsg.): Erfolgskontrolle im Marketing; Berlin 1975, S. 317-336.

Stanley, Bak (1991):
Stanley, J.; Bak, E.; *Neuronale Netze. Computersimulation biologischer Intelligenz*; München 1991.

Steiner (1980):
Steiner, M.; *Ertragskraftorientierte Unternehmenskredit und Insolvenzrisiko*; Stuttgart 1980.

Steiner (1992):
Steiner, M.; *Rating - Risikobeurteilung von Emittenten durch Rating-Agenturen*; in: Wirtschafswissenschaftliches Studium, Jg. 1992, H. 10, S. 347-368.

Steiner, Bruns (1998):
Steiner, M.; Bruns, Ch.; *Wertpapiermanagement, 6.A.*; Stuttgart 1998.

Steiner, Heinke (1996):
Steiner, M; Heinke, V.G.; *Risikobeurteilung von Lebensversicherungen durch spezialisierte Ratingagenturen*; in: Versicherungswirtschaft, 51. Jg., H. 24, 1996, S. 1694-1707.

Strecker (1997):
Strecker, St.; *Künstliche Neuronale Netze - Aufbau und Funktionsweise*; Arbeitspapier Wirtschaftsinformatik 10/1997, Universität zu Mainz, Lehrstuhl für Allgemeine Betriebswirtschafslehre und Wirtschaftsinformatik, 1997.

Streim (1975):
Streim, H.; *Heuristische Lösungsverfahren, Versuch einer Begriffserklärung*; in: Zeitschrift für Operations Research, Jg. 1975, S. 143-162.

Strom, Baun (1992):
Storm, A.; Baun, S.; *Neuronale Netze in der Finanzprognose*; in: Sparkasse, 11/1992, S. 534-540.

Süchting (1993):
Süchting, J.; *Kreditrating - Ziele und Probleme der Anwendung im Firmenkundengeschäft*, in: Bankinformation, Heft 10, Jg. 1993, S. 8-10.

Tegeder (1996):
Tegeder, P.; *Business Reengineering als Grundlage eines ganzheitlichen Restrukturierungsprozesses in ostdeutschen Kreditinstituten*; Frankfurt a.M. 1996.

Teschner (1998):
Teschner, C.L.; *Aufbau einer effektiven Portfoliosteuerung*; in: Hanker, P. (Hrsg.): Management von Marktpreis- und Ausfallrisiken: Instrumente und Strategien zur Risikominimierung in Banken; Wiesbaden 1998, S. 243-247.

Thompson, Vaz (1990):
Thompson, G.R.; Vaz, P.; *Dual Bond Ratings: A Test of the Certification Function of Rating Agencies*; in: Financial Review, Vol. 25, Jg. 1990, H. 3 August, S. 457-471.

Uhilg (1995):
Uhlig, H.; *Finanzprognose mit Neuronalen Netzen: eine Einführung mit Anleitung*; München 1995.

Uhlir (1979):
Uhlir, H.; *Überprüfung der Random-Walk-Hypothese auf dem österreichischen Aktienmarkt*; Wien 1979.

Uhlir, Steiner (1994):
Uhlir, H.; Steiner, P.; *Wertpapieranalyse, 3.A.*; Heidelberg 1994.

Utans, Moody (1991):
Utans, J.; Moody, J.; *Selecting Neural Network Architectures via Prediction Risk: Application to Corporate Bond Rating Prediction*; in: Proceeding of the First International Workshop on Artificial Intelligence Applications on Wall Street, S. 35-41.

Uthoff (1997):
Uthoff, C.; *Erfolgsoptimale Kreditwürdigkeitsprüfung auf der Basis von Jahresabschlüssen und Wirtschaftsauskünften mit Künstlichen Neuronalen Netzen*; zugl. Diss. Universität Münster 1996, Stuttgart 1997.

van Horne (1979):
van Horne, J.C.; *Behaviour of Default Risk Premium for Corporate Bonds and Commercial Paper*; in: Journal of Business Research, Vol. 7, Jg. 1979, H. 4, S. 301-313.

van Horne (1990):
van Horne, J.C.; *Financial Market Rates & Flows*; Engelwood, Cliffs 1990.

von Villiez (1989):
von Villiez, C.; *Budgetkontrolle und Abweichungsanalyse in Kreditinstituten*; Frankfurt a.M. 1989.

Völkel (2001):
Völkel, H.-G.; *Rating als Chance*; in: Initiativbanking, Februar 2001, S. 6-9.

Wansley, Clauretie (1985):
Wansley, J.W.; Clauretie, T.M.; *The Impact of Credit Watch Placement on Equity Returns and Bond Prices*; in: Journal of Financial Research, Vol. 8, Jg. 1985, S. 31-42.

Weber, Krahnen, Weber (1995):
Weber, M.; Krahnen, J.; Weber, A.; *Scoring-Verfahren - häufige Anwendungsfehler und ihre Vermeidung*; in: Der Betrieb, Jg. 1995, S. 1621-1626.

Weinrich (1978):
Weinrich, G.; *Kreditwürdigkeitsprognosen - Steuerung des Kreditgeschäfts durch Risikoklassen*; Wiesbaden 1978.

Weinstein (1981):
Weinstein, M.; *The Systematic Risk of Corporate Bonds*; in: Journal of Financial Economics, Vol. 5, Jg. 1977, S. 257-278.

Werner (1993):
Werner, P.; *Kursprognosen, Verborgene Regeln*; in: WirtschaftsWoche, Jg. 1993, H. 48, S. 74-82.

West (1988):
West, K.D.; *Bubbles, Fads and Stock Price Volatility Tests: A Partial Evaluation*; in: The Journal of Finance, Vol. 43, Jg. 1988, H. 3, S. 639-660.

White (1988):
White, H.; *Economic Prediction using Neural Networks: The Case of IBM Daily Stock Returns*; in: IEEE Proceedings of the second Annual ICNN, San Diego, 24.-27.7.1988, Bd. II, S. 451-458.

Wild (1991):
Wild, K.-D.; *Neuronale Netze erstellen leistungsfähiger Zinsprognosen*; in: Sparkasse, Jg. 1991, H. 6/91, S. 257-260.

Wilhelm (1983):
Wilhelm, J.; *Finanztitelmärkte und Unternehmensfinanzierung*; Berlin u.a. 1983.

Wittkemper (1994):
Wittkemper, H.-G.; *Neuronale Netze als Hilfsmittel zur Rendite- und Risikoeinschätzung von Aktien*; zugl. Diss. Universität Münster 1993, Köln 1994.

Wöhe (1996):
Wöhe, G.; *Einführung in die Allgemeine Betriebswirtschafslehre, 19.A.*; München 1996.

Woll (2000):
Woll, A.; *Allgemeine Volkswirtschaftslehre, 13.A.*; München 2000.

Wu (1991):
Wu, C.; *A Certainty Equivalent Approach to Municipal Bond Default Risk Estimation*; in: Journal of Banking and Finance, Vol. 14, Jg. 1991, H. 3, S. 241-247.

Wu,Yu (1996):
Wu, C.; Yu, C.-H.; *Risk Aversion and the Yield of Corporate Debt*; in: Journal of Banking and Finance, Vol. 20, Jg. 1996, S. 267-281.

Yawitz (1977):
Yawitz, J.B.; *An Analytical Model of Interest Rate Differentials and Different Default Recoveries*; in: Journal of Financial and Quantitative Analysis, Vol. 12, Jg. 1977, S. 481-490.

Yawitz, Maloney, Ederington (1985):
Yawitz, J.B.; Maloney, K.J.; Ederington, L.H.; *Taxes, Default Risk and Yield Spreads* in: Journal of Finance, Vol. 40, Jg. 1985, H. 4, S. 1127-1140.

Zapotocky (2000):
Zapotocky, S.; *Eigengeschäfte mit Wertpapieren,* in: Stein, von J.H.; Hagen, von J. (Hrsg.): Obst/Hintner - Geld-, Bank- und Börsenwesen, *40.A;* Stuttgart 2000, S. 1076-1090.

Zell (1994):
Zell, A.; *Simulation Neuronaler Netze*; zugl. Habil.-Schrift Universität Stuttgart 1994, Bonn u.a. 1994.

Zentralverband der Elektroindustrie (1989):
Zentralverband der Elektrotechnik-Elektroindustrie (ZVEI); *ZVEI-Kennzahlensystem, 4.A.*; Frankfurt a.M. 1989.

Ziebart, Reiter (1992):
Ziebart, D.A.; Reiter, S.S.; *Bond Ratings, Bond Yields and Financial Information*; in: Contemporary Accounting Research, Vol. 9, Jg. 1992, H. 1, S. 252-282.

Zimmermann (1994):
Zimmermann, H.G.; *Neuronale Netze als Entscheidungskalkül*; in: Rehkugler, H.; Zimmermann, H.G. (Hrsg.): Neuronale Netze in der Ökonomie; München 1994, S. 1-88.

Zimmermann (1999):
Zimmermann, H.-J.; *Fuzzy Set Theorie*; in: Wirtschafswissenschaftliches Studium, Jg. 1999, H. 1, S. 22-29.

10. Gesetzesverzeichnis

AktG:
Aktiengesetz; in: Wirtschaftsgesetze IDW Textausgabe, 18.A., Stand: 1. Februar 2001, Düsseldorf 2001.

BösG:
Börsen Gesetzbuch; in: Wirtschaftsgesetze IDW Textausgabe, 18.A., Stand: 1. Februar 2001, Düsseldorf 2001.

ESTG:
Einkommenssteuerrecht, in: Beck-Texte im Deutschen Taschenbuchverlag, 15.A., Stand 1. Februar 2001, München.

HGB:
Handelsgesetzbuch; in: Wirtschaftsgesetze IDW Textausgabe, 18.A., Stand: 1. Februar 2001, Düsseldorf 2001.

KWG:
Kreditwesengesetz; in: Wirtschaftsgesetze IDW Textausgabe, 18.A., Stand: 1. Februar 2001, Düsseldorf 2001.

Beiträge zum Controlling

Herausgegeben von Wolfgang Berens

Band 1 Wolfgang Berens / Joachim Strauch: Due Diligence bei Unternehmensakquisitionen – eine empirische Untersuchung. Unter Mitarbeit von Thorsten Behrens und Julia Lescher. 2002.

Band 2 Andreas Siemes: Marktorientierte Kreditrisikobewertung. Eine empirische Untersuchung mittels Künstlicher Neuronaler Netze. 2002.

Andreas Schön

Innovationscontrolling

Eine Controlling-Konzeption zur effektiven und effizienten Gestaltung innovativer Prozesse in Unternehmen

Frankfurt/M., Berlin, Bern, Bruxelles, New York, Oxford, Wien, 2001. XV, 272 S., zahlr. Graf.
Europäische Hochschulschriften: Reihe 5, Volks- und Betriebswirtschaft. Bd. 2703
ISBN 3-631-37459-3 · br. € 45.50*

Die effektive und effiziente „Produktion" von Innovationen stellt eine der größten Herausforderungen an das Management von Unternehmen dar. Einen wesentlichen Baustein der erfolgreichen innovativen Tätigkeiten bildet dabei die Gestaltung der Innovationsprozesse. Das Management sieht sich jedoch bei der Wahrnehmung der Gestaltungsaufgabe von Innovationsprozessen mit einer zunehmenden Komplexität und Dynamik der Unternehmensum- und -innenwelt konfrontiert. Dies schlägt sich u.a. darin nieder, daß es dem Innovationsmanagement mittels des klassischen Managementinstrumentariums oftmals nicht gelingt, die richtigen Entscheidungen über Inhalte und Gestaltungsalternativen von Innovationsprozessen in der erforderlichen Zeit zu treffen.

Im Mittelpunkt des Interesses steht bei dieser Arbeit die Beratung des Innovationsmanagements bei der Wahrnehmung seiner Gestaltungsaufgabe mit einer geeigneten Controlling-Konzeption und einem ausgewählten Kennzahlensystem.